建设工程
法律实务与 *案例* 分析

丁万星　赵广庆　金立民　丁　隐　著

JIANSHE GONGCHENG
FALÜ SHIWU YU ANLI FENXI

中国政法大学出版社

2019·北京

声　明	1.	版权所有，侵权必究。
	2.	如有缺页、倒装问题，由出版社负责退换。

图书在版编目（CIP）数据

建设工程法律实务与案例分析/丁万星等著. —北京:中国政法大学出版社,2019.7
ISBN 978-7-5620-9161-5

Ⅰ.①建… Ⅱ.①丁… Ⅲ.①建筑法－案例－中国　Ⅳ.①D922.297.5

中国版本图书馆 CIP 数据核字(2019)第 175194 号

出　版　者	中国政法大学出版社
地　　　址	北京市海淀区西土城路 25 号
邮寄地址	北京 100088 信箱 8034 分箱　邮编 100088
网　　　址	http://www.cuplpress.com（网络实名：中国政法大学出版社）
电　　　话	010-58908586(编辑部) 58908334(邮购部)
编辑邮箱	zhengfadch@126.com
承　　　印	固安华明印业有限公司
开　　　本	720mm×960mm　1/16
印　　　张	30.25
字　　　数	480 千字
版　　　次	2019 年 7 月第 1 版
印　　　次	2019 年 7 月第 1 次印刷
定　　　价	89.00 元

前　言

在投资拉动经济的背景下,建筑市场长期处于活跃的状态。改革开放以来,我国建筑业年均增速为16.6%。至2017年,我国建筑业占GDP的比重达到6.7%。囿于建设工程管理水平局限,近年来我国建筑工程诉讼案件急剧增多。2017年,全国法院一审施工合同纠纷10.29万件。2018年,全国法院一审施工合同纠纷达到11.32万件。如果加上勘察、设计、招投标、装饰装修,再加上仲裁机构受理的建设工程案件,全国建设工程纠纷案件的数量规模很大。在应对建设工程诉讼案件过程中,工程管理人员和法律从业人员都遇到了一个棘手的问题,就是工程背景的人不熟悉法律,法律背景的人不熟悉工程,导致很多案件难以公正、恰当和及时地处理。

为了供工程知识背景的人士了解建设工程法律知识,供法律从业人员了解建设工程知识,本书作者编著了《建设工程法律实务与案例分析》这本书。本书的法律评析结合《最高人民法院关于审理建设工程施工合同纠纷案件适用法律问题的解释（二）》（法释［2018］20号），将工程法律最新的审判精神奉献给读者。

本书既可以供建设工程管理人员、法官、律师借鉴使用,也可以作为建设工程专业、法律专业的学生作为建设工程法律案例教材使用。

水平所限,本书内容的不当之处,敬请方家批评指正。

丁万星

2019年4月18日

上士闻道，勤而行之；中士闻道，若存若亡；下士闻道，大笑之。不笑不足以为道。故建言有之：明道若昧，进道若退，夷道若颣。

目录

第一章　建设规划纠纷案例 …………………………………………（001）
第二章　建设工程招标投标案例 ……………………………………（009）
第三章　建设工程勘察纠纷案例 ……………………………………（028）
第四章　工程设计纠纷案例 …………………………………………（063）
第五章　工程监理纠纷案例 …………………………………………（075）
第六章　建设工程施工合同纠纷案例 ………………………………（080）
　第一节　如何判断施工合同的法律效力
　　　　——建设工程中的"黑白合同"纠纷案 ………………（080）
　第二节　合同被认定无效后工程款如何结算
　　　　——"参照合同结算"与"据实结算"有什么区别 ……（096）
　第三节　民营企业投资的厂房建设是否属于必须招标的工程项目
　　　　——大数据标准化工业厂房项目施工合同纠纷案例 ……（107）
　第四节　竣工是否包括了验收合同
　　　　——建材城施工合同纠纷案 ………………………………（127）
　第五节　承包人能否就无法维修的工程主张工程款
　　　　——皇英宾馆工程质量暨工程款结算纠纷案 ……………（147）
　第六节　法院判决承包人履行维修义务发包人在法定期间内未申请强
　　　　制执行，发包人在维修期内要求承包人维修的权利是否已经
　　　　消灭——广厦房开与实际施工人工程款纠纷案 …………（162）

第七节 有资质的承包人与实际施工人在工程款结算方面是否应当有区别
——实际施工人诉发包人、总承包人、分包人拖欠工程款案 … (174)

第八节 承包人项目经理跳槽到发包人单位任职其代承包人接受的工程能否构成表见代理
——乙建筑公司与甲房开公司建设工程款纠纷案………… (192)

第九节 包工包料的承包人拖欠材料款时材料供应商可否起诉发包人
——建设工程代位权诉讼……………………………… (199)

第十节 前后数份施工合同均无效的情况下，如何确定体现双方真实意思的实际履行合同
——《最高人民法院关于审理建设工程施工合同纠纷案件适用法律问题的解释（二）》第11条的运用………… (207)

第十一节 工程款与农民工资纠纷案件的主管问题
——农民工诉建设单位、施工单位拖欠工资案………… (217)

第十二节 施工合同被判无效时发包方的工期利益如何救济
——建设工程违约与过错赔偿案件 ……………………… (226)

第十三节 工程竣工验收和资料提交在建设工程施工中的重要意义
——建设工程质量和验收纠纷案例 ……………………… (231)

第十四节 装饰装修工程的承包人能否援用《合同法》第286条主张建设工程优先权
——建设工程优先权案例 ………………………………… (245)

第十五节 承包方在发包方制作的工程结算报告上签字后发包方是否还有权主张工程造价鉴定
——外网配套工程施工合同纠纷 ………………………… (252)

第十六节 清包工的工程是否需要验收
——装饰装修合同纠纷 …………………………………… (257)

第十七节 装饰工程和装修工程在分部分项的内容和工程验收方面有什么区别
——张某奎与吕梁房地产开发公司装修合同纠纷……… (269)

第十八节　建设工程纠纷案件的"痛点"问题
　　　　　　——建设工程司法鉴定案例 ……………………（275）

第七章　建设工程刑事案例 ……………………………………（297）

第八章　如何签订施工合同 ……………………………………（321）
第一节　发包人如何签订施工合同 ……………………………（322）
第二节　承包人如何签订施工合同 ……………………………（417）

第九章　《最高人民法院公报》建设工程案例及其裁判旨要 …（439）
第一节　最高人民法院建设工程指导性案例 …………………（440）
第二节　《最高人民法院公报》建设工程案例 …………………（441）
第三节　最高人民法院建设工程典型案例以及裁判要旨 ……（455）

第十章　最高法院民一庭和民一庭法官建设工程领域文章 …（460）

第十一章　常用建设工程规范性文件 …………………………（467）

参考文献 …………………………………………………………（469）

后　记 ……………………………………………………………（473）

第一章
建设规划纠纷案例

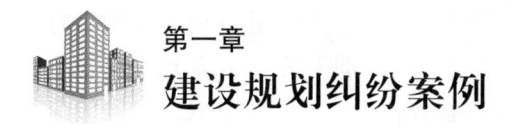

一、案情简介

（一）合同订立情况

委托方：甲旅游开发股份有限公司（甲方）。

被委托方：乙投资顾问有限公司（乙方）、丙旅游规划设计有限公司（丙方）。

2014年9月10日，甲方与乙方、丙方在乙方所在地签订《仰韶旅游度假区概念性规划合同书》，部分约定内容如下：乙方为甲方项目提供概念性规划。第2条关于设计资质、工期和技术要求规定：(1)"签订本合同以及甲方提供本合同约定的全部资料后，乙方在40日内向甲方提交第一轮概念方案，甲方将审查意见反馈给乙方后，乙方在40日内向甲方提交最终成果并通过甲方审核"。(2)规划必须符合《城乡规划法》，而且"应满足规划等主管部门的有关要求，进行技术指标控制，落实所需配套项目"。第3条验收标准规定："1.乙方提交的各阶段设计成果须经甲方书面确认方式完成交付并作为本合同付款的依据。"第4条甲方向乙方提交的资料和文件包括："1.规划设计委托书；2.规划设计详细要求；3.规划用地红线图和地形资料。"第5条乙方向甲方提交的设计成果包括："1.项目策划以及概念性规划方案文本、说明书（一式6份）。规划图纸包括但不限于：(1)区位分析图；(2)规划区域的资源和客源市场分析预测；(3)未来发展方向和发展策略；(4)规划总平面图；(5)资源现状分析图；(6)规划概念分析图；(7)旅游功能分区图；(8)旅游项目布局图；(9)旅游线路设计图；(10)整体鸟瞰图；(11)主要节点设计意向图。2.电子文件：(1)多媒体演示文件（powerpoint格式）一份；(2)设计说明以及图纸电子文件（dwg.jpg格式）一份。"第6条设计费以及支付方式规定："1.本项目含税价总费用人民币100万元；2.本合同生效后7个工作日内，甲方支付规划设计费总额的40%作为首期款，即人民币40万元；3.乙方向甲方提交第一次设计成果样稿并经甲方确认后 7 个工作日内,甲方应向乙方支付二期款——全部规划设计费总额的 40%,即人民币 40 万元;4. 乙方向甲方提交全部最终设计成果并经甲方审查合格后 7 个工作日内,甲方应向乙方支付尾款——全部设计费的 20%,即人民币 20 万元;5. 乙方在甲方支付以上款项前须提供国内合法有效的等额发票。"第 7 条双方义务中的乙方义务:"1. 根据甲方的设计条件,进行规划方案的设计、修改深化以及调整工作。每一阶段的工作成果由甲方签证认可。2. 乙方按照本合同约定的内容、时间以及份数向甲方交付设计成果和有关资料。3. 乙方必须根据甲方要求并严格执行国家设计标准、技术规范、规程等进行设计,并提交符合质量的设计成果。对设计文件出现的遗漏或错误负责免费按照甲方要求进行修改或者补充,如造成延误工期的,按照第 8 条承担违约责任。"第 8 条违约责任:"1. 甲方应按照本合同约定的金额和时间向乙方支付设计费,每逾期一日,应承担未付金额 5‰的违约金;2. 在合同履行期间,因甲方原因单方要求解除合同,乙方未开始设计工作的,不退还甲方的定金;已经开始设计工作的,甲方应根据经其确认的乙方已经进行的实际工作量,不足一半时,按该阶段设计费的一半支付;超过一半时,按该阶段设计费的全部支付;3. 因乙方不具备符合合同目的相关资质或隐瞒相关资质情况的,视为乙方违约,乙方按照设计费总额的 20%向甲方支付违约金,造成甲方损失的,乙方应据实予以赔偿,同时甲方有权解除合同,乙方应在接到甲方解除合同的通知之日起 5 日内退还甲方支付的全部款项;4. 本合同签订后,乙方要求终止或者解除合同的,应在本合同终止或解除后 5 日内双倍返还定金给甲方,并按照设计费总额的 20%支付违约金给甲方,造成甲方损失的,乙方须据实予以赔偿;5. 由于乙方自身原因,未按照本合同约定时间交付设计成果的,每延误一日,应向甲方支付设计费总额 5‰的违约金;6. 乙方对设计成果出现遗漏或错误负责修改、补充,如造成逾期履行义务的,按照本条第 5 款的约定执行,由于乙方设计错误造成甲方其他损失,乙方除负责采取补救措施外,承担受损部分的设计费,并负责赔偿由此给甲方造成的实际损失。"第 11 条合同终止规定:"由于乙方违约造成本合同不能履行或不能完全履行,如果甲方认为合同已无必要履行或者乙方在收到甲方要求其纠正违约的通知后仍不纠正其违约行为的,甲方有权向乙方发出解除本合同的书面通知,该通知自送达乙方时生效,乙方应按本合同的约定承担违约责任。违约金不足以弥补甲方损失的,甲方可继续向乙方追偿。"该合同对甲方也有类似规定。

（二）合同履行情况

2014年9月23日至25日，乙方、丙方策划及规划人员到项目所在地实地调研。10月14日，甲方与乙方、丙方讨论设计进度情况。10月20日，乙方、丙方到甲方所在地进行方案汇报，甲方提出修改意见。11月10日，乙方、丙方将方案发给甲方。甲方主管部门对方案进行论证时否定了该方案，理由是乙方规划资质已过期，初稿不符合政府以及甲方的设计要求。

2015年7月，乙方向甲方发出催款函，要求支付拖欠的设计费36万，甲方拒付。2015年8月，乙方向甲方发出《律师函》，主张设计费及违约金。

2016年5月，乙方向北京市海淀区人民法院提起诉讼。

二、建设工程规划的相关法律知识

（一）建设工程规划的概念和建设工程规划的法定分类

《城乡规划法》[1]第2条第2款规定："本法所称城乡规划，包括城镇体系规划、城市规划、镇规划、乡规划和村庄规划。城市规划、镇规划分为总体规划和详细规划。详细规划分为控制性详细规划和修建性详细规划。"

（二）什么是概念性规划

概念性规划是关于城镇或者项目总体定位、战略方向、基本原则以及发展理念所进行的规划。它不是《城乡规划法》框架下法定的规划，而是根据实际需要所做的咨询规划或者商业策划。它可以在申报项目之前做，也可以和总体规划一起做。

概念性规划没有法定的内容，这一点与总体规划、控制性规划、修建性规划不同。概念性规划的具体内容需要委托方与被委托方共同协商确定，并写入合同内容。概念性规划的具体内容是合同当事人容易产生争议的地方，定约时需要高度关注。

实践中，概念性规划一般在商业策划之后，由具有相应规划资质的单位去做。委托规划单位进行概念性规划时，一定要搞清楚对方规划资质的有无、专业范围、资质期限、人员机构有无挂靠，以及参与概念性规划人员的专业水平等。概念性规划作出后，一般与项目建议书一起报送项目审批部门。

---

[1] 基于行文方便，本书中之我国法律名称均省略"中华人民共和国"。

概念性规划可以作为可行性研究报告、方案设计、初步设计的支撑文件，为其理清思路，节约资源，避免重复，增强设计的合理性。

(三) 什么是规划"七线"

1. 规划红线，一般称道路红线，指城市道路用地规划控制线。包括用地红线、道路红线和建筑红线，对"红线"的管理体现在对容积率、建设密度和建设高度等的规划管理上。

2. 规划绿线，指城市各类绿地范围的控制线。按照建设部出台的《城市绿线管理办法》的规定，绿线内的土地只准被用于绿化建设，除国家重点建设等特殊用地外，不得改为他用。

3. 规划蓝线，一般称河道蓝线，指水域保护区，即城市各级河、渠道用地规划控制线，包括河道水体的宽度、两侧绿化带以及清淤路。根据河道性质的不同，城市河道的蓝线控制也不一样。

4. 规划黑线，一般称"电力走廊"，指城市电力的用地规划控制线。建筑控制线原则上在电力规划黑线以外，建筑物的任何部分均不得突入电力规划黑线范围内。

5. 规划橙线，指为了降低城市中重大危险设施的风险水平，对其周边区域的土地利用和建设活动进行引导或限制的安全防护范围的界线。划定对象包括核电站、油气及其他化学危险品仓储区、超高压管道、化工园区及其他安全生产委员会认定须进行重点安全防护的重大危险设施。

6. 规划黄线，指对城市发展全局有影响的、城市规划中确定的、必须控制的城市基础设施用地的控制界线。

7. 规划紫线，指国家历史文化名城内的历史文化街区和省、自治区、直辖市人民政府公布的历史文化街区的保护范围界线，以及历史文化街区外经县级以上人民政府公布保护的历史建筑的保护范围界线。《城市紫线管理办法》所称紫线管理是划定城市紫线和对城市紫线范围内的建设活动实施监督、管理。

(四) 建设规划的法律程序

城市人民政府组织编制城市总体规划。省人民政府所在地的城市以及国务院确定的城市的总体规划，由省人民政府审查同意后报国务院审批；其他城市的总体规划由城市人民政府报省人民政府审批。

县人民政府所在地镇的总体规划由县人民政府组织编制，报设区的市人民政府审批。其他镇的总体规划、乡规划、村庄规划，由镇、乡人民政府组织编制，报城市或者县人民政府审批。

城市人民政府城乡规划主管部门根据城市总体规划的要求，组织编制城市的控制性详细规划，经本级人民政府批准后，报本级人民代表大会常务委员会和上一级人民政府备案。

城市、县人民政府城乡规划主管部门和镇人民政府可以组织编制重要地块的修建性详细规划。修建性详细规划应当符合控制性详细规划。

规划主管部门对已经立项的符合规划条件的项目核发《建设用地规划许可证》和《建设工程规划许可证》。

建设单位在可行性研究报告之后，建筑施工图设计之前，进行概念性规划。

（五）建设规划的法律依据和相关规范性文件

1. 《城乡规划法》2008年1月1日施行（2019年4月23日最新修正）；
2. 《村庄和集镇规划建设管理条例》1993年11月1日施行；
3. 《城市绿线管理办法》2002年11月1日施行；
4. 《城市紫线管理办法》2004年2月1日施行；
5. 《城市黄线管理办法》2006年3月1日施行；
6. 《城市蓝线管理办法》2006年3月1日施行；
7. 《河北省城市红线管理规定》2018年5月28日施行；
8. 《河北省城市控制性详细规划管理办法（试行）》2009年7月1日施行；
9. 《河北省村镇规划建设管理条例》1997年10月1日施行。

三、本案焦点问题

（一）乙方的资质问题

（二）什么是第一次设计成果和最终设计成果

（三）中期付款节点的付款条件是否成就

四、诉讼经过和判决结果

2016年6月，北京市海淀区人民法院开庭审理此案。乙方提交起诉状，向甲方主张36万设计费以及逾期违约金。甲方提交答辩状，对乙方的主张进行反驳。甲方认为：首先，乙方在第二次提供初稿时，资质已经过期，导致设计方案被政府领导当场否决。乙方应当对自己资质过期产生的后果负责，不仅无权向甲方主张设计费，而且应当退还甲方已支付的24万元设计费，并承担甲方的其他损失。其次，乙方虽然提供了第一次设计，但只是初稿。没有结合"美丽乡村""新城镇化建设"等国家政策，提供的很多数据也不是新数据，且经甲方要求后也一直未予以纠正。对于乙方提出的"会议中心"的概念，甲方并不同意，但是乙方固执己见，违背了甲方对项目的发展定位。而且，乙方设计所依据的《城乡规划法》不是新版本，规划面积不准确，规划深度不符合要求。设计的建筑过于现代化，与地形地貌、当地民俗不相契合，违背了甲方建筑应以明清民国时期冀晋蒙古民居、旧民居特色为主的要求。对整个项目起步区、引爆点、吸引游客驻足的理由表现不清晰明朗，某些街道、商业区的定位与项目不吻合。

乙方认为：自己已经如约向甲方提供了设计成果，也按照甲方的要求进行了修正，甲方对修正后的设计成果表示满意。因此，甲方已经认可了乙方的设计成果，应当支付全部设计费。

甲方认为：乙方提交的各阶段设计成果须经甲方书面确认才可为完成交付并作为本合同付款的依据，乙方没有证据证明甲方对其设计成果作了书面确认，因此不具备付款条件。

乙方提出：甲方在没有征得乙方同意的情况下，用乙方的设计成果进行招商，侵犯了乙方的著作权，乙方保留追究甲方侵犯知识产权的权利。

甲方答辩认为：甲方从来没有使用乙方的设计成果进行招商，因为该设计成果不符合甲方的设计要求。相反，乙方未经甲方同意便使用甲方奥林匹克标志，侵犯了甲方的著作权。总之，乙方的设计没有体现"一村一景""一村一品"的效果，无法体现当地著名景点的特色，没有资格主张设计费。

北京市海淀区人民法院合议庭经过合议，驳回了乙方的诉讼请求，诉讼费用全部由乙方承担。

五、案例评析

（一）工程案件首要的是资质问题，工程主体不可在这方面存在瑕疵，否则将导致主体的合法性问题

本项目中的乙方在项目未完工时，资质就已过期，导致设计方案被否定，且设计也不符合甲方的设计要求，这是乙方不应该犯的低级错误。但其并没有认识到资质问题的重要性，反而认为自己既然开展了设计，就应该获得报酬。这是法治观念淡薄的表现，因此遭受损失是必然的。

(二) 合同中约定的概念必须明确，否则若双方对同一概念的理解出现分歧，很容易产生纠纷

本案约定甲方自收到乙方第一次设计成果后支付中期进度付款，但是双方对第一次设计成果的范围、内容理解不同，导致产生纠纷。因此，双方应当具体约定第一次设计成果的范围、内容、名称、份数、示范文本等。

(三) 以甲方书面认可作为乙方设计合格的条件是本案的关键，事实上，乙方自始至终一直都没有证据证明甲方已经书面认可设计成果，因此，乙方输掉诉讼是理所当然的事情

甲方认为，乙方提交的各阶段设计成果须经甲方书面确认才可为完成交付并作为本合同付款的依据，乙方没有证据证明甲方对其设计成果作了书面确认，因此不具备付款条件。

(四) 甲方没有约定乙方未按期完成设计成果或者成果不合格时，如何追究乙方的法律责任

虽然法院驳回了乙方的诉讼请求，但是甲方也没有及时提出解除合同，退还已付设计费，赔偿损失，导致已付的 24 万元设计费无法追回。合同约定出现纠纷在乙方所在地诉讼，甲方如果到乙方所在地诉讼，存在诉讼标的小，而诉讼成本高昂、诉讼结果不确定的风险，为此只好忍痛放弃应得的利益。

只约定权利义务，不约定违约责任，是当事人订立合同经常出现的失误，这就使前面的约定成了一纸空文。

(五) 需要甲方提供的资料一定要明确约定

概念性规划需要甲方提供的工地资料一般包括：①设计委托书；②项目用地红线图（含控制点坐标、标高）；③本地区城市总体规划、分区规划或者控制性详细规划；④现行规划相应规划、要求；⑤现有场地测量和水文地质资料；⑥人防设计要求以及人防等级；⑦项目周边道路以及市政管线资料；⑧人口资料以及本区经济发展情况；⑨拆迁户数、人口、承担回迁人数。⑩现有场地地勘报告。

(六) 需要乙方提供的设计资料一定要明确约定

甲方一般需要乙方提供以下资料：（1）方案设计文本；（2）项目策划以及概念性规划方案文本、说明书（一式 6 份）、规划图纸，包括但不限于：①区位分析图；②规划区域的资源和客源市场分析预测；③未来发展方向和发展策略；④规划总平面图；⑤资源现状分析图；⑥规划概念分析图；⑦旅游功能

分区图；⑧旅游项目布局图；⑨旅游线路设计图；⑩整体鸟瞰图；⑪主要节点设计意向图。（3）修建性详细规划设计；（4）电子文件：①多媒体演示文件（powerpoint 格式）1 份；②设计说明以及图纸电子文件（dwg．jpg 格式）1 份。

（七）注意"投资承诺"隐含的风险

本案中，甲方之所以委托乙方进行规划设计，原因是乙方引荐了所谓的投资方，即丙方。民营企业普遍面临融资难的问题，资金是项目的血液，所以，甲方为了拿到投资就委托乙方进行规划设计。殊不知，乙方在借助丙方成功承揽设计任务后，就对投资问题避而不谈，这是双方产生矛盾的深层次原因。因为甲方在本地就可委托规划设计，不必舍近求远，甚至甲方自己就拥有规划资质。

（八）注意设立争端解决机制，避免因为设计目标及深度产生争议后无法解决而陷入旷日持久的纠纷

双方可以事先商定争议评审机构，如果因为设计目标或者设计深度是否符合要求而产生争议时，可以由第三方裁决，双方均承诺认可该裁决。

六、应思考的问题

（一）建设工程概念性规划纠纷案件中，委托方和设计方应如何收集和准备证据？

（二）双方在文件资料的收发方面如何进行部门、人员、联系方式的对接？

（三）如何设计双方的《工作联系函》？

（四）建设工程规划属于行政行为还是民事行为？如何区分这两类行为？

（五）工程建设过程中，规划行政部门的规划验收包括哪些内容？

（六）对于违反《城乡规划法》的行为如何进行行政处罚？如何保障处罚程序的合法性？

（七）《城乡规划法》与《行政许可法》《行政复议法》《行政强制法》《行政诉讼法》的关系如何？

第二章
建设工程招标投标案例

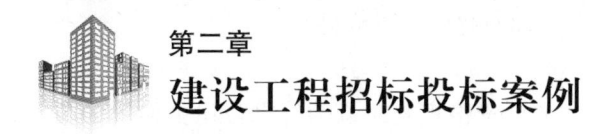

一、案情简介

2011年12月30日，A公司受政府委托对高速公路路段进行招标活动，工程共分为五个标段：

（一）第一标段

甲、乙两公司签订《合作投标协议书》，约定以甲公司的名义投标，乙公司向甲公司账户打入1400万元作为该标段的投资保证金。中标后，甲公司为总承包商，双方签订《联合施工协议》，全部工程的49%归乙公司，乙公司向甲公司缴纳全部工程款的1%作为管理费。如果甲公司中标后未签订《联合施工协议》，则向乙公司支付中标有效清单金额的10%作为违约金。

后甲公司中标，但没有与乙公司签订《联合施工协议》，只是将乙公司支付的1400万元退还。乙公司认为甲公司构成违约，遂提起诉讼。

（二）第二标段

丙公司根据招标文件及施工图编制预算，预算价为1.2亿元，决定以9000万元投标。2011年1月8日，丙公司收到中标通知书，遂与A公司于2011年2月2日签订施工合同，约定：工程造价根据中标价一次包干，由于中标人漏算、多算、错算不予调整。2011年2月5日，双方签订《补充协议》，增加4000万元钢筋水泥价差，调整后工程造价为1.3亿元。2015年5月10日工程竣工，5月24日验收合格。丙公司提交结算书，双方产生分歧。丙公司起诉至法院，其诉讼请求为：（1）支付工程余款2000万元；（2）支付变更增加工程量产生的工程款500万元；（3）支付漏算工程款3000万元。

（三）第三标段

丁公司总经理与入围的11家投标单位串通，由丁公司统一制作投标书，并内定丁公司中标，后续大家轮流坐庄。开标后，丁公司如愿中标，该总经理分别给参与串通围标的各公司负责人好处费60万元、50万元、30万元不等。后东窗事发，检察院以串通投标罪起诉上述负责人。

（四）第四标段

戊公司参加开标会，招标办进行资格审查时认为，戊公司更换了一名委托代理人却没有事先通知招标人，因此，戊公司的投标书已经成了废标。戊公司向住建局投诉，认为评标委员会工作失误，责任应当由招标人承担，请求招标人赔偿投标人工本费、图纸押金、标书制作费6000元，预期利润500万元。

（五）第五标段

招标人于5月1日发布招标预审公告，公告载明资格预审文件自5月2日起发售，5月22日下午6点之前递交招标人处。己公司从外地赶来，于5月8日上午前来购买资格预审文件，被告知已经停售。招标文件售卖价为2000元，各投标人均表示售价过高。评标期间，评标委员会认为庚公司投标报价远低于其他公司报价，投标委员会认为该公司报价过低，遂按照废标处理。辛公司将技术标和商务标分别封装，在封口加盖公章和项目经理签字后寄出。投标截止日前一天上午，辛公司又递交了一份补充资料，声明将原报价降低1%，招标人以"一标一投"为由拒收。投标截止日前10天，招标单位通知各投标人，第五标段的收费站工程已从招标范围中删除。开标会由某市招投标办公室人员主持，公证处人员对各投标单位的资格进行审查，确认所有投标文件合法有效后，于招标截止后3天正式开标，评标委员会5人组成，招标方2人，专家3人。招标投标办公室官员主持开标会。开标过程中，壬公司要求撤回投标。癸公司经张三介绍参与投标，癸公司给张三中介费10万元。招标单位负责人为了让癸公司中标，遂商定癸公司报最低的价，中标后再以原材料涨价为由提高承包价。经过评标，癸公司获得第一名，招标评标办宣布癸公司为中标人。癸公司后来拒绝支付中介费。

二、招标投标的相关法律知识

招标投标制度起源于英国，后滥觞于世界，我国《合同法》将招标投标制度作为买卖合同的特殊形式，因此，《招标投标法》也是民法范畴，属于《合同法》的特别法。

招标属于要约邀请，投标属于要约，定标或者发出中标通知书属于《合同法》规定的承诺，承诺生效，合同成立。

因此，招标投标过程属于合同订立的过程，在这个过程中，招标人或者投标人给对方方造成的损失应当适用《合同法》的缔约过失责任，而不是违约责任。当然，这个法律行为也可以按照违反预约合同来处理。

招标投标活动既包括民事行为，也包括行政管理行为，但主要是民事行为，主要受《民法通则》和《民法总则》等民事法律调整，但也受《建筑法》等行政管理法调整。

（一）法律依据

1.《建筑法》1998年3月1日施行（2019年4月23日最新修订）。

2.《合同法》1999年10月1日施行。

3.《招标投标法》2000年1月1日施行（2017年12月27日修订）。

4.《政府采购法》2003年1月1日施行（2014年8月31日修订）。

5.《招标投标法实施条例》2012年12月1日施行（2019年3月2日最新修订）。

6.《国务院办公厅关于促进建筑业持续健康发展的意见》（国办发〔2017〕19号）2017年2月21日施行。

7.《国务院办公厅关于开展工程建设项目审批制度改革试点的通知》（国办发〔2018〕33号）2018年5月14日施行。

8.《工程建设项目招标范围和规模标准规定》（中华人民共和国国家发展计划委员会令第3号）2000年5月1日施行，2018年6月1日失效。

9.《工程建设项目施工招标投标办法》2003年5月1日施行（2013年3月11日最新修订）。

10.《房屋建筑和市政基础设施工程施工招标投标管理办法》2001年6月1日施行（2018年9月19日最新修订）。

11.《必须招标的工程项目规定》（中华人民共和国国家发展和改革委员会令第16号）2018年6月1日施行。

12.《必须招标的基础设施和公用事业项目范围规定》（发改法规规〔2018〕843号）2018年6月6日施行。

13.《最高人民法院关于审理建设工程施工合同纠纷案件适用法律问题的解释》（法释〔2004〕14号）2005年1月1日施行。

14.《最高人民法院关于审理建设工程施工合同纠纷案件适用法律问题的解释（二）》（法释〔2018〕20号）2019年2月1日施行。

15. 发改委、财政部、住房和城乡建设部等相关部委规章和各直辖市、省、自治区人大和政府的地方性规定。

16. 各直辖市、省、自治区高级法院的审判指南、通知、办法等。

顺应"放、管、服"的管理趋势，2018年5月，国务院办公厅发布《关于开展工程建设项目审批制度改革试点的通知》，取消施工合同备案制度，对民营企业投资的房屋建筑工程试行自主发包的方式，可以不采用招投标方式。2018年9月，住房和城乡建设部修改了《房屋建筑和市政基础设施工程施工招标投标管理办法》，删除了第47条第1款"订立书面合同7日内，中标人应当将合同送工程所在地的县级以上人民政府建设行政主管部门备案"的规定。

(二) 必须招标的范围

必须招标的范围是招标投标活动的核心，因此必须作为重点来讲。

1. 《招标投标法》

第三条 在中华人民共和国境内进行下列工程建设项目包括项目的勘察、设计、施工、监理以及与工程建设有关的重要设备、材料等的采购，必须进行招标：(一) 大型基础设施、公用事业等关系社会公共利益、公众安全的项目；(二) 全部或者部分使用国有资金投资或者国家融资的项目；(三) 使用国际组织或者外国政府贷款、援助资金的项目。前款所列项目的具体范围和规模标准，由国务院发展计划部门会同国务院有关部门制订，报国务院批准。

法律或者国务院对必须进行招标的其他项目的范围有规定的，依照其规定。

虽然民营企业投资的房屋建筑工程实行自主发包的方式，但是民间资本投资的大型基础设施、公用事业等关系社会公共利益、公共安全的项目，还是必须招标。

2. 《招标投标法实施条例》

第二条 招标投标法第3条所称工程建设项目，是指工程以及与工程建设有关的货物、服务。

前款所称工程，是指建设工程，包括建筑物和构筑物的新建、改建、扩建及其相关的装修、拆除、修缮等；所称与工程建设有关的货物，是指构成工程不可分割的组成部分，且为实现工程基本功能所必需的设备、材料等；所称与工程建设有关的服务，是指为完成工程所需的勘察、设计、监理等服务。

第八条 国有资金占控股或者主导地位的依法必须进行招标的项目，应当公开招标；但有下列情形之一的，可以邀请招标：

（一）技术复杂、有特殊要求或者受自然环境限制，只有少量潜在投标人可供选择；

（二）采用公开招标方式的费用占项目合同金额的比例过大。有前款第二项所列情形，属于本条例第七条规定的项目，由项目审批、核准部门在审批、核准项目时作出认定；其他项目由招标人申请有关行政监督部门作出认定。

第九条 除招标投标法第66条规定的可以不进行招标的特殊情况外，有下列情形之一的，可以不进行招标：

（一）需要采用不可替代的专利或者专有技术；

（二）采购人依法能够自行建设、生产或者提供；

（三）已通过招标方式选定的特许经营项目投资人依法能够自行建设、生产或者提供；

（四）需要向原中标人采购工程、货物或者服务，否则将影响施工或者功能配套要求；

（五）国家规定的其他特殊情形。招标人为适用前款规定弄虚作假的，属于招标投标法第四条规定的规避招标。

3.《工程建设项目招标范围和规模标准规定》（中华人民共和国国家发展计划委员会令第3号，2000年5月1日实施，2018年6月1日废止）

目前，法院审理的施工合同纠纷案件很多是2018年6月1日之前进行的招标，所以，尽管发改委已经出台《必须招标的工程项目规定》，但是很多案件在对判断是否必须招标时仍然要适用原国家计委的3号令。

第一条 为了确定必须进行招标的工程建设项目的具体范围和规模标准，规范招标投标活动，根据《中华人民共和国招标投标法》第三条的规定，制定本规定。

第二条 关系社会公共利益、公众安全的基础设施项目的范围包括：

（一）煤炭、石油、天然气、电力、新能源等能源项目；

（二）铁路、公路、管道、水运、航空以及其他交通运输业等交通运输项目；

（三）邮政、电信枢纽、通信、信息网络等邮电通讯项目；

（四）防洪、灌溉、排涝、引（供）水、滩涂治理、水土保持、水利枢纽等水利项目；

（五）道路、桥梁、地铁和轻轨交通、污水排放及处理、垃圾处理、地下管道、公共停车场等城市设施项目；

（六）生态环境保护项目；

（七）其他基础设施项目。

第三条 关系社会公共利益、公众安全的公用事业项目的范围包括：

（一）供水、供电、供气、供热等市政工程项目；

（二）科技、教育、文化等项目；

（三）体育、旅游等项目；

（四）卫生、社会福利等项目；

（五）商品住宅，包括经济适用住房；

（六）其他公用事业项目。

第四条 使用国有资金投资项目的范围包括：

（一）使用各级财政预算资金的项目；

（二）使用纳入财政管理的各种政府性专项建设基金的项目；

（三）使用国有企业事业单位自有资金，并且国有资产投资者实际拥有控制权的项目；

第五条 国家融资项目的范围包括：

（一）使用国家发行债券所筹资金的项目；

（二）使用国家对外借款或者担保所筹资金的项目；

（三）使用国家政策性贷款的项目；

（四）国家授权投资主体融资的项目；

（五）国家特许的融资项目。

第六条 使用国际组织或者外国政府资金的项目的范围包括：

（一）使用世界银行、亚洲开发银行等国际组织贷款资金的项目；

（二）使用外国政府及其机构贷款资金的项目；

（三）使用国际组织或者外国政府援助资金的项目。

第七条 本规定第二条至第六条规定范围内的各类工程建设项目，包括项目的勘察、设计、施工、监理以及与工程建设有关的重要设备、材料等的采购，达到下列标准之一的，必须进行招标：

（一）施工单项合同估算价在200万元人民币以上的；

（二）重要设备、材料等货物的采购，单项合同估算价在100万元人民币以上的；

（三）勘察、设计、监理等服务的采购，单项合同估算价在50万元人民币以上的；

（四）单项合同估算价低于第（一）（二）（三）项规定的标准，但项目总投资额在3000万元人民币以上的。

第八条　建设项目的勘察、设计，采用特定专利或者专有技术的，或者其建筑艺术造型有特殊要求的，经项目主管部门批准，可以不进行招标。

第九条　依法必须进行招标的项目，全部使用国有资金投资或者国有资金投资占控股或者主导地位的，应当公开招标。

招标投标活动不受地区、部门的限制，不得对潜在投标人实行歧视待遇。

第十条　省、自治区、直辖市人民政府根据实际情况，可以规定本地区必须进行招标的具体范围和规模标准，但不得缩小本规定确定的必须进行招标的范围。

第十一条　国家发展计划委员会可以根据实际需要，会同国务院有关部门对本规定确定的必须进行招标的具体范围和规模标准进行部分调整。

第十二条　本规定自发布之日起施行。

4.《必须招标的工程项目规定》（中华人民共和国国家发展和改革委员会令第16号，2018年6月1日开始实施）

随着改革开放的深入，前述规定已经不能适应形势发展，表现为必须招标的工程项目太多。事实上，很多工程项目属于民营企业投资，自身是自己利益的最佳判断者，自主经营，自负盈亏，这部分工程项目的发包完全可以交给市场。民营资本在放开必须招标的工程范围方面呼声很高，在这种背景下，国家发展和改革委员会于2018年3月27日颁布了《必须招标的工程项目规定》，大大缩减了必须招标的工程项目范围。

第一条　为了确定必须招标的工程项目，规范招标投标活动，提高工作效率、降低企业成本、预防腐败，根据《中华人民共和国招标投标法》第三条的规定，制定本规定。

第二条　全部或者部分使用国有资金投资或者国家融资的项目包括：

（一）使用预算资金200万元人民币以上，并且该资金占投资额10%以上的项目；

（二）使用国有企业事业单位资金，并且该资金占控股或者主导地位的项目。

第三条 使用国际组织或者外国政府贷款、援助资金的项目包括：

（一）使用世界银行、亚洲开发银行等国际组织贷款、援助资金的项目；

（二）使用外国政府及其机构贷款、援助资金的项目。

第四条 不属于本规定第二条、第三条规定情形的大型基础设施、公用事业等关系社会公共利益、公众安全的项目，必须招标的具体范围由国务院发展改革部门会同国务院有关部门按照确有必要、严格限定的原则制订，报国务院批准。

第五条 本规定第二条至第四条规定范围内的项目，其勘察、设计、施工、监理以及与工程建设有关的重要设备、材料等的采购达到下列标准之一的，必须招标：

（一）施工单项合同估算价在400万元人民币以上；

（二）重要设备、材料等货物的采购，单项合同估算价在200万元人民币以上；

（三）勘察、设计、监理等服务的采购，单项合同估算价在100万元人民币以上。同一项目中可以合并进行的勘察、设计、施工、监理以及与工程建设有关的重要设备、材料等的采购，合同估算价合计达到前款规定标准的，必须招标。

第六条 本规定自2018年6月1日起施行

5.《必须招标的基础设施和公用事业项目范围规定》（发改法规规〔2018〕843号，2018年6月6日施行）

为充分发挥市场配置资源的决定性作用，更好地发挥政府作用，经国务院批准，国家发展和改革委员会印发《必须招标的基础设施和公用事业项目范围规定》（发改法规规〔2018〕843号，以下简称"843号文"），作为《必须招标的工程项目规定》（中华人民共和国国家发展和改革委员会令第16号，以下简称"16号令"）的配套文件，大幅缩小了必须招标的大型基础设施、公用事业项目范围，进一步扩大了市场主体（特别是民营企业）的自主权。

843号文坚持"该放的要放到位，该管的要管住管好"，以及"确有必要、严格限定"的原则，将原《工程建设项目招标范围和规模标准规定》（中华人民共和国国家发展计划委员会令第3号，以下简称"3号令"）规定的12大类必须招标的基础设施和公用事业项目，压缩到能源、交通、通信、水利、城建等5大类，大幅放宽了对市场主体（特别是民营企业）选择发包方式的限制。具体有三个方面：一是删除了民间资本投资较多的商品住宅项目、科教文卫体和旅游项目、市政工程项目、生态环境保护项目等；二是删除了"其他基础设施项目"和"其他公用事业项目"的兜底条款，避免这一范围在执行中被任意扩大；三是对保留的5大类，特别是水利类和城建类项目，与原3号令相比也作了较大缩减。

第一条　为明确必须招标的大型基础设施和公用事业项目范围，根据《中华人民共和国招标投标法》和《必须招标的工程项目规定》，制定本规定。

第二条　不属于《必须招标的工程项目规定》第二条、第三条规定情形的大型基础设施、公用事业等关系社会公共利益、公众安全的项目，必须招标的具体范围包括：

（一）煤炭、石油、天然气、电力、新能源等能源基础设施项目；

（二）铁路、公路、管道、水运，以及公共航空和A1级通用机场等交通运输基础设施项目；

（三）电信枢纽、通信信息网络等通信基础设施项目；

（四）防洪、灌溉、排涝、引（供）水等水利基础设施项目；

（五）城市轨道交通等城建项目。

第三条　本规定自2018年6月6日起施行。

三、本案焦点问题

（一）第一标段

1. 《合作投标协议书》的性质。

2. 《合作投标协议书》是否有效？

3. 双方应承担的法律责任。

（二）第二标段

1. 可否以低于成本的报价竞标。

2. 中标价低于成本价时，合同价格条款是否有效？

3. 中标价低于成本价时，能否对合同价格进行调整？

（三）第三标段

什么是串通投标罪？如何追究嫌疑人的刑事责任？

（四）第四标段

1. 戊公司标书能否作为废标处理？理由是什么？
2. 戊公司能否将评标委员会作为被告提起诉讼？
3. 戊公司可以获得哪些赔偿？法律依据是什么？

（五）第五标段

第五标段存在哪些不合法的地方？

四、庭审过程和判决结果

法院开庭后，根据各个标段出现的不同情况，予以相应的认定并作出了判决。

（一）第一标段

1. 《合作投标协议书》的性质认定

《招标投标法》第 31 条第 3 款规定，联合投标人须签订共同投标协议，与投标书一起提交招标人。中标后共同与招标人签订承包合同。甲、乙两公司未将《合作投标协议书》提交招标人，并且约定全部工程的 49% 归乙公司施工，因此《合作投标协议书》的实质上是一个分包协议。

2. 《合作投标协议书》的法律效力

（1）《建筑法》第 29 条规定，除总承包合同中约定的分包外，其他分包必须经建设单位认可。双方违反法律强制性规定，《合作投标协议书》无效。

（2）《最高人民法院关于审理建设工程施工合同纠纷案适用法律问题的解释》第 4 条规定："承包人非法转包、违法分包建设工程或者没有资质的实际施工人借用有资质的建筑施工企业名义与他人签订建设工程施工合同的行为无效。……"

（3）招标须知中规定，投标人应独家参与投标，本项目拒绝联合体投标，双方对此明知却仍然规避招标须知中的规定，属于串通投标，《合作投标协议书》行为无效。

（4）未响应招标文件要求提交联合投标协议，一般属于废标。

3. 双方约定的违约金是否应当支持

合同无效，违约金条款随之无效，不应得到支持。

4. 招标人规定的投标保证金是否合法？投标保证金与履约保证金是什么关系？

《工程建设项目施工招标投标管理办法》规定，投标保证金不得超过投标总价的 2%，最高不得超过 80 万元。本项目已经超出了规定的上限。

《工程建设项目施工招标投标管理办法》规定，履约保证金相当于合同总价的 10%。2004 年《关于在房地产项目中推行工程建设合同担保的若干规定（试行）》规定，履约保证金不低于中标价的 10%；采用经评审的最低投标价中标的，担保金额不低于合同价格的 15%。

5. 双方应承担的法律责任

联合投标，应对招标人承担连带责任。

《合同法》第 58 条规定："合同无效或者被撤销后，因该合同取得的财产，应当予以返还；不能返还或者没必要返还的，应当折价补偿。有过错的一方应当赔偿对方因此受到的损失，双方都有过错的，应当各自承担相应的责任。"

《民法通则》第 61 条规定："民事行为被确认为无效或者被撤销后，当事人因该行为取得的财产，应当返还给受损失的一方。有过错的一方应当赔偿对方因此所受的损失，双方都有过错的，应当各自承担相应的责任。双方恶意串通，实施民事行为损害国家的、集体的或者第三人的利益的，应当追缴双方取得的财产，收归国家、集体所有或者返还第三人。"第 134 条规定："承担民事责任的方式主要有：（一）停止侵害；（二）排除妨碍；（三）消除危险；（四）返还财产；（五）恢复原状；（六）修理、重作、更换；（七）赔偿损失；（八）支付违约金；（九）消除影响、恢复名誉；（十）赔礼道歉。以上承担民事责任的方式，可以单独适用，也可以合并适用。人民法院审理民事案件，除适用上述规定外，还可以予以训诫、责令具结悔过，收缴进行非法活动的财物和非法所得，并可以依照法律规定处以罚款、拘留。"

《最高人民法院关于审理建设工程施工合同纠纷案件适用法律问题的解释》第 4 条规定："承包人非法转包、违法分包建设工程或者没有资质的实际施工人借用有资质的建筑施工企业名义与他人签订建设工程施工合同的行为无效。人民法院可以根据民法通则第一百三十四条规定，收缴当事人已经取得的非法所得。"

（二）第二标段

1. 可否以低于成本的报价竞标？

《招标投标法》第 33 条规定："投标人不得以低于成本的报价竞标，也不得以他人名义投标或者以其他方式弄虚作假，骗取中标。"

2. 可否低价投标，然后高效运营，通过签证、索赔实现扭亏为盈？

《招标投标法》予以认可，但前提是不得低于成本价。

3. 当中标价低于成本价时，合同价格条款是否有效？

一审认为，未明确规定无效，因而认定合同有效。二审认为，合同无效条款包括管理性条款和效力性条款，对于低于成本价投标行为，虽未明确规定无效，但该行为会影响工程质量，进而危害社会公共利益，属于效力性条款，应当认定无效。

4. 当中标价低于成本价时，能否对合同价格进行调整？

一审认为，应予调整，因为合同实际履行，经过验收，达到合格标准，如不予调整违反公平原则，应对合同价格进行调整。《合同法》第58条规定："合同无效或者被撤销后，因该合同取得的财产，应当予以返还；不能返还或者没必要返还的，应当折价补偿。有过错的一方应当赔偿对方因此受到的损失，双方都有过错的，应当各自承担相应的责任。"故此，该中标价可以调整。

5. 当中标价低于成本价时，价格如何调整？

甲公司未尽充分注意义务，漏算工程款，且不排除其为达中标目的而超低报价。A公司未认真审核投标文件的实质性条款是否低于成本，且未在约定的时间开标。鉴于双方都有过错，漏算的3000万元工程款各自承担一半。

6. 发包方如何防止漏算工程款？

尽量由承包人提供工程量清单，且在承包人提供工程量清单的前提下，在合同中约定：任何未被列入工程量清单报价表，但根据工程规范要求以及因为图纸内所有项目引起的一切费用，均视为已包含在工程量清单报价表的其他相关项目价款内；承包人必须承担工程量清单报价内所有项目数量的准确性。除发包人书面认可的工程调价外，工程造价不因工程量清单报价内的工程量和实际完成的工程量有差别而做出调整。

7. 承包方如何控制漏算？

仔细审核招标文件、图纸和说明；编制商务标时，预算员"背对背"同时计算；尽可能在工程量清单中约定"暂定项目""暂定工程量"等。

8. 判决结果

支持工程款余款和变更部分，漏算部分判决支持一半。

(三) 第三标段

《刑法》第223条规定："投标人相互串通投标报价，损害招标人或者其他投标人利益的,情节严重的,处三年以下有期徒刑或者拘役,并处或单处罚金。投标人与招标人串通投标,损害国家、集体、公民的合法权益的,依照前款的规定处罚。"

2010年《公安部、最高人民检察院关于公安机关管辖的刑事案件立案追诉标准的规定(二)》第76条规定:"投标人相互串通投标报价,或者投标人与招标人串通投标,涉嫌下列情形之一的,应予立案追诉:(一)损害招标人、投标人或者国家、集体、公民的合法权益,造成直接经济损失五十万元以上的;(二)违法所得额在十万元以上的;(三)中标项目金额在二百万元以上的;(四)采取威胁、欺骗或者贿赂等非法手段的;(五)虽未达上述数额标准,但两年内因串通投标,受过行政处罚二次以上,又串通投标的;(六)其他情节严重的情形。"

根据上述规定,办案当事人明显构成串通投标罪,法院依法判决丁公司总经理有期徒刑3年。

(四)第四标段

1. 不能作为废标处理

评标人和投标人是平等的民事主体,投标人委托何人为代理人属于投标人意思自治的范围,除双方有特别约定外,招标人无权干涉。

2. 评标委员会的工作失误,责任应当由招标人承担

因为招标人与评标委员会属于委托与被委托的关系,两者基于信任关系确立委托代理关系,因此,评标委员会的民事责任依法应由招标人承担。

3. 应按照缔约过失承担民事责任

评标阶段,合同还没有订立,处于谈判磋商阶段,因此,本阶段不能追究违约责任,只能根据《合同法》关于缔约过失的规定追究基于信赖利益造成的损失,因此,差旅费、标书制作费、工本费、图纸押金均应按照实际损失赔偿。投标保证金双倍返还。至于戊公司主张的预期利润不能得到法律支持,因为本案适用缔约过失责任,赔偿范围不包括预期利益损失。

(五)第五标段

(1)《工程建设项目施工招标投标办法》第15条规定,资格预审文件自出售至停止出售之日止,最短不得少于5个工作日。本案中,5月2日为星期一,截止时间应是5月8日下午,因此不应该停售资格预审文件。

(2)《评标委员会和评标办法暂行规定》第21条规定,发现投标人报价

过低时，评标委员会应要求该投标人书面说明并提交书面材料。本案中，评标委员会没有听取投标人申辩，直接将其作为废标，这个做法是不正确的。

（3）分别封装和补充材料都不应被拒收，因为投标阶段是要约，在投标截止日之前投标人提交的任何文件都是要约的组成部分。

（4）根据《招标投标法》，招标人如果改变招标范围应当至少在投标截止日期前15天通知所有投标人。否则，应相应延长投标日期。如果是开标阶段变更招标范围，应征得投标人同意，否则招标无效，招标人赔偿投标人经济损失。

（5）开标会应当由招标单位人员主持。

（6）公证处人员应明确是资格预审还是资格后审，如果已经通过资格预审，开标阶段不应当再进行审查。

（7）封口签项目经理名字的投标文件无效。

（8）于招标截止后3天正式开标不合理，应立即开标。

（9）评标委员会专家应占2/3，因此专家应当占4名。

（10）应当由招标单位人员主持。

（11）开标过程中，壬公司要求撤回投标无权收回投标保证金。

（12）中标单位应当由招标人来确定并发出中标通知书，招标投标办公室、招标代理单位、评标委员会均没有权利确定中标单位。但是，如招标单位授权前述单位确定中标单位并发出中标通知书，前述各单位确定中标单位并发出中标通知书的行为有效。

（13）招标单位与癸公司构成串标。如果招标投标开标中标合法，张三有权依据《合同法》关于居间合同的规定获得中介费，如果张三伙同招标人或者投标人从事违法活动，张三不仅违法还可能构成犯罪，当然无权获得所谓的中介费。

五、案例评析

项目发包主要有两种方式，即招标发包和直接发包。涉及政府采购的部分，发包的方式还包括竞争性谈判、单一来源、竞争性磋商、询价、必选等。而土地出让方式包括招标、拍卖和挂牌。

项目承包方式包括工程总承包（EPC）、施工总承包、专业分包、劳务分包、联合体承包等。不允许直接项目发包、转包、二次分包。

招投标是工程主体寻找合作伙伴的主要方式，是工程主体的一项主要的工作。

我国工程领域存在的问题根源在于发、承包市场，集中体现在工程招投标领域存在大量围标、串标、中标后签订"黑白合同"的现象。就本案而言，工程发包存在串标、转包、"黑白合同"、低于成本价投标等情况，这是工程承发包领域存在的痼疾。要杜绝这种现象，需要严格执行《建筑法》《招标投标法》和《政府采购法》，加大对工程领域违法违规现象的惩罚力度。例如，在一年的时间里，江西省赣州市查处了数百件工程串通投标案件，仅赣州市亮化工程就抓了十几名串通投标罪人员，对工程发包市场震动很大。此外，应当加大引进外资力度，学习发达国家工程承包经验，鼓励中国工程企业"走出去"，不仅到非洲、西亚承包工程，而且力争到欧洲、美国、加拿大等西方发达国家去承揽工程，接受国际工程发承包的洗礼。通过加大执法力度，扩大对外开放的程度，使我国发承包领域的风气得以净化。

六、本案需要思考的问题

（一）因招标投标导致合同无效的情形

（1）因招标人原因产生无效后果的情形：①建设工程必须招标而未招标的；②将工程肢解发包的；③招标人没有规划许可证等规划手续的；④设计要求违反工程建设强制性标准的；⑤招标人违反《招标投标法》程序导致中标无效的；⑥其他违反法律法规关于效力性强制规定的。

（2）因投标人原因产生无效后果的情形：①投标人不具备相关资质的，包括没有资质、超越资质和借用资质；②投标人低于成本价投标的；③投标人转包工程或者非法分包工程的；④投标文件违反工程建设强制性标准的；⑤投标人违反《招标投标法》程序导致中标无效的；⑥其他违反法律法规关于效力性强制规定的。

（3）中标合同无效的情形：①招标代理机构违反本法规定，泄露应当保密的与招标投标活动有关的情况和资料的，或者与招标人、投标人串通损害国家利益、社会公共利益或者他人合法权益的；②依法必须进行招标的项目的招标人向他人透露已获取招标文件的潜在投标人的名称、数量或者可能影响公平竞争的有关招标投标的其他情况的，或者泄露标底的；③投标人相互串通投标或者与招标人串通投标的，投标人以向招标人或者评标委员会成员行贿谋取中标的；④投标人以他人名义投标或者以其他方式弄虚作假，骗取中标的，中标无效，给招标人造成损失的，依法承担赔偿责任，构成犯罪的，依法追究刑事责任；⑤依法必须进行招标的项目，招标人违反本法规定，与投标人就投标价格、投标方案等实质性内容进行谈判的；⑥招标人在评标委员会依法推荐的中标候选人以外确定中标人的。

（4）中标后导致合同无效的情形：双方另行订立与中标合同实质性条款不一致的"黑合同"，或者以其他方式改变实质性条款，影响其他投标人中标的行为。

（二）中标后承诺让利的法律问题

1. 投标文件中承诺让利

在投标文件中承诺让利，属于投标人向对方发出的要约，只要对方承诺，合同即告成立。所以，投标文件中承诺让利并不违反法律的禁止性规定，是有效的行为。

2. 中标后签订合同承诺让利

中标后签订合同承诺让利，分主要条款实质性变更和非实质性变更，如为前者，便属于《招标投标法》禁止的行为，相应的合同条款无效。

（三）中标通知书的效力

按照合同法理论，承诺到达，合同成立。但是，招投标活动中，作为承诺的中标通知书到达后，还需在中标通知书发出30日之内签订书面合同。《合同法》第32条规定："当事人采用合同书形式订立合同的，自双方当事人签字或者盖章时合同成立。"这就产生了建设工程合同是在中标通知书到达时生效，还是在书面合同签章时生效的问题。

有学者认为，中标通知书相当于预约合同，其后订立书面合同相当于是一个磋商过程，最终签订本约合同，二者结合合同才生效。按照这种观点，当事人违反缔约义务只承担缔约过失责任，范围值只包括实际损失，而不包括期待利益。

但是，通说认为，预约合同只适用于要物合同和实践合同，例如质押、运输、仓储、保管等合同，《最高人民法院关于审理买卖合同纠纷案件适用法律问题的解释》第2条和《最高人民法院关于审理商品房买卖合同纠纷案件适用法律若干问题的解释》第5条也对预约合同作了规定。

根据《最高人民法院关于审理建设工程施工合同纠纷案件适用法律问题

的解释（二）》的立法精神。中标通知书到达时即为合同生效，因为该解释第10条规定，施工合同与招投标文件、中标通知书矛盾时，以后者为准。这就确立了招投标文件和中标通知书比施工合同更重要的地位。招投标文件和中标通知书这样重要的地位当然决定了其成立与生效即为当事人之间的合同成立并生效。

事实上，招投标法之所以要在中标通知书发出后要求签订书面合同，原因是施工合同过于复杂，招投标文件和中标通知书难以覆盖全部合同内容，因此，要通过合同书形式，例如，九部委的标准系列、住房和城乡建设部的示范文本系列再签订一份系统、完整的合同，使当事人的权利义务更加全面、清晰和可操作。

（四）几种招标情形的合同效力认定以及结算方法

参照江苏省高级人民法院于2008年6月制定的《关于审理建设工程施工合同纠纷案件若干问题的解答》以及2019年2月1日起实施的《最高人民法院关于审理建设工程施工合同纠纷案件适用法律问题的解释（二）》，对于实践中招标活动中出现的几种情况，应当区分不同情况做如下处理：

（1）法律法规规定必须招标的工程（简称"必招工程"），实际依法履行了招标手续的，合同有效，以中标合同作为工程价款的结算根据。若中标合同无效但工程验收合格的，参照施工合同对工程进行结算；若存在多份合同，则按照双方实际履行的合同结算。

（2）必招工程实际未招标的，双方签订的合同无效，若工程验收合格，参照施工合同对工程进行结算。

（3）法律法规不强制招标，实际上通过招标发包工程的，按照中标合同结算。

非16号令和843号文件规定的工程即不是必须招标的工程（简称"非招工程"），可以不招标，也可以招标。但是，只要采用招标方式发包，就必须适用《招标投标法》。

非招工程与必招工程存在重大区别：非招工程可以就部分工程招标，可以自主选择公开招标还是邀请招标；非招工程在编制资格预审文件和招标文件时自由度较大，也不需要在指定媒介上发布招标公告。

有观点认为，"黑白合同"只存在于必招工程之中，非招工程无所谓"黑白合同"，因为非招工程没有备案的中标合同，也就是所谓的"白合同"。既然没有了"白合同",也就没有了"黑合同"。

《最高人民法院关于审理建设工程施工合同纠纷案件适用法律问题的解释（二）》第9条对《最高人民法院关于审理建设工程施工合同纠纷案件适用法律问题的解释》做了延伸规定："发包人将依法不属于必须招标的建设工程进行招标后，与承包人另行订立的建设工程施工合同背离中标合同的实质性内容，当事人请求以中标合同作为结算建设工程价款依据的，人民法院应予支持，但发包人与承包人因客观情况发生了在招标投标时难以预见的变化而另行订立建设工程施工合同的除外。"也就是说，即使是非招工程，只要采用了招标方式发包，就必须遵守《招标投标法》的规则。另行订立的建设工程施工合同背离中标合同的实质性内容，同样属于"黑合同"。

《最高人民法院关于审理建设工程施工合同纠纷案件适用法律问题的解释（二）》第9条规定的中标合同，指的是中标的投标书以及中标通知书签订的合同书。

《最高人民法院关于审理建设工程施工合同纠纷案件适用法律问题的解释（二）》第9条规定的"客观情况"，指的是国家政策的变化、材料和设备的价格剧烈波动、人工费单价的变化和规划设计的重大变化等等。

《最高人民法院关于审理建设工程施工合同纠纷案件适用法律问题的解释（二）》第9条规定的"客观情况"变化与工程变更不同，前者是当事人意志以外的因素，后者是当事人的主观意志。前者难以预见，而后者是当事人有计划的行为，是可以预见的。当客观情况发生了在招标投标时难以预见的变化时，如果仍然墨守成规，将使当事人的权利义务关系失衡，不利于合同的履行。因此，在此种情况下，允许当事人对实质性内容进行变更。

（4）不强制招标，实际也未招标的，按照意思自治原则以当事人签订的合同作为工程价款的结算依据。

（五）建设工程合同备案制在合同效力认定中的作用

《招标投标法》没有规定中标合同必须备案。

住房和城乡建设部于2001年6月1日颁布的《房屋建筑和市政基础设施工程招标投标管理办法》规定：订立书面合同7日内，中标人应当将合同送工程所在地县级以上地方人民政府建设行政主管部门备案。

2018年5月14日发布的《国务院办公厅关于开展工程建设项目审批制度改革试点的通知》（国办发［2018］33号）取消了施工合同备案、建筑节能设计审查备案等制度。《招标投标法》没有规定备案制度，因此不能以是否备案这个事实来认定合同效力。

关于黑白合同的处理，《最高人民法院关于审理建设工程施工合同纠纷案件适用法律问题的解释（二）》与《最高人民法院关于审理建设工程施工合同纠纷案件适用法律问题的解释》最大的区别就是，前者以中标合同作为工程结算依据，后者以备案的中标价合同作为结算依据。对比之下，无论必招工程还是非招工程，《最高人民法院关于审理建设工程施工合同纠纷案件适用法律问题的解释（二）》均不再将备案作为认定合同效力的依据。

尽管《最高人民法院关于审理建设工程施工合同纠纷案件适用法律问题的解释（二）》均不再将备案作为认定合同效力的依据，但是对于必招工程来讲，招标人仍然应当按照《招标投标法》第47条的规定，于确定中标人之后7日内到建设行政主管部门提交书面报告。

第三章
建设工程勘察纠纷案例

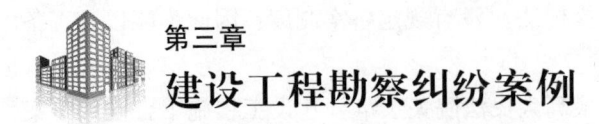

一、案情简介

甲房地产开发公司开发某市阳光格调小区。其中，5号楼由6个单元组成，每2个单元设一道变形缝。一单元地上6层，地下2层。二单元到六单元地上6层，地下2层。楼长80.7米，正负零相当于绝对高程815.2米。一单元到二单元（30轴~44轴）钢筋混凝土剪力墙结构，三单元到六单元（1轴~29轴）砖混结构。基础形式为钢筋混凝土条形基础，局部筏板基础（38轴~44轴）。乙岩土公司对1号楼进行地质勘察，并出具了《勘察报告》。2011年6月，工程竣工验收合格并交付使用。

2015年5月，5号楼三单元01户墙阳台垭口梁断裂，02户墙体全部出现裂缝。2015年10月，受诉法院委托某省工程质量司法鉴定中心对裂缝原因进行鉴定分析。某省工程质量司法鉴定中心委托某省建研建筑设计有限公司于2016年10月对该楼地基进行现场检测性勘察，委托某省建筑工程质量检测中心对该楼单桩复合地基承载力、桩间土承载力、天然地基承载力进行现场检测。2015年7月到2016年12月期间，受委托方共对该楼进行了三次主体结构检测和沉降观测。

鉴定结论如下：(1) 地质详细勘察未能有效查明填土的填埋范围，该建筑中部三单元两侧存在未经处理的软弱填土；地质详细勘察未能有效查明东侧一单元的岩石地基；未能有效查明西部四单元至六单元基础下的工程地质情况。在这种情况下确定的地基处理方案不合理，这是地基不均匀沉降的主要原因。(2) 该建筑地基主要持力层范围内具有湿陷性，灰土垫层施工质量差，肥槽回填土质量差，回填土大面积沉陷，易导致地表水排水不畅、下渗，对建筑物的地基沉降有明显不利影响。(3) 该建筑中部二单元到四单元室内房心和室外场地大面积填土抬升，施工新增回填土厚度大，建筑场地堆载较大，对建筑物的地基沉降有不利影响。(4) 地基换填土顶部抬高1.34米与沉降裂缝有关，勘察单位应对地基换填土顶部抬高 1.34 米承担责任。

二、建设工程勘察的相关法律知识

1. 《建设工程勘察设计管理条例》2017 年 10 月 7 日最新修订。
2. 《岩土工程勘察规范》（GB50021-2001）。
3. 《建筑地基基础设计规范》（GB50007-2011）。
4. 《建筑地基处理技术规范》（JGJ79-2012）。
5. 《湿陷性黄土地区建筑规范》（GB50025-2004）。
6. 《民用建筑可靠性鉴定标准》（GB50292-2015）。

三、本案焦点问题

（一）5 号楼出现沉降、裂缝的原因。

（二）鉴定部门出具的《司法鉴定意见书》及《某市阳光格调 5 号住宅楼地基沉降原因分析的有关情况说明》（以下简称《情况说明》）的合法性和法律效力。

（三）房地产开发公司组织建筑公司、监理公司对 5 号楼进行加固的合法性以及加固效果。

（四）房地产开发公司提供的有关经济损失证据的真实性、关联性和合法性。

（五）施工单位、设计单位、勘察单位、监理单位、地基检测单位、地基处理单位对楼房沉降开裂应负的责任以及责任比例。

四、开庭经过和判决结果

（一）原告甲房地产开发公司的诉讼请求

①被告承担地基加固费用 800 万元；②承担安置住户等实际损失；③承担鉴定费；④承担诉讼费。

（二）被告乙岩土公司的答辩意见

某省工程质量司法鉴定中心根据法院委托出具的《司法鉴定意见书》以及《情况说明》认为：原告依据其分析结论认为我单位对 5 号楼地基不均匀负有责任。我单位不同意鉴定中心的分析意见，对 5 号楼地基不均匀不承担责任，理由如下：

1. 关于"地质详细勘察未能有效查明填土的填埋范围,该建筑中部三单元西侧基础下存在未经处理的软弱填土"的鉴定结论

鉴定方通过实验,发现 k4、k8、k9、k16、k17 范围内 1 层填土贯基数平均值为 3.2,(比《勘察报告》的平均值 8.6 降低了 60%),平均值为 4.3(比《勘察报告》的平均值 7.88 降低了 45%),因此认为 5 号楼中部三单元西侧基础下存在未经处理的软弱填土,进而导致楼房地基不均匀沉降。所以,勘察方负有责任。

我单位认为,鉴定单位经过勘察,得出上述数据后,应当进一步全面、综合地分析导致该结果的原因,考虑出现沉降的时间跨度,结合《勘察报告》分析,填土四五年中可能发生的变化以及引起变化的多种因素,排除其他因素因素,最终得出与沉降存在必然因果联系的原因。可是,纵观《司法鉴定意见书》,鉴定方得出勘察数值后,没有对产生该数值背后的诸种因素进行综合分析并排除合理怀疑,直接认为勘察方负有责任。对此,我单位不能苟同。理由如下:

根据《司法鉴定意见书》,5 号住宅楼于 2011 年 6 月竣工,2015 年 5 月业主反映室内墙体有不同程度的开裂。从竣工到发现墙体开裂,期间的时间差是 4 年。而在阳光格调的另一起工程质量纠纷案件中,8 号楼也于 2010 年 12 月竣工,2011 年 5 月交房,2015 年 4 月业主反映室内墙体有不同程度的开裂。

首先,如果该建筑存在未经处理的软弱填土,应当在基础或者主体落成的时候就开始沉降,不会等到 4 年以后。其次,两栋楼在竣工后的 4 年之中一直没事,2015 年都发生沉降裂缝,说明两栋楼的沉降可能存在共同的原因。因此,即使 5 号楼中部三单元西侧基础下存在未经处理的软弱填土,也不能解释为什么两栋楼都在 2015 年四五月份沉降。最后,我单位在详细勘察期间查明 5 号楼场地内 1 层填土标贯基数共计 18 个,最大值为 9.9,最小值为 7.4,平均值为 8.6;土工试验 10 组,压缩模量最大值为 9.55,最小值为 6.62,平均值为 7.88。上述数据均反映该层填土为中低压缩性土且具有良好承载力(《勘察报告》提供的数值为 170kpa,鉴定方给出的鉴定值为不低于 150kpa,两者并不矛盾),该场地内 1 层填土全部为甲方分层碾压回填而成,施工回填参数一致,回填土的密实程度也应该一致,故建设场地内存在经人工分层碾压回填的填土,而非软弱填土。5 号楼从基础施工开始,有定期沉降观测记录,直到工程竣工验收。期间,如果沉降数值异常,工程便不能通过

验收。竣工后，有关单位仍然会在一定期限内保持沉降观测。从沉降观测记录来看，5号楼在观测期间内并没有发生沉降异常。这个结果与我单位《勘察报告》结果能够相互印证，说明《勘察报告》提供的数值是没有问题的。

所以，理论和实践的结果都证明，我单位的勘查结果是正确的，5号楼施工期间三单元西部不存在软弱填土。

2. 关于"地质详细勘察未能有效查明东侧一单元的岩石地基"的鉴定结论

我单位详勘阶段没有查明东侧一单元的岩石部分，但是基槽开挖后发现了一单元的岩石部分，并会同各方进行妥善处理，对此，验槽记录有详细记载。可以说，这不是5号楼发生沉降的原因。

勘察过程包括两个阶段，即详勘阶段和施工验槽阶段。囿于技术的限制，勘察活动对地下的观察了解具有局限性，但可以在基槽开挖后予以校核修正。就5号楼而言，勘察时未发现岩石，但是基槽开挖发现岩石后已经给予了补正，鉴定方在施工技术资料中本应发现这一点。

3. 关于"未能有效查明西部四单元至六单元的工程地质情况"的鉴定结论

《勘察报告》中四单元至六单元的探孔确实存在孔深不足的问题，但是已经在2010年2月25日做了补充勘察。依据《岩土工程勘察规范》(GB50021-2001)第4.1.18条的规定，需要揭露到绝对标高797.5米，我单位补充勘察加大孔深到796.61米和795.91米，完全满足规范要求。所以，对勘察单位而言，不存在"未能有效查明西部四单元至六单元的工程地质情况"。

总之，5号楼竣工验收合格，却在使用4年后的2015年发生沉降现象。我单位认为，导致沉降的原因很可能出现在产生沉降前的一段时间。如果多栋楼宇均发生沉降，很可能存在一个共同的原因，对此，应当结合沉降的时间、场地范围综合分析，查明楼宇沉降的必然因果关系。通过以上分析，原告依据《司法鉴定意见书》以及《情况说明》起诉我单位的理由不成立，5号楼的沉降裂缝与我单位没有关系。请人民法院驳回原告的诉讼请求。

(三) 原告甲房地产开发公司的证据

(1) 委托勘察的《建设工程勘察合同》以及补充协议；

(2) 2016年1月10日某省工程质量司法鉴定中心《司法鉴定意见书》，证明原告的损失与被告的过错存在因果联系；

(3) 原告的具体经济损失440万元，如下图所示；

（4）鉴定费 85 万元、诉讼费 5 万元。

	工程款		维修过度费用		其他相关费用	
北方建筑公司	200 万元	2016 年 5 月 25 日	每户 2000 元过渡补助费	2015 年 11 月（工 7 个月）	去北京接访 3000 元	2015 年 10 月 15 日
某省建筑科学研究院	25 万元	2015 年 10 月	每户 2000 元冬季采暖补助费	2015 年至 2016 年	去北京接访 25 000 元	2015 年 12 月 27 日
某省建筑科学研究院	10 万元	2015 年 6 月	过渡费、采暖费		搬家费	2016 年 6 月 5 日
某省建筑科学研究院	17 万元	2016 年 6 月			三单元 101 装修费	42 000 元
朔方监理公司	10 万元	2016 年 6 月 22 日			四单元 101 装修费	30 000 元
大毛工程队	25 万元	2016 年 6 月 3 日			自来水管道维修	1200 元
五号建筑公司	13 万元	2017 年 8 月 18 日				
原告	13 000 元					
原告	1400 元					
原告						
	合计约 2 531 621 元		合计约 1 248 000 元		合计约 10 万元	
	合计约 400 万元					

（四）被告乙岩土公司对原告甲房地产开发公司所举证据的质证意见

对第一组证据：无异议；对第二组证据：对证据形式、证据的真实性、合法性、关联性、证据内容以及证明目的均有异议。

首先，对司法鉴定部门 2017 年 3 月 17 日出具的《情况说明》的异议。

1. 对证据形式有异议

（1）法院的委托书要求对责任主体进行补充鉴定，因此，这份证据的形式应当符合委托书的要求，采用补充鉴定的形式。但是，鉴定中心却以单位信函的形式出具了一份《情况说明》，这个证据形式已经不再是司法鉴定。

（2）没有加盖司法鉴定专用章，也说明《情况说明》不属于司法鉴定。

（3）鉴定人签章不完整，没有加盖鉴定人执业专用章。

综上，《情况说明》不具有司法鉴定的证明力。

2. 对真实性有异议

（1）证据形式有严重瑕疵，因而不具备真实性。

（2）鉴定人到场鉴定时，没有通知我单位到场，也没有请监理公司进行监督，因此，鉴定行为是否发生，数据、图纸是否真实均有疑问。

3. 对合法性有异议

（1）没有出具《司法鉴定许可证》，难以判断鉴定中心的业务范围，以及其是否在年检有效期内。

（2）没有加盖司法鉴定专用章，违反了《司法鉴定通则》的规定。

4. 对关联性有异议

《情况说明》根据 "5 号楼三单元西侧基础下存在未经处理的软弱填土" 就认为我单位对此有责任，该推断非常不严谨。

（1）该填土是不是勘察阶段的填土，也就是此填土是不是彼填土，这个问题尚不清楚，不能确定事故的责任主体。

（2）没有对软弱填土形成的原因进行分析。退一步讲，即使存在软弱填土，其形成原因也是多方面的，只有排除其他多种可能，才能确定我单位与此填土的因果联系。但是，《情况说明》显然没有对此进行分析，直接认定勘察单位没有查明该软弱填土的存在。

5. 对证据内容有异议

（1）认为没有查明一单元的岩石地基，因而勘察单位有责任。事实上，这个问题开槽后已经被发现，经过各方协商，已拿出处理方案，已被解决。因此，这个问题不是沉降裂缝的原因。

（2）认为四单元到六单元未能有效查明基础下的地质情况，因而勘察方有责任。事实上，我单位已经对四单元到六单元进行了补充勘察，地下地质情况已经有效查明。

综上，原告的证明目的不能成立。

其次，对《司法鉴定意见书》存在异议。

1. 对真实性有异议

（1）《司法鉴定意见书》的数据以某省建筑工程质量检测中心《检测鉴定报告》（冀建检 2017-0579）为依据。该《检测鉴定报告》称："骑缝处未加盖某省建筑工程质量检测中心检验检测专用章无效。"但该《检测鉴定报告》也没有加盖骑缝章。因此，《检测鉴定报告》（冀建检 2017-0579）无效，《司法鉴定意见书》的数据就失去了支撑，就不具备真实性。

（2）鉴定人到场鉴定时，没有通知我单位到场，也没有请监理公司进行监督，因此鉴定行为是单方行为，是否如鉴定方所言的那样检测，数据、图纸存有真实性存有疑问。

2. 对合法性有异议

（1）没有出具《司法鉴定许可证》，难以判断鉴定中心的业务范围，以及其是否在年检有效期内。

（2）没有经过委托人、当事人的同意，便于 2016 年 10 月 17 日私自委托某省建研建筑设计有限公司对进行现场检测性勘察，私自委托某省工程质量检验监督中心对复合地基承载力、桩间土承载力、天然地基承载力进行检测，违反了《民法通则》第 68 条关于转委托的规定，该转委托行为无效。

（3）《司法鉴定报告》部分数据来自河北省建筑工程质量检测中心出具的检测报告，而河北省建筑工程质量检测中心是原告未和工程各方当事人协商单方委托的单位，该报告不具备中立性。

（4）使用的检材没有经过工程各方当事人质证，以此检材作为支撑材料得出的结论不具备合法性。

最后，对第三组证据的异议如下：

1. 对真实性有异议

（1）2015 年，原告对 5 号楼进行勘察、设计、施工等，没有通知我单位参加，我单位在毫不知情的情况下，对勘察、设计、施工工作产生的费用存在异议；

（2）各种费用、工程款均由原告单方行为产生，没有计量报告。未见监理师签字，没有经第三方审计。因此，对其真实性存在异议。

2. 对合法性有异议

（1）对某市北垣建筑有限公司是否具有建筑物加固资质存在异议。

（2）原告与某市北垣建筑有限公司签订《建设工程施工合同》，但是加固工程款却支付给张某，某市北垣建筑有限公司可能并没有参与加固，该加固工程的实际施工人有可能是挂靠施工的张某。

（3）对某省建研建筑设计有限公司就5号楼的加固处理出具的施工图纸的合法性有异议，因为该图纸没有加盖审图章，违反了《建设工程质量管理条例》第11条的规定。

（4）对原告与某市北垣建筑有限公司签订的《建设工程施工合同》有异议，因为合同标的达253万余元，违反了《招标投标法》第3条、《工程建设项目招标范围和规模标准规定》第7条的规定。

（5）按照国家标准的合同约定，施工方对主体基础地基的维修责任至少50年。根据本条规定，工程出现质量问题，房地产开发公司应当书面通知施工单位维修。然而，房地产开发公司没有书面通知，就组织其他单位或者个人进行施工加固。在这种情况下产生的费用我单位不承担责任。

3. 对关联性有异议

5号楼基础下沉、房屋裂缝与我单位从事的勘察工作没有因果联系，因此第三组证据与我单位没有关联性。

（1）原告于2015年后的勘察、设计、监理、施工等相关工作未通知我单位参加，我单位没有参与委托、论证、施工等工作，无法判断原告所列工程量的必要性、真实性，因此第三组证据与我单位没有关联性。

（2）加固方案仅对结构进行了加固，没有对地基进行加固。如果经结构加固已经达到效果，说明5号楼沉降裂缝的原因是结构问题。如果没有达到效果，就不是地基加固产生的费用，就和我单位没有任何关系。

（3）鉴定前使用环境已经改变，结构受力形式已经改变，由此得出的地基分析不科学、不严谨。

（4）阳光格调小区零星维修工程与地基下沉、墙体裂缝、地基加固工程无关，2017年9月1日支付给亚星建筑公司的工程款与本案不具关联性。

（5）2016年11月23日的垃圾清运与地基下沉、墙体裂缝、地基加固工程无关。

（6）2015年10月15日到2017年1月19日5号楼的相关费用与地基下

沉、墙体裂缝、地基加固无关。

(7) 2016年6月21日至2017年9月1日支付张某的工程款与地基下沉、墙体裂缝、地基加固无关，原告与某市北垣建筑有限公司签订的《建设工程施工合同》，该款项应当支付给某市北垣建筑有限公司。

(8) 2015年和2016年支付给住户的过渡费和采暖费，我单位不知情、未参与，与我单位不具有关联性。

总之，5号楼出现地基下沉、墙体裂缝现象，这是各方都不愿意看到的。我单位与开发单位一起寻找地基下沉、墙体裂缝的原因，如果我单位在勘查工作中有失误，并且失误与地基下沉、墙体裂缝存在必然的因果联系，我单位愿意承担责任。但是，就目前原告提供的证据来看，证据在形式、内容、真实性、合法性、关联性以及证明目的等方面均存有瑕疵，其证据不足以证明我单位的勘察工作与地基下沉、墙体裂缝存在必然的因果联系。根据"谁主张，谁举证"的原则，原告应当就其主张提供充分证据，在证据不充分、不确凿的情况下，其主张不应得到支持。请人民法院驳回原告的诉讼请求。

（五）被告乙岩土公司的证据

证据目录

序号		证据名称	证明目的	页数	页码	备注
第一组	1	营业执照	具有从事勘察工作的资质	1	1	
	2	资质证书		1	2	
第二组	1	《岩土工程勘察报告》原位指标统计表和物理力学指标统计表	勘察单位有效查明了填土的填埋范围，截至验槽期间，5号楼三单元西部基础下面不存在软弱填土。			
	2	《司法鉴定意见书》中的地基钎探记录				
	3	《司法鉴定意见书》中的施工日志记录				

续表

序号		证据名称	证明目的	页数	页码	备注
第三组	1	5号楼地基基础验收记录	5号楼竣工验收期间没有出现沉降异常，竣工验收合格。直到2015年5月才由业主反映墙体有不同程度的开裂。	10		
	2	2010年8月23日至2011年4月15日5号楼沉降观测记录				
	3	《司法鉴定意见书》第1页				
第四组	1	《司法鉴定意见书》的地基验槽记录以及附图	岩石部分用液压高全部清除，用素土回填至-11.8米（夯扩挤密桩顶）并分层碾压，压实系数大于等于0.97，然后做1米的三七灰土至-10.8米（垫层顶），并分层夯实。	5		
	2	设计单位出具的基层露出部位沉降计算书	勘察单位在验槽阶段发现了一单元的岩石部位，并进行了校核和修正，有效查明了该部位岩石地基分布情况并进行了妥善处理。这个问题没有导致5号楼发生沉降开裂。			
	3	该部位的处理方案				
第五组	1	2010年2月25日某市阳光格调住宅小区5#住宅楼岩土工程补充说明	我单位已经对四单元到六单元进行了补充勘察，《岩土工程勘察规范》要求揭露到797.5米，而本次勘察探孔深度ZK147和ZK151分别达到796.61米和795.91米，满足规范要求。	6		

（六）原告甲房地产开发公司对被告乙岩土公司所举证据的质证意见

对第一组无异议，对其他均有异议；鉴定意见已经明确7#沉降裂缝员因以及各方责任，在此不再赘述；乙岩土公司的《勘察报告》显示该楼东部未见岩石，角砾层顶面位于设计基底下8.29米~9.69米，但施工验槽记录显示该处岩石顶部标高已经处处基底设计标高；勘察孔平面布置图与剖面图不一致；该楼西部勘察孔的深度小于《岩土工程勘察规范》强制条文要求的深度；尽管勘察公司进行了处理，但并没有全部处理掉。按照实际地质情况应从23

轴开始处理，勘察报告要求处理的范围是 25 轴~44 轴，但在实际处理中却是从 28 轴开始处理，三单元所处的 25 轴~27 轴恰恰没有被处理，从而导致建筑物不均匀沉降。

勘察公司所做的《补勘报告》仅仅是对西部勘察孔的深度不够部分进行的补充勘察，数据过于简单，并没有提供该处楼房地基完整的物理学参数。还需要说明的是，该报告并没有在档案馆备案存档。

综上，勘察公司仍需要承担违约赔偿责任。

（七）证据交换和鉴定专家出庭接受质证

第一次开庭，合议庭组织证据交换。

第二次开庭，首先是司法鉴定部门出庭接受询问。

勘察方提出的问题：(1) 做《地基检测性报告时》，是否在 7 号楼周围挖探孔？(2)《司法鉴定报告》是否引用了 2015 年 11 月 30 日某建筑研究院所做《补勘报告》的数据？《补勘报告》为什么不进入《司法鉴定报告》？请庭后提交。(3) 检材的来源，是否经过质证？是否征求了各被告的意见？仅凭从一方搜集的证据进行分析，作出的结论是否可靠？(4) 软弱填土与勘察方的因果联系，是否合理排除了其他因素（毕竟中间经过了 7 年）？(5) 为什么缺那么多资料？这种情况下作出的结论是否可靠？(6) 建研院、工程质量检测中心与司法鉴定中心的法律关系是什么？(7)《补勘报告》是否在建筑周围挖了探孔？(8) 鉴定费为 85 万元，远远超过市场价格，请提供收费依据。

司法鉴定专家回答：(1) 仅在房心挖空取样，没有在中卫挖孔。(2) 引用了《补勘报告》的数据，虽然没有进入《司法鉴定报告》，但是已经将该《补勘报告》提交法院。(3) 资料从档案馆收集，没有经过质证。(4) 回填的软弱填土中有垃圾，即使经过 7 年也能看出是未经处理的回填土，勘查不到就是勘察单位的责任；勘察孔平面布置图与剖面图不一致；该楼西部勘察孔的深度小于《岩土工程勘察规范》强制条文要求的深度；尽管勘察公司进行了处理，但并没有全部处理掉。按照实际地质情况应从 23 轴开始处理，勘察报告要求处理的范围是 25 轴~44 轴，但在实际处理中却是从 28 轴开始处理，三单元所处的 25 轴~27 轴恰恰没有被处理，从而导致建筑物不均匀沉降。(5) 很多资料没有签字没有盖章，因而没有引用。(6) 与本案无关。(7)《补勘报告》是否在建筑周围挖了探孔。(8) 请到司法鉴定单位官网查询。

专家出庭接受询问后，开始法庭辩论。

原告方：勘察单位对建筑物沉降负有不可推卸的责任，应当承担违约赔偿责任，对未发生的加固维修费用保留诉权。

勘察单位的《代理词》

5号楼三单元发生沉降、裂缝是客观事实，作为5号建设的参与方，我们非常痛惜。自知道7号楼裂缝以来，我们也在凤夜思虑，5号楼裂缝的原因出在哪里，我们也认真考虑过，如果是因为我公司勘察失误导致这个结果，我们绝不回避责任。因此，接到《司法鉴定意见书》后，我们不是不加思考地加以排斥，而是认真地学习，结合我们参与的过程阶段分析5号楼发成沉降裂缝的原因。

我们发现，尽管《司法鉴定意见书》提供的很多数据信息很有价值，但是却没有找到5号楼沉降裂缝的真正原因。它在检材未经质证、资料缺失、刻意隐瞒一些重要信息，甚至资料造假的情况下，不可能在沉降裂缝与勘察方的工作之间建立起必然的因果联系。我们承认，我们的工作确实存在一些失误，但是这些失误不是导致5号楼沉降裂缝的原因。因此，我们认为《司法鉴定意见书》认为我公司对5号楼沉降裂缝负有责任的判断理由不足，难以服人。

（一）原告据以主张权利的《司法鉴定意见书》和《某市阳光格调5号住宅楼地基沉降原因分析的有关情况说明》（以下简称《情况说明》）在形式和内容方面存在重大瑕疵，不应作为定案的依据

1. 《情况说明》划分了工程各方的责任，原告按照《情况说明》追究工程各方的违约赔偿责任。上述《情况说明》没有加盖司法鉴定机构的司法鉴定专用章，《司法鉴定程序通则》第38条规定"司法鉴定意见书应当加盖司法鉴定机构的司法鉴定专用章"，所以《情况说明》不具有司法鉴定的效力，不能作为原告主张违约赔偿责任的基础。

2. 《司法鉴定意见书》没有附某省司法厅颁发的《司法鉴定许可证》。《全国人民代表大会常务委员会关于司法鉴定管理问题的决定》第9条第2款规定："鉴定人和鉴定机构应当在鉴定人和鉴定机构名册注明的业务范围内从事司法鉴定业务。"《司法鉴定意见书》没有附河北省司法厅颁发的《司法鉴定许可证》，无法判断某省工程质量司法鉴定中心有没有鉴定资格、是否在注册的业务范围内从事鉴定业务、是否履行鉴定机构的年检手续。

3.《司法鉴定意见书》的数据以某省建筑工程质量检测中心《检测鉴定报告》(冀建检2017-0579)为依据。该《检测鉴定报告》称:"骑缝处未加盖河北省建筑工程质量检测中心检验检测专用章无效。"但该《检测鉴定报告》未加盖骑缝章。《检测鉴定报告》(冀建检2017-0579)无效,《司法鉴定意见书》的数据没有支撑,就不具备真实性。

4.《司法鉴定程序通则》第15条规定:"具有下列情形之一的鉴定委托,司法鉴定机构不得受理:(一)委托鉴定事项超出本机构司法鉴定业务范围的;(二)发现鉴定材料不真实、不完整、不充分或者取得方式不合法的……"而在本案《司法鉴定意见书》第12页中,鉴定机构自己认为:对存档资料的分析,主要存在存档资料中监理资料大量缺失等方面的问题。

可见,在资料缺失的情况下,鉴定的结果必然失去客观性。

5.《司法鉴定意见书》存在造假现象。我单位申请法院到某市建筑档案馆调取的《地基验槽记录》与《司法鉴定意见书》中的地基验槽记录存在重大区别。同一天的两份验槽记录的人员签字绝大多数不一样:监理单位和勘察单位签字人员不同、建设单位和施工单位签字人数不同;初验结论中,法院提取的地基验槽记录有"槽底土质与勘察报告基本相符"字样,而《司法鉴定意见书》中的地基验槽记录中则没有这句话。

在同一问题上的两个互相矛盾的证据必有一假,对此,我们认为《司法鉴定意见书》存在造假现象。

总之,作为原告主张权利基础的《司法鉴定意见书》在内容和形式、真实性和合法性都存在重大瑕疵,应当认定原告证据不足,并驳回原告诉讼请求。

(二)《司法鉴定意见书》以及《情况说明》认为我单位对5号楼地基不均匀沉降负有责任,其分析理由没有依据

1.关于"地质详细勘察未能有效查明填土的填埋范围,该建筑中部三单元西侧基础下存在未经处理的软弱填土"。

鉴定方通过实验,发现k4、k8、k9、k16、k17范围内1层填土贯基数平均值3.2,(比《勘察报告》的平均值8.6降低了60%),平均值4.3(比《勘察报告》的平均值7.88降低了45%),因而认为5号楼中部三单元西侧基础下存在未经处理的软弱填土,进而导致楼房地基不均匀沉降。因而勘察方负有责任。

我单位认为，鉴定单位经过勘查，得出上述数据后，应当进一步全面、综合分析导致这个结果的原因，考虑出现沉降的时间跨度，结合《勘察报告》分析填土四五年中可能发生的变化以及引起变化的多种因素。排除其他因素因素，最终得出与沉降存在必然因果联系原因。可是，纵观《司法鉴定意见》，鉴定方得出勘察数值后，没有对产生该数值背后的诸种因素进行综合分析并排除合理怀疑，直接认为勘察方负有责任。对此，我单位不能苟同。理由如下：

根据《司法鉴定意见书》，7号住宅楼2011年6月竣工，2015年5月业主反映室内墙体有不同程度的开裂。请合议庭注意，从竣工到发现墙体开裂，期间的时间差是4年。

在阳光格调的另一起工程质量纠纷案件中，14号楼也2010年12月竣工，2011年5月交房，2015年4月业主反映室内墙体有不同程度的开裂。

首先，如果该建筑存在未经处理的软弱填土，应当在基础或者主体落成的时候就开始沉降，不会等到4年以后。

其次，两栋楼竣工后长达4年没事，2015年都发生沉降裂缝，说明两栋楼的沉降可能存在共同的原因，因此，即使5号楼中部三单元西侧基础下存在未经处理的软弱填土，也不能解释两栋楼都在2015年四五月份沉降这个原因。

最后，我单位在详细勘察期间查明5号楼场地内1层填土标贯基数共计18个，最大值9.9，最小值7.4，平均值8.6。土工试验十组，压缩模量最大值9.55，最小值6.62，平均值7.88；上述数据均反映该层填土为中低压缩性土且具有良好承载力（勘察报告提供170kpa，鉴定方给出的鉴定值不低于150kpa，两者并不矛盾），该场地内1层填土全部为甲方分层碾压回填而成，施工回填参数一致，回填土的密实程度也应该一致，故建设场地内存在经人工分层碾压回填的填土，而非软弱填土。

5号楼从基础施工开始，有定期沉降观测记录，直到工程竣工验收。期间如果沉降数值异常，工程不能通过验收。竣工后，有关单位仍然会在一定期限内保持沉降观测。从沉降观测记录来看，5号楼在观测期间内并没有发生沉降异常。这个结果与我单位勘察报告结果能够相互印证，说明勘察报告提供的数值是没有问题的。

所以，理论和实践的结果都证明，我单位的勘察结果是正确的，5号楼施工期间三单元西部不存在软弱填土。

2. 关于"地质详细勘察未能有效查明东侧一单元的岩石地基"。我单位详勘阶段没有查明东侧一单元的岩石部分，但是基槽开挖后发现了一单元的岩石部分，并会同各方进行妥善处理，对此，验槽记录有详细记载。可以说，这不是5号楼发生沉降的原因。

勘察过程包括两个阶段，即详勘阶段和施工验槽阶段。囿于技术的限制，勘察活动对地下的观察了解具有局限性。但可以在基槽开挖后予以校核修正。就5号楼而言，勘察时未发现岩石，但是基槽开挖并发现岩石后已经给予了补正，鉴定方在施工技术资料中本应当发现这一点。

3. 关于"未能有效查明西部四单元至六单元的工程地质情况"。《勘察报告》中四单元至六单元的探孔确实存在孔深不足的问题，但是已经在2010年2月25日做了补充勘察。依据《岩土工程勘察规范》（GB50021-2001）第4.1.18条规定，需要揭露到绝对标高797.5米，我单位补充勘察加大孔深到796.61米和795.91米，完全满足规范要求。所以对勘察单位而言，不存在"未能有效查明西部四单元至六单元的工程地质情况"。

（三）《司法鉴定意见书》以及《情况说明》找到了被告勘察工作中的一些不足，就将这些不足作为5号楼沉降裂缝的原因。没有合理排除导致沉降的其他外力因素，如跑水、使用不当等，尤其是没有说明这些不足与5号楼沉降裂缝之间存在必然的因果联系，忽视了7号楼竣工交付4年才出现沉降这个因素。实际上并没有真正找到原因，遑论原因与被告的因果联系

《司法鉴定意见书》以及《情况说明》认为，5号楼沉降的原因就是建筑物23轴~28轴之间地基下面存在软弱填土，而勘察方没有查明这部分软弱填土，因而导致下沉开裂。

如果鉴定机构观点成立，那么5号楼就不应该在交付使用后才沉降裂缝，应当自软弱填土存在时就沉降裂缝。事实上，5号楼在2011年交付使用后直到2015年才开始裂缝，而且竣工期间以及竣工一年后的沉降记录也证明当时建筑没有出现沉降开裂。这一点就说明软弱填土不是5号楼沉降裂缝的原因。

退一步讲，即使软弱填土是5号楼沉降裂缝的原因，难道它存在的唯一原因就是勘察单位的责任吗？如果跑水、使用不当也能使7号楼沉降，那么鉴定单位必须在排除其他因素后才能得出结论。

再有需要注意的是，从 28 轴~44 轴进行挤密桩处理的范围是建设单位和勘察、设计、监理工方共同决定的，不是勘察单位一家决定的。

（四）原告主张的具体赔偿数额不应得到支持，理由如下

1. 关于所谓的加固费 3 563 591 万元：

（1）原告在没有通知法定维修人一建公司的情况下，擅自委托某市北垣建筑有限公司对 7 号楼进行加固，违反了《建筑法》《施工合同》约定。

（2）加固工程需要工程特种专业资质，而原告委托的某市北垣建筑有限公司没有加固资质，违反了《建筑业企业资质管理规定》。

（3）原告加固工程没有进行招投标，违反了《招标投标法》《工程建设项目招标范围和规模标准的规定》。

（4）原告委托某市北垣建筑有限公司对 5 号楼进行加固，但是却把全部工程款打给了一个叫作张某的自然人。如果张某参与工程加固，结果涉嫌挂靠施工，违反了《建筑法》规定；如果没有参与，那么张某与原告属于其他业务往来，与本案不具有关联性。

（5）加固所依据的施工图没有加盖审图公司的审图专用章，违反了《建设工程质量管理条例》的规定。这样的图纸根本不能被用在工程上。

（6）原告在司法鉴定前就进行了加固，在沉降原因不明的情况下，对 5 号楼进行了结构加固。而司法鉴定的结果是地基存在问题。也就是说，原告进行的是无效加固，与地基沉降原因南辕北辙。

（7）原告的结构加固可能加重了 5 号楼的负荷，起了相反的作用，原告对此负有责任。

（8）原告加固工程的工程量需要计量、审核，不能依据原告单方面的主张认定工程量和工程款。

违反法律禁止性规定的法律行为无效，原告与冀垣公司的法律行为无效，无效行为不受法律保护。没有查明原因的结构加固在技术上无效。因此，原告无权依据无效行为主张违约赔偿权利。

2. 关于所谓的过渡采暖费 1 248 000 万元。这个费用是因为原告错误的结构加固行为导致的，因此加固行为违法、技术上无效，不受法律支持，过渡采暖费也不应得到支持。这是原告违法行为、错误判断、无效加固应当付出的代价。

3. 关于所谓的其他费用 103 691.5 元。（代理观点同于书面质证意见）

(五) 司法鉴定单位在证据提供的问题上根据其主观意向存在取舍，故意不提供对勘察单位有利的重要证据

《司法鉴定意见书》第 3 页在鉴定依据（10）中列举了某省建研建筑设计有限公司于 2015 年 11 月所作的《某市天阳光格调 5 号楼补充岩土工程勘察报告》，但是，鉴定单位却没有将这个补充勘察报告装订进入《司法鉴定意见书》。通过我单位开庭时询问鉴定人，鉴定人承认这个补充勘察确实在 5 号楼周围挖了探坑。其实，外围探坑和房心的探坑结合起来，就能够说明 5 号楼是否发生过跑水事件，可是，鉴定单位一方面在《司法鉴定意见书》中引用了补勘报告的数据，另一方面却将补勘报告刻意隐瞒起来，我们怀疑这个补勘报告隐藏有大量不利于原告的信息。结合原告提供的第三组证据中提出维修自来水管的费用，我单位高度怀疑原告以及鉴定单位隐瞒了 5 号楼曾经大规模跑水的重要信息。鉴定单位在地基验槽记录上做了手脚，已经失去了公信力，我们有理由怀疑鉴定单位不提交《某市阳光格调 5 号楼补充岩土工程勘察报告》隐瞒了 5 号楼沉降的真正原因。

总之，5 号楼竣工验收合格，却在使用 4 年后的 2015 年发生沉降现象。我单位认为，导致沉降的原因很可能发生在产生沉降前的一段时间。如果多栋楼宇均发生沉降，很可能存在一个共同的原因，应当结合沉降的时间、场地范围综合分析，查明楼宇沉降的必然因果关系。通过以上分析，原告依据《司法鉴定意见书》以及《情况说明》起诉我公司的理由不成立，5 号楼的沉降裂缝与我公司没有关系。请人民法院驳回原告的诉讼请求。

原告认为基底换填土顶部抬高 1.34 米导致 5 号楼沉降裂缝，基底换填土顶部抬高 1.34 米与勘察单位有关系，因此勘察单位应当承担赔偿责任。

勘察单位的《补充代理意见》：《司法鉴定意见书》认为基底换填土抬高 1.34 米与 5 号楼沉降裂缝有关系，而换填土抬高 1.34 米与我单位有关系。我单位认为，换填土抬高 1.34 米与我单位的工作范围没有关系。理由如下：

(1) 鉴定机构认定基底换填土抬高 1.34 米与 5 号楼沉降裂缝有关系，这个结论没有科学依据，没有明确换填土抬高 1.34 米与 5 号楼沉降裂缝有之间的必然因果联系。

我公司认为，5 号楼沉降开裂是客观事实，但不一定所有工程参与方均有责任。司法鉴定部门认定沉降开裂原因应当有科学依据。鉴定机构应当通过计算数据证明基底换填土抬高 1.34 米与 5 号楼沉降裂缝存在因果联系，否

则，做出结论有违专业精神。

(2) 对基底换填土这道工序不是我单位的合同义务。

根据我单位与建设单位签订的《建设工程勘察合同》，我单位的合同义务是提供勘察成果，提交勘察报告完毕即完成了合同义务。根据建设单位与我单位签订的《建设工程勘察报告》第1条第7款的规定，勘察报告的"具体勘察工作量包括布设探点、测量取样、原位测试以及室内土工试验"。我单位仅对测量取样、原位测试以及室内土工试验的数据真实性、准确性负责，其他设计、施工的责任自有人负责，与我单位无关。

权利和义务一致性是法学通识，本案中，我单位的义务就是提供勘察报告，建设单位的对等义务就是支付合同约定的服务费。我单位无权主张合同价款以外的费用，原告建设单位也无权要求我单位履行合同以外的服务。

就本案而言，我单位提交了勘察报告，《司法鉴定意见书》也没有认为我单位提供的勘察数据错误，因此，我单位上述工作范围与司法鉴定结论分析的5号楼裂缝原因没有关系。原告无权就其他环节出现的工程质量问题向我单位主张违约赔偿责任。

(3) 工程资料以及竣工验收中的勘察方签字只是表明该阶段勘察数据没有出现异常，从勘察的角度可以进行下一工序的施工直到最终竣工验收。勘察方签字恰恰说明这个阶段的勘察没有问题，否则就没有勘察签字了。

一个完整的住宅工程，其完成分为五个阶段，即工程前期准备、施工阶段、验收阶段、保修阶段、后评估阶段。工程前期包括商业策划、项目建议书、可行性研究报告、立项、拿地、规划、勘察、设计、招投标等。施工阶段包括施工前准备、施工、监理、完工等。在上述诸多阶段中，每个阶段都可能导致工程质量问题。如果工程出现质量问题，应当确定责任出在哪个环节，"解铃还须系铃人"，不能"一竿子打翻一船人"。

勘察方的签字表明勘察数据无误，没有看出数据错误导致工程上一道工序出现问题。直到工程竣工验收，如果勘察数据没有问题，勘察方也要在竣工验收报告上签字。这个签字行为绝不是表明只要勘察签字，就对签字环节的设计、施工、安装、水暖电通风消防电梯均承担责任，就像施工、设计、安装虽然签字但不对勘察数据负责人一样。勘察签字就得对相应工程出现的任何问题负责这个观点是对勘察签字的误解。

(4) 施工单位提供了某市科协司法鉴定中心针对5号楼的司法鉴定报告，

明确了5号楼曾经连续4个月跑水这个事实，请合议庭高度重视这个事实。根据某市科协司法鉴定中心张科司建［2012］鉴字第068号司法意见书，5号楼"2011年11月怀疑出现跑水，2012年2月18日明确了跑水问题，是该楼东北角（距离外墙约3米）的160塑料排污管出现渗漏，3月8日对渗漏的排污管进行了处理"。

原告认为这只是针对一单元的鉴定，不是整个5号楼的鉴定，因此不能证明整个5号楼均被水浸泡。

我单位认为，原告故意混淆鉴定申请人和泡水范围这两个概念。申请鉴定人确实只有一单元六户，但是并不能证明污水管只对一单元渗漏。只要污水管渗漏，就会不分单元，一视同仁地渗漏、浸泡。长达4个月的时间，污水有足够的时间漫过一单元，向其他单元渗透，从而引起5号楼沉降。

这才是分析5号楼沉降裂缝时真正应当重视的原因。

总之，我单位虽参与了5号楼的勘察工作，但我单位在工作范围内不存在过错，因此对5号楼沉降没有责任。按照"谁主张，谁举证"的原则，原告没有足以证明我单位与5号楼沉降裂缝的足够证据，请人民法院驳回原告诉讼请求。

（八）一审判决结果

一审法院认为，勘察单位、设计单位、施工单位、监理单位、建设单位依法应对建设工程质量负责。"勘察单位、设计单位应按国家技术规范、标准、规程及合同约定提交质量合格的勘察成果和设计资料，并对其负责，即5号楼加固产生的相关费用应按照责任划分承担赔偿责任。"根据《鉴定意见书》和《情况说明》，勘察设计单位应承担60%的责任为宜（其中勘察60%、设计40%）；施工监理建设单位承担40%的责任为宜（其中施工50%、监理35%、建设15%）。综上，勘察单位应承担赔偿责任的比例为36%。

判决如下：被告勘察公司在判决生效之日起10日内赔偿原告人民币137万元，如被告未按照判决制定的期间履行金钱给付义务，应当按照《民事诉讼法》第253条之规定，加倍支付迟延履行期间的债务利息。

案件受理费、鉴定费共90万元，被告勘察单位承担32万元，如不服本判决，可在收到本判决之日起15日内，向本院递交上诉状，上诉至中级人民法院。

(九) 二审过程

1. 勘察公司《上诉状》

上 诉 状

上诉人：某市乙岩土工程技术有限公司，住所地：某市石坝区红卫路云海小区锦绣办公楼，法定代表人：吴某。

被上诉人：某市甲房地产开发有限责任公司，住所地：某市五一街80号，法定代表人：贾某。

上诉请求：(1) 撤销某市石坝区人民法院［2015］石商初字第324号判决书，查明事实，依法公正判决；(2) 诉讼费由被上诉人承担。

事实和理由：

一、一审判决无视上诉人对《鉴定意见书》以及《情况说明》的质证意见，无视《鉴定意见书》中的常识性错误，无视《鉴定意见书》不讲因果联系的逻辑错误，不加分析地对《鉴定意见书》全部采信，缺乏对专业问题应有的科学精神和严谨态度，也是对事实真相的不负责任

针对《鉴定意见书》以及《情况说明》，上诉人在一审提交了长篇书面质证意见（见《乙岩土公司对甲公司所举证据的质证意见》），从其形式到内容提出详尽的不同意见：

(一)《鉴定意见书》中的地基验槽记录与一审法院从某市建筑档案馆提取的地基验槽记录在记录内容和签字人方面存在重大不同，我们怀疑《鉴定意见书》中的地基验槽记录涉嫌造假。

(二)《司法鉴定意见书》的数据以某省建筑工程质量检测中心《检测鉴定报告》（冀建检2017-0579）为依据，该《检测鉴定报告》称"骑缝处未加盖某省建筑工程质量检测中心检验检测专用章无效"，但该《检测鉴定报告》正是没有加盖骑缝章。《检测鉴定报告》（冀建检2017-0579）无效，《司法鉴定意见书》的数据就失去了支撑，不具备真实性。

(三) 鉴定分析以偏概全，一些重要的基础性的文件资料不进入《鉴定意见书》也不予评论，而这些文件资料对7号楼沉降具有重要分析价值。

鉴定机构在5号楼二单元至四单元挖了探坑，同时也在5号楼周围也挖了探坑，以检测其土层分布、含水量、湿陷性等。然而鉴定机构只将5号楼

二单元至四单元的勘察资料装订进《鉴定意见书》，对于7号楼周围勘探资料既不装订进去，也不评论。这种做法以偏概全，选择性地披露资料数据，从而开脱被上诉人的责任，加重上诉人的责任，丧失了鉴定机构的中立性、独立性和公正性。

鉴定机构委托某建研建筑设计有限公司所作的《某市阳光格调5号楼补充岩土工程勘察报告》、委托某省建筑工程质量检测中心所作的《某市阳光格调5号楼检测鉴定报告》（陕建检G3017-2507）、《某市天阳光格调5号楼检测鉴定报告》（陕建检G2017-7537）具有重要的分析价值，如果5号楼周围地下土层也存在湿陷性，就说明5号楼二单元至四单元的湿陷性另有原因。一审庭审期间，上诉人一再要求一审法院、鉴定机构出具上述勘探资料，一审法院、鉴定机构曾经答应出具，但最后却成泥牛入海，没有了下文。

（四）《鉴定意见书》没有提供《司法鉴定许可证》，鉴定人员没有加盖鉴定人员执业专用章。对各被告分配责任的《情况说明》没有加盖司法鉴定专用章。如果说技术问题比较专业，那么这种形式上的问题一审法院不应当看不见吧！但是结果却是一审法院完全采纳了《鉴定意见书》和《情况说明》的结论。

（五）上诉人针对《鉴定意见书》《情况说明》提到的上诉人所谓疏漏，提供了《地基验槽记录以及附图》以及上诉人对二单元至四单元的《补充勘察报告》，证明上诉人已经发现鉴定机构注意到的疏漏，上诉人施工期间已经采取过补救措施。可是一审判决却不对上诉人补正疏漏的证据发表评论，在上诉人已经提供证据证明鉴定机构收集资料不全，从而判断失误的情况下，仍然全部采信鉴定机构的意见，有失公正。

二、一审判决采用《鉴定意见书》《情况说明》的理由没有说服力

一审判决认为被告没有申请重新鉴定或者无申请重新鉴定的法定理由。人民法院委托的鉴定，当事人没有反驳的相反证据和理由的，可以认定其证明力。

这句话的大前提是正确的，但是本案各被告真的没有反驳的相反证据和理由吗？上述《鉴定意见书》《情况说明》中的致命缺陷不是反驳的理由吗？

按照"谁主张，谁举证"的原则，一审原告对其主张负有举证责任，而且其举证应当达到真实、确凿、充分的证明标准，否则其主张不能得到支持。通过证据质证，上诉人已经证明了一审原告的证据不真实、不完整、不充分。这就是反驳的相反证据和理由，为什么要对上诉人的证据和理由视而不见呢！

鉴定结论必须用重新鉴定推翻吗？没有申请重新鉴定就认定原鉴定的证明力吗？如果这么认为，那是对法律的曲解。非专业人士都能指出的常识性错误何须劳民伤财地申请重新鉴定。例如《情况说明》，它没有加盖司法鉴定专用章，这个用重新鉴定吗？法院难道对司法鉴定的形式和内容没有一点判断力了吗？

三、《鉴定意见书》《情况说明》并没有找到5#沉降的真正原因，也没有分析勘察单位的工作与5号楼沉降的因果联系

鉴定机构认为三单元西侧地基下面发现了软弱填土，因此勘察单位就应当对负责，其没有计算该土质与建筑物在力学上的关系，也没有排除导致软弱填土的其他因素。5号楼出现裂缝的原因属于专业技术问题，专业技术问题需要科学精神，可是鉴定单位没有以科学的精神分析研究7#沉降的因果联系，得出的结论不能令人信服。

四、鉴定结论认为，5号楼沉降是地基处理存在问题，可是被上诉人却对5号楼主体进行加固，南辕北辙，相互矛盾。这种情况下，还要将错误的加固费用摊派给上诉人是非常荒唐的

根据被上诉人提供的加固图纸，被上诉人对5号楼进行的不是地基加固，而是主体加固，这不仅无益于5号楼稳定，还加重了5号楼的荷载。如果通过主体加固7#得以稳定，那么5号楼沉降与上诉人没有任何关系。如果5号楼沉降如鉴定意见书所言是地基处理问题，那么，被上诉人的加固费用就不应该由上诉人承担。

五、地基加固需要具有地基加固专业资质的建筑企业承担加固任务，必要时需要招投标，其加固图纸需要审图公司审查。可是被上诉人不顾法律关于建筑企业施工资质以及招投标、审图方面的规定，随意将加固工程较高不具备加固资质的企业去做，自身存在重大过错，其过错不应由上诉人买单

根据被上诉人一审时提交的证据，其不搞招投标，直接将5号楼土建、水暖电等工作交给没有施工资质的自然人完成，并指使实际施工人挂靠某市一建公司。此举说明被上诉人无视《建筑法》《建设工程质量管理条例》的相关规定，为了降低建造成本，不惜违反法律。在5号楼加固工程中，被上诉人又如法炮制，违法发包工程，不进行施工图审查，出了问题后将责任全部推给勘察设计监理施工等单位。如果法律支持被上诉人的做法，无视被上诉人的违法行为，无益于建筑市场的整饬行为，等于变相鼓励被上诉人的违法

行为，与依法治国的国策相违背。

所以被上诉人的加固行为在法律的角度看违法，从技术的角度看南辕北辙。其加固行为产生费用不应由上诉人承担。

六、一审未支持的费用合理，但一审支持的损失费用存在重大瑕疵，详情见一审时上诉人提交的书面质证意见

（一）本案司法鉴定费用达85万元之巨，而5号楼施工合同约定的合同价款是6 791 211元，也就是说司法鉴定费用占建筑物造价超过了1/8。

国家发展和改革委员会于2009年11月施行的《司法鉴定收费管理办法》规定，财产案件标的额超过1000万元的，收费标准为1/1000左右。可是本案司法鉴定费用竟然占到工程标的额的1/8，按照《司法鉴定收费管理办法》规定的标准，司法鉴定费用明显存在虚高冒算。其他的费用也大量存在这种情况。

一审法院不是没有搞过司法鉴定，不是不知道司法鉴定的收费标准。可是竟然全部支持被上诉人的虚高冒算，有失公平公正。

（二）5号楼一、二、五、六单元主体结构质量检测费用高达35万元，既不合理，也与本案没有关联性。

参照《北京市建设工程质量检测收费标准》，主体结构质量检测费用不超过几万元。此外该费用是关于一、二、五、六单元的主体结构，与本案没有关联性。

（三）被上诉人要求某省建研建筑设计公司出具的加固图纸既不合法，也与5号楼沉降裂缝没有关联性。

该图纸没有加盖审图章，不具有合法性。其加固内容是主体加固，而不是地基加固，因此与5号楼沉降裂缝没有关联性。

（四）某市北垣建筑有限公司的加固费用2 531 621元既不合法，也与5号楼沉降裂缝没有关联性。

该加固公司没有加固资质，也没有搞招投标，不具有合法性。其加固内容是主体加固，而不是地基加固，因此与5号楼沉降裂缝没有关联性。

（五）刘宏工程队土方费用用于主体加固，与5号楼沉降裂缝没有关联性。

（六）标的额2 531 621万的加固工程没有必要监理。

《建设工程监理范围和规模标准规定》规定，必须监理的工程包括：(1) 国家重点建设工程，参见《国家重点建设项目管理办法》；(2) 大中型

公用事业工程，即投资额 3000 万元以上的水电气热、科教文卫、体游商社等；(3) 成片开发建设的住宅小区，即建筑面积 5 万平方米以上的住宅工程必须实行监理，5 万平方米以下的住宅工程可以实行监理，高层住宅和结构复杂的多层住宅应当进行监理；(4) 利用外国政府和国际组织贷款、援助资金的工程；(5) 学校、影剧院、体育场馆项目，不管总投资多少，都应当实行监理；(6) 其他工程：投资额 3000 万元以上关系社会公共利益、公众安全的基础设施项目。标的额 2 531 621 万元的加固工程没有必要监理，产生的监理费用应当由被上诉人自负。

(七) 过渡补助费和冬季采暖费是因为主体加固，与 5 号楼沉降裂缝没有关联性。

七、一审判决忽视了被上诉人作为建设单位应负的责任，事实上，住建部最新规定，建设单位是工程质量的第一责任人

5 号楼楼于 2011 年竣工入住，然而其 2015 年才办下来《施工许可证》，在没有《施工许可证》的情况下，违法组织实际施工人进场施工，如果导致工程质量事故，被上诉人应当负主要责任。

这么晚才办《施工许可证》，说明其建设前期可能有很多违法或者不规范之处，如缺乏《建设用地规划许可证》《建筑规划许可证》环评报告、防洪报告等。

按照上诉人申请法院提取的 5 号楼沉降记录（只有 10 个月的资料），5 号楼竣工后 10 个月内没有发生异常沉降，这说明工程竣工入住时没有质量问题。时隔 4 年之后，2015 年 5 号楼发生沉降裂缝，这是被上诉人管理不善出现的问题。5 号楼楼审理过程中，当事人提供的《司法鉴定》证明小区发生大面积跑水，持续好几个月，这才是阳光格调小区若干栋楼沉降裂缝的根本原因。

总之，一审判决没有查明涉案工程的事实情况，适用法律存在错误。请二审人民法院查明事实，依法公正判决。

关于《上诉状》的补充意见

一、请二审合议庭重点关注这几份证据

(一) 我单元提供的证据 10 即 7 号楼一单元岩石部位的处理方案和证据 11 即《补充勘察报告》，被上诉人小环球房开提供的《建设工程勘察合同》，《地基验槽记录》。

《司法鉴定意见书》所列检材中没有我方提供的岩石部位的处理方案和《补充勘察报告》，因为司法鉴定单位收集检材时，没有搜集到岩石部位的处理方案和《补充勘察报告》，如果司法鉴定单位见到这两个文件，就不会作出岩石没有处理和探孔深度不够的结论。

《建设工程勘察合同》是关于我单位的合同义务，《地基验槽记录》出现法院提取的和被上诉人提供的存在重大不同。

（二）请二审合议庭重点关注被上述人据以索赔的证据存在的重大瑕疵：

1. 关于5号楼加固工程款：

第一，被上诉人在与业主签订的《协议书》中承诺聘请有资质的建筑公司进行加固，可是却请了没有加固资质的某市北垣建筑公司；

第二，加固合同确定的施工单位是某市北垣建筑公司，但是加固工程款却给了一个叫作张某的自然人，合同义务人与加固款收取人完全不同，我们完全有理由认为某市北垣建筑公司没有参与加固工作；张某与被上诉人有别的交易，所支付款项于5号楼无关；

第三，加固工作肯定应当有针对性，所以必须在裂缝原因查清之后再有针对性地加固。建研院出具的勘察报告是2016年10月，质检中心出具的检测鉴定报告是2017年1月。司法鉴定结果是2017年2月，可是本案加固工作开始于2016年6月。也就是说，加固工作发生在所有的勘查鉴定之前。那个时候裂缝原因还没有查明，某省建研建筑设计有限公司加固方案、加固房屋的设计图纸还没有，被上诉人根据什么进行加固。所以被上诉人的加固南辕北辙。这种没有科学依据，盲目加固的费用不能由上诉人支付；

第四，建设单位通过付款通知单、结算单或者决算单支付给施工单位工程款，可是本案卢某通过借款单领款，这可以理解为卢某领走了款项，但不能理解为建设单位必然支付了卢某工程款。因为属于借款单，因此将来卢某还要还回这笔钱；

第五，缺乏工程量清单以及工程结算报告；

第六，工程造价只有被上诉人单方面计量和计算，各上诉人均不知情，应委托第三方审计；

第七，没有工程验收报告，没有勘察、设计、监理、审图单位签字，无法判断其施工质量是否达到设计要求。

这样一笔既不合法，又没有达到地基加固目的，财务税务方面一反常态的工程款怎么能够稀里糊涂地判给上诉人承担。

2. 司法鉴定单位、某省建筑科学研究院、某省工程质量检测中心以及某省建研建筑设计有限公司对5号楼的检测鉴定费用共收取137万元，占工程总造价20%，严重偏离我国工程检测鉴定收费标准，我们对如此巨额收费表示高度怀疑。

上诉四家单位地址、法定代表人、联系方式相同，前三家单位使用一个银行账号，因此实际上是一个单位。

除了某省建研建筑设计有限公司，其他三家单位主要服务内容均为工程检测，但是却重复收费。

上诉人当中既有勘察单位也有设计单位，上述四家单位所做的工作上诉人都可以做，收费标准是彼此心知肚明，某省建筑科学研究院以及他的下属机构通过5号楼中介服务，其中很多业务重合，收取132万元服务费，这是非常不合理，也是非常不公平的。

二、一审判决给作为建设单位的被上诉人分配的责任过小，按照2017年2月21日国务院办公厅《关于促进建筑业持续健康发展的意见》（以下简称《意见》），建设单位在工程质量安全方面应当承担首要责任

《意见》第4条第5项规定："全面落实各方主体的工程质量责任，特别要强化建设单位的首要责任和勘察、设计、施工单位的主体责任。"（部分）

就本案而言，建设单位不搞招投标，违法发包，工程交付使用4年后才领取《施工许可证》。5号楼发生裂缝后，被上诉人在没有查明原因情况下盲目进行主体加固，南辕北辙。而且不招标、不审图、不着有加固资质单位施工等等。

尤其要提到的是被上诉人管理不善，导致大面积跑水的责任。目前阳光格调裂缝楼房不止5号楼、14号楼，这么多楼房裂缝肯定不能用5号楼25轴~27轴软土没有处理来解释。所以，我单位认为建设单位不止5%责任，应当落实国务院规范性文件要求的首要责任。

三、5号楼的裂缝是由于长时间跑水所导致

按照司法鉴定报告中7号楼地基土层的含水率，7号楼根本不可能进行下道工序。如果在那样含水率地基上建起楼房，不会等到4年后才裂缝，当年就会开裂。

要查清5号楼是否跑水，需要被上诉人提交所谓加固工程的材料、工程

量清单、天河尚城商铺用水的水费发票以及建研院所做的《张家口市天河尚城5号楼补充岩土工程勘察报告》

总之，我们认为5号楼裂缝的原因并没有真正查清，在事实不清并且被上诉人盲目加固的情况下，不能让我单位承担责任。

2. 二审庭审过程

2018年9月28日，某市中级人民法院开庭审理阳光格调小区工程质量赔偿纠纷案件。

首先，上诉人施工单位、实际施工人、勘察单位、设计单位、监理单位宣读上诉状。

施工单位认为，按照《建设工程竣工验收报告》，工程是合格工程，之所以产生裂缝是因为建设单位使用不当。地表跑水渗入地下，跑水的水源管理单位应当承担责任。提存的二十多万元不是实际发生的损失，且街道办事处不是法定提存部门，无权主张赔偿，支付给住户的过渡费属于间接损失，不属于赔偿范围。

实际施工人认为，外围回填土是甲方自己做的，出现质量问题与施工人无关。

勘察单位宣读《上诉状》《补充上诉意见》。

设计单位同意以上各上诉人观点。

监理单位认为，《鉴定意见书》和《情况说明》法律效力不一样，并且认为应当追加地基检测单位参加诉讼，因为工程数据来源于它，其应当承担主要责任。

其次，被上诉人建设单位的代理律师针对各上述人上诉请求和理由分别阐述答辩观点。

被上诉人建设单位的代理律师认为，根据2014年8月《最高人民法院公报》所列案例，有《合格报告》但出现质量问题的，《合格报告》不能成为工程没有质量问题的证据。提存没有问题，支付给住户的过渡费不是间接损失，即使是间接损失，根据《合同法》的相关规定相关方也得赔偿。

被上诉人建设单位的代理律师认为，《司法鉴定意见书》《情况说明》合法有效，能够成为各上诉人赔偿损失的证据。其中的《地基验槽记录》应当以《司法鉴定意见书》中所载的为准，勘察单位提供的与《司法鉴定意见书》内容冲突的《地基验槽记录》涉嫌造假。建设单位支付给加固单位的费用不是加固费,而是修缮费用,勘察单位代理人不认真看建设单位提供的证据目录,执业态度不认真。加固单位以及加固行为均合法,勘察单位代理人的理论纯属无稽之谈。司法鉴定单位、某省建筑科学研究院、某省工程质量检测中心以及某省建研建筑设计有限公司不是一家单位,而是各具法人地位的四家单位,勘察单位代理人说法根本站不住脚。虽然建设单位与《借款申请单》支付给卢某工程款,但是以《借款申请单》支付工程款时建设工程支付行为惯例,完全合理合法。加固行为没必要招投标,监理费用也是必要的。勘察单位代理人竟然不具备工程招投标、监理方面的基本知识。

法庭调查阶段,上诉人勘察单位向法庭提交了新证据《勘察报告》,即8号楼跑水后,建设单位委托勘察单位对其地基进行勘察,发现地基含水率非常高,而5号楼正处于8号楼的斜下方。证明目的是5号楼的沉降是由于建设单位管理不善导致的。

监理单位提供一组照片,证明5号楼楼下地面存在很长一片人工挖掘的痕迹,正是跑水后建设单位组织抢修留下的,证明目的是5号楼的沉降是由于建设单位管理不善导致的。

建设单位的质证意见是,8号楼跑水与5号楼没关系,因此证据不具备关联性。监理单位的照片不明时间地点,不具有真实性。

施工单位指出勘察单位出具的《勘察报告》是复印件,因此希望看到原件。其他单位对上述新证据没有异议。

法官根据双方观点以及举证情况,归纳本案焦点问题如下:①各上诉人是否履行了与被上诉人的合同,有无违约行为;②被上诉人主张的赔偿项目有什么依据;③各方当事人应当怎样承担阳光个点房屋沉降的经济损失。

上诉各方围绕焦点问题展开法庭辩论。

阳光格调5号楼建设工程合同纠纷勘察单位的代 理 词

尊敬的审判长、审判员:

现结合5号楼楼庭审情况发表我方如下代理意见:

一、阳光格调5号楼出现裂缝的真正原因,是被上诉人管理不善导致邻近场地大量跑水，引起邻近建筑（14号楼）和本案5号楼等地基浸水沉降所致。

阳光格调5号楼出现裂缝不是一个孤立现象，附近8号楼、6号楼等也出现裂缝，因此用5号楼三单元下面存在软弱填土已经不能解释多栋楼在同一时间段均出现沉降裂缝这个现象。如果按照司法鉴定部门勘查后确定的5号楼三单元下面填土的含水率，施工单位在基础施工时就根本不可能进行下一道工序施工，如果在高含水量软弱土上进行施工，5号楼主体竣工时就会出现明显的地基沉降，不会坚持到四年以后才突然发生沉降裂缝。

庭审过程中，我方提供了新证据《14号楼补充勘察报告》，证明8号楼在2015年5月23日以前一段时间曾经发生了大量跑水事件，具现场人工探井挖掘资料，探井挖掘到地表3米~4米以下时积水严重，甚至在井底可以用桶打上水来，导致人工在探井内已无法向下继续挖掘。而5号楼正处于8后楼的斜下方，8号楼场地附件的大量跑水通过渗透作用长期渗入，导致14号楼周边的楼房地基也发生不均匀浸水进而发生地基不均匀沉降，5号楼受此危害尤为严重。能够佐证这个事实的其他证据包括：①一审时霍占海曾向法庭提交张家口市科协司法鉴定中心张科司建［2012］鉴字第068号司法意见书，证明8号楼附近发生大量跑水；②根据被上诉人提供的其与某长城建筑公司签订的施工合同以及工程量清单，长城建筑公司施工内容均属于排水工程，所使用材料均与排水有关。③我方一审时一直通过一审法院要求司法鉴定部门出具《某市天河尚城5号楼检测鉴定报告》（冀建检G2017-7537），因为鉴定机构承认检测人员在5号楼周围挖了探坑，如果这些探坑土样含水量明显偏高，那么就说明5号楼基础下面的水源来自外部影响；④我方一审请求法院从建筑档案馆提取的《沉降观测记录》也显示，5号楼竣工验收后10个月当中楼房沉降系数正常。

二、一审判决依据的《司法鉴定意见书》《情况说明》，认定我方勘察工作存在三个问题，一是三单元中部基底下面存在没有处理的软弱填土；二是没有发现楼房基座东北角基底存在岩石；三是有些探孔的孔深不够。这三个方面我方都提供了相应证据，证明我方的勘察工作不存在上述问题。

针对第一个问题：对5号楼三单元软弱填土处理范围的决定是建设单位即被上诉人和参与工程的各方经过研究共同决定的，不是我方单独做出决定的。

针对第二个问题：楼房基座东北角的岩石已经由勘察设计人员出具了妥善的处理方案，我方已经提交了相应证据。而《司法鉴定意见书》所收集的鉴定资料并不全面，未包括我方和设计方针对岩石部分的《岩土处理方案》相关资料。因此在我方和设计方已经对东北角岩石做了有效处理的前提下，《司法鉴定意见书》认定的这个事实已经不存在，一审法院应当认识到这一点，不应当再依据这个问题认定我方存在勘察失误并判决我单位相应责任。

针对第三个问题：我方已经提供加大孔深的《补充勘察报告》，孔深不够的问题早已完善。《司法鉴定意见书》是没有收集到我方的《补充勘察报告》而认定孔深不够的。

所以，《司法鉴定意见书》《情况说明》认定我方存在勘察责任依据的事实是站不住脚的。

三、庭审中被上诉方代理律师反复声称，某市北垣建筑公司所从事的工作是房屋修缮工作，而不是房屋加固工作，被上诉人给予某市北垣建筑公司的工程款不是加固费用，而是修缮费用。果真如此，被上诉人给予某市北垣建筑公司的工程款就与我方没有任何关系。

修缮是建设单位或者业主在房屋出现陈旧破损时，对房屋进行修复完善。房屋修缮与房屋安全质量问题无关，与勘察、设计、监理以及施工单位都没有关系，是建设单位或者业主的自愿行为。请合议庭高度注意这个问题。

四、退一步讲，即使某市北垣建筑公司所从事的工作是加固工作，费用也不应有上诉人承担。

理由如下：

（一）本案加固工作开始于2016年6月，可是建筑科学研究院出具的勘察报告是2016年10月，质检中心出具的检测鉴定报告是2017年1月。司法鉴定结果是2017年2月。也就是说加固工作发生在所有的勘查鉴定之前。那个时候楼房裂缝原因还没有查出来，某省建研建筑设计有限公司加固方案、加固房屋的设计图纸还没有提供，更未取得一审法院的授权，建筑各方主体责任人完全不知情，被上诉人是根据什么进行的加固？

（二）被上述人辩称，施工是为稳定楼房裂缝应急进行的修缮措施，进行了地下室的陶土卸载，对地下室圈梁用混凝土进行了连接加固，这样的措施是否能起到被上述人所称的效果尚未可知，但具备岩土设计、建筑结构设计的技术人员都知道，由于地下室土体被掏空，会严重影响地基承载力的深度修正，降低地基承载力，引起地基承载力的不平衡，而地下室圈梁刚性连接，又会破坏建筑物原有的内力分配，引起结构内力重新分配，对建筑物结构的影响未得到原设计单位的确认，属于擅自改变建筑物结构的违法行为。所以被上诉人的修缮（加固）措施既南辕北辙又没有科学依据，甚至会给建筑物结构带来二次损伤，盲目修缮（加固）的费用不仅不能由上诉人支付，被上述人还应承担由此导致的连带责任；

（三）修缮（加固）合同确定的施工单位是某市北垣建筑公司，但是加固工程款却给了一个叫作张某的自然人，合同义务人与加固款收取人完全不同，我们完全有理由认为某市北垣建筑公司没有参与加固工作；张某与被上诉人有别的交易，所支付款项于5号楼无关；

（四）修缮（加固）工程的造价只有被上诉人单方面计量和计算，各上诉人均不知情；

这样一笔既不合法，又没有达到地基加固目的，财务税务方面一反常态的工程款怎么能够稀里糊涂地判给上诉人承担。

五、司法鉴定单位、某省建筑科学研究院、某省工程质量检测中心以及某省建研建筑设计有限公司实质上是一家单位，对5号楼的检测鉴定费用共收取137万元，占工程总造价20%，严重偏离我国工程检测鉴定收费标准，我们对如此巨额收费表示高度怀疑

上诉四家单位地址、法定代表人、联系方式相同，前三家单位使用一个银行账号，因此实际上是一个单位。

除了某省建研建筑设计有限公司，其他三家单位主要服务内容均为工程检测，但是却重复收费。某省建筑科学研究院以及他的下属机构通过5号楼中介服务，其中很多业务重合，收取132万服务费，这是非常不合理，也是非常不公平的。

六、被上诉人主张的给业主过渡费和取暖费是因为被上诉人非法、盲目地进行主体修缮（加固）产生的费用，虽然损失很大，但却是被上诉人的单方失误，费用不应该由上诉人承担。

七、被上诉人主张的费用在真实性、合法性和关联性等方面均存在严重瑕疵（详见一审《答辩状》、一审《勘察公司对原告所举证据的质证意见》、《上诉状》和《关于上诉状的补充意见》），一审判决书没有对上诉人的质证意见做出评论。请二审法院高度重视这个问题，并在二审判决书中对上诉人

的质证意见做出评论。

八、一审判决依据认定事实的《司法鉴定意见书》《情况说明》在合法性、专业性、逻辑性等方面存在重大瑕疵，具体理由详见上诉人一审答辩状、一审代理词和二审上诉状，请二审法院对上诉人提出的《司法鉴定意见书》未附《司法鉴定许可证》《情况说明》未加盖司法鉴定专用章、其《验槽记录》与一审法院提取的《验槽记录》不同，涉嫌造假以及勘察报告未加盖骑缝章等问题给予回应；对我方针对《情况说明》的指控提供的《补勘报告》《岩土处理方案》作出评论。

九、对被上诉人代理人答辩意见的驳斥。

（一）被上诉人代理人认为加固工程不用招标，可以直接发包。这说明上诉人代理人不具备工程发包基本常识。

2000年原国家计委3号令《工程建设项目招标范围和规模标准规定》第7条规定：达到下列标准之一的，必须招标：第一，施工单项合同估算价在200百万人民币以上的；按照被上诉人一审提供的第三组证据，其主张加固工程款费用2 075 053万元，属于必须招标范围。第二，被上诉人代理人认为加固工程必须监理，这说明上诉人代理人不具备工程监理基本常识。

《建设工程监理范围和规模标准规定》规定，必须监理的工程包括：(1)国家重点建设工程，参见《国家重点建设项目管理办法》；(2)大中型公用事业工程，即投资额3000万以上的水电气热、科教文卫、体游商社等；(3)成片开发建设的住宅小区，即建筑面积5万平方米以上的住宅工程必须实行监理，5万平方米以下的住宅工程可以实行监理，高层住宅和结构复杂的多层住宅应当进行监理；(4)利用外国政府和国际组织贷款、援助资金的工程；(5)学校、影剧院、体育场馆项目，不管总投资多少，都应当实行监理；(6)其他工程：投资额3000万以上，社会公共利益、公众安全的基础设施项目。

标的额2 075 053万的加固工程没有必要监理，产生的监理费用应当由被上诉人自负。

（二）被上诉人代理人认为加固程序合法，这种说法违反《建设工程质量管理条例》有关规定以及《建设工程施工合同示范文本》的相关约定。

《建设工程质量管理条例》第41条规定，建设工程在保修范围和保修期限内发生质量问题，由施工单位履行保修义务。然而被上诉人没有履行通知义务，雇佣张家口市冀垣建筑公司对工程进行加固，明显违反法定以及约定的维修加固程序。

（三）被上诉人代理人否认上诉人指出司法鉴定单位、某省建筑科学研究院、某省工程质量检测中心以及某省建研建筑设计有限公司实质上属于一家单位，原因是她根本没有认真看这四家公司的法定代表人、地址、联系方式等方面的高度雷同。

（四）被上诉人代理人认为我方提供的《岩土处理方案》和《补充勘察报告》不能达到证明目的，其辩解脱离案件基本事实和工程法律规定，不具备地质勘查基本常识。

被上诉人代理人承认我方针对孔深不够的问题进行补充勘察，但是认为我方探孔深度仍然不够，土样物理参数也比较简单。我方提供的证据已经按照勘察规范计算出必要的探孔深度，补充勘察所做的孔深已经超出规范要求，完全满足设计需要。就土样物理参数而言，我方已经给出设计要求的数据，根据规范要求做了说明，这完全符合规范要求。

被上诉人认为我方的岩土处理方案没有将岩石部分全部处理掉，因而不能达到证明目的。事实上，岩石处理范围要根据设计和规范的要求进行，没有必要也不可能把全部岩石都开挖掉，只要能满足设计对地基变形的要求即可。而勘察、设计单位已明确了岩石的处理深度和范围！

综上所述，我方按约已完成了 5 号楼的全部合同责任义务，没有违约。5 号楼沉降是另有原因，我方提交的证据足以认定《司法鉴定意见书》关于我方的责任认定理由不充足、不确凿，法院不应当采纳其结论；被上诉人主张的的赔偿费用不合规、不合法，法院不应当予以支持。按照 2017 年 2 月 21 日《国务院办公厅关于促进建筑业持续健康发展的意见》，建设单位在工程质量安全方面应当承担首要责任。最高人民法院 2018 年 6 月发布了《关于加强和规范裁判文书释法说理的指导意见》，可是一审判决书只对原审原告证据浓墨重彩，却对原审各被告的质证意见以及所提证据一语带过，不予评论，明显有失公允。对司法鉴定意见所依据检材造假、不合法、不充分视而不见。习总书记说："要让当事人在每一个案件中都能感受到公平正义"，如果故意无视我们的证据、我们的质证意见、我们对真相的追问，那么，我们不仅没有感受到公平正义，而且会产生深深的失望。

请二审法院查明事实，秉公明断。

（十）二审判决结果

由于一审审理的事实不清、适用法律问题存在错误，现判决发回重审。

五、案例评析

首先，导致工程质量问题的原因非常复杂，这样就造成了法官对司法鉴定机构鉴定结论的依赖，司法鉴定机构的鉴定结论往往对判决的走向起着至关重要的作用。由于工程质量司法鉴定多数由建设单位提起，与司法鉴定单位有很好的沟通，对司法鉴定单位有先入为主的影响。加之，司法鉴定单位往往长于技术而短于法律，因此，鉴定结果并不一定正确。要想避免这种局面，勘察、设计、施工等单位应主动与司法鉴定机构沟通，积极参与鉴定活动。避免司法鉴定单位在检材不充分、情况了解不全面的情况下进行司法鉴定。

其次，如果一审中认为鉴定结论错误，一定要在庭审质证过程中明确指出，听取司法鉴定人员的答复解释。如果司法鉴定人员不能自圆其说，一定不要轻易放过，一定要通过当庭质证，让法官明白鉴定中的疑惑、矛盾和症结所在。此外，无论是疑团顿生还是疑团未解都应明确告知法官，把问题交给法官。

最后，如果一审中认为鉴定结论错误，一定要提出重新鉴定，并请书记官记录在案。如庭后提交，应要求法官签证。本案中，勘察单位律师应主审法官的要求庭后提交《重新鉴定申请书》，书记官收取后按照惯例没有签收。然而二审时律师发现，《重新鉴定申请书》没有入卷。二审法官拒绝了在二审阶段重新进行鉴定，这等于是使勘察单位失去了申请重新鉴定的权利。

此外，无论是勘察、设计单位，还是施工、监理单位，工程竣工验收交付使用后，都应当保持对工程质量的持续关注。例如，沉降观测时间尽量长一点，附近山洪暴发或者小区大面积跑水，都应当及时关注并取证留存，以备不时之需。

本案5号楼附近下水管道即发生过长时间、大面积跑水，但是时过境迁，难以取证，导致勘察等单位在诉讼中非常被动。勘察单位律师也曾试图到供水公司调查涉案小区异常用水记录，但是供水公司不提供相关资料，为本诉讼留下很大遗憾。

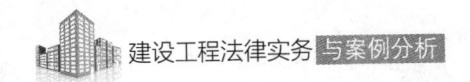

六、本案需要思考的问题

（一）施工期间勘察单位需要签几次字？在哪些文件上签字？各自的法律效力如何？

（二）施工期间勘察单位需要出席几次会议？哪些会议需要签字？各自的法律效力如何？

（三）法定的沉降观测期为多长时间？法律效力如何？

（四）如何在合同签订阶段规避工程质量事故的风险？

（五）工程变更涉及勘察单位时，如何界定勘察、设计、施工、监理单位的责任？

（六）探坑之间出现软弱填土或者墓穴、暗河等，导致工程质量事故，如何追究法律责任？

（七）审图公司审过的设计、灰土处理方案，施工中出现质量问题，审图公司承担什么法律责任？

（八）质量监督站承担什么法律责任？

（九）勘察、设计、监理单位签订合同时，设定违约责任金额的上限的约定（如赔偿额最高不超过监理费的 2 倍这样的约定）是否有效？

（十）如何在技术环节防范勘察单位的工程质量风险？

（十一）施工单位、勘察单位、设计单位、监理单位在诉讼中的分工配合问题。

（十二）如何提高法院审理建设工程案件的专业性水平？

第四章
工程设计纠纷案例

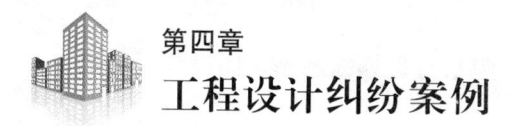

一、案情简介

2007年6月15日，甲投资管理有限公司与乙设计公司签订《设计协议》，甲委托乙对某幼儿园的教学楼工程、多层住宅楼、商业楼、小区总体规划、室外管网、锅楼房进行设计。2007年6月20日，甲投资管理有限公司与乙设计公司签订《建设工程设计合同》《工程勘察设计廉政责任书》，要求设计住宅楼和商业楼；此外，还要求对朔方水库、锦湖宾馆进行相关设计工作，包括方案（总平面图、分项平面图、电子版的效果图）、初步设计（效果图、平面图、立体图、天花图）和施工图（放线定位图、平面施工图、结构和节点大样施工图）。设计费为：幼儿园教学楼工程10元/平方米，商业楼8元/平方米，住宅楼6元/平方米，朔方水库、锦湖宾馆、室外管网和锅楼房为投资额的1%。

在约定时间内，乙设计公司完成了教学楼、3栋住宅楼、商业楼的施工设计，设计费用共计60万元，但截至起诉之时，甲投资管理有限公司尚欠乙设计公司50万元，经多次催要，甲投资管理有限公司拒不支付。甲投资管理有限公司提出商业楼墙面出现很多裂缝，经过鉴定，是地基处理处理存在不当，导致地基不均匀沉降。司法鉴定报告认为，1号商业楼强夯地基处理方案多处不当，单击夯击能不足，2号商业楼缺乏设计资料，就小区地下排水没有设计防渗漏沟。此外，乙设计公司有篡改图纸的嫌疑，因为基础平面图上关于地基承载力、压缩模量、地基处理方式都是涂改后手写的字体。

2012年3月，乙设计公司将甲投资管理有限公司诉至某县人民法院，请求公正判决。

二、与工程设计相关的法律知识

（一）工程设计的依据

（1）国家强制性标准；

（2）项目建议书。

（二）设计阶段和内容

（1）一般建设项目：初步设计（包括总概算）和施工图设计（包括工程预算）；

（2）技术复杂的建设项目：初步设计、技术设计和施工图设计；

（3）存在总体部署的建设项目：除上述一般设计外，还要有总体规划设计或者总体设计（包括投资估算）。

（三）工程设计企业资质管理

《工程设计资质标准》规定：

（1）综合资质：不受限制；

（2）甲级：本行业内；

（3）乙级：中小型建设项目设计，不受地域限制；

（4）丙级：承担本省小型建设项目。

（四）施工图的审查

2000年2月颁布的《建筑工程施工图设计文件审查暂行办法》（现已失效）、《房屋建筑工程施工图设计文件审查要点（试行）》《房屋建筑和市政基础设施工程施工图设计文件审查管理办法》均规定，对涉及公众利益、公共安全及强制性标准的内容进行审查，未经审查批准的施工图设计文件，不得使用，涉及公众利益、公共安全及强制性标准的内容不受上述办法约束。审图单位就施工图的审查结果出具施工图审查报告、施工图审查批准书。

（五）工程建设设计规范

包括《标准化法》《标准化法实施条例》《工程建设标准规范管理办法》《工程建设国家标准管理办法》《工程建设行业标准管理办法》《工程建设标准管理规定》《实施工程建设强制性标准监督规定》等。

三、焦点问题

（一）原告乙设计公司是否全面、适当履行了设计合同？

（二）原告乙设计公司的主张是否过了诉讼时效？

（三）设立中公司签订的合同权利义务是否应由成立后的公司享有和承担？

（四）原告乙设计公司是否应当对商业楼质量问题承担责任？

四、开庭经过和判决结果

（一）原告宣读起诉状（略）

（二）被告宣读答辩状

首先，被告甲投资管理有限公司提出管辖权异议，认为原被告双方订有《仲裁协议》，因此本案不应由法院管辖。合议庭经过研究认为，根据《民事诉讼法》和《仲裁法》，如果双方存在《仲裁协议》，被告至迟应当在首次开庭前提出。现在被告不仅没有在开庭前提出，而且出庭并提交答辩状，因此视为被告接受受诉人民法院主管。据此驳回被告关于管辖方面的异议。

被告答辩意见：①被告于2007年10月30日才登记成立，法定代表人怎能在2007年5月委托原告进行设计。②朔方水库委托人为某房地产开发公司的分公司，与被告无关。③没见过锦湖宾馆设计图纸，没见过餐饮中心、总平面规划及效果图，签收单上，收到的是"施工图集"，不包括方案和初步设计，因此付款条件并未成就（签约后3天付3万元，收到设计图施工图并由甲投资管理有限公司确认后付5万元，7天内未确认视为认可，支付全部设计费。主体竣工支付2万）。收到施工图后，认为不符合约定的设计风格，因此后来未采用。④被告无土地使用权和规划设计许可，仅做了设计费用预算，仅是设计意向，并未正式委托设计。⑤逾期交付图纸，每天应支付1%的违约金。⑥原告的主张已经过了诉讼时效。

被告反诉意见：①应双倍返还定金（《担保法》第90条定金应当以书面形式约定。当事人在定金合同中应当约定交付定金的期限。定金合同从实际交付定金之日起生效）。②逾期交付图纸的违约金，每日按照设计费的1%支付。

（三）原告举证与被告质证

（1）原告提供《设计协议》《建设工程设计合同》《工程勘察设计廉政责任书》各3份，合同编号为2007-134、2007-135、2007-139，证明合同为双方真实意思表示，不违反禁止性规定，为有效合同。

被告质证意见：朔方水库、锦湖宾馆不在合同内容之内；其他合同主体存在问题；签订时间有问题。

（2）设计内容和设计费用情况说明，上有被告法定代表人签字。

被告质证意见：真实性有问题。

（3）原告提供朔方水库、锦湖宾馆规划图册及平面规划图、电子版的施工图，其他建筑的施工图，证明自己已经完成了对上述工程的设计工作。

被告质证意见：未签订正式委托协议。

(4) 证人证明：证明持续催要设计费，因而未过诉讼时效。

原告请本项目监理公司监理师甲某出庭作证，证明原告多次向被告主张设计费，因此不存在被告抗辩的诉讼时效问题。

被告质证意见：原告是本项目监理公司的大股东，二者系关联公司关系，因此证人与原告有利害关系，证言不能令人信服。

（四）被告举证与原告质证

(1) 已付设计费10万元的证明，证明已付全部设计费被告无其他证据。

原告质证意见：只是一部分设计费，尚欠50万元。

(2) 某司法鉴定机构出具的《鉴定报告》，证明原告对商业楼的沉降裂缝负有责任。

原告质证意见：第一，就商业楼而言原告只设计主体和基础，地基处理方案是被告另外委托北京的丙设计院设计的，地基处理方案如果存在不当，被告应当向北京的丙设计院主张权利。第二，原告在总平面图和结构设计1/6的图纸中对地基处理提出3:7灰土换填的处理方案，这个方案也是采用了勘察单位的地基处理意见。但是，被告采用了强夯的处理方案，被告没有按照原告推荐的地基处理方式设计施工，原告在验槽记录上的盖章日期是当年的12月16日，而施工日志和验槽记录上，验槽日期是当年的5月12日，这说明原告签字时，地基处理施工工作早已完成，原告没有参与地基设计，因此，被告应对其自行施工的后果负责。第三，原告虽然在地基验槽记录、工程验收报告上签字，但那是依据检测单位出具的《检测报告》。《检测报告》认为地基经过处理已经达到设计要求的180kpa以及相应的压缩模量，设计公司不是专业的检测机构，只能相信检测公司的检测结果并在验槽记录上签字。至于验收报告签字，那是原告对自己的设计工作认可并负责，不能代替勘察、检测、施工等工作。如果其他环节出现重大失误导致工程质量问题，跟设计单位无关。第四，涉案小区场地属于湿陷性黄土，根据《湿陷性黄土地区建筑规范》（GB50025-2004）第5.1条、《建筑地基基础设计规范》（GB50025-2004）第6.3条规定，地下排水管沟可以采用直埋的方式，可以不做防渗漏沟。第五，没有设计资料（填土的平面、剖面图、填土材料、压实系数的质量要求）的责任应当由北京的丙设计院承担，原告没有参与地基处理方案设计，对资料短缺不承担责任。第六，《鉴定报告》认为商业楼的主体和基础部分在设计和施工方面没有问题，也就是说，原告在自己的工作范围内的设计没有质量问题，原告对商业楼沉降裂缝没有责任。

（五）法庭辩论

1. 原告第一轮法庭辩论观点

（1）公司设立前，发起人为公司订立的合同应由设立后公司承担责任。虽然被告法定代表人与原告签订的合同系在被告公司成立之前，但是被告仍然应当对此承担给付责任。

《最高人民法院关于适用〈中华人民共和国公司法〉若干问题的规定（三）》第2条规定："发起人为设立公司以自己名义对外签订合同，合同相对人请求该发起人承担合同责任的，人民法院应予支持。公司成立后对前款规定的合同予以确认，或者已经实际享有合同权利或者履行合同义务，合同相对人请求公司承担合同责任的，人民法院应予支持。"第3条规定："发起人以设立中公司名义对外签订合同，公司成立后合同相对人请求公司承担合同责任的，人民法院应予支持。公司成立后有证据证明发起人利用设立中公司的名义为自己的利益与相对人签订合同，公司以此为由主张不承担合同责任的，人民法院应予支持，但相对人为善意的除外。"

（2）公司成立前以他人名义签订合同的，公司设立后应由设立后公司承担责任。

《最高人民法院关于贯彻执行〈中华人民共和国民法通则〉若干问题的意见（试行）》（以下简称《民通意见》）第107条规定："不具有法人资格的企业法人的分支机构，以自己的名义对外签订的保证合同，一般应当认定无效。但因此产生的财产责任，分支机构如有偿付能力的，应当自行承担；如无偿付能力的，应由企业法人承担。"

（3）被告声称没有见过设计图纸，因此与原告没有签订合同关系。

原告认为被告即使未见过图纸，但设计费用中有其法定代表人签字。因此被告具有给付责任。

《民法通则》第43条规定："企业法人对它的法定代表人和其他工作人员的经营活动，承担民事责任。"

《民通意见》第58条规定："企业法人的法定代表人和其他工作人员，以法人名义从事的经营活动，给他人造成经济损失的，企业法人应当承担民事责任。"

（4）有些图纸虽非合同内容，但原告却实际完成工作。

《合同法》第36条："法律、行政法规规定或者当事人约定采用书面形式订立合同，当事人未采用书面形式但一方已经履行主要义务，对方接受的，该合同成立。"

《最高人民法院关于适用〈中华人民共和国合同法〉若干问题的解释（二）》第2条规定："当事人未以书面形式或者口头形式订立合同，但从双方从事的民事行为能够推定双方有订立合同意愿的，人民法院可以认定是以合同法第十条第一款中的'其他形式'订立的合同。但法律另有规定的除外。"

(5)《建设工程设计合同》是《设计协议》的补充，两者并不冲突。

(6) 设计费的支付不以工程验收合格为前提，提交审查合格的施工图即为履行合同。

(7) 设计合同包括所有实质性条款，因此不是意向协议，而是正式合同。

《最高人民法院关于适用〈中华人民共和国合同法〉若干问题的解释（二）》第1条规定："当事人对合同是否成立存在争议，人民法院能够确定当事人名称或者姓名、标的和数量的，一般应当认定合同成立。但法律另有规定或者当事人另有约定的除外。对合同欠缺的前款规定以外的其他内容，当事人达不成协议的，人民法院依照合同法第六十一条、第六十二条、第一百二十五条等有关规定予以确定。"

(8) 原告主张并未过诉讼时效。

《民法通则》第135条规定："向人民法院请求保护民事权利的诉讼时效期间为二年，法律另有规定的除外。"第137条规定："诉讼时效期间从知道或者应当知道权利被侵害时起计算。但是，从权利被侵害之日起超过二十年的，人民法院不予保护。有特殊情况的，人民法院可以延长诉讼时效期间。"第138条规定："超过诉讼时效期间，当事人自愿履行的，不受诉讼时效限制。"第139条规定："在诉讼时效期间的最后六个月内，因不可抗力或者其他障碍不能行使请求权的，诉讼时效中止。从中止时效的原因消除之日起，诉讼时效期间继续计算。"第140条："诉讼时效因提起诉讼、当事人一方提出要求或者同意履行义务而中断。从中断时起，诉讼时效期间重新计算。"

证人证言充分证明，原告多次、持续向被告主张设计费，原告主张没有过诉讼时效。

2. 被告第一轮辩论观点

(1) 原告主张的设计范围与事实不符，其主张的设计费没有依据。

(2) 1号商业楼地基处理方案是丙设计院设计，采用强夯施工。但是，2

号商业楼采用的是原告的地基处理方案,即将基槽内杂填土全部清除,然后3:7灰土换填。而且,2号商业楼缺乏地基设计资料,这是原告重大过错,因此,对于2号商业楼原告无疑应承担工程质量责任。此外,原告在地基验槽记录、工程竣工验收报告上均签字盖章,因此原告应当对自己签章行为负责。

(3) 工程发生质量事故后,原告擅自修改设计特征值,具有重大过错。

(4) 没有被告委托的设计工作,被告不承担给付责任。

(5) 原告主张已经过了诉讼时效。

(6) 被告方董事长已经失踪,公司已经进入破产程序,公司无力支付设计费。

3. 原告第二轮法庭辩论观点

(1) 在设计的地基总平面图上,原告在基础说明部分标明:"处理方案由甲方委托有资质的地基处理单位进行处理,处理范围为扩出基础外边缘2米,处理深度为基底下6米,压实系数≥0.97,处理后承载力特征值为180kpa,处理后基础承载力做静载试验确定并做沉降观测。压缩模量≥15。"只要压实系数≥0.97,地基承载力为180kpa,压缩模量≥15,地基都处于安全范围。可是,《司法鉴定报告》显示,原告雇佣的地基处理单位在没有设计资质的情况下,私自出具设计方案,并挂靠于某公司。后某公司否认曾出具这个地基处理方案。因此,2号商业楼的质量问题由被告没有按照原告给出的设计目标去施工造成的,原告对工程质量问题不承担责任。

(2) 原告在基础说明中确实做了如下修改:砾岩层"该层以上的杂填土全部挖掉,并挖至-3米标高,从-3米以下深挖部分回填天然级配砂石,分层夯实,扩槽宽度不小于换填深度,压实系数不小于0.97,承载力特征值≥180kpa,压缩模量≥15"。之所以进行上述修改,原因是审图时审图人员要求进行上述修改,否则便不予《审图合格报告》,这个不是设计人员在工程发生沉降事故后私自修改的。这个事实可以到审图公司核实,如果原告捏造事实,愿意为此承担任何责任。

此外,某市的审图习惯是,经过审图人员指正,设计人可以在底图(即硫酸图上)进行修改,审图合格后在硫酸图上加盖审图公司的审图章,然后存档备案。因此,这部分手写的改动内容无论是在形式上还是在内容上都是合法的。

(3) 虽然原告在验槽记录、工程竣工验收报告上签字,但这只代表原告对自己设计方案的认可,不可能对地基处理单位以及其他单位的施工质量负责，那部分工作是监理公司的责任范围。

北京丁检测公司出具检测报告，认为地基处理已经达到原告设计的各项指标，原告只能对此予以认可，即在验槽记录上签字。原告不可能对检测单位的检测报告进行怀疑并独立验证，因为地基检测是一项专业性很强的工作，设计单位不能胜任这个工作。如果地基检测单位提供的数据虚假，那么地基检测单位应当承担相应责任。被告不能以地基检测单位不是住房和城乡建设部规定的五大责任主体而放弃追究检测单位责任，却把相应责任转嫁给原告。

(4) 建设单位是工程组织单位，工程出现质量问题建设单位也有责任，而且是首要责任，不能把所有责任都推给设计单位。

4. 被告第二轮辩论法庭辩论观点

坚持答辩状、证据质证意见，请法院驳回原告的诉讼请求。

(六) 判决结果

一审判决支持原告诉讼请求，被告没有上诉。

五、案例评析

(一) 在对方用了设计方的施工图后，辩称没用过并不支付设计费时，如何证明对方使用了自己的施工图（投标时方案有可能是多套）

(1) 委托设计合同采用示范文本。

(2) 委托设计合同的公章、签名和日期必须规范。不可用分公司、中间人签收，日期当场写明。

(3) 委托方提供的立项批准文件、红线图、地质报告、改造项目的前期施工图等资料。

(4) 图纸上各方签名应完整。

(5) 建立双方确定有效的联系制度。部门与部门对接，人员与人员对接。对方接收设计成果时，应由法定代表人获授权代理人签收（图纸签收单），签收的内容应涵盖实际交付的内容（如施工图可能并不包括设计图），并加盖公章。

(6) 现场勘验。

(二) 在对方采用两家以上设计院进行设计，没用自己的施工图而是用了其他人的施工图后，工程出现质量事故时，如何证明对方没使用自己的施工图

(1) 交付时间与工程招投标、开工时间不符，因此，一定要注意图纸收

条上的时间，当面签写，切勿留白；

（2）建筑物外观上应有自己的个性特征；

（3）留好电子版，图纸要每页盖章，审核人、校对人、项目负责人、注册结构师的签字，审图公司的合格章均需完整；

（4）如不用，应履行告知义务；

（5）图纸会审、验槽、验收这些环节，如果不是本设计院完成的设计工作，不能草率签字；

（6）现场勘验。

（三）注意挂靠的问题，例如工作室、设计部、设计中心等。合同中明确银行账户名称、账号，以免汇错或内部人恶意利用

（1）不承担连带责任的挂靠。无挂靠合同，设计单位未提供公章和资质证书或设计行为在先，挂靠行为在后。

（2）承担连带责任的挂靠。有挂靠合同，或交挂靠费的收据、发票；设计单位提供公章和资质证书和相关人员的签字。

（3）挂靠应有引荐人或担保人，从而控制风险。

（四）雇佣关系与挂靠关系的区别

设计单位试图独占设计费时，有可能将具体设计人员或中间人说成雇佣关系，否认挂靠关系，并认为是自己提供的设计成果。

实际设计人在上述情况下，会主张中间人或项目经理是挂靠人，而不是设计单位的工作人员。

（五）签订合同时应要求建设单位交20%定金或30%预付款

约定了定金，还需约定适用定金规则的条件。

（六）提交施工图时，应询问房地产开发公司能否付全款，否则不交施工图；交图纸后若干天委托方无异议就视为认可图纸

（七）提交施工图时，应向房地产开发公司索要收据，该收据应采用制式文本，内容包括种类、张数、签收人、委托人公章、签收时间等；索要相应欠条

（八）知识产权的保护

（九）应采纳税讫合同文本

（十）设计单位如何进行税收筹划或避税

（十一）施工图与施工预算的关系

（十二）施工图与设计图的关系

（十三）术语应当统一，例如第一轮概念方案和第一次设计成果样稿

（十四）能否使用已经收到的部分，使用已经收到的部分是否涉及侵犯知识产权

（十五）中期洽商、成果汇报必须有会议记录

（十六）付款条件：收到对方等额发票

（十七）抄袭、数据新颖性、规范的版本、标点符号、错别字

（十八）负责人更换、调离、退休、死亡等问题

（十九）反贿赂条款

（二十）默示条款

六、思考案例

2015年2月，甲房地产开发公司（甲方）与乙规划设计公司（乙方）签订《建设工程设计合同》，就海天盛宴项目A、B、C、D、E地块出具规划和施工图设计。A、B、C地块出具概念性规划（共100公顷，每公顷1万元）和修建性详细规划（共100公顷，每公顷2万元），商业、住宅、酒店、人防、景观出具方案、初步设计和施工图。合同签订后3日内，甲方向乙方提供设计委托任务书、项目用地红线图、城市总体规划、控制性详细规划等11项文件，同时向乙方支付定金及方案费20%。规方案通过后3日内付15%，详规方案通过后3日内付15%，施工图完成后3日内付40%，主体验收通过后付10%。

合同签订后，甲方既未提交任何资料，也未支付第一期费用，但却要求乙方提交概念性规划、演示盘、讲解资料。

乙方回复没有基础资料无法规划设计，甲方口头答复，概念性规划就是画个画，走个形式就可以，遂于2015年3月17日将规划平面和设计理念发送甲方。甲方于2015年5月5日发出联系函，声称对政府部门审核中出现的原则、概念不负责任。

乙方于6月2日向甲方发出催款函。

（一）乙方如想起诉甲方，应收集哪方面证据

首先，应知道甲方的公司全称、准确地址、有效联系电话。如果有对方的营业执照、组织机构代码证复印件更好。

其次，收集所有合同以及补充协议，明确双方权利和义务。例如，根据

合同确定哪一方应当先履行合同。就本案而言,《建设工程设计合同》第 5 条规定,本合同签订后 3 日内,甲方向乙方提交相关资料和文件,同时支付乙方 20% 的定金和方案费。因此,甲方具有先履行义务,乙方可据此向甲方主张设计费。

(二) 确定设计费的准确数额,首先确定设计费总数

本合同未明确设计费总数,因此需要根据设计规模、取费比例和各个实际阶段的内容来计算设计费总数。

规划设计的取费标准依据《城市规划设计收费标准》。

工程设计的取费标准依据《工程勘察设计收费标准》。

生活居住用地规划设计的收费定额源自《城市规划设计收费标准》。

新规划区面积 (公顷)	收费起点 (元)	递增额 (元/公顷)	备注
≤3	5000		不足 3 公顷的,按 3 公顷收费
3~10	5000	1300	
10~20	14 000	1000	
>20	24 000	另议	

注:①工业区规划设计可参照本定额计费;②不做工程管线规划设计的按本定额 50% 计费;③山区或地形特殊复杂的地段,收费额可视不同情况乘以 1.1~1.3 的系数。

建筑工程设计收费定额源自《工程勘察设计收费标准》(2002 年修订本),工程设计收费按照下列公式计算:

(1) 工程设计费=工程设计收费基准价×(1±浮动幅度值)

(2) 工程设计收费基准价=基本设计收费+其他设计收费

最终,按照合同 2500 万元,按照工程造价 3900 万元。

(三) 甲方如想起诉乙方,应收集哪方面证据

第一,应知道乙方的公司全称、准确地址、有效联系电话。如果有对方营业执照、组织机构代码证复印件更好。除此之外,应当根据《建设工程勘察设计资质管理规定》审查设计公司的资质以及等级。设计公司资质分为综合(甲级)、行业(甲乙)、专业(甲乙)、专项四类(甲乙)。个别行业专业专项可设丙级。各登记公司必须在规定范围内承接业务。

第二，应了解乙方承接设计业务是否需要经过招投标程序，尤其是国有资本投资，同时须遵守《政府采购法》《企业国有资产法》。

第三，明确法律、规范和设计要求。对没有按照设计要求的设计应当收集并举出证据，用事实说话。在这里，设计要求特别重要。

第四，注意提交设计成果的内容和提交期限。

第五，每批成果规定由甲方确认后，才支付相应阶段的款项。

（四）设计合同有哪些常见的"合同陷阱"

对于设计方来讲，设计合同中的最大的"合同陷阱"就是投资方规定设计是否合格由投资方、政府部门最终确定，投资方或者政府部门对设计成果进行确认后才支付设计费。这类规定对设计方相当不利。对于投资方来讲，在合同签订过程中处于主动地位，因此权益保护比较可靠。但是也存在"合同陷阱"，那就是设计方在合同中约定，如果涉及出现质量问题，设计方的赔偿额最高不超过设计费。如果投资方不加审核就草率签订合同，设计单位的设计质量可能将得不到保障。

七、其他需要思考的问题

（一）知识产权的保护。

（二）应采纳税讫合同文本。

（三）设计单位如何进行税收筹划或避税。

（四）施工图与施工预算的关系。

（五）施工图与设计图的关系。

（六）投资人未支付全部设计费之前能否使用已经收到的部分，使用已经收到的部分是否涉及侵犯知识产权。

（七）中期洽商、成果汇报必须有会议记录。

（八）付款条件：收到对方等额发票。

（九）抄袭、数据新颖性、规范的版本、标点符号、错别字。

（十）负责人更换、调离、退休、死亡等问题。

（十一）反贿赂条款。

（十二）默示条款。

第五章
工程监理纠纷案例

一、案情简介

2007年6月1日，甲投资管理有限公司（甲方）与乙监理公司（乙方）签订《建设工程委托监理合同》，甲投资监理有限公司委托乙监理公司对某学校教学楼、住宅楼、商业楼的施工进行监理，监理工期为2007年6月1日至2008年9月30日。在约定时间内，乙监理公司完成了对教学楼、3栋住宅楼、商业楼的施工的监理，监理费用12万元，但截至起诉之时，甲投资管理有限公司尚欠乙监理公司10万元，经多次催要，甲投资管理有限公司拒不支付。乙监理公司遂将甲投资管理有限公司诉至某县人民法院。

二、与工程监理相关的法律知识

（一）需要进行监理的工程范围

2001年1月17日颁布的《建设工程监理范围和规模标准规定》规定，下列工程需要监理：①国家重点建设工程，参见《国家重点建设项目管理办法》；②大中型公用事业工程，即投资额3000万元以上的水电气热、科教文卫、体游商社等；③成片开发建设的住宅小区，即建筑面积5万平方米以上的住宅工程必须实行监理，5万平方米以下的住宅工程可以实行监理，高层住宅和结构复杂的多层住宅应当进行监理；④利用外国政府和国际组织贷款、援助资金的工程；⑤学校、影剧院、体育场馆项目，不管总投资多少，都应当实行监理；⑥其他工程：投资额3000万元以上，关系社会公共利益、公众安全的基础设施项目。

（二）业主、施工单位和监理单位的关系

业主与施工单位是雇佣关系；业主与监理单位是委托关系；施工单位与监理单位没有合同关系，监理单位给施工单位造成损失，施工单位只能向业主索赔。监理单位虽然是业主的代理人，但也是社会监理，应保持中立，维护施工单位的合法权益。

（三）工程监理企业资质管理

从行业分类讲，工程监理分为房屋建筑工程等 14 个行业，在等级划分方面工程监理资质分为综合资质、专业资质和事务所资质。专业资质中，工程监理企业分成甲、乙、丙三个等级，甲级可以监理一、二、三级工程，乙级可以监理二、三级工程，丙级只可以监理三级工程。

（四）工程建设监理规范

主要有 1996 年 1 月 1 日起实施的《工程建设监理规定》（现已失效）、2003 年 1 月 1 日起实施的《房屋建筑工程施工旁站监理管理办法（试行）》、2001 年 5 月 1 日起实施的《建设工程监理规范》（现已失效）。具体内容包括：

（1）项目监理机构：监理公司派驻工地并履行监理合同的机构。

（2）监理人员：①总监理师；②总监理师代表；③专业监理师；④监理员。

（3）监理规划和监理实施细则。前者是总监理师编制的开展监理的指导性文件，后者是专业监理师编写的某一方面的操作性文件。

（4）施工阶段的监理工作：①准备阶段：熟悉资料、设计交底、施工组织设计、审查资质、检查测量放线成果及保护措施、质量管理体系、第一次工地会议；②工地例会；③质量控制；④造价控制：工程量清单和工程款支付申请表、竣工结算文件；⑤进度控制；⑥竣工验收：审查竣工资料、工程预验收、工程质量评估报告，在验收报告上签字；⑦保修期的监理工作。

（5）施工合同管理：停复工、工程变更、费用索赔（索赔意向通知书、索赔申请表、索赔资料）、工程延期、争议调解和合同解除。

（6）监理资料管理：监理规划、监理实施细则、监理日志、监理月报、监理工作总结等。

（五）如何报考注册监理师

根据 2006 年 1 月 26 日颁布的《注册监理工程师管理规定》的规定，监理师需要达到以下条件：①工程专业大专以上学历；②高级职称或中级职称从业三年；③所在单位推荐。

报考科目：《监理概论》《建设工程合同管理》《监理案例分析》《工程监理相关法规》《工程信息管理》《投资控制》《质量控制》《进度控制》。

三、本案焦点问题

（一）监理单位如何证明自己在工地现场？
（二）监理单位如何证明自己所完成的工作量？
（三）监理单位如何证明自己应收取的费用？

四、开庭经过和判决结果

（一）原告宣读起诉状

乙监理公司宣读起诉状，认为自己完成了监理合同约定的工作，被告应当支付监理费10万元，诉讼费由被告承担。

（二）被告宣读答辩状

主要观点是不应支付监理费，理由是：（1）工程存在严重的质量问题：①住宅楼楼板严重下沉，因此未能通过验收；②因楼房不合格不得不赔偿业主损失，总共赔了一百多万元，到现在许多业主还在上访，监理费应从中扣除。（2）拖延工期，到起诉时也未竣工。（3）监理单位与施工单位互相串通，损害甲方的利益，为避免损失进一步扩大，甲方被迫解除合同。（4）2007年至2008年监理公司没有参加资质年审，丧失了从事监理工作的资格，合同因而无效，2007年至2008年的相应监理费不应支付。（5）监理公司从业资质中没有机械设备安装内容，监理公司从事相应业务不应获得报酬。（6）监理单位未向甲方交监理资料，这是付款的前提条件。

补充观点：（1）甲方否认监理单位从事了合同约定的监理工作；（2）认为监理单位的主张已经过了诉讼时效；（3）上述工程已经成为烂尾楼且一直没有复工，因而监理工作尚未完成，不能主张监理费；（4）甲方投资人"跑路"，公司已经破产清算，如果判决严重拖期，将不能登记债权，甲方清算组借此向原告施压，要求原告妥协，以甲方认定的工作量为准。

（三）原告举证

（1）《建设工程委托监理合同》和《补充协议》，证明双方存在委托与被委托的法律关系；（2）已完工程量证明（包括工作会议纪要、工地例会纪要、工作联系单、监理日志、监理签字的各个检验资料、监理签字的工程款申请单等）证明原告在施工现场并履行了监理义务。

被告质证：对《建设工程委托监理合同》《补充协议》无异议；对已完工程量证明有异议。

（四）被告无证据

（五）法庭辩论

原告观点：(1)《民事诉讼法》第64条第1款规定："当事人对自己提出的主张，有责任提供证据。"《最高人民法院关于民事诉讼证据的若干规定》第2条第2款："没有证据或者证据不足以证明当事人的事实主张的，由负有举证责任的当事人承担不利后果。"被告认为工程存在质量问题应举证证明监理单位应对质量问题负责，否则便应承担举证不能的法律后果。况且，被告已经使用了该工程，因此无权主张质量问题。被告有损失应反诉，否则不能得到支持。(2)拖延工期是施工单位的责任，与监理单位无关。(3)如认为互相串通，应提供相应证据。(4)暂时无资质是因为建设局刁难，后来经争取，已经获得了相应资质。(5)机械设备安装内容只是监理合同的附属内容，且订约和履行期间双方均无争议，相关业务已经履行完毕。(6)监理单位没有责任向甲方交监理资料，甲方属于无理要求。综上，请求支持原告的诉讼请求。

对于被告提出的其他主张，原告认为：(1)被告否认监理单位从事了合同约定的监理工作，监理公司提供的工地例会纪要、工作会议纪要、工作联系单中有大量被告单位的签章，足以证明原告完成了监理合同的义务；(2)监理公司有书面证明，证明自己一直向甲方主张监理费，也有证人证明，其中每个付款请求间隔不超过2年；(3)上述工程已经成为烂尾楼且一直没有复工，这不是监理公司的原因，因此不是被告抗辩的理由；(4)建设单位主体转让，甲方为转让后的后手，未告知监理单位，原告有权索赔。

一审判决被告支持原告监理费10万元，被告没有上诉。

五、案例评析

本案例中，被告之所以拖欠监理费，原因是作为投资人的建设单位资金链断裂，法定代表人"跑路"，这导致建设单位进行了破产清算。被告律师的思路是否定原告的工作，从而阻止原告将所欠工程款列入破产债权。

住房和城乡建设部和国家工商行政管理总局联合发布的《建设工程监理合同（示范文本）》对于监理单位是有利的，因为该合同有监理公司对甲方赔偿额的封顶规定。因此，在建设工程各方主体的民事责任中，监理单位是相对安全的。但是，监理单位也存在风险，那就是能否按照合同要回自己的监理费。

为了维护自身权益：第一，监理公司必须坚持使用《建设工程监理合同（示范文本）》订立合同。第二，必须约定在合同生效后或者进场前由建设单位支付一部分预付款，不能垫资监理。第三，应当提高管理水平，使监理资料做到整齐、完整、清晰、规范，无懈可击。第四，要关注建设单位的资信情况，当建设单位出现资信危机时，应当及时行使不安抗辩权，要求建设单位就监理费提供担保。一旦资信危机成为现实，应当及时进行财产保全，否则监理费将成为空头支票。第五，监理公司是工程重大事故罪的主体，因此在建立过程中，一定不可全部迁就建设单位，向建设单位提出的建议应当以书面形式进行，并请建设单位签章，否则工程一旦发生质量问题，监理单位作为专业的监督单位将难辞其咎。

六、本案应当思考的问题

（一）监理单位如何证明自己在场（进场容易证明，驻场、撤场如何证明）？

（二）如何证明自己所完成的工作量？

（三）如何证明自己应收取的费用？

（四）在工程质量方面，监理单位和施工单位如何划分责任？

（五）如何签订《委托监理合同》？在发包方市场的情况下，如何与发包方进行博弈？

（六）新版《施工合同示范文本》中，监理工程师的作用如何？

第六章
建设工程施工合同纠纷案例

第一节 如何判断施工合同的法律效力
——建设工程中的"黑白合同"纠纷案

一、案情简介

甲公司是从事房地产开发经营的企业，取得了合法的开发和建设手续。乙公司是具有合法建筑业从业资质的企业。2005年6月28日，甲乙双方经过招投标签订《建设工程施工合同》，乙公司承包蒙古大营大厦施工任务，合同约定：①工程内容：蒙古大营大厦主楼28层，配楼A、B、C、D四栋八层，剪力墙结构，总建筑面积6万平方米；②承包范围：土建、水、暖、电、通风、消防等工程图纸的全部工作量；③合同工期：2005年7月8日开工，2006年11月30日竣工；④合同价款：暂定2亿（以工程决算为准），工程结算以施工图方的签证为依据，套用当地政府主管部门发布的定额，取费执行《河北省建筑、安装、市政、装饰装修工程费用标准》，结算时土建、安装按照国家规定工程取费类别取费，措施项目费、各项规费按规定计取。2005年8月，甲公司将合同文本到当地住建局备案，同时到城市建设档案馆存档。

合同签订后，甲公司为了降低工程造价，又与乙公司签订了《蒙古大营施工合同补充协议》，约定合同价款为1.5亿元，工期提前至2006年9月30日。乙公司又将承包任务转给丙公司。2008年10月，乙公司以工程款将甲公司诉至法院。

二、与工程施工相关的法律知识

（一）与工程施工相关的法律

（1）《建筑法》1998年3月1日施行（2019年4月23日最新修订）；

（2）《招标投标法》2000年1月1日施行（2017年12月27日最新修订）；

（3）《合同法》1999 年 10 月 1 日施行；

（4）《城市房地产管理法》1995 年 1 月 1 日施行（2019 年 8 月 26 日最新修订）；

（5）《城乡规划法》2008 年 1 月 1 日施行（2019 年 4 月 23 日最新修订）；

（6）《安全生产法》2002 年 11 月 1 日施行（2014 年 8 月 31 日最新修订）；

（7）《标准化法》1989 年 4 月 1 日施行（2017 年 11 月 4 日最新修订）。

（二）与工程施工相关的行政法规

（1）《建设工程质量管理条例》2000 年 1 月 30 日施行（2019 年 4 月 23 日最新修订）；

（2）《建设工程安全生产管理条例》2004 年 2 月 1 日；

（3）《招标投标法实施条例》2012 年 12 月 1 日（2019 年 3 月 2 日最新修订）；

（4）《对外承包工程管理条例》2008 年 9 月 1 日（2017 年 3 月 1 日最新修订）。

（三）最高人民法院的司法解释

（1）《最高人民法院关于审理建设工程施工合同纠纷案件适用法律问题的解释》2005 年 1 月 1 日施行；

（2）《最高人民法院关于审理建设工程施工合同纠纷案件适用法律问题的解释（二）》2018 年 6 月 1 日施行。

（四）认定建设工程施工合同效力的法律依据

1. 《合同法》

《合同法》第 52 条规定："有下列情形之一的，合同无效：（一）一方以欺诈、胁迫的手段订立合同，损害国家利益；（二）恶意串通，损害国家、集体或者第三人利益；（三）以合法形式掩盖非法目的；（四）损害社会公共利益；（五）违反法律、行政法规的强制性规定。"

《最高人民法院关于适用〈中华人民共和国合同法〉若干问题的解释（二）》第 14 条规定："合同法第五十二条第（五）项规定的'强制性规定'，是指效力性强制性规定。"

2. 《招标投标法》

第三条 在中华人民共和国境内进行下列工程建设项目包括项目的勘察、设计、施工、监理以及与工程建设有关的重要设备、材料等的采购，必须进行招标：

（一）大型基础设施、公用事业等关系社会公共利益、公众安全的项目；

（二）全部或者部分使用国有资金投资或者国家融资的项目；

（三）使用国际组织或者外国政府贷款、援助资金的项目。

前款所列项目的具体范围和规模标准，由国务院发展计划部门会同国务院有关部门制订，报国务院批准。

法律或者国务院对必须进行招标的其他项目的范围有规定的，依照其规定。

第四十六条　招标人和中标人应当自中标通知书发出之日起三十日内，按照招标文件和中标人的投标文件订立书面合同。招标人和中标人不得再行订立背离合同实质性内容的其他协议。

招标文件要求中标人提交履约保证金的，中标人应当提交。

3. 《最高人民法院关于审理建设工程施工合同纠纷案件适用法律问题的解释》

第一条　建设工程施工合同具有下列情形之一的，应当根据合同法第五十二条第（五）项的规定，认定无效：

（一）承包人未取得建筑施工企业资质或者超越资质等级的；

（二）没有资质的实际施工人借用有资质的建筑施工企业名义的；

（三）建设工程必须进行招标而未招标或者中标无效的。

第四条　承包人非法转包、违法分包建设工程或者没有资质的实际施工人借用有资质的建筑施工企业名义与他人签订建设工程施工合同的行为无效。人民法院可以根据民法通则第一百三十四条规定，收缴当事人已经取得的非法所得。

第二十一条　当事人就同一建设工程另行订立的建设工程施工合同与经过备案的中标合同实质性内容不一致的，应当以备案的中标合同作为结算工程价款的根据。

综上所述，建设工程施工合同无效的情形主要包括：

（1）未取得建设工程规划许可手续的（参见 2015 年 12 月 24 日程新文《关于当前民事审判工作的若干具体问题》）。

（2）建筑业企业资质方面：没有相应资质或者超越资质等级；借用他人资质。

（3）招投标环节：应当招标而未招标的施工合同；中标无效的。

（4）签约阶段：中标通知书发出前后又另行签订改变工期、价款、质量标准、工程项目性质等实质性条款的施工合同。

(5) 承发包环节：转包、违法分包、肢解发包。

（五）认定合同法律后果的法律依据

无效合同的法律后果：《合同法》第 58 条规定："合同无效或者被撤销后，因该合同取得的财产，应当予以返还；不能返还或者没有必要返还的，应当折价补偿。有过错的一方应当赔偿对方因此所受到的损失，双方都有过错的，应当各自承担相应的责任。"

住房和城乡建设部于 2014 年 8 月 4 日印发，10 月 1 日开始实施的《建筑工程施工转包违法分包等违法行为认定查处管理办法（试行）》（现已失效）规定，罚款、降低资质、吊销企业或者个人从业资质证书，县级以上人民政府住房和城乡建设主管部门应将查处的违法发包、转包、违法分包、挂靠等违法行为和处罚结果记入单位或个人信用档案，同时向社会公示，并逐级上报至住房和城乡建设部，在全国建筑市场监管与诚信信息发布平台公示。

三、案件焦点问题

（一）建设工程合同效力如何？

（二）本案所涉工程应以哪份合同作为结算依据？

（三）无效建设工程合同如何结算？

四、开庭过程和判决结果

2007 年 3 月 1 日，某市人民法院开庭审理乙公司诉甲公司拖欠工程款一案。甲公司认为，补充协议签订在后，属于合同变更，因此认为应当按照补充协议结算工程款。乙公司认为，由于补充协议改变了中标合同的实质性条款，因此属于无效合同。乙公司认为乙、丙公司之间属于正常合同分包，不违反法律，甲公司认为乙、丙公司之间的合同属于转包合同，属于无效合同。

某县人民法院经过审理，判决甲、乙公司补充协议无效，工程款按照双方在住建局备案的合同结算。乙、丙之间的合同因转包而无效，如果乙公司施工的工程验收合格，则参照备案合同结算工程款。

判决书送达后，双方当事人均没有上诉。

五、案例评析

（一）本案施工合同为无效合同

当事人有权主张合同无效，在当事人没有主张或者主张合同有效的情况下,人民法院可以依职权审查并认定合同效力,不受当事人诉讼请求的限制。

1. 乙、丙公司签订的转包合同无效

《建筑工程施工转包违法分包等违法行为认定查处管理办法(试行)》第6条规定:"本办法所称转包,是指施工单位承包工程后,不履行合同约定的责任和义务,将其承包的全部工程或者将其承包的全部工程肢解后以分包的名义分别转给其他单位或个人施工的行为。"

第7条规定:"存在下列情形之一的,属于转包:(一)施工单位将其承包的全部工程转给其他单位或个人施工的;(二)施工总承包单位或专业承包单位将其承包的全部工程肢解以后,以分包的名义分别转给其他单位或个人施工的;(三)施工总承包单位或专业承包单位未在施工现场设立项目管理机构或未派驻项目负责人、技术负责人、质量管理负责人、安全管理负责人等主要管理人员,不履行管理义务,未对该工程的施工活动进行组织管理的;(四)施工总承包单位或专业承包单位不履行管理义务,只向实际施工单位收取费用,主要建筑材料、构配件及工程设备的采购由其他单位或个人实施的;(五)劳务分包单位承包的范围是施工总承包单位或专业承包单位承包的全部工程,劳务分包单位计取的是除上缴给施工总承包单位或专业承包单位'管理费'之外的全部工程价款的;(六)施工总承包单位或专业承包单位通过采取合作、联营、个人承包等形式或名义,直接或变相的将其承包的全部工程转给其他单位或个人施工的;(七)法律法规规定的其他转包行为。"

由于乙公司又将承包任务转给了丙公司,所以乙、丙公司构成工程转包,根据《最高人民法院关于审理建设工程施工合同纠纷案件适用法律问题的解释》第4条的规定,合同无效。

2. 甲、乙公司之间签订的补充协议无效

《招标投标法》第46条第1款规定:"招标人和中标人应当自中标通知书发出之日起三十日内,按照招标文件和中标人的投标文件订立书面合同。招标人和中标人不得再行订立背离合同实质性内容的其他协议。"

《最高人民法院关于审理建设工程施工合同纠纷案件适用法律问题的解释》第21条规定:"当事人就同一建设工程另行订立的建设工程施工合同与经过备案的中标合同实质性内容不一致的,应当以备案的中标合同作为结算工程价款的根据。"本案当事人将合同价款由2亿元变更为1.5亿元,工期提前到2006年9月30日,这个行为属于实质性内容改变,违反了法律强制性规定，因而补充协议约定无效。

3. 合同的实质性条款

（1）《合同法》第30条规定："承诺的内容应当与要约的内容一致。受要约人对要约的内容作出实质性变更的，为新要约。有关合同标的、数量、质量、价款或者报酬、履行期限、履行地点和方式、违约责任和解决争议方法等的变更，是对要约内容的实质性变更。"

但是，相关司法解释以及最高人民法院审判会议、最高人民法院法官均没有采用《合同法》第30条的规定。这大概是由于本条规定只适用于承诺阶段，而建设工程"黑合同"往往是"白合同"生效以后以合同变更的形式签订的。

（2）《最高人民法院关于印发〈全国民事审判工作会议纪要〉的通知》（2011年10月9日，法办［2011］442号）第4部分规定："23. 招标人和中标人另行签订的改变工期、工程价款、工程项目性质等中标结果的约定，应当认定为变更中标合同实质性内容；中标人作出的以明显高于市场价格购买承建房产、无偿建设住房配套设施、让利、向建设方捐款等承诺，亦应认定为变更中标合同的实质性内容。建设工程开工后，发包方与承包方因设计变更、建设工程规划指标调整等原因，通过补充协议、会谈纪要、往来函件、签证等形式变更工期、工程价款、工程项目性质的，不应认定为变更中标合同的实质性内容。"

（3）《最高人民法院关于审理建设工程施工合同纠纷案件适用法律问题的解释（二）》第1条规定："招标人和中标人另行签订的建设工程施工合同约定的工程范围、建设工期、工程质量、工程价款等实质性内容，与中标合同不一致，一方当事人请求按照中标合同确定权利义务的，人民法院应予支持。"

（4）最高法院法官著述：

于蒙法官认为：所谓"合同实质性内容"，一般是指合同约定的工程价款、工程数量、工程期限、工程项目性质。同时，把握何为实质性内容的变更，还应注意以下几点：①变更的幅度把握。并非所有就上述实质性内容的修改、变更都属于签订"黑白合同"，而是必须出现了导致双方当事人利益失衡的情况，这需要根据具体合同的实际情况予以判定。②把握"黑白合同"的签订与正常合同变更的界限。合同变更是法律赋予合同双方当事人的一项基本权利。合同变更权存在于所有合同的履行过程中。当合同实际履行过程中存在设计变更、工程量增加等法定或中标合同约定的变更事由，进而影响了中标合同的履行时，对中标合同的内容进行修改属于正常的合同变更。如果变更的原因为一方违约责任的承担，变更的目的是为了更好地履行和推进中标合同，也不宜简单地将之认定为"黑白合同"，而是需要根据具体情形判断。[1]

杜万华法官认为：在招投标合同订立之后另行签订的补充协议原则上不能修改招投标合同的主要条款，即不能修改包括工程造价、工期、质量等在内的基本条款。如果后签订的补充协议违背了招投标合同的主要条款，就应当被认定为是无效合同。[2]

冯小光法官认为：施工合同的主要条款应当包括：工程价款、工期、质量标准、违约责任等施工合同必备条款。[3]

综上所述，施工合同的实质性内容包括工程范围、建设工期、工程质量、工程价款等，判断其他条款是否系实质性内容主要参考两个方面：一是是否限制和排除竞标人中标；二是是否损害招标人或者投标人的重大利益。

就本案而言，合同签订后，甲公司为了降低工程造价，又与乙公司签订了《蒙古大营施工合同补充协议》，约定合同价款为 1.5 亿元，工期提前至 2006 年 9 月 30 日。工程造价比中标合同低了 5000 万元，工期提前了 2 个月。而工程造价、工期都属于合同实质性条款，因此甲、乙公司后签订的施工合同补充协议无效。

（二）本案所涉工程应以备案合同而不是存档合同作为结算依据

1. 什么是备案合同？存档合同与备案合同有什么区别？

备案为工程行政管理部门对工程招标活动的行政管理措施，未备案不影响合同效力。备案的中标合同应具备以下条件：一是应当招标的工程项目。《招标投标法》对哪些工程项目应当招标作了明确规定，体现了公权力对建筑市场的规制。二是履行了招投标的法定手续，依《中标通知书》记载的实质

---

[1] 参见于蒙："合同履行过程中的正常变更与黑白合同的认定"，载最高人民法院民事审判第一庭编，杜万华主编：《民事审判指导与参考》（2016 年第 1 辑），人民法院出版社 2016 年版。

[2] 参见杜万华：《杜万华大法官民事商事审判实务演讲录》，人民法院出版社 2016 年版，第 99 页。

[3] 参见冯小光："回顾与展望——写在最高人民法院《关于审理建设工程施工合同纠纷案件适用法律问题的解释》颁布实施三周年之际"，载中华人民共和国最高人民法院民事审判第一庭编，黄松有主编：《民事审判指导与参考》（2008 年第 1 辑），人民法院出版社 2008 年版。

性内容签订了正式的施工合同。三是《中标通知书》为认定合同效力的实质性条件。

备案不具有物权公示的法律效力，不是认定"黑白合同"的法定依据，而是参考因素之一。签约后因为客观原因导致实质性内容发生变化的，当事人应当办理二次招标或者备案手续。

存档合同是当事人将施工合同在当地城市建设档案馆予以保存的合同，仅具有资料保存的意义，不是区别"黑白合同"的依据。

由于国务院最新文件已经取消了施工合同备案制度，住房和城乡建设部也删除了施工合同备案的相应条款，因此，《最高人民法院关于审理建设工程施工合同纠纷案件适用法律问题的解释（二）》已将《最高人民法院关于审理建设工程施工合同纠纷案件适用法律问题解释》中的"备案的中标合同"修改为"中标合同"。

2. 如何区别"黑白合同"？

区别以及处理"黑白合同"首先应把握如下原则：第一，不是一份合同必须履行到底，合同变更是正常的，是法律赋予当事人的权利，但是这个权利不能滥用。第二，认定"黑合同"的尺度不宜过严，否则将导致大量合同无效，不利于经济活动的顺向流转。

（1）不属于必须招标的工程项目。

第一，不属于必须招标的工程项目，也没有进行招投标的，不存在"黑合同"。

"黑白合同"存在的前提条件是按照《招标投标法》第3条的规定，涉案工程项目必须招标，如果不是必须招标，就不存在《中标通知书》，也就没有备案的中标合同。没有备案的中标合同，也就没有了与其在实质性条款方面相对立的"黑合同"。

第二，不属于必须招标的工程项目，没有进行招投标但是将合同在建设行政主管部门备案，如果又签订了与备案合同实质性条款不一致的其他合同的，其他合同不是"黑合同"。

是否是"黑合同"的认定依据是是否违反法律的强制性规定。对于不属于必须招标的工程项目，没有进行招投标但是将合同在建设行政主管部门备案的，即使又签订了与备案合同实质性条款不一致的其他合同，其他合同具有法律效力，不属于"黑合同"，因为其没有违反法律强制性规定。如果条款之间出现冲突，那么应当按照合同变更、违约责任等合同法规则处理。

第三，不属于必须招标的工程项目存在多个合同文本时的法律性质。

这种情形属于合同变更，没有冲突时均具有法律效力，受法律保护。出现冲突时，按照《合同法》《民事诉讼法》规定的合同解释规则处理。

第四，不属于必须招标的工程项目但进行招投标的，不存在"黑合同"，但是应当遵守诚实信用原则。

不属于必须招标的工程项目，先签订施工合同，又决定招投标的，前后两个合同都有效，后者是前者的变更。

不属于必须招标的工程项目，先招投标，又另外签订施工合同的，应当遵守招投标的规则。

"如果工程项目不是《招标投标法》所规定的必须进行招投标的项目，建设方与施工方在招投标之前订立的合同为有效合同，因为只有必须进行招投标的合同才禁止建设方和施工方在招投标之前进行实质磋商。如果双方当事人在订立建设工程施工合同之后，又决定另行进行招投标，且经过招投标订立了招投标合同的，应当视为对之前签订的合同的变更。如果在签订招投标合同之后，双方当事人有签订补充协议的，该补充协议的基本条款不能与招投标合同不一致。当事人选择以招投标方式来签订合同，就应当诚信遵守招投标的规则，违背招投标的规则所签订的合同应当认定为无效合同。"[1]

（2）必须招标的工程项目。

第一，均为"白合同"的情形。虽然存在数份合同，但是在实质性条款方面不存在冲突，此时各份合同均为"白合同"。

第二，均为"黑合同"的情形。在备案的中标合同之外又签订背离中标合同实质性条款的合同，而中标合同又因为低于成本价投标、串标等违法行为而无效。此时备案中标合同以及后签订的背离实质性条款的合同均无效，均是"黑合同"。

第三，"黑白合同"均存在的情形。在备案的中标合同之外又签订背离中标合同实质性条款的合同，备案的中标合同为"白合同"，签订背离中标合同实质性条款的合同为"黑合同"，属于无效合同，不受法律保护。

对于必须招标的项目，招投标之前达成的任何协议都应当被认为是无效

---

[1] 杜万华：《杜万华大法官民事商事审判实务演讲录》，人民法院出版社2016年版，第15~17页。

合同。

3. 存在数份施工合同的情况下，如何确定处理纠纷适用的合同？

（1）均为"白合同"的情况，适用《合同法》关于合同解释的一般规则。

（2）均为"黑合同"的情况，适用双方当事人实际履行的相应合同文本。有的做法为收缴两份"黑合同"之间的差价；有的根据过错原则在当事人之间分配"黑合同"的差价；冯小光法官认为没有必要制定全国统一标准，应当根据个案的具体情况由承办法官设计并决定裁量方案。法官设计并决定裁量方案应当符合《合同法》中无效合同过错责任原则、公平原则、诚信原则等法律精神。

《最高人民法院关于审理建设工程施工合同纠纷案件适用法律问题的解释（二）》第11条规定："当事人就同一建设工程订立的数份建设工程施工合同均无效，但建设工程质量合同，一方当事人请求参照实际履行的合同结算建设工程价款的，人民法院应予支持。实际履行的合同难以确定，当事人请求参照最后签订的合同结算建设工程价款的，人民法院应予以支持。"

（3）"黑白合同"的情形下，《最高人民法院关于审理建设工程施工合同纠纷案件适用法律问题的解释（二）》施行前适用备案的中标合同文本，该解释施行后适用中标合同文本。

就本案而言，应当使用在住建局备案的中标合同文本。

4. "黑合同"与工程变更的区别

（1）前者属于实质性条款，后者不一定是.

（2）前者没有客观情况变化，工程质量不变的情况下，工程款发生了变化，后者是因为客观情况发生变化，导致工程量发生了变化。

（3）前者在时间上，可能早于合同的签订，即双方在招标之前就对实质性条款进行过谈判甚至签订，后者则是合同履行过程中出现的变化。

（4）前者当事人是有恶意的、违法的，目的是压低工程款，后者没有恶意，是不违法的。

（5）前者通过签订合同实现，后者通过工程签证实现。

（三）本案应当按照中标合同文本结算工程款，同时应当兼顾无效合同的处理方式，形成正确的价值导向

1. 工程案件应尽力维持合同效力

尊重契约自由是人民法院民商事审判工作坚持的"六大原则"之一，我

国已经逐步建立起了以"严格合同主义"为特征的合同法律体系，尊重契约自由，提倡契约精神。因此，在涉及合同效力认定时，应尽量维持合同效力，促进交易的安全和稳定。

2. 正常的工程变更是当事人的权利

根据《最高人民法院办公厅关于印发〈全国民事审判工作会议纪要〉的通知》（2011年10月9日，法办［2011］442号）第4部分的规定，协议变更合同是法律赋予合同当事人的一项基本权利。建设工程开工后，因设计变更、建设工程规划指标调整等客观原因，发包人与承包人用过补充协议、会议纪要、往来函件、签证等洽商记录形式变更工期、工程价款、工程项目性质的，不应认定为变更中标合同的实质性内容。

3. 无效的情况下，应参照合同约定结算，而不是据实结算

要尊重合同中有关工程价款结算方法、标准的约定内容，严格执行工程造价、工程质量等鉴定程序的启动条件。虽然建设工程施工合同无效，但建设工程经竣工验收合格的，一般应参照合同约定结算工程价款，实际施工人违反合同约定另行申请造价鉴定结算的，一般不予支持。[1]

4. 不能使违法人从过错行为中获利

（1）合同无效的情况下，合同中的违约金条款仍然可以参考使用。

建设工程合同无效，承包人有权主张参照合同约定支付工程款。

民事合同中，合同双方的权利和义务是平等的，发包方亦有权主张参照合同约定支付工程价款。合同无效但工期延误责任承担的约定系真实意思表示的，应承担相应的违约责任。

如果仅支持承包人参照合同结算工程款的权利而忽视发包方参照合同结算的权利，将导致发包方的权利得不到相应的保护，合同当事人之间的权利义务关系失去平衡（参见"林某富与延边嘉和房地产开发有限责任公司建设工程施工合同纠纷案"，最高人民法院［2014］民申字第940号民事裁定书）。

（2）对于建设工程合同产生的利润、规费、管理费等，法官应当根据当事人的过错、管理费的性质等因素行使自由裁量权，合理确定管理费的分配、归属。

---

［1］程新文："关于当前民事审判工作中的若干具体问题"，载杜万华主编：《〈第八次全国法院民事商事审判工作会议（民事部分）纪要〉理解与适用》，人民法院出版社2017年版，第68页。

工程款由直接费、间接费、利润、税金四个部分组成，在合同无效的情况下，有些费用确实发生，而有些费用事实上没有发生。因此，应当根据实际情况合理确定利润、规费以及管理费的分配、归属。

第一，合同无效时，应当确定发包人对合同无效有无过错以及过错的大小。例如，合同转包是承包人隐瞒发包人转包，还是发包人主导的工程转包。如果是前者，则发包人没有过错，承包人应当承担合同无效的全部责任；如果是后者，则应当分清和确定发包方、承包人、转包受让人以及实际施工人之间的过错责任，根据过错的大小，确定各自应当承担的责任。

第二，应当根据承包人的组织形式确定工程款的组成。例如，在实际施工人是个人而不是公司的情况下，实际施工人的很多种间接费并没有发生，如一般没有给建筑工人缴纳"五险一金"、职工教育经费，也没有发生办公费、工会会费等企业管理费，有的甚至连安全文明施工措施费都没有发生。在这种情况下，如果全额支付实际施工人的工程款，那么实际施工人获得的利润将远远超过具备施工资质的正规企业，导致实际施工人因其违法行为而获取暴利，这是违反立法初衷的。因此，合同无效时并不是参照合同支付给实际施工人全部工程款，而是应当实事求是地调查工程款的各项组成部分是否实际发生，以平衡当事人的利益。

第三，在合同无效的情况下，发包人应被罚款，承包人不应当有利润。

根据相关司法解释，承包人非法转包、违法分包建设工程或者没有资质的实际施工人借用有资质的建筑施工企业名义与他人签订建设工程施工合同的行为无效。人民法院可以根据《民法通则》第134条的规定，收缴当事人已经取得的非法所得。

发包人取得工程，内含发包人的预期利益，惩罚发包人的方式应当是罚款。转包人从非法转包行为中获得转包利润，这个利润因其来源非法而应当予以收缴。实际施工人违法受让施工合同的权利义务，不应当因其违法行为获得利润。

在合同无效但工程验收合格的情况下，之所以还要支付承包人或者实际施工人工程款，是因为承包人的人力、物力已经转移到了涉案工程之中，承包人或者实际施工人已经付出不菲的对价，尤其是其中包括农民工的工资和材料商的机械、设备以及物资等，如果不对承包人或者实际施工人进行补偿，发包人会因此获得不当得利，同时农民工工资问题还会引发社会问题。由于承包人或者实际施工人的人力物力投入无法返还，根据《合同法》第58条的规定，应当对无法返还的部分进行折价补偿，折价补偿是没有利润的。

因此，应当明确发包人的获得属于不当得利，承包人或者实际施工人获得的是折价补偿，这与合法建设工程施工合同的标的物具有本质的区别，不应当混为一谈（参见"开封市兴育房地产开发有限公司、开封市教育建筑工程公司与王某、曾某江建设工程施工合同纠纷案"，最高人民法院［2014］民申字第1635号民事判决书）。

（3）参考合同约定结算与据实结算是两种完全不同的结算方式，合同无效情况下，应当支持参考合同约定结算，限制据实结算，不能轻易启动工程司法鉴定。

《合同法》第58条规定："合同无效或者被撤销后，因该合同取得的财产，应当予以返还；不能返还或者没有必要返还的，应当折价补偿。有过错的一方应当赔偿对方因此所受到的损失，双方都有过错的，应当各自承担相应的责任。"

建设工程施工合同无效，但是工程验收合格的情况下，为了对承包人投入工程的人力物力进行折价返还，有关司法解释规定了承包人有权主张参照合同约定结算工程款。之所以参照合同结算，原因是工程已经验收合格，建设的目的已经达到，此时区分合同有效和无效的意义已经不大。而且，合同是双方当事人真实的意思表示，约定已经很明确，比定额结算、信息价结算、据实结算更容易操作，能够节约诉讼成本，平衡双方当事人的利益，更好地体现了契约自由和契约正义。

据实结算是抛开合同，对承包人投入的人力物力进行完全补偿，这种结算方式无视无效合同的违法性质，违反了无效合同折价返还的原则，容易导致承包人恶意主张合同无效，扰乱建筑市场秩序。另外，建设工程合同具有很大的复杂性，一旦据实结算，就会产生很多似是而非的结算问题，使诉讼旷日持久。尤其是据实结算一般要进行工程造价司法鉴定，会给当事人增加诉讼成本。

因此，无论是从无效合同性质角度，还是从诉讼成本角度，参照合同约定结算都优于据实结算，实践证明，参照合同约定结算的社会效果也比较好。

六、需要思考的与建设工程合同效力相关的若干问题

（一）违反建设工程强制性标准的建设工程合同无效

《标准化法》第 10 条规定："对保障人身健康和生命财产安全、国家安全、生态环境安全以及满足经济社会管理基本需要的技术要求，应当制定强制性国家标准。"

目前，强制性标准主要包括：①工程通用的综合标准和重要的通用的质量标准；②工程建设通用的有关安全、卫生和环境保护的标准；③工程建设重要的通用术语、符号、代号、量与单位、建筑模数和制图方法标准；④工程建设重要的通用实验、检验和评定方法标准；⑤工程建设重要的信息技术标准；⑥国家需要控制的其他工程建设通用标准。

《建筑法》第 3 条规定："建筑活动应当确保建筑工程质量和安全，符合国家的建筑工程安全标准。"《建设工程质量管理条例》规定，建设工程应当符合国家强制性标准，如《建设工程施工质量验收统一标准》《建筑装饰装修工程质量验收标准》等。

《合同法》第 52 条规定："有下列情形之一的，合同无效：（一）一方以欺诈、胁迫的手段订立合同，损害国家利益；（二）恶意串通，损害国家、集体或者第三人利益；（三）以合法形式掩盖非法目的；（四）损害社会公共利益；（五）违反法律、行政法规的强制性规定。"

《第八次全国法院民事商事审判工作会议（民事部分）纪要》（2016 年 11 月 21 日，法〔2016〕399 号）第 30 条规定："要依法维护通过招投标所签订的中标合同的法律效力。当事人违反工程建设强制性标准，任意压缩合理工期、降低工程质量标准的约定，应认定无效。对于约定无效后的工程价款结算，应依据建设工程施工合同司法解释的相关规定处理。"

国家强制性标准属于效力性规定，而不是管理性规定，所以，违反建设工程强制性标准的建设工程合同无效。

（二）当事人在补充协议中变更纠纷解决方式的约定有效，不属于背离备案中标合同的实质性条款

合同变更是合同当事人的一项基本权利，在不违背法律的情况下，当事人变更合同约定属于正常变更。

就纠纷解决方式的变更而言，其属于程序性内容，而非实体性内容。纠

纷解决方式变更不会变更当事人在建设工程方面的具体权利和义务。纠纷解决方式的变更往往发生于合同履行期间，此时，发包人的卖方市场优势已经不存在，因此该变更属于当事人的意思自治范围。"当事人在补充合同中变更纠纷解决方式的，不应视为变更中标合同的实质性内容，而应视为当事人享有的变更合同的权利，人民法院应承认这种变更纠纷解决方式约定的效力。"[1]

（三）建设单位应当在开工前申请领取《施工许可证》的规定，不属于法律的强制性规定，不影响合同的效力

《建筑法》第7条、《建筑工程施工许可管理办法》均规定建设单位应当在开工前申请领取《施工许可证》。上述规定是建筑行业的管理性规定，因此不属于效力性强制规定，且《建筑工程施工许可管理办法》属于部门规章，因此建设单位应当在开工前申请领取《施工许可证》的规定，不属于法律的强制性规定，不影响合同的效力。（参见"北京建工一建工程建设有限公司与天津金发新材料有限公司施工合同纠纷案"，最高人民法院［2013］民申字第1632号民事裁定书）

（四）关于工程预付款及工程进度款之约定，不属对备案合同的实质性变更

"所谓合同实质性内容，一般是指合同约定的工程价款、工程质量、工程期限、工程项目性质。同时，把握何为实质性内容的变更，还应注意以下几点：（1）变更的幅度把握。并非所有就上述实质性内容的修改、变更均属于签订'黑白合同'的情形，必须是会导致双方当事人利益失衡的情况，需要根据具体合同的实际情况予以判定。（2）把握'黑白合同'的签订与正常合同变更的界限。合同的变更是法律赋予合同双方当事人的一项基本权利。合同变更权的行使存在于所有的合同履行过程中，如果在合同实际履行过程中存在设计变更、工程量增加等法定或者中标合同约定的变更事由影响中标合同的履行时，对中标合同的内容进行修改属于正常的合同变更。如果变更的原因为乙方违约责任制承担，变更的目的是更好地履行和推进中标合同，也不宜简单认定为'黑白合同'，需要根据具体情形判断。"[2]（参见"华丰建

---

[1] 参见最高人民法院民事审判第一庭编，奚晓明主编：《民事审判指导与参考》（2012年第3辑），人民法院出版社2012年版，第236~237页。

[2] 参见最高人民法院民事审判第一庭编，杜万华主编：《民事审判指导与参考》（2016年第1辑），人民法院出版社2016年版，第184~186页。

设股份有限公司与上海百协中闻置地发展有限公司建设工程合同纠纷案",最高人民法院[2014]民申字第501号民事裁定书)

(五)建设工程施工合同无效后,发包人与承包人之间签订的以房抵顶工程款的协议具有相对独立性

以房抵账协议是当事人对欠付的工程款进行清算的约定,性质上属于发包人与承包人对既存债权债务关系的清理。相较于施工合同,以房抵顶工程款的协议具有相对独立性,根据《合同法》第98条的立法精神,应认定其效力。[1]

(六)招标人与中标人签订建设工程后,中标人提出的让利承诺实质上是对工程价款的变更,应当认定该承诺无效

《最高人民法院关于审理建设工程施工合同纠纷案件适用法律问题的解释(二)》(法释[2018]20号)第1条规定:"招标人和中标人另行签订的建设工程施工合同约定的工程范围、建设工期、工程质量、工程价款等实质性内容,与中标合同不一致,一方当事人请求按照中标合同确定权利义务的,人民法院应予支持。招标人和中标人在中标合同之外就明显高于市场价格购买承建房产、无偿建设住房配套设施、让利、向建设单位捐赠财物等另行签订合同,变相降低工程价款,一方当事人以该合同背离中标合同实质性内容为由请求确认无效的,人民法院应予支持。"

根据上述规定,招标人与中标人签订建设工程后,中标人提出的让利承诺实质上是对工程价款的变更,应当认定该承诺无效。

与其他合同相比,建设工程合同的一个重大特点就是无效合同所占的比例特别高。江苏省高级人民法院统计:在2017年的工程案件中,无效合同超过了30%,有些地区甚至接近50%。所以,在建设工程案件中,首先要对合同效力作出评判,其次要根据评判结果适用不同的游戏规则。建设工程合同效力非比寻常的重要性使其识别规则以及后果处理的方式具有特殊的意义。

---

[1] 最高人民法院民事审判第一庭编,杜万华主编:《民事审判指导与参考》(2015年第4辑),人民法院出版社2016年版,第240~241页。

第二节 合同被认定无效后工程款如何结算
——"参照合同结算"与"据实结算"有什么区别

一、案例简介

发包人甲公司与承包人乙公司于招投标之前签订《工程保证金使用约定》，经过招投标后，乙公司中标，双方于 2007 年 4 月 19 日签订《建设工程施工合同》，约定：承包内容为广发大厦框架结构 48 层 45 000 平方米，承包范围为土建、水暖电、消防，包工包料，工程款为 5000 万元。建筑材料涨跌幅度为目前市场平均价格的 20% 时，合同价不作调整。图纸范围内的设计变更，可调整工程价款，但幅度上下不超过 500 万元。开工时间为 2007 年 6 月 1 号，竣工时间为 2008 年 10 月 30 日。工期拖延和工程款拖延，均按照拖延一日向对方支付 2000 元标准执行。随后双方又签订《工程总承包补充协议》，在施工范围不变的情况下，约定工程款为 9000 万元。双方针对上述两份协议工程款之间的差价，又签订了《工程总承包补充协议（一）》《工程总承包补充协议（二）》。

施工过程中，乙公司将通风空调、电梯、外墙、高压电器设备工程、地辐射采暖工程、正负零以下结构工程分包给其他建筑公司施工。乙公司要求甲公司支付工程总价 3% 的配合费。

工程于 2009 年 6 月 1 日竣工并验收合格。乙公司向甲公司提交了工程结算书，确认工程造价为 9300 万元。由于甲公司迟迟不予答复，乙公司向甲公司发出催款函："自甲公司收到本结算书之日起 28 天之内作出书面答复，否则视为认可本结算书内容，按照本结算书结算。本结算书为合同组成部分，自家公司签收之日起发生法律效力。"

由于甲公司未予答复，乙公司于 2009 年 10 月到甲公司所在地的中级人民法院起诉，请求甲公司支付拖欠的工程款 600 万元、相应利息以及拖延支付工程款每日 2000 元的违约金。

甲公司辩称，乙公司未按期竣工，违法分包，工程结算文件中大量报价与事实不符，乙方未按时开具工程款发票，应承担违约责任。甲公司不存在违约，不承担违约责任。

二、与工程造价与结算相关的规范性文件

（1）住房和城乡建设部、国家质量监督检验检疫总局联合发布的《建设工程工程量清单计价规范》（2013年）。

（2）住房和城乡建设部、国家质量监督检验检疫总局联合发布的《建设工程造价咨询规范》（2015年）。

（3）司法部司法鉴定管理局发布的《建设工程司法鉴定程序规范》（SF/Z JD0500001-2014）（现已失效）2014年3月17日实施。

（4）河北省工程建设造价管理总站主编的《全国统一建筑工程基础定额河北省消耗量定额》（上下册）。

（5）河北省人民政府发布的《河北省建筑工程造价管理办法》（河北省人民政府令［2014］8号）。

（6）河北省工程建设造价管理总站主编的《河北省建筑、安装、市政、装饰装修工程费用标准》，中国建材工业出版社2012年版。

（7）某市工程建设造价管理站、某市工程建设造价管理协会编的《某市工程造价信息》2007年第1期至第10期。

（8）财政部、建设部发布的《建设工程价款结算暂行办法》（财建［2004］369号）。

三、本案的焦点问题

（一）合同的法律效力？

（二）就同一建设工程分别签订多份施工合同均被认定无效的情况下，应当按照哪一份合同来结算工程款？

（三）什么情况下参照合同约定结算？什么情况下应当据实结算？

（四）一方送达工程决算书告知对方答复期限，另一方签收后没有答复是否认为默认了结算报告的内容？

（五）发包人可否以对方未及时开具发票作为拒绝支付工程款的理由？已经开具的发票能否作为已经付款的证据？当事人不履行配合工程档案、开具支票等协作义务情况下如何承担民事责任？

（六）如何确定建设工程施工合同中工程款的利息支付条件、利息金额以及利息起算时间？

（七）建设工程经竣工验收合格后，发包人与承包人签订的工程款结算协

议，法院如何认定该结算协议的效力？

（八）假设本工程约定了固定价款的建设工程施工合同，工程未竣工但合同被解除，如何确定未完工程的工程造价？

（九）合同无效与合同有效情况下的工程款结算有什么区别？

（十）乙方提出配合费的主张是否合理？

（十一）工程造价怎么计算？

（十二）工程价款结算条件成就的节点是什么？

四、审判过程和判决结果

2011年3月2日，某市人民法院开庭审理发包人甲公司与承包人乙公司施工合同工程价款结算纠纷案件。乙公司认为《建设工程施工合同》无效，应当按照《工程总承包补充协议》结算。另外，工程量发生重大变化，因此工程应当据实按照9300万元结算，乙公司已经向甲方发出催款函，甲公司没有在约定时间内回复，视为甲公司已经默认结算报告的结论。甲公司认为施工合同有效，工程款不能据实结算，乙公司没有按照约定向甲公司及时开具相应工程款发票，没有及时提交工程竣工验收资料，因此甲公司有权拒绝付款。

法院判决结果：①甲公司自收到本判决书之日起15日内支付乙公司工程款350万元；②甲公司自收到本判决书之日起15日内支付乙公司工程款利息35万元；③驳回乙公司的其他诉讼请求。

五、对本案焦点问题的法律分析

（一）甲、乙公司签订的建设工程施工合同无效

《招标投标法》第43条规定："在确定中标人前，招标人不得与投标人就投标价格、投标方案等实质性内容进行谈判。"第55条规定："依法必须进行招标的项目，招标人违反本法规定，与投标人就投标价格、投标方案等实质性内容进行谈判的，给予警告，对单位直接负责的主管人员和其他直接责任人员依法给予处分。前款所列行为影响中标结果的，中标无效。"据此，甲、乙公司签订的建设工程施工合同无效。

（二）就同一建设工程分别签订多份施工合同均被认定无效的情况下，应当按照双方当事人达成合意并实际履行的合同结算工程款

《最高人民法院关于审理建设工程施工合同纠纷案件适用法律问题的解释》第2条规定："建设工程施工合同无效，但建设工程经竣工验收合格，承

包人请求参照合同约定支付工程价款的，应予支持。"

《最高人民法院关于审理建设工程施工合同纠纷案件适用法律问题的解释（二）》第11条第1款规定："当事人就同一建设工程订立的数份建设工程施工合同均无效，但建设工程质量合格，一方当事人请求参照实际履行的合同结算建设工程价款的，人民法院应予支持。"

合同无效但验收合格，应当参照合同结算。但是应参照的合同如果有许多份，就应当分析各份合同的具体情况，再决定所要参照的合同。

从本案所涉合同约定看，《建设工程施工合同》约定的工程价款并非是当事人的真实意思表示，亦与工程实际造价差距巨大，无法作为结算双方工程价款的参照标准。因此，甲公司主张参照《建设工程施工合同》结算，法院不予支持。双方实际履行的《工程总承包补充协议》约定的工程价款数额，体现了双方当事人对工程价款一致的意思表示，作为结算工程价款的参照标准，更符合本案实际情况以及诚实信用原则。

（三）参照合同约定结算与应当据实结算的区别以及本案的结算依据

本案合同约定工程款总额为9000万元，而乙公司提交结算报告时认为据实结算的造价为9300万元，如何处理两个工程款总额之间的差价呢？

最高人民法院民一庭的意见是：要尊重合同中有关工程价款结算方法、标准的约定内容，严格执行工程造价、工程质量等鉴定程序的启动条件。虽然建设工程施工合同无效，但建设工程经竣工验收合格的，一般应参照合同约定结算工程款，实际施工人违反合同约定申请造价鉴定结算的，一般不予支持。[1]

合同约定按固定总价方式结算工程款的，应当按照合同约定的不同风险范围，可以或者不能调整工程价款。因设计变更导致超出合同约定风险范围的工程量或质量标准变化的，应按照司法解释规定据实结算，但当事人另有约定的除外。[2]

也就是说，在承包内容和承包范围不变的情况下，应当支持按照合同约定结算；在承包内容和承包范围发生变化的情况下，如设计变更且超出合同

---

[1] 程新文在2015年12月24日最高法院民商事审判会议上的讲话：《关于当前民事审判工作中的若干具体问题》。

[2] 中华人民共和国最高人民法院民事审判第一庭编，黄松有主编：《民事审判指导与参考》（2008年第2辑），人民法院出版社2008年版，第53~57页。

约定风险范围，应当就变化的承包内容和承包范围进行据实结算。

就本案而言，合同约定：图纸范围内的设计变更，可调整工程价款，但幅度上下不超过 500 万元。现工程没有发生设计变更，因此应当参照合同约定结算，合同价款之外的 300 万元不应该得到支持。

如果合同无效按照建设工程实际造价补偿，就可能诱使承包人恶意主张合同无效，以达到获取高于合同约定工程款的目的，这与无效合同处理原则及制定关于审理建设工程纠纷案件的司法解释以期达到规范建筑市场、促进建筑业发展并提供法律保障的初衷相悖。参照合同约定确定工程款数额符合签约时当事人的真实意思，有利于保证工程质量，平衡双方之间的利益关系。

（四）一方送达工程决算书告知对方答复期限，另一方签收后没有答复。这种情况不应视为默认了结算报告的内容

《最高人民法院关于审理建设工程施工合同纠纷案件适用法律问题的解释》第 20 条规定："当事人约定，发包人收到竣工结算文件后，在约定期限内不予答复，视为认可竣工结算文件的，按照约定处理。承包人请求按照竣工结算文件结算工程价款的，应予支持。"

但是，最高人民法院民事审判庭于 2006 年 4 月 25 日发出批复意见："你院渝高法[2005]154 号《关于如何理解和适用最高人民法院〈关于审理建设工程施工合同纠纷案件适用法律问题的解释〉第二十条的请示》收悉。经研究，答复如下：同意你院审委会的第二种意见，即：适用该司法解释第 20 条的前提条件是当事人之间约定了发包人收到竣工结算文件后，在约定期限内不予答复，则视为认可竣工结算文件。承包人提交的竣工结算文件可以作为工程款结算的依据。建设部制定的建设工程施工合同格式文本中的通用条款第 33 条第 3 款的规定，不能简单地推论出，双方当事人具有发包人收到竣工结算文件一定期限内不予答复，则视为认可承包人提交的竣工结算文件的一致意思表示，承包人提交的竣工结算文件不能作为工程款结算的依据。"

也就是说，使用不答复即推定为默认的前提条件是双方就此内容作过共同约定，否则不能适用默示推定规则。

就本案而言，不答复即为默认只是乙公司单方的意思表示，甲公司并没有表示同意。甲公司的签收行为只是一个收到信函的事实行为，不是甲公司同意乙公司的意思表示。因此，不能据此认定甲公司已经完全认可了乙公司

工程结算书的内容。

（五）无效合同当事人不能获得比合同更多的有效利益，因此乙公司要求据实结算的主张不能获得支持

合同无效，只能参照合同约定结算工程款，如果不足以弥补自己的损失，当事人需要另外提起损害赔偿之诉，由法院根据双方在合同无效中的过错划分责任，判决损害赔偿的金额。如果没有提起损害赔偿之诉，则只考虑工程款，不考虑当事人工程款以外的损失。

承包人对合同无效负有过错责任的，应当限于合同约定金额主张工程款。不能使承包人获得超过有效和的利益。[1]

（六）发包人可否以对方未及时开具发票作为拒绝支付工程款的理由？已经开具的发票能否作为已经付款的证据？当事人不履行配合工程档案、开具支票等协作义务情况下如何承担民事责任？

最高人民法院民一庭的意见是：根据双务合同的性质，合同抗辩的范围仅限于对价义务。一方不履行对价义务的，相对方才享有抗辩权。支付工程款与开具发票是两种不同性质的义务，前者是合同的主要义务，后者则并非是合同的主要义务，二者不具有对等关系。因此，一方以另一方未及时开具发票作为拒绝支付工程款的抗辩理由不成立。[2]

《最高人民法院关于民事诉讼证据的若干规定》第5条第2款规定："对合同是否履行发生争议的，由负有履行义务的当事人承担举证责任。"甲公司如果主张已经付款，应当对其主张提供证据。发票具有结算功能，但是不是在现金交易的情况下仅持有发票并不能作为付款已经完成的依据。发票持有人应该提供支付款项的支票存根、转账记录、银行对账单等证据，以便对付款事实加以证明。[3]

《第八次全国法院民事商事审判工作会议（民事部分）纪要》第34条规定："承包人不履行配合工程档案备案、开具发票等协作业务的，人民法院视

---

[1] 参见"莫志华、深圳市东深工程有限公司与东莞市长富广场房地产开发有限公司建设工程合同纠纷案"（最高人民法院〔2011〕民提字第235号民事判决书），载《最高人民法院公报》2013年第11期。

[2] 参见中华人民共和国最高人民法院民事审判第一庭编，奚晓明主编：《民事审判指导与参考》（2009年第3辑），法律出版社2010年版，第151页。

[3] 参见"大连昊源建筑工程有限公司与大连康达房屋开发有限公司建设工程合同纠纷案"（最高人民法院〔2013〕民提字第46号民事判决书）。

违约情节，可以依据合同法第六十条、第一百零七条规定，判令承包人限期履行、赔偿损失等。"

《房屋建筑和市政基础设施工程竣工验收备案管理办法》第 4 条规定："建设单位应当自工程竣工验收合同之日起 15 日内，依照本办法规定，向工程所在地的县级以上地方（市）政府建设主管部门（以下简称备案机关）备案。"

建设单位在组织竣工验收前，应当提请城建档案管理机构对工程档案进行预验收。预验收合格的，由城建档案馆管理机构出具工程档案认可文件。建设单位在取得工程档案认可文件后，方可组织工程竣工验收。建设行政主管部门在办理竣工验收备案时，应当查验工程档案认可文件。

《合同法》第 60 条规定："当事人应当按照约定全面履行自己的义务。当事人应当遵循诚实信用原则，根据合同的性质、目的和交易习惯履行通知、协助、保密等义务。"《合同法》第 107 条规定："当事人一方不履行合同义务或者履行合同义务不符合约定的，应当承担继续履行、采取补救措施或者赔偿损失等违约责任。"

就本案而言，发包人无权以对方未及时开具发票作为拒绝支付工程款的理由。承包人也不能以已经开具的发票作为已经付款的证据。当事人不履行配合工程档案、开具支票等协作义务的，人民法院视违法情节，可以根据《合同法》第 60、107 条的规定，判令承包人限期履行、赔偿损失等。

（七）如何确定建设工程施工合同中工程款的利息支付条件、利息金额以及利息起算时间？

《最高人民法院关于审理建设工程施工合同纠纷案件适用法律问题的解释》第 6 条规定："当事人对垫资和垫资利息有约定，承包人请求按照约定返还垫资及其利息的，应予支持，但是约定的利息计算标准高于中国人民银行发布的同期同类贷款利率的部分除外。当事人对垫资没有约定的，按照工程欠款处理。当事人对垫资利息没有约定，承包人请求支付利息的，不予支持。"

第 17 条规定："当事人对欠付工程价款利息计付标准有约定的，按照约定处理；没有约定的，按照中国人民银行发布的同期同类贷款利率计息。"

第 18 条规定："利息从应付工程价款之日计付。当事人对付款时间没有约定或者约定不明的，下列时间视为应付款时间：（一）建设工程已实际交付的,为交付之日;(二)建设工程没有交付的,为提交竣工结算文件之日;(三)建设工程未交付,工程价款也未结算的,为当事人起诉之日。"

就本案而言,从发包方拖欠工程款之日具备利息支付条件。利息金额有约定的,按照约定处理;没有约定的,按照中国人民银行发布的同期同类贷款利率计息。利息起算时间自工程交付,工程款未获给付之日起计算。

(八)建设工程经竣工验收合格后,发包人与承包人签订的工程款结算协议,法院如何认定该结算协议的效力?

《最高人民法院关于审理建设工程施工合同纠纷案件适用法律问题的解释》第26条规定:"实际施工人以转包人、违法分包人为被告起诉的,人民法院应当依法受理。实际施工人以发包人为被告主张权利的,人民法院可以追加转包人或者违法分包人为本案当事人。发包人只在欠付工程价款范围内对实际施工人承担责任。"

发包人与承包人或者实际施工人在工程竣工验收合格的情况下,又签订了工程款结算协议,应当视为当事人真实意思的表示。此时,如果工程款不牵扯第三方,工程款纠纷便转变为普通债权债务纠纷。当事人可以工程款结算协议主张权利,一方如果主张对欠款进行司法鉴定,不应获得支持。

在案件审理过程中,如果能通过其他方式确定当事人之间关于争议工程价款数额的,应避免简单地通过鉴定的方式来对工程价款进行鉴定,从而尽可能地解决"鉴定乱,鉴定滥"的问题。[1]

(九)假设本工程约定了固定价款的建设工程施工合同,工程未竣工但合同被解除,如何确定未完工程的工程造价?

工程结算的节点从形象进度方面可以分为已竣工和未竣工两种情况。尚未验收的包括已交付使用和未交付使用两种情况。已交付使用又包括甲方擅自使用和乙方同意甲方使用两种情况。已竣工又包括验收合格和尚未验收两种情况。对于已经验收合格的,应当根据《合同法》第279条的相关规定支付工程款。尚未验收的包括已交付使用和未交付使用两种情况。既未验收,也未交付的工程,由于不具备工程款支付条件,因此承包人无权主张工程款。

---

[1] 参见"郑延利与黑龙江省东阳房地产开发有限公司施工合同纠纷案",载最高人民法院民事审判第一庭编,奚晓明主编:《民事审判指导与参考》(2012年第1辑),人民法院出版社2012年版,第176~180页。

乙方同意甲方使用，但工程尚未验收合格，乙方无权要求支付工程款。而没有验收合格但是甲方擅自使用的，《最高人民法院关于审理建设工程施工合同纠纷案件适用法律问题的解释》第14条推定为工程竣工。是否应当支付工程款，则有争议。

工程未竣工包括合同继续履行和合同解除两种情况。从形象进度可以分为基础、地基、主体、安装、内外装饰、附属建筑和配套设施等阶段。

假设本案中的合同采用按建筑面积量价合一计取固定总价，如以一次性承包的单价2000元/平方米，乘以建筑面积作为固定总价。但是，乙公司施工到主体竣工后双方因为工期等问题发生纠纷，甲公司根据合同约定解除合同。乙公司起诉要求就已完工的主体建筑支付工程款。此时，由于工程未完工，因此原来约定的固定总价结算方式已经不能适用。主体和安装装修阶段的利润有很大区别。主体部分因为材料价格固定，施工风险和难度较大，因此利润也比较低。而安装和装修阶段材料弹性很大，且施工难度较低，风险也小，因此利润较高。承包人报价是按照土建和安装装修阶段综合报价的。如果仅仅投标主体地基的土建部分，其报价肯定不会和总体报价相同。正是基于这个考虑，工程约定了固定价款的建设工程施工合同，工程未竣工但合同被解除的，工程造价就不能再按照平方米乘以单价来计算和支付，必须通过司法鉴定来确定工程造价。

通过司法鉴定方式确定工程价款，司法实践中一般有三种方式：一是以合同约定总价与全部工程预算总价的比值确定下浮比例，再以该比值乘以已完工程的预算价格来进行计价；二是已完施工工期与全部应完施工工期的比值作为计价系数，再以该系数乘以合同约定总价进行计价；三是根据政府部门发布的定额进行计价。

《合同法》第60条规定："当事人应当按照约定全面履行自己的义务。当事人应当遵循诚实信用原则，根据合同的性质、目的和交易习惯履行通知、协助、保密等义务。"第61条规定："合同生效后，当事人就质量、价款或者报酬、履行地点等内容没有约定或者约定不明确的，可以协议补充；不能达成补充协议的，按照合同有关条款或者交易习惯确定。"第62条规定："当事人就有关合同内容约定不明确，依照本法第六十一条的规定仍不能确定的，适用下列规定：（一）质量要求不明确的，按照国家标准、行业标准履行；没有国家标准、行业标准的，按照通常标准或者符合合同目的的特定标准履行；

(二) 价款或者报酬不明确的,按照订立合同时履行地的市场价格履行;依法应当执行政府定价或者政府指导价的,按照规定履行。(三) 履行地点不明确,给付货币的,在接受货币一方所在地履行;交付不动产的,在不动产所在地履行;其他标的,在履行义务一方所在地履行。(四) 履行期限不明确的,债务人可以随时履行,债权人也可以随时要求履行,但应当给对方必要的准备时间。(五) 履行方式不明确的,按照有利于实现合同目的的方式履行。(六) 履行费用的负担不明确的,由履行义务一方负担。"第63条规定:"执行政府定价或者政府指导价的,在合同约定的交付期限内政府价格调整时,按照交付时的价格计价。逾期交付标的物的,遇价格上涨时,按照原价格执行;价格下降时,按照新价格执行。逾期提取标的物或者逾期付款的,遇价格上涨时,按照新价格执行;价格下降时,按照原价格执行。"

根据《合同法》的立法精神,工程款的确定应当综合判断当事人的权利义务关系,注意当事人的过错和司法判决的价值取向。基于此,第一种计价方法与当事人真实意思关联度较低,而且以此得出的工程总价款远远低于合同约定的总价,从而使发包方因解约而获益;第二种计价方法与发包方与承包方以单位时间内完成工作量考核进度的交易习惯相符合,但是以此得出的工程总价款远远高于合同约定的总价,从而使承包方因解约而获益,对发包方明显不公;第三种方法既不过分高于合同约定价,也不过分低于合同约定价,与当事人预期的价款比较接近,而且也符合《合同法》第61、62条的规定。[1]

(十) 合同有效与合同无效情况下的工程款结算有什么区别?

在合同有效的情况下,工程款完全按照合同约定结算;在合同无效的情况下,工程款结算应当首先具备工程验收合格这个前提条件,其次参照合同约定结算,而不是据实结算。

(十一) 乙公司提出配合费的主张是否合理?

在乙公司将工程分包的情况下,乙公司没有权利向甲公司主张配合费。在甲公司供材或者分包乙方工程的情况下,乙公司有权向甲方主张配合费。工程招标时,乙公司主张甲公司供材应当在投标文件组价中就应当提出,否则视为放弃主张。投标时没有主张,结算时主张配合费将得不到甲公司支持,

---

[1] 参见"青海方升建筑安装公司与青海隆豪置业公司施工合同纠纷案",载《最高人民法院公报》2015年第12期。

因为乙公司如果在招投标中提出，很可能不能中标。在没有招投标的工程结算中，乙公司可以结算时提出配合费的主张。

甲公司供材和甲公司分包工程情况下配合费的计费依据不同，仅有甲公司供材的情况下，配合费相当于甲公司供材价款的1%~1.5%；甲公司分包工程情况下配合费相当于甲公司分包工程价款的2%~3%。

如果乙公司投标中没有关于配合费的报价，但是开工后出现甲公司供材或者甲公司分包工程或者甲公司指定分包商的情况，乙公司有权向甲公司主张配合费。因为甲公司供材或者甲公司分包导致乙公司施工利益的损失。

（十二）如何计算工程造价？

2016年住房和城乡建设部发布的《关于做好建筑业营改增建设工程计价依据调整准备工作的通知》规定，工程造价可按以下公式计算：工程造价 = 税前工程造价 × （1+11%）。其中，11%为建筑业拟征增值税税率，税前工程造价为人工费、材料费、施工机具使用费、企业管理费、利润和规费之和。

《最高人民法院关于审理建设工程施工合同纠纷案件适用法律问题的解释》第16条规定："当事人对建设工程的计价标准或者计价方法有约定的，按照约定结算工程价款。因设计变更导致建设工程的工程量或者质量标准发生变化，当事人对该部分工程价款不能协商一致的，可以参照签订建设工程施工合同时当地建设行政主管部门发布的计价方法或者计价标准结算工程价款。建设工程施工合同有效，但建设工程经竣工验收不合格的，工程价款结算参照本解释第三条规定处理。"

第19条规定："当事人对工程量有争议的，按照施工过程中形成的签证等书面文件确认。承包人能够证明发包人同意其施工，但未能提供签证文件证明工程量发生的，可以按照当事人提供的其他证据确认实际发生的工程量。"

（十三）工程价款结算条件成就的节点是什么？

《合同法》第279条第1款规定："建设工程竣工后，发包人应当根据施工图纸及说明书、国家颁发的施工验收规范和质量检验标准及时进行验收。验收合格的，发包人应当按照约定支付价款，并接收该建设工程。"

第三节　民营企业投资的厂房建设是否属于必须招标的工程项目
——大数据标准化工业厂房项目施工合同纠纷案例

一、案情简介

（一）合同签订和履行情况

2011年8月30日，发包方甲公司（甲方）与承包方乙公司（乙方）签订《施工合同》，约定3、4、5、6、7号厂房由乙方包工包料施工完成。工期为665天，自2011年9月1日开始施工，2013年6月30日竣工完成。合同总价为3802万元。因履行本合同或与本合同有关的任何事宜发生的争议，由双方当事人协商解决，协商不成的，双方当事人同意由某市仲裁委员会仲裁。

2011年9月20日，双方又签订《施工协议书》，约定1、3、4、5、6、7号厂房由乙方包工包料施工完成。开工日期：2011年6月1日；竣工日期：2013年6月1日。工程造价和结算编制依据：工程预算编制定额采用河北省2008年预算定额及相关配套文件，工程量按图纸及变更的量计算。材料及人工费等单价调整执行当地同期信息价或施工时期现场签证的材料价格进行调整；工程总承包价按以上原则计算后的工程总价下浮9%。付款方式：工程主体结构封顶，付到工程造价的50%，工程全部竣工后，付到工程造价的90%；工程竣工验收后，付到工程造价的95%；其余5%为工程质量保修金，按甲方"关于工程保修金的有关规定"中的支付方式执行。关于违约责任：乙方如未按合同工期完成本合同，不能按时交付甲方使用，则甲方对乙方处以每天0.05%的违约金，直到工程交付使用为止；如因甲方原因造成施工方停工时间超过3日，除工期顺延外，甲方每天需向乙方按照总价的0.05%支付违约金，直到甲方通知乙方开工之日止。因履行本合同或与本合同有关的任何事宜发生的争议，由双方当事人协商解决，协商不成的，双方当事人同意在工程所在地人民法院提起诉讼。双方还在《施工协议书》第9条规定："在协议内与《建设工程施工合同》有冲突时，以本协议为准。"

2011年6月11日，乙方进场开始土方开挖，8月30日验槽完毕，2011年11月25日6、5号楼封顶，2012年5月10日3号~7号主体工程验收。2012年5月15日，甲方付给乙方工程款1034万元，此外，甲方供材达到716万元。2012年5月21日，甲方再付110万元。此时，共支付工程款1860万元。2012年12月20日，取得施工许可证。2013年5月9日，双方就1、2号签订内部承包协议书。2013年8月15日，取得商品房预售许可证。2016年7月，乙方向某市仲裁委员会提起仲裁。

（二）双方的主张

1. 承包人乙方主张工程欠款1000万以及相应利息

乙方提交的证据：①《施工合同示范文本》；②《施工协议书》；③《施工日志》证明3、4、5、6、5号楼的封顶时间是2012年5月13日；④工作联系单，证明多次催促甲方组织验收；⑤截止主体封顶，乙方仅收到甲方工程款945.6万元，远远未达到合同价款的50%；⑥一组照片，证明3、5号楼已经交付使用。

2. 发包人甲的答辩意见

甲方就乙方的主张答辩：申请人的仲裁申请书没有反映本案的基本事实。事实上，申请人承包的大数据项目1号、3号~7号楼至现在为止也没有完工。2016年6月30日，某市东山产业集聚区管理委员会向被申请人发出《限期完工通知书》，认为项目应于2013年10月交付使用，然而，现在存在大量未完工程，1号楼须在2017年前竣工验收，3号~7号楼须在2016年11月前竣工验收。被申请人接到通知后，到现场检查未完工程并通知申请人尽快完工。2016年9月23日，申请人会同监理单位到现场检查完工情况，发现施工单位仍然没有完工。

《施工协议书》第5条关于工程付款节点的规定为：工程主体结构封顶，付到工程造价的50%，工程全部竣工验收后，总计付到工程造价的90%；工程竣工验收后，总计付到工程造价的95%；其余5%为工程质量保修金，按甲方"关于工程保修金的有关规定"中的支付方式执行。目前，工程主体结构已经封顶，但并没有全部竣工，更没有通过验收。被申请人支付的工程款已经超出《施工协议书》约定的50%，在竣工验收前，不承担其他付款义务。

《合同法》第279条第1款规定："建设工程竣工后，发包人应当根据施工图纸及说明书、国家颁发的施工验收规范和质量检验标准及时进行验收，验收合格的，发包人应当按照约定支付价款，并接收该建设工程。"就本案而言，工程尚未完工，不具备支付工程结算付款的条件。

3. 甲方的反请求主张

甲方的反请求为：①依法裁决被反申请人赔偿反申请人自合同约定的竣工之日至反请求人提出反请求之日期间的迟延竣工违约金1000万元（暂定）；②依法裁决被反申请人于裁决书生效之日起45日内日将工程达到竣工状态，把全部竣工验收需要的资料交给反申请人，并配合验收；③因仲裁产生的一切费用由被反申请人承担。

事实和理由：2011年9月20日，反申请人与被反申请人就大数据项目1号楼、3号~5号楼签订《施工协议书》，约定工程竣工日期为2013年6月1日。其中第8条约定，乙方未按合同完成本工程，不能按时交付甲方使用，则甲方每天对乙方处以总价0.5%的违约金，直到工程交付使用为止。《最高人民法院关于审理建设工程施工合同纠纷案件适用法律问题的解释》第8条规定："承包人具有下列情形之一，发包人请求解除建设工程施工合同的，应予支持：……（二）合同约定的期限内没有完工，且在发包人催告的合理期限内仍未完工的；……"

被反请求人承包的1号楼、3号~5号楼直到现在也没有竣工，严重违反合同约定，给反请求人造成极大的经济损失。反请求人依法提出解除合同、被反申请人退出施工现场，支付迟延履行合同义务违约金。请仲裁委查清事实，支持反请求人的仲裁请求。

反申请人提交的证据目录

序号		证据名称	页数	证据内容	证明目的
第一组	1	反申请人营业执照	1		主体适格
	2	组织机构代码证	1		
	3	法定代表人任职证明	1		
第二组	1	工程款支付凭证		银行收付款凭证和法院强制扣划发包人银行存款的强制执行手续	已支付工程款4100万余元，超额支付了工程款，不再欠付
	2	法院扣划被申请人款项			

续表

序号		证据名称	页数	证据内容	证明目的
第三组	1	主管部门通知		工程尚未竣工	不具备支付工程款的条件
	2	发包人、承包人和承租方关于提前入住并自行完成未完工程的三方协议			
	3	监理公司证明			
第四组	1	1号~2号楼施工合同		合同标的、项目工期和质量标准等	备案合同标的额3802万元
	2	2号~7号施工合同			
	3	3号~7号施工合同			
第五组		与业主签订的售房合同和租房合同		若发包人不能及时交房，将按照合同承担违约责任	未能及时交房遭受重大经济损失
证据份数			总页数		
收取证据方签收证据栏					

发包方本来有一份证据，是承包方不久前出具的承诺书，即发包方没有拖欠承包方任何工程款，发包方律师本来打算作为最有力证据，然而开庭前却由于办公室文秘疏忽，将该承诺书丢失。"细节决定成功"，此言不虚。

4. 乙方对甲方反请求的答辩意见

（1）工程款总数为6000万元，除了甲方供材，乙方的工程款应在4000万元左右。截至2012年5月13日，甲方总计支付工程款945.6万元，远远没有达到主体竣工即支付工程款50%的合同约定。所以，甲方违约在先，无权追究乙方工期延误的责任。

（2）工程早已完工并且竣工验收，其中3、5号已经使用3年。因此，甲方的反请求没有合同依据和法律依据。

二、本案的焦点问题

（一）《施工合同》与《施工协议书》的效力问题

乙方认为《施工合同》无效，因为没有进行招标。甲方认为《施工合同》与《施工协议书》都有效，两者不是"黑白合同"关系，而是相互补充的关系。

（二）工程是否已经竣工

乙方认为已经竣工，并且验收合格。甲方认为还有很多工作没有做，因此没有竣工，更没有验收。

（三）工程是否必须竣工验收合格才能够结算工程款

乙方认为工程无须竣工验收合格就能够结算工程款。甲认为方工程必须竣工验收合格才能够结算工程款。

（四）参照什么来结算工程款

乙方认为应依据《施工协议书》据实结算。甲方认为应根据《施工合同示范文本》约定的3802万元，变更产生的增项可以列入工程款。

（五）工程是否已经逾期，逾期的原因和责任是什么

乙方认为甲方违约在先，乙方不承担工期延误责任。甲方认为乙方无理延误工期1185天，应当承担违约责任。

三、首次开庭情况

2016年8月23日，某仲裁委员会合议庭对本案开庭审理。

申请人宣读《仲裁申请书》完毕后，首席仲裁员认为乙方作为申请人，没有举证证明拖欠工程款及其数额的证据。乙方律师解释说这个数额需要司法鉴定。甲方律师根据《最高人民法院关于审理建设工程施工合同纠纷案件适用法律问题的解释》第22条"当事人约定按照固定价结算工程价款，一方当事人请求对建设工程造价进行鉴定的，不予支持"的规定，说明工程是固定总价合同，价格已经确定，不能再进行鉴定。

乙方负责人说3802万元是随意说的，没有清单报价作为依据，不能作为合同依据。乙方律师认为，本案《施工合同》虽然已经备案，但是没有进行招投标。这种情形可以参考《北京市高级人民法院关于审理建设工程施工合同纠纷案件若干疑难问题的解答》。其第15条规定，不是必须招标的工程项目，实际也依法没有进行招投标，双方签订"黑白合同"，并且已经将其中一

份合同备案的,这种情况应当以实际履行的那份合同为准。就本案而言,《施工协议书》是双方真实的意思表示,实际履行的也是《施工协议书》,因此应以《施工协议书》为准确定工程款,3802万元没有意义。

甲方律师则认为,乙方负责人说3802万元是随意说的,这个说法很不严肃,也没有依据,3802万元是备案合同的价格,因此具有法律效力。本项目的两份合同不是"黑白合同"关系,而是同一项目的两份协议,有冲突的地方以后签订的为准。

第一次开庭后,首席仲裁员要求双方补充证据:

乙方应补充的证据:①提交竣工验收报告的原件;②核实手写部分的出处。

甲方应补充的证据:①施工合同通用条款;②未招标受到行政处罚的书面资料。

2016年10月17日,合议庭第二次开庭审理本案。

乙方提交的补充证据:①工程变更记录7项:土方运距由5公里变更为15公里且存在二次搬运、其他建筑找坡、商砼、墙体厚度、电梯安装等;②提交工程造价鉴定申请;③提交验收报告原件。

甲方提交的补充证据:①张家口市产业集聚区项目的申请审批表;②张家口市违规建设工程处罚完毕备案通知书;③施工许可证;④未完成的竣工验收报告。

甲方对工程变更记录的异议:①《专用条款》第17条规定:"发包人对发包人代表权力作如下限制:工程质量与进度控制、材料进场把关、各方工作协调。"根据《施工合同》,甲方代表仅负责协调工期和质量问题,没有授权其工程变更签字;乙方应当在收到变更通知书后14日内提交《变更工程价款报告》,而事实上没有提交;有些变更是复印件,不具有真实性;所有变更都没有监理签字。《建设工程质量管理条例》第37条第2款:"未经监理工程师签字,建筑材料、建筑构配件和设备不得在工程上使用或者安装,施工单位不得进行下一道工序的施工。未经总监理工程师签字,建设单位不拨付工程款,不进行竣工验收。"②应当先验收,后鉴定。③没有验收结论,验收时间,形式上不完整;仅是单项验收,没有消防、水暖电;只是为了赶进度,提前做准备工作,并没有完成验收各个程序,没有甲方签字。因此,工程并没有验收,更谈不上验收合格。

乙方对甲方补充证据的异议：项目合法性与本案无关，行政处罚恰恰说明合同因违法而无效；验收报告恰恰证明工程已经验收完毕，工程款支付条件已经具备。

双方对账结果为，乙方认为已付 2460 万元，甲方认为已付 2490 万元。

四、工程造价鉴定

（一）鉴定过程中的焦点问题

1. 未归纳无争议问题和有争议问题

最高人民法院的相关司法解释认为，工程司法鉴定只对有争议的问题进行鉴定。因此，双方应当核对工程量和已付工程价款，对于没有争议的问题，签字认可即可。对于有争议的问题，列入鉴定的范围。所以发承包双方平时不仅应当经常核对工程款支付情况，而且应该经常核对工程量。这样发生纠纷时，既省时，又节约鉴定费用。但是，本案没有对无争议问题和有争议问题的问题进行归纳。

2. 关于工程变更

对于工程变更应当区分有争议的变更和没有争议的变更。没有争议的变更一般指变更指令上的各种签字程序比较完整；有争议的变更一般指变更指令上的各种签字程序不完整。

就本案而言，有些变更指令没有监理师签字，有些则没有变更工程价款报告，所以，这些变更是有争议的，但是仲裁庭和鉴定机构并没有对变更工程指令进行区分。虽然证据调查阶段对这些证据进行过质证，但是鉴定机构不在场，加之缺乏法律专业知识，因此鉴定机构往往对工程变更指令的真实性、合法性以及关联性不加区分，统统作为计算工程款的根据。这是工程鉴定存在的共性问题。

3. 关于土方运距以及二次搬运问题

乙方认为，按照甲方的工程变更指令，土方运距由 5 公里改为 15 公里。而且由于一次堆放地是 1 号楼场地，1 号楼开工后就产生了二次堆放问题，土方运距和二次堆放相应造价应予增加。甲方认为，从实体方面讲，土方运距的事实不真实，因为项目所在地位于丘陵地带，地势开阔，到处可以堆放土方，没有必要运到 15 公里之外。此外，土方堆放是发包方指令还是乙方自己行为存有疑问。如果是乙方自己的行为，乙方就应当责任自负。从程序上讲，虽然土方堆放有甲方代表和甲方公司盖章，但是没有监理师签字和监理公司盖章，因此程序不合法。

《建设工程质量管理条例》第37条规定："工程监理单位应当选派具备相应资格的总监理工程师和监理工程师进驻施工现场。未经监理工程师签字，建筑材料、建筑构配件和设备不得在工程上使用或者安装，施工单位不得进行下一道工序的施工。未经总监理工程师签字，建设单位不拨付工程款，不进行竣工验收。"

由于实体和程序都存在问题，因此乙方的主张不应该得到支持。

首席仲裁员询问鉴定机构意见，鉴定人员回答，现场无法复原，运距问题无法查明。

土方堆放位置一般遵照发包人指令。经双方协商，最后协商的结果是土方运距按照15公里算，但是乙方放弃二次堆放的费用。

4. 关于甲方供材问题

（1）甲方供材与合同条件的关系。如果承认《施工合同示范文本》上的3802万元的合同条件，那么甲方供材就要从3802万元中扣除。如果承认《施工协议书》中的据实结算原则，那么鉴定方核实的工程量就只包括承包方的工程量，不必从工程款总价中扣除甲方供材。

签约以及支付乙方工程款时，甲方对此存在重大误解。

在扣除甲方供材的情况下，乙方倒欠发包方价款；不扣除甲方供材，就是甲方欠乙方的工程款。此外，加上甲方供材，中期付款时就是乙方按时支付了乙方工程款至50%；不加甲方供材，中期付款时，乙方支付给甲方的工程款就不足50%。某种意义上，甲方供材问题成了本案的胜负手。

（2）对于甲方供材是否适用降点。按照《施工协议书》，双方最终按照工程款总价下浮9%进行结算。对此，乙方认为甲方供材也应当降点，甲方则认为降点只针对乙方承包的工程量，甲方供材属于甲方独立完成的工作，因此不适用降点。鉴定机构认为，先按照各种情形算出数字，具体怎么处理由仲裁庭决定。双方同意这个观点。

5. 关于降点问题

按照《施工协议书》，双方最终按照工程款总价下浮9%进行结算。

乙方认为工程造价被压低，而且盈利较高的混凝土、真石漆、外墙保温都被甲方拿走了，因此不应该再执行合同规定的降点。甲方认为双方应秉承契约精神，严格执行合同约定。至于乙方认为的甲方拿走了一部分工程，这是事实。但是甲方也在其他地方对乙方做了巨大让步。例如，在鉴定问题上，本来不应当鉴定，但那时甲方做了妥协；在土方运距问题上，因为没有监理工程师签字，应当属于未生效的工程变更，但是甲方也做了妥协。因此甲方并没有占乙方的便宜。

首席仲裁员询问鉴定机构的意见，鉴定机构认为，造价鉴定时按照降点去做，是否给予降点交给仲裁庭裁决。首席仲裁员询问双方意见，双方均表示同意。

6. 关于配合费

乙方主张配合费，甲方拒绝。首席仲裁员询问造价鉴定机构配合费怎么收取，答复是1%~3%之间。首席仲裁员问双方能否调解，乙方主张在1%~3%之间取中，即按照1.5%收取。甲方表示同意。

（二）对鉴定检材和鉴定结论的质证和答疑

甲方与造价部门的分歧：①本案工程造价鉴定与工程验收的关系；②造价鉴定的检材问题：甲方认为，双方质证后均没有异议的证据才能够作为检材，单方有异议的检材造价鉴定应当慎重使用；③关于竣工的理解：鉴定部门认为竣工包括验收合格，而甲方认为竣工、验收、通过验收或者验收合格不是同一个概念，竣工并不包括验收；④鉴定部门认为提前使用就等同于验收合格，甲方认为提前使用还要具体情况具体分析。不是所有的提前使用情况都等同于验收合格。

2017年11月，鉴定机构作出《大数据项目工程造价司法鉴定报告》，仲裁委员会请鉴定机构出庭接受询问。

乙方异议：①土方工程仅做了图纸范围内的造价，没有做图之外的造价，就是土方二次搬运漏算造价；②卷帘门是乙方做的，鉴定机构没有算进去；③外墙保温、玻璃幕墙和电梯虽然不是乙方做的，而是属于甲方另请施工单位去做的，但是甲方应支付给乙方配合费。配合费一般取相应工程的2%~4%，现建议取3%。

鉴定人员答复：①提供的资料没有提供二次搬运的土方总量，所以无法计算；②卷帘门现在既然已经做了，那么同意增加这部分造价；③配合费取费比例需要乙方和建设方协商，鉴定机构应根据协商结果计算这笔费用。

乙方就土方问题提供了两份证据：①乙方就土方问题的情况说明；②2011

年8月14日，建设单位同意土方运距由5公里改为15公里的工程联系函。

甲方质证意见：①完全不认可，因为只是乙方的一家之言。②没有建设方书面指令堆放地点，完全是施工单位认为产生的二次搬运后果，乙方应当自负其责，否则乙方产生三次、四次搬运建设单位都得支付相应工程款，这显然是不合理的；没有监理签字，根据《建设工程质量管理条例》第37条的规定不能计入工程造价；没有监理参与计量，无法核实这个事实是否发生；签字人授权范围在于质量、工期、现场协调，没有被授权在造价方面签字；建设单位施工现场负责人已于2011年9月20日出具证明，证明土方运距仅有5公里；乙方提交的证据上已经有甲方施工现场负责人手写的运距。

甲方异议：①土方运距是5公里，不是15公里；②三方协议确定的未完工部分由其他公司接着完成，这部分不应计入乙方的工程款；③按照《施工协议书》，最终造价应降9%；④3、4号楼之间缺一个配电箱；⑤现场灭火器未安装；⑥2012年5月主体封顶，钢材调价应执行2012年的平均价，即10以内的4127元，20以内的4315元，20以外的执行4175元；而现在司法鉴定报告为10以内的4541.66元，20以内的4591.66元，20以外的执行4700元；⑦水泥材料调价为370元/吨，碎石材料调价为51.35元/吨，机砖材料调价为336元/千块，加气块材料调价为159元/立方米，而现在司法鉴定报告中的水泥材料调价为400元/吨，碎石材料调价为58元/吨，机砖材料调价为350元/千块，加气块材料调价为200元/立方米。

鉴定人员答复：①最好折中一下，5公里就加上土方二次搬运，15公里就不计算二次搬运费，具体由甲乙双方商量；②同意第二个异议的说法，现在乙方也同意了；③同意第三个异议；④已经做好了；⑤也已经安装好了；⑥不同意建设方说法，还是要按照施工期间的信息价计算；⑦不同意建设方说法，还是要按照施工期间的信息价计算。

甲方补充证据：①2017年10月17日作出的《监理通知书》，证明截至2017年10月17日施工方仍然没有使工程达到竣工状态；②《会议纪要》证明截至2017年4月16日施工方施工资料仍然缺失，无法进行资料验收。

乙方对甲方补充证据的异议：①截至2017年11月，土建鉴定已经完毕，消防已经做完，已经具备验收条件；②资料已经齐全，具备竣工验收条件。

五、双方的主要辩论观点

（一）乙方代理词的主要观点

首先就申请的主张发表代理观点：

（1）施工合同无效，因为本工程没有通过招投标的形式发包，此外本合同开工时没有《施工许可证》，因此本合同因为违法而无效。

（2）甲方首先违约，因为《施工合同》约定主体封顶时，甲方支付工程款的50%。可是截至2013年5月10日主体封顶，甲方仅仅支付工程款945万元，远远没有达到工程款的50%。

（3）工程已经竣工验收合格，除了甲方以外，各方当事人已经在《工程竣工验收报告》签字盖章，因此，甲方支付工程款的前提条件已经成就。

（4）甲方提前占用3、4号楼，根据《最高人民法院关于审理建设工程施工合同纠纷案件适用法律问题的解释》第13条的规定，整个工程已经视同竣工验收合格。

（5）工程款不能按照《施工合同》示范文本约定的3802万元结算，应当按照《协议书》约定的据实结算原则来确定工程款。

（6）本工程应当按照"图纸加变更"的原则来结算，各项变更内容真实，手续齐全，程序合法，应予支持。

（7）合同结算不应执行《协议书》规定的下浮9%的约定，因为甲方分包了部分工程，导致承包方利润下降，如果按照原来约定的下浮率，对乙方显失公平。

（8）工程质量均合格，至于墙体裂缝只是甲方吹毛求疵，该裂缝既不影响安全，也不影响美观，刷房时美化一下即可。

其次就甲方的反请求发表代理意见：合同已经无效，因此延误工期的违约金条款也不再适用。

（二）甲方代理词的主要观点

代理词

一、申请人在工程尚未完工的情况下请求对工程款进行结算并支付的要求缺乏法律依据和合同依据，其仲裁请求应予驳回

某市东山产业集聚区管理委员会发出的《限期完工通知书》和某市伟业

监理有限公司提供的《未完工程清单》以及被申请人提供的大量未完工照片均证明申请人承包的大数据项目3号~5号楼仍然没有竣工。庭审期间，申请人声称已经竣工，但是也承认存在一些扫尾工程。对于被申请人提出的墙体裂缝，申请人并未否定裂缝的存在，只是认为裂缝不影响安全，裂缝问题是被申请人吹毛求疵。

政府、监理公司以及申请人自述证明了这样一个事实，就是申请人承包的大数据项目3号~5号楼仍然没有竣工。

《合同法》第279条第1款规定："建设工程竣工后，发包人应当根据施工图纸及说明书、国家颁发的施工验收规范和质量检验标准及时进行验收。验收合格的，发包人应当按照约定支付价款，并接收该建设工程。"根据该规定，申请人作为施工单位具有先履行的义务，否则无权主张工程款。

双方《施工协议书》第5条关于工程付款节点的规定为：工程主体结构封顶，付到工程造价的50%，工程全部竣工验收后，总计付到工程造价的90%工程款；工程竣工验收后，总计付到工程造价的95%工程款。目前工程主体结构已经封顶，但并没有全部竣工，更没有通过验收。按照本工程《施工合同示范文本》中协议书的约定，本工程造价3802万元，申请人自认已经收到2439.5908万元。即使按照被申请人自认的这个金额，申请人也没有权利再主张工程款，只能在竣工验收后一并结算。

因此，申请人的主张既没有法律依据，也没有合同依据。

二、申请人以没有结论、没有日期的不完整的竣工验收报告证明工程已经验收合格是错误的，也是不诚实的

被申请人为了提高工作效率，请求勘察设计等单位在竣工验收报告上预先加盖公章，但是空下结论和日期等内容，以备竣工验收之日当场填写完毕，从而完成整个验收工作。这本来是被申请人为了加快验收过程，提高工作效率的行为，然而却被申请人恶意利用。

工程竣工验收之前，申请人应当组织人员对工程进行自检。自检合格后，由总监理师组织预验收，总监理师在预验收报告上签字认可后，才能够向建设单位提交竣工报告。就本案而言，申请人没有证据证明其已经完成工程验收的前置程序，也没有提交验收签到表、验收会议记录，在工程事实上没有完工的情况下，拿着没有完成的竣工验收报告强词夺理，声称工程已经验收合格，这是非常不负责任、非常不诚实的行为。

三、申请人在《仲裁申请书》中主张 1000 万元工程款，然而，截至目前，申请人没有提供与 1000 万元工程款相对应的证据，即申请人已完成已标价的工程量。按照"谁主张，谁举证"的原则，申请人的主张没有证据支持，其仲裁请求应予驳回

申请人在庭审调查结束之前，一直没有提供与 1000 万元工程款相对应的证据，没有已标价工程量清单，工程变更部分也没有相应的已完工程量确认单和变更工程款报告。因此，申请人无法证明所主张的 1000 万元工程款产生的依据、形成的过程、确认和审批的手续。

《仲裁法》第 43 条第 1 款规定："当事人应当对自己的主张提供证据。"截至目前，申请人依然没有提交与 1000 万元工程款相对应的证据，应当承担举证不能的责任。

四、申请人认为本案工程应当招标而未招标，因而双方签订的《施工合同示范文本》无效。这个观点是错误的

《招标投标法》第 3 条第 1 款规定："在中华人民共和国境内进行下列工程建设项目包括项目的勘察、设计、施工、监理以及与工程建设有关的重要设备、材料等的采购，必须进行招标：（一）大型基础设施、公用事业等关系社会公共利益、公众安全的项目；（二）全部或者部分使用国有资金投资或者国家融资的项目；（三）使用国际组织或者外国政府贷款、援助资金的项目。"《工程建设项目招标范围和规模标准规定》（国家发展计划委员会令［第 3 号］）［现已失效］规定了基础设施、公用事业的范围。本案数码港项目属于民营资本投资的厂房建设，不属于法律规定的必须招标的范围。

《合同法》第 52 条规定，违反法律和行政法规强制性规定的，合同无效。本案当事人就数码港项目签订的合同没有违反《招标投标法》的强制性规定，因而申请人认为没有招标因而合同无效的观点是错误的。

五、申请人认为《施工协议书》和《施工合同示范文本》是"黑白合同"关系，《施工合同示范文本》是"黑合同"，是无效合同。这个观点也是错误的

"黑白合同"是对于招标工程而言的，违背备案的中标价合同约定，另外签订实质性条款与备案的中标价合同冲突的合同就是"黑合同"。"黑白合同"中，有两个相互冲突的合同价格，一个是备案的中标价，一个是低于备案中标价。

就本案而言，合同不存在两个价格，只有一个价格，就是3802万元，因而根本不存在什么"黑白合同"。况且，如果真的存在"黑白合同"，也应该是"白合同"价格高，"黑合同"价格低，怎么会是备案的"白合同"低呢？那样的话，签订"黑合同"还有什么意义？因而申请人的"黑白合同"论自相矛盾，难以自圆其说。

六、申请人认为3802万元的合同价是随便写进合同的，没有进行协商，因而不能作为工程结算的依据。这个观点是完全错误的

首先，申请人没有提供证据证明自己的观点。其次，申请人的观点违反法律、常识和交易惯例。《合同法》第8条规定，依法成立的合同，对当事人具有法律约束力。合同约定的内容，当事人一方不能随意否定，否则将动摇合同的信念和基础。最后，申请人自称是一个有经验的承包商，做了很多工程，怎么会在合同上随意写上一个数字。此外，如果是一个对当事人没有约束力的数字，何必要到主管部门去备案呢！

由此可见，申请人对合同的认识、重视程度以及职业精神远远不够，视合同如儿戏，从此也可以理解申请人没有竣工却硬说竣工、没有竣工就主张工程款的根源。

七、申请人认为主体竣工之时，被申请人没有按照《施工协议书》的约定，支付工程款达到全部工程款的50%，因而，被申请人先违约，无权追究申请人的责任。这个观点是错误的

《施工合同示范文本》规定，工程造价共计3802万元。《施工协议书》第4条规定，工程总承包价下浮9%，下浮后的工程造价为3428.1万元。扣除5%的质量保证金（计171.4万元），竣工验收后应支付的工程款约为3257万元，3257万元的50%约为1628万元。也就是说，主体结构封顶后被申请人应当支付给申请人工程款1628万元。

申请人认为主体结构封顶时被申请人共支付工程款945.6万元。被申请人认为主体结构封顶时已经支付给申请人984.56万元现金，此外主体封顶意味着甲供的商砼已经全部供给了申请人，这部分商砼的价款是716.2902万元。984.56万元现金加上716.2902万元商砼共计1700.8502万元，远远超过了全部工程款的50%。即使按照申请人提供的数字，即945.6万元加上716.2902万元，截至主体结构封顶被申请人也已经支付1661.8902万元，也超出了全部工程款的50%。因此，申请人认为被申请人在主体结构封顶时没

有按约支付全部工程款50%的观点是错误的。

八、申请人认为被申请人提前使用涉案工程，因此工程就视同验收，甚至视同合格了。这个观点是完全错误的

《最高人民法院关于审理建设工程施工合同纠纷案件适用法律问题的解释》第14条规定情形之一，建设工程未经竣工验收，发包人擅自使用的，以转移占有建设工程之日为竣工日期。就本案而言，被申请人没有占有建设工程。即使有第三方占有部分楼层，也是申请人与第三方直接交接的。通过2015年9月21日申请人、被申请人以及第三方河北锦华电力设备制造有限公司三方签订的《协议书》可知，申请人对第三方的占用是知情并且同意的，原因是申请人资金紧张、迟迟不能竣工，第三方可入驻并且完成剩余的工程。

因此，虽有第三方入驻部分楼层，但不是相关司法解释强调的"擅自使用"，不能推定工程已经竣工。申请人在明知入驻原因的情况下，仍然以这个情况混淆视听，违背了诚实信用的基本原则。

其次，就我公司的反请求发表如下代理意见：

一、被反申请人严重延误工期

《施工合同示范文本》第3条明确规定，工期自2011年9月1日开始至2013年6月30日。作为补充协议的《施工协议书》第2条约定，开工日期是2011年6月1日，竣工日期是2013年6月1日。

按照上述工期约定，被反申请人严重延误了工期。

二、反申请人所付款项远远超出自己的付款义务

主体结构封顶之时，反申请人已经支付1700.8502万元，这笔款项还未包括预埋件和相关订货。主体结构后，为了早日竣工，反申请人频繁付款，截至2015年8月13日，反申请人共支付工程款3928.8810万元，远远超出了自己的付款义务。

因为被反申请人败诉，法院以为被反申请人对反申请人享有债权，所以从反申请人账户划走207.9277万元。两者相加，反申请人已经支付被反申请人4136.8087万元，这不仅超出了主体结构封顶后应支付的工程造价的50%，而且比工程的总造价3802万元多334.8087万元。

三、延误工期的责任在被反申请人

反申请人超额支付工程款，被反申请人却严重延误工期。原因是被反申请人自有资金严重不足，公司实力不济，管理水平低下。

四、被反申请人应当按照合同约定支付违约金

《施工协议书》第8条规定:"乙方如未按合同工期完成本工程,不能按时交付甲方使用,则甲方对乙方处以每天按总价0.05%的违约金,直到工程交付使用为止。"

除此之外,反申请人保留向被反申请人主张赔偿损失的权利。

总之,申请人与被申请人之间的《施工合同示范文本》《施工协议书》不违反法律法规的强制性规定,合法有效。后者是前者的补充协议。被申请人已经超额支付工程款,申请人直至现在也没有将工程进行到竣工状态,按照法律规定和合同约定,申请人的仲裁申请应予驳回。但是鉴于工期紧迫,政府主管部门限期完工,被申请人愿意在申请人将工程竣工并配合被申请人工程验收的基础上,对本案工程进行结算。如果申请人没有在仲裁庭指定的期间内竣工,或者用未完成的竣工验收报告搪塞,被申请人可请求仲裁庭驳回申请人的仲裁请求。

六、最后一次开庭的辩论内容

为了进一步查明合同效力问题,仲裁庭到项目所在地住建局调取如下证据:①1、2号楼可以不招标的核准书;②项目建设用地和建筑工程规划许可证;③某县住建局招标投标办公室《建设项目招标方案核准意见表》。证明目的是本项目属于应当招标,但开发单位没有招标,因而双方签订的合同无效。

乙方质证意见:认可真实性,对合法性、关联性没意见。

甲方质证意见:①认可真实性。②不认可关联性,理由是1、2号楼与本案没有关系,认定合同效力的主体是法院或者仲裁部门,一个连科级单位都不算的单位,其作出的决定不具有参考价值。③不认可合法性:其一,证据的来源位阶较低,见上述。其二,《最高人民法院关于适用〈中华人民共和国合同法〉若干问题的解释(一)》第4条规定:"合同法实施以后,人民法院确认合同无效,应当以全国人大及其常委会制定的法律和国务院制定的行政法规为依据,不得以地方性法规、行政规章为依据。"由此认定合同是否有效不能依据县政府职能部门做出的文件。其三,该解释第3条规定:"人民法院确认合同效力时,对合同法实施以前成立的合同,适用当时的法律合同无效而适用合同法合同有效的,则适用合同法。"《最高人民法院关于适用〈中华人民共和国合同法〉若干问题的解释(二)》第1条第1款规定:"当事人对合同是否成立存在争议，人民法院能够确定当事人名称或者姓名、标的和数量的，一般应当认定合同成立。但法律另有规定或者当事人另有约定的除外。"第八次全国法院民事商事审判工作会议确立的"六大审判原则"以及《民法总则》第153条的规定，均尊重当事人的意思自治，维持合同的效力。其四，目前民营资本招投标的趋势均趋向于由投资者自主决定，如2018年6月1日国务院转发国家发改委《必须招标的工程项目规定》《最高人民法院关于审理建设工程施工合同纠纷案件适用法律问题的解释（二）》《河北省高级人民法院建设工程施工合同案件审理指南》，2014年《住房和城乡建设部关于推进建筑业发展和改革的若干意见》（建市［2014］92号）规定，对民营资本投资的建设工程含房屋建筑和市政基础设施工程项目，试行项目建设单位自主决定是否进行招标发包，依法将工程发包给具有相应资质的承包单位。2015年10月13日河北省人民政府制订《关于规范民营资本投资项目招标活动监督管理的通知》（冀政办字［2015］130号）等规定，对于民营资本，在难以判断是否必须招标时，趋向于不必招标。④核准招标是当事人自主决定的招标，不是必须招标。核发招标才是必须招标。所以，本项目没有招标也没有受到处罚。⑤核准招标文件上虽然有招标投标办公室公章，但是那是登记专章，不是处罚专用章，因此不是招投标办公室对甲方未招标的处罚。⑥本项目属于民营资本投资建设的厂房，本代理人对照2000年原国家计委3号令的12条规定，没有一条适用于本项目。⑦如果强行认定本合同无效将导致工程造价司法鉴定出现瑕疵，工程款参照合同结算，必须在鉴定之前确定合同效力以及鉴定依据的合同文本。本案先鉴定，后确定合同效力，完全颠倒了顺序。⑧仲裁机构不仅要保护施工方，而且要平等保护开发企业。如果认定合同无效，施工方的工程款利益可能得到保护，但是，开发商的工期利益可能得不到平等保护。本案施工方拖延工期5年多，到现在也没有实现竣工验收合格，开发商因此受到极大损失，如果认定无效，仲裁机构应当考虑开发商的合法权利。应借鉴最高人民法院审理的"林某富与延边嘉和房地产开发有限责任公司建设工程施工合同纠纷案"（［2014］民申字第940号民事裁定书）的处理方式，即合同虽然无效，但关于工期延误的责任是双方真实意思的，当事人应承担相应的违约责任。

乙方认为：行政机关对项目未招标进行处罚，说明开发商擅自发包行为违法，所以认定合同无效是有法律根据的，此前甲方也认可这个观点；甲方对行政处罚没有申请复议或者提起行政诉讼说明甲方认可了行政处罚。此外，乙方没有从合同无效中获取更多的利益，只有真实意思以及履行情况按照实际履行合同结算才能平衡双方的利益。

甲方回应：①并非一切违法行为都会导致合同无效。《最高人民法院关于适用〈中华人民共和国合同法〉若干问题的解释（二）》第14条规定："合同法第五十二条第（五）项规定的'强制性规定'，是指效力性强制性规定。"《民法总则》第153条第1款规定："违反法律、行政法规的强制性规定的民事法律行为无效，但是该强制性规定不导致该民事法律行为无效的除外。"可见，违反管理性强制规范并不影响法律行为效力。②住建局并未对申请人未招标进行行政处罚，也就谈不上行政复议和行政诉讼。③司法鉴定参照合同结算和据实结算结果截然不同，本案司法鉴定即据实结算，乙方因合同无效的利益远远超过合同有效获得的利益。希望仲裁庭参照《最高人民法院公报》2013年第11期"莫某华、深圳市东深工程有限公司与东莞市长富广场房地产开发有限公司建设工程合同纠纷案"处理原则，即合同无效情况下，承包人不应获得比合同更多的有效利益。

全部证据质证完毕后，双方最后围绕如下问题又展开辩论。

（一）乙方主张工程款利息的起算时间

乙方建议了两个工程款利息起算时间：一是甲方开始使用4、5号两栋楼的市价；二是市政府处理遗留问题中心完成质量检验的时间。

甲方的反驳意见是：工程款利息支付的前提条件是工程款应付而未付。但是本案工程主体封顶应付的工程款已经超额支付，竣工应支付的部分由于工程尚未竣工所以不具备支付工程款的条件。因此，乙方无权主张工程款利息。

（二）甲方主张的关于工期延误违约金

首先，乙方认为甲方没有及时办理《施工许可证》，《施工许可证》未及时发放，就不能按时开工。《施工许可证》的及时办理属于甲方责任，因此工期延误是由甲方造成的，甲方应当承担工期延误责任。

其次，甲方工程款未及时支付，导致工程不能正常进行，甲方应当对工期延误承担主要责任。

再次，从甲方提前使用两栋楼的事实能够推定整个工程已经竣工，根据《最高人民法院关于审理建设工程施工合同纠纷案件适用法律问题的解释》，自甲方占有该两栋楼的日期即为工程竣工日期。

最后，甲方诟病的消防、配电箱已经做完，工程已经与甲方做了交接，因此工期没有延误。如果实际竣工日期与计划工期不符，那是甲方自己的过错导致的，甲方无权向乙方主张工期违约责任。

甲方答辩：《施工许可证》的办理并没有影响乙方进场施工，根据乙方的《起诉状》，乙方在双方签订《施工合同》前两个多月已经进场施工，前期施工工作按照计划进行，没有因为《施工许可证》的问题而耽误工期。

工程款不仅没有逾期支付，而且是超额支付，对此甲方已经举证证明。乙方的相关答辩根本不能成立。

甲方提前使用两栋楼的一层的原因是乙方严重延误工期导致甲方不能如期交付厂房并面临巨额违约罚金，所以才不得已提前使用。此外，甲方是与乙方、第三方签订了三方协议，在乙方允许的情况下接管两栋楼的一层的，这种情况不属于《最高人民法院关于审理建设工程施工合同纠纷案件适用法律问题的解释》第14条规定的情形。第14条规定的前提条件是发包方擅自提前使用未竣工验收合格的工程，本案不是擅自使用，而是承包方允许使用。此外，第14条说的是使用部分，本案发包方仅仅提前使用了两栋楼的一层，不能推定所有五栋楼都已经竣工验收合格。

配电箱属于本工程不可分割的组成部分，乙方不能因配电箱在1号楼前边无法施工，就认为这项工作不必做了。如果配电箱没有完成，厂房全部不能正常生产，交付房屋也没有意义，因此，这不是乙方免责的原因。

七、仲裁委就合同效力问题组织的专家鉴定

由于合同效力问题涉及合同计价、工期履行、违约金条款的履行等问题，仲裁庭为慎重起见，组织法院、律师事务所专家对合同效力进行鉴定。鉴定结果是两个合同都无效，对此，甲方表示非常遗憾。因为甲方认为本案合同效力的认定并不复杂，仲裁庭完全可以独立作出判断。

八、仲裁委员会裁决结果

某市仲裁委员会作出如下裁决：①双方签订的《建筑工程施工合同》和《施工协议书》无效。②乙方应于本裁决书生效之日起45日内，将工程竣工验收资料交付甲方。甲方接受上述资料后15日内，支付乙方工程款380万元，利息27万元。③乙方自本裁决书生效后15日内支付甲方工期违约金52万

元。④甲方预留的工程质量保证金 180 万元，待缺陷责任期 2017 年 10 月至 2019 年 10 月届满后，按规定返还给乙方。

九、案例评析

虽然本案中甲、乙双方仲裁请求均为 1000 万元，但是都只是暂定数额，双方的期望值都远远超过这个数字。在接受本案甲方委托时，甲方代理律师认为本案尽管标的额很大，但是案情十分简单，甲方有十足的胜诉把握。理由是：首先，工程没有竣工，乙方主张工程款不具备条件；其次，工程存在质量问题；最后，合同约定了乙方拖延工期将承担高额违约金，至裁决做出之日，乙方已经拖延工期 5 年多，其应当承担的工期延误违约金就将冲抵掉乙方的应收工程款。

然而，大为出乎意料的是，本案的施工合同的效力成了本案的焦点问题，仲裁庭不仅亲自到主管部门调取了证明合同效力的证据，而且组织了中级人民法院数名民商事审判庭庭长参加专家论证会对施工合同效力进行论证，两次论证会均认为施工合同无效。对此，甲方律师错愕不已。在甲方律师看来，民营企业投资的厂房肯定不是必须招标的范围。尤其是在本案尚未审结之时，2018 年 6 月 1 日国家发改委颁布的《必须招标的工程项目规定》已经实行，必须招标的工程项目范围大大缩小，除少数交通、能源项目外，民营企业投资的项目几乎均已不再招标；《最高人民法院关于审理建设工程施工合同纠纷案件适用法律问题的解释（二）》已经实行，尚未审结的案件适用该司法解释。可是，仲裁委员会最终认定施工合同无效。

民营企业投资的厂房项目是否必须是招标的工程项目，只能由读者评判了。笔者坚定认为，这是不需要招标的项目。为了找到合同无效的证据，合议庭不辞辛苦地到主管部门调查相关证据，但是甲方提出工程尚未竣工，合议庭却没有到施工现场调查是否已经竣工。这也是甲方律师感到不解的地方。

乙方的工程款获得了仲裁庭的支持，但是甲方长达 6 年多的工期损失却没有得到平等保护。此外，乙方以甲方名义从混凝土搅拌站领走价值 716 万元的混凝土，但是仲裁庭认为根据鉴定报告，涉案工程仅仅用去四百多万混凝土，因此对超出四百多万的部分不予支持，甲方可以另案起诉。

十、本案应当总结思考的若干问题

（1）明确工程是否需要招标，如果不必招标就不用到住建局备案，避免存在黑白合同的嫌疑。

（2）在未招标的情况下，《施工合同示范文本》确定的价格最好有预算书或者工程量清单作为依据，避免乙方以没有依据为由单方面否定合同价格。

（3）工程没有按合同工期竣工，一定要形成证据。例如，召开生产例会，确定尚未完成的工程项目，商讨如何加快工程进度。

（4）在由甲方供材或者甲方指定分包商的情况下，一定要与施工单位约定好是否有配合费的问题以及配合费的比例。

（5）对于施工单位来讲，土方堆放一定要有甲方的书面指令，否则产生二次搬运问题时难以主张索赔。

（6）土方运距是施工单位的赢利点，作为建设单位一定要注意土方运距的真实性，慎重行使签字权力。

（7）给施工单位驻工地代表的权限如果涉及造价，一定要规定签字的上限，超出签字范围的数额无效。最好仅有质量、工期、现场协调权利，超出这个范围的签字无效。

（8）甲方供材要尽早让施工单位签字确认，以免结算时施工单位不承认。

（9）施工单位以分公司的名义与建设单位签订的合同，以分公司的名义提起诉讼时应注意主体适格问题。

（10）如果部分楼座开发权转让给施工单位，应注意协调转让合同以及施工合同，以免施工单位拿着转让合同要楼和工程款。

（11）付款节点的表达方式很重要，如主体竣工后支付工程款的 50% 与主体竣工前支付工程款的 50%，履行起来效果截然不同。

（12）施工过程中，一定要根据施工进度指定对账计划，及时对账，每笔都要有对方签字认可，以免发生混乱。

第四节　竣工是否包括了验收合同
——建材城施工合同纠纷案

一、案情简介

甲方在某县 118 国道两侧 600 亩建设中国建材城，乙方负责承建 206、226、208、228 四栋楼，工期自 2007 年 4 月 30 日至同年 9 月 30 日。由于多种原因，工程拖至 2009 年也未完工。后甲方起诉乙方，称多付给乙方工程款 10 万元，要求退还。乙方反诉甲方拖欠工程款 297 万元以及利息，双方形成诉讼。

二、本案的焦点问题

（一）本院应当在基层人民法院还是在中级人民法院审理？

（二）如何辨别"黑白合同"，各自的效力如何？

（三）工程变更的法定程序是什么？

（四）甲方收到乙方的《工程决算书》，在 28 天之内不答复，是不是视为默认了《工程决算书》的内容？

（五）未竣工验收的工程，甲方提前使用，其法律效力如何？

（六）乙方可否不经竣工验收合格，就要求支付工程款？

（七）工程资料在工程款纠纷案件中的作用和意义？

（八）工程案件如何取证，如何举证？

三、开庭过程和判决结果

2008 年，某中级人民法院受理案件的标的额是 300 万人民币，甲方起诉乙方要求返还超额支付的 10 万元，因为不足 300 万元，当然归工程所在地的某县人民法院管辖。但是，施工单位反诉建材城拖欠工程款 297 万元后，本案归县人民法院还是中级人民法院管辖就有了疑问。一种意见认为，应当归中级人民法院管辖，因为本诉和反诉的标的额加起来超过了 300 万元。还有一种意见认为，应当归中级人民法院管辖，但是理由不是本诉和反诉的标的额加起来超过了 300 万元，而是因为反诉金额除了 297 万元以外，还主张了利息，而利息不止 3 万元，因此反诉标的额已经超出了 300 万元。另外一种说法是应当由某县人民法院管辖，理由是法院受理案件的标准不是以双方诉求的标的额之和来确定级别管辖的，而是以本诉或者反诉乙方的诉讼请求金额确定法院的级别管辖，就本案而言，无论是本诉还是反诉，主张的金额均未超过 300 万元，因而不能由中级人民法院管辖。至于本金加利息也不能说诉讼请求超过了 300 万元，因为开庭审理之前，利息的起止时间、利率、计算的基数都不确定，因此利息的数额也不能确定，因而不能说本金和利息之和超过 300 万元，所以只能由某县人民法院管辖。

由于上述观点各有其合理性，中级人民法院决定提审此案，这样本案最终便由某市中级人民法院审理。

（一）甲方诉讼请求以及初步证据

甲方诉讼请求：①退还工程款 10 万元；②对未完工部分进行施工，达到竣工状态；③诉讼费由乙方承担。

甲方初步证据：①《施工合同示范文本》；②已付工程款凭证；③双方对账单；④房产抵顶工程款协议；⑤未完工程量清单；⑥未完工程造价清单。

（二）乙方反诉的诉讼请求以及初步证据

乙方诉讼请求：①支付工程款 297 万元；②诉讼费由甲方承担。

乙方初步证据：①《施工合同示范文本》；②《施工协议书》；③工程预算书；④工程决算书；⑤《塔吊租赁合同》；⑥工程变更通知书；⑦甲方收到乙方工程决算书的证据。

（三）建设单位建材城的答辩意见

就某市建筑公司诉我公司拖欠工程款议案答辩如下：

反诉原告在反诉状中的陈述与事实不符

一、反诉状称其施工内容为 206、226、208 和 228 四栋楼。事实上，反诉原告仅对 208、228 两栋楼进行了施工，其对实际施工面积的回避做法不是实事求是的。

二、反诉状仅谈我公司未全额支付工程款，却矢口不提自己拖延工期、不以正式发票结算、工程许多部分不合格等事实。因此，我们认为，不是我公司违约，而是反诉原告首先违约，后来的结果是反诉原告自己造成的。

三、反诉原告称已正式向我公司提交了工程结算报告。这个说法没有事实依据，我公司从未收到其提交的工程结算书。因为工程尚未竣工验收，不具备工程结算的条件。

四、反诉原告提出 2 976 967 元及利息的诉讼请求没有事实基础和法律依据。

综上所述，请求人民法院驳回反诉原告所有的诉讼请求。

本诉原告对被告申请书的意见

2010 年 6 月 11 日，某市建筑公司（以下简称"四建公司"）申请某市中级人民法院指令本诉原告在 15 日内将已出租建筑物内的用户迁出，以便进行相应的验收工作。对于这个无理要求，本诉原告坚决予以拒绝。理由如下：

一、《建筑法》第 61 条第 1 款规定："交付竣工验收的建筑工程，必须符合规定的建筑工程质量标准，有完整的工程技术经济资料和经签署的工程保修书，并具备国家规定的其他竣工条件。"

现四建公司既未提交任何工程资料，也未签署工程保修书，说明其并未具备提交竣工报告的前提条件。在其未履行在先义务的情况下，竟要求本诉原告在15日内将已出租建筑物内的用户迁出，纯属无理取闹。

二、《建设工程质量管理条例》第16条第1款规定，建设单位收到建设工程竣工报告后，应当组织设计、施工、工程监理等有关单位进行竣工验收。

由此看出，工程验收工作是按照一定的程序和步骤来进行的，各程序和步骤是有先后顺序的。具体说来，便是承包商提供竣工报告在前，建设单位组织验收在后。而本案中，四建公司直至现在也没有提供竣工报告，在此情况下，谈工程验收还为时尚早。四建公司不去认真地完成自己的本职工作，却倒过程序要求本诉原告做这做那。其用意显然是"醉翁之意不在酒"。

上次调解明确过，一周内开始验收工作。可是一个多月过去了，四建公司没有任何动作，现在终于有了反应，却不是提交竣工报告和工程资料并要求建设单位组织验收，而是"倒打一耙"地要求本诉原告在15日内将已出租建筑物内的用户迁出。

由此可见，施工单位根本没有将工程提交验收的诚意，他们只是在想方设法地转嫁工程竣工验收义务。鉴于这种情况，我们有理由怀疑四建公司某项目部由于管理混乱，其资料整理等情况根本达不到竣工验收的条件。为逃避提交资料和竣工报告的责任，只好找一些借口，如要求本诉原告在15日内将已出租建筑物内的用户迁出，以掩饰自己履行不能的尴尬情况。如果是这样的话，那真是没有一点技术含量的小伎俩。

三、本工程为固定价格合同，总造价为654.6336万元，扣除质保金、工程税、未完工成两款等，发包方实际支付承包方540万元即可。本诉原告已支付四建公司647万元（四建公司认可629万元），故先要求变更诉讼请求，要求四建公司返还不当得利107万元，盼照所请。

此致
某市中级人民法院

某县建材公司
2010年6月17日

（四）乙方的答辩意见和反诉意见

首先，乙方不欠建材城的钱，不仅如此，甲方还拖欠施工单位人民币 197 万元。

其次，乙方为甲方施工两栋楼，甲方不仅没有按时付款，而且拖欠两年多。这部分工程款大部分都是农民工工资，现在农民工拿不到钱回不了家，甲方昧心起诉乙方，竟然说付超了工程款。

再次，乙方已经将工程决算报告交给甲方，对方收到后已经超过 28 天没有答复，应当认定已经默认了乙方主张的工程款。

最后，甲方未经乙方同意，已经提前擅自使用该工程。按照最高人民法院的相关司法解释，工程已经视同竣工，甲方应当支付工程款。

（五）法庭辩论中双方主要观点

甲方代理词

尊敬的审判长、审判员：

受某县建材有限公司的委托，现发表如下代理意见：

一、本案所涉及的工程不具备决算的条件，因此反诉原告无权要求支付工程决算款。以下从实体和程序两方面阐述理由

从实体的角度看，竣工结算应当具备下列几个条件：

第一，承包人完成承包合同规定的、竣工前的所有义务，使工程达到竣工状态。

第二，承包方向发包方提交建设工程竣工验收报告。

第三，《建设工程质量管理条例》（以下简称《条例》）第 16 条第 2 款规定："建设工程竣工验收应当具备下列条件：（一）完成建设工程设计和合同约定的各项内容；（二）有完整的技术档案和施工管理资料；（三）有工程使用的主要建筑材料、建筑构配件和设备的进场试验报告；（四）有勘察、设计、施工、工程监理等单位分别签署的质量合格文件；（五）有施工单位签署的工程保修书。"第 17 条规定："建设单位应当严格按照国家有关档案管理的规定，及时收集、整理建设项目各环节的文件资料，建立、健全建设项目档案，并在建设工程竣工验收后，及时向建设行政主管部门或者其他有关部门移交建设项目档案。"

第四，有公安、消防、环保等部门签署的认可文件。

同时具备以上四个条件，发包方才能按照《合同法》第279条的规定支付工程款。

就本案而言，承包方未提供法律规定的有关资料，工程未经验收合格，不符合工程决算的条件，无权要求决算。

从程序上看，反诉原告也无权主张支付工程款。

《建设工程价款结算暂行办法》（以下简称《办法》）第16条第2款规定："承包人如未在规定时间内提供完整的工程竣工结算资料，经发包人催促后14天内仍未提供或没有明确答复，发包人有权根据已有资料进行审查，责任由承包人自负。"以上资料承包人一直没有提供，经催促后也未提供。

二、反诉原告提供的徐某于2008年11月30日打的收条没有任何法律效力

首先，工程不具备竣工结算条件，工程是否合格还是一个未知数，此时递交决算报告无任何法律效力。

其次，《最高人民法院关于审理建设工程施工合同纠纷案件适用法律问题的解释》（以下简称《解释》）第20条规定，当事人约定，发包人收到竣工结算文件后，在约定期限内不予答复，视为认可竣工结算文件的，按照约定处理。

本条解释规定的前提条件是，当事人双方首先有约定。具体到本案，双方未在合同中事先约定一方收到竣工文件后在约定期限内予以答复便视为认可。因此，无论谁收到决算文件也不能产生认可的法律效力。

最后，李某仅是运营部的一名普通职工，无权签收工程决算文件。决算文件是能够产生一定法律效力的文件，应当由发包方法人代表或其授权代表或工程承包合同书中指定的人员签收。其他人员不具备签收的主体资格。因此，承包人将决算文件交给发包人的一名普通职工属于工作失误，若以此认定决算文件已生效力，不仅没有法律依据，而且主观上具有恶意。

三、关于工程价款问题

尽管本项目不具备结算条件，然而既然承包方提出了这个问题，那么我们也想利用这个机会发表一下我们的意见。因为双方迟早要面对这个问题。由于反诉原告的工程款分四个部分，以下我也分四个部分阐述我方的意见。

首先，本工程是固定总价合同，工程款共654.6336万元，这个双方没有异议。

既然是固定总价合同，因此不再考虑其他调整因素，因为这些都是承包方应当预料的商业风险，所以对方的材料调增部分不应得到支持。

其次，在实际施工过程中，本工程出现了一系列的变更，有增项也有减项。对待工程变更，我们坚持实事求是的态度，即工程变更是固定合同价款之外的，因而应予考虑。具体做法是从实体和程序两方面予以考虑。实体上，增项变更与减项变更折抵后，剩余部分列入工程决算。

在程序上，变更文件应当规范。第一，工程变更指令应由发包方工地代表和监理师签字。第二，承包方应于工程变更14天内，提出变更工程价款报告，否则发包人可根据所掌握的资料决定是否调整合同价款和调整的具体金额（见《办法》第10条第3款）。第三，工程变更部分不能以2008年某市第二期造价信息为依据进行调整。《解释》第16条第2款规定："因设计变更导致建设工程的工程量或者质量标准发生变化，当事人对该部分工程价款不能协商一致的，可以参照签订建设工程施工合同时当地建设行政主管部门发布的计价方法或者计价标准结算工程价款。"

根据《解释》规定，变更部分应以2007年4月份某市计价标准结算。

再次，关于塔吊租赁费，承包方将其列入工程款范围没有根据。

作为工程承包方，具备相应的施工设备是其从业的基本条件，承包方向他人租赁，租赁费应当由承包方支付，承包方不能将两个合同关系混为一谈。不能将合同债务转嫁给第三人，这是合同相对性的基本条件。

最后，承包方无权主张贷款利息。

依《承包合同书》第5条第2款的规定，工程到±0完工回填土并开始一层工程后付100万元，工程主体完工付300万元，竣工验收合格付300万元，余款在竣工验收合格后一年付款，每次付款承包方均须提供发票。(因只建了两栋楼，以上数字均需减半）。

依此规定，发包方第一次付工程款的时间是开始一层施工后，此前的工程款由承包方垫资承包。《解释》第6条第3款规定："当事人对垫资利息没有约定，承包人请求支付利息的，不予支持。"因此，这部分工程款无权要求支付利息。

工程到一层后，发包方确实未在当天支付一期工程款，但这不是发包方的过错，而是由承包方未全面、适当地履约导致的。

《承包合同书》第7条规定："各施工队伍进入现场须配备工程技术管理

人员：项目经理、技术负责人、质检员、安全员、预算员、资料员等。上述人员必须持有专业资格证书，职称资格证书，将原件交于甲方和监理单位。"这一点承包人没有按约履行。

《承包合同书》第10条规定，承包方必须按《施工组织设计》完成工程进度，每月第25日上报总工程师工程量清单和工程进度计划。本项目施工过程中，承包方没按合同约定履行此义务。导致的后果是发包方无法核实已完工程量，因而不能支付工程款。

工程开始一层施工前，应当对已完成的工程基础进行分步、分项验收，验收合格后，才能要求支付工程款。而在本项目的施工中，承包方做完基础后，没有申请验收，没有发包方、监理方的验收认证，当然不能支付工程款。

《条例》第37条第2款规定："未经监理工程签字，建筑材料，建筑构配件和设备不得在工程上使用或者安装，施工单位不得进行下一道工序的施工。未经总监理工程师签字，建设单位不拨付工程款，不进行竣工验收。"本项目施工过程中，承包方没有提供总监理师的付款签证，发包方当然不能付款。

合同规定，承包方应给发包方提供工程款发票，而承包方一直未能提供工程款发票，这也是发包方未能按合同进度支付工程款的重要原因。但发包方考虑到承包方的困难，并且承包方口头答应及时准备施工资料等交给发包方，发包方才给付的工程款，但承包方一次又一次地欺骗发包方至今也没有交给发包方任何材料。由此可见，造成工程款未及时支付的责任在承包方。因此，承包方无权要求所谓工程款拖欠产生的利息。

其他诸如主体完工后，承包方的付款情形，道理同上面讲的一样，即承包方未提请主体验收，未提交进度报告，无监理签证，未提交发票，因此无权请求支付工程款及其利息。

至于竣工结算阶段，承包方未完成全部工程，也未提交竣工报告、工程资料及工程决算文件，基础数字不存在，利息是怎么算出来的？

四、关于提前使用问题

《解释》第14条第3项规定："建设工程未经竣工验收，发包人擅自使用的，以转移占有建设工程之日为竣工日期。"

首先，合同规定的竣工日期是2007年9月30日，但因为承包方屡次违约到2009年还未完工，给发包方造成了巨大损失。发包方在没有办法的情况下在2009年4月至5月间被迫使用。

其次，所谓擅自使用，是指一方不顾另一方的抗议、反对和劝阻对自己无权使用的东西强行使用，经劝告仍不改正的行为。具体到本案，发包人入驻后，承包方想必耳闻目睹，但承包方从未提出任何异议，这是擅自使用吗？这是默认。

再次，所谓转移占有是指原占有人将工程的安全、管理、支配使用等权利移交给现占有人，由于工程是不动产，关系到社会公共利益，因此工程的移交须在双方当事人之间办理正式的交接手续，包括由承包方向发包方移交工程的经济技术资料、使用说明书、质量保修书等。就本工程来讲，双方并未办理工程交接手续，并不属于《解释》第14条第3款规定的擅自使用。

最后，提前使用工程不是不提交竣工报告的理由。《解释》仅规定了在什么情况下视同竣工，但却未规定工程被提前使用后就不必提交竣工报告，也不必进行竣工验收。工程是百年大计，不仅是承发包双方的权利义务关系，而且事关社会公共利益，因而已竣工的工程必须进行合格验收，然后才能进行工程决算，这是承发包双方的法定义务。具体到本案，承包方尚未进行合格验收，一切责任由承包方承担。

五、承包方不仅无权主张工程款，而且应退还发包方已经超付的工程款

依《承包合同书》，本工程合同价款为654.6336万元。

合同第5条规定，发包方预留的8%工程款作为质量保修金，扣2%管理费。这样在暂时不考虑工程变更的情况下，扣除工程款的10%，发包方应支付承包方589.170 24万元。

依据现行税率，若再扣除5.75%的工程税，再扣除未完工程近20万元的造价，竣工结算时，发包方支付承包方的工程款当在540万元左右。

本案发包方已付工程款647万元，发包方已确认629万元，按应付与已付进行比较，可见发包方已超付100万元左右。再将工程变更的增项与之折抵，剩余部分就是承包方应退还的超付工程款。

总之，本案的实质不是应支付多少工程款的问题，本质是已经超付工程款的问题。因为该工程并未进行竣工验收并被认证为合格。反诉原告若要决算，必须参加工程验收并向承包方提供钢材、混凝土等材料，以及提交构配件、设备的检验和检测报告、技术经济资料、质量合格文件、已付工程款发

票和工程质量保修书，否则无权主张工程决算。鉴于此，请求人民法院驳回反诉原告的诉讼主张，同时退回超付的工程款。

此致

某市中级人民法院

某县建材公司
2010年3月6日

甲方诉乙方的补充代理意见

一、对本案所涉及工程项目施工过程的简要回顾

2007年4月24日，双方签订《建设工程施工承包合同书》，约定开工日期为2007年4月25日，竣工日期是2007年9月30日。合同价款采用固定总价方式，每平方米760元。（在立信公司出具的《鉴定报告》中又出现一份合同，而且是示范文本合同，该合同签订于2007年3月，约定开工日期为2007年3月20日，竣工日期是2007年11月30日。）

2007年10月中秋节，被告施工的建筑倒塌，随后工程陷于停顿，由于冬季到来，工程被拖入2008年，未能在原定的2007年竣工。2008年后，工程时断时续。2008年9月13日，双方又签订《补充协议》，确定甲方已付工程款490万元，全部工程竣工验收合格后付清余款，承包方保证于2008年9月30日前完工投入使用，然而该工程仍时断时续，最终又拖入2009年。

2009年工程进展仍不顺利，至2009年三四月份，卫生间地面防水、地下室墙面、地面防水、电线、电缆、灯具、主控电箱、分户电箱、部分暖气片、暖气管道、消防箱内设施均未安装。由于本工程是商铺，原告已按合同竣工时间与承租户签订了租赁合同，并不得不支付大笔的延期交房违约金，而承包方仍没有短期内完工的迹象，因此，2009年三四月间，原告入住该房屋，承包方也未予以阻止。

2009年5月，双方因工程款结算问题形成诉讼。

从合同约定的竣工时间2007年9月30日至原告入驻时间，历时20个月，从进入诉讼到现在已3年5个月。

二、引起工程款纠纷的原因

工程领域中，对工程的控制包括三个方面，即投资控制、工期控制和造价控制。作为本工程的承包商，被告在这三个方面均存在严重过错，这是导致诉讼的主要原因。

1. 在工期方面，合同约定的竣工时间为2007年9月30日，而承包方也未完成合同约定的要求，严重延误工期。

2. 在工程质量方面，承包方是挂在某市建筑公司下面的一个没有任何资质的个人承包队，施工质量可想而知。建一个二层的楼房竟然盖塌了，其施工水平不言自明。

3. 在工程款结算方面，《建筑工程施工书》第5条约定："每次付款承包方均需提供发票。"第13条约定："结算中承包方按正式工程发票结算。"但承包方未做到这一点。

《建筑工程施工书》第5条约定："预留总工程款8%作为质量保修金，约110.7万元，带有关部门全部验收合格后一个月后付清，维修金5%共69.2万元，带保修期满后结清。"《补充协议》第1条约定："全部工程竣工验收合格后付清全款。"

依照合同约定，工程款未全部结清的原因是工程尚未验收合格。即使这样，本诉原告也已超付了工程款，而不是拖欠工程款。

三、关于工程款

经过庭审，双方对承包方共完成8613平方米，每平方米造价760元。除去工程变更，工程总造价654.458万元没有争议。

经过上次庭审，双方对本诉原告已支付635.3278万元已无争议。

现在有争议的共两项：一是2009年某县建设局以原告的保证金为被告雇佣的农民工支付10万元工资的事实有待核实；二是工程变更产生的增项有多少。（关于本诉被告共提交八份工程变更证据，只有卫生间现浇板加两根16毫米配筋这一张有监理师靳某业的签字，其余全部没有监理签字；2007年4月23日的工程变更通知单，落款只有甲方一方签名，而且签名是打印形式；本诉被告在每次变更后均未按照财政部、原建设部颁布的《建设工程价款结算暂行办法》规定，在14日之内向发包方提供变更工程价款报告，按照该办法，超过规定的除斥期间就是放弃主张工程款的权利，对此的详细论述请见已提交的《代理词》。）

立信公司出具的鉴定结论认为，变更工程造价为52.0983万元，材料价差调整11.0918万元，未完工程项目造价7.1214万元。

本代理人认为，本工程是固定总价合同，工程价款不随材料价格波动而调整，因此某市立信公司认为存在材料价差调整11.0918万元的观点违反固定总价合同的原则，不能计入工程结算款。

因此，变更工程价款应为：52.0983万元减去7.1214万元等于44.9769万元。（此数字应考虑三种情况：①甲方和监理师未签字的工程变更，立信公司不加甄别地计入工程变更。按照双方合同和财政部、建设部关于工程款结算的规定，这部分变更工程款不应计入。②按最高人民法院关于施工合同的司法解释，变更工程价款的计算应已签订施工合同时的2007年定额计算，而立信公司却以2008年的定额计算。③立信公司的计算依据全部采用承包方的结算资料，不是按照施工图纸和说明来计算的，失去了鉴定人的中立性。扣除立信公司高估冒算的部分，就应是变更工程价款的造价。因此本代理人认为，变更工程的造价肯定低于44.9763万元。具体数额应在工程验收合格后双方决算或委托工程造价部门公正计算）。

因此，本诉被告在工程验收合格后应得工程款的计算方式为：

（654.458万元+变更工程造价）-已支付635.3278万元-未完工程项目造价7.1214万元-［（654.458万元+变更工程造价）×5.75%工程税率］-［（654.458万元+变更工程造价）×2%合同约定的管理费］-［（654.458万元+变更工程造价）×8%合同约定的质保金和维修金］

四、某市立信公司的鉴定报告是违法的、无效的报告

某市中级人民法院于2011年1月20日委托立信公司所做的是工程造价方面的司法鉴定，而立信公司根本不具备进行司法鉴定的主体资质。在报告的内容、程序依据等方面均存在违法情形。2010年8月30日，本诉原告已对此书面向合议庭提出异议。

1. 从企业资质方面，立信公司没有河北省司法厅颁发的《司法鉴定许可证》，也没有司法鉴定专用章。

2. 从个人执业资质看，其签名人员张某和李某没有工程造价司法鉴定的资质证书和执业专用章。

3. 根据全国人大常委会和司法部关于司法鉴定的法律和规章，司法鉴定上必须有3名以上具有高级职称的鉴定人签字，而立信公司出具的司法鉴定

只有张某和李某两人签字，而且李某仅具有中级职称。

4. 从程序上看，本诉被告请求中级人民法院进行工程造价鉴定的时间早已超出法院指定的举证时限，违反了最高人民法院关于民事诉讼证据的规定。

5. 从鉴定的依据上看，其仅依照承包方提供的结算资料，根本不顾施工图、监理指令，不是站在中立的立场进行的鉴定。

6. 按照《最高人民法院关于审理建设工程施工合同纠纷案件适用法律问题的解释》（以下简称《解释》）第16条的规定，计算工程变更价款，应采用签订施工合同时即2007年的定额，但立信公司却采用2008年的定额计算，从而为本诉被告多算了工程款。本工程是固定总价合同，立信公司却为本诉被告计算材料调价，明显背离了公正中立的立场。

综合以上理由，立信公司为涉案工程所作的所谓的造价《鉴定报告》不应被合议庭在判决时采用。

五、本诉原告的占用行为是否属于在竣工验收前擅自占用

《解释》第14条第3款规定："建设工程未经竣工验收，发包人擅自使用的，以转移占有建设工程之日为竣工日期。"

首先，合同规定的竣工日期是2007年9月30日，但因为承包方屡次违约到2009年还未完工，给发包方造成巨大损失。发包方在没有办法的情况下在2009年4月至5月间被迫使用。

其次，所谓擅自使用，是指一方不顾另一方的抗议、反对和劝阻对自己无权使用的东西强行使用，经劝告仍不改正的行为。具体到本案，发包人入驻后，承包方想必耳闻目睹，但承包方从未提出任何异议，这是擅自使用吗？这是默认。

再次，所谓转移占有是指原占有人将工程的安全、管理、支配使用等权利移交给现占有人，由于工程是不动产，关系到社会公共利益，因此工程的移交须在双方当事人之间办理正式的交接手续，包括由承包方向发包方移交工程的经济技术资料、使用说明书、质量保修书等。就本工程来讲，双方并未办理工程交接手续，并不属于《解释》第14条第3款规定的擅自使用。

最后，提前使用工程不是不提交竣工报告的理由。《解释》仅规定了什么情况下视同竣工，但却未规定工程被提前使用后就不必提交竣工报告，也不

必进行竣工验收。工程是百年大计,不仅是承发包双方的权利义务关系,而且事关社会公共利益,因而已竣工的工程必须进行合格验收,然后才能进行工程决算,这是承发包双方的法定义务。具体到本案,承包方尚未进行合格验收,一切责任由承包方承担。

六、关于工程验收问题

(一) 验收的必须性

1. 涉案工程必须验收的合同依据

双方签订的《建筑工程施工承包合同书》第5条第2款约定:"余款在竣工验收合格后付清,每次付款承包方均须提供发票。"第11条第2款约定:"若工程达不到验收标准,承包方必须无条件地返工和返修直至达到业主满意为止,由此造成的一切损失均由承包方负责。"

《补充协议》第1条约定:"全部工程竣工验收合格后付清全款。"

2. 涉案工程必须验收的合同和法律依据

(1)《合同法》第279条第1款规定:"建设工程竣工后,发包方应当根据施工图纸及说明书、国家颁发的施工验收规范和质量检验标准及时进行验收。验收合格的,发包人应当按照约定支付价款,并接收该建筑工程。"

由此可见,《合同法》明确将验收合格作为支付工程款的前提条件。

(2)《建筑法》第61条第1款规定:"交付竣工验收的建筑工程,必须符合规定的建筑工程质量标准,有完整的工程技术经济资料和经签署的工程保修书,并具备国家规定的其他竣工条件。"

由此可见,建筑工程使用的质量标准是强制性标准,是必须执行的法律规范,是绝不会因为一方提前占用就可以不执行工程标准的国家强制性规范。而工程验收正是检验建筑工程是否符合强制性规范的监督手段。

3.《解释》中是否规定了,只要建筑工程尚未验收就被发包方擅自占用,工程就不必再进行验收?

发包方是否属于擅自占用工程,前面已有说明,此处不再赘述。

在此,代理人想退一步讲,对于发包人的擅自使用,最高人民法院是否有不必验收的规定?

《解释》第13条规定:"建设工程未经竣工验收,发包人擅自使用后,又以使用部分质量不符合约定为由主张权利的,不予支持;但是承包人应当在建设工程的合理使用寿命内对地基基础工程和主体结构质量承担民事责任。"

《解释》第 14 条第 3 款规定："建设工程未经竣工验收，发包人擅自使用的，以转移占有建设工程之日为竣工日期。"

由《解释》第 13 条可知，对于建设工程的地基、基础工程和主体结构这三部分，承包方必须终身负责，与发包方是否擅自占用无关。因此，这三部分必须验收并至少达到合格。

由《解释》第 14 条可知，本条的目的是明确竣工日期认定的规则，符合本条规定的条件的，便可推定工程已竣工。

按照《通用条款》的规定，竣工是指承包方完成承包合同约定的全部义务。因此，竣工与验收是性质完全不同的两个行为。前者是当事人的意思自治范围，后者是政府行为，住建局质量监督部门、规划局、公安消防、环保、市政、人防等部门均参与工程验收，验收后必须将验收资料交住建局建筑档案管理部门备案。

《合同法》《建筑法》均已规定工程竣工后必须验收合格，《解释》第 13、14 条也未明确只要建筑工程尚未验收就被发包方擅自占用，工程就不必再进行验收。即使《解释》明确规定了也是无效的，因为《解释》属于《合同法》《建筑法》的下位法，它不能与上位法冲突。

因此，即使存在提前占用情形，竣工也不能代替验收。

4. 提前占用就不必验收的悖论

开发商与承包商均有偷工减料的动机。若规定提前占用就不必验收，开发商将在所有工程中偷工减料，然后对所有工程提前占用，这样所有的偷工减料都得以漂白，逃脱法律的监管和制裁。试问，这个命题能成立吗？

（二）竣工验收的程序

第一，承包商完成承包合同规定的义务。

第二，承包商对工程进行自检，查漏补缺。

第三，项目的监理部门对工程进行预验收，并认为达到合格。

第四，承包方准备好所有工程技术经济资料，填写工程竣工报告，经总监理师签字同意后，将竣工报告提交发包人。

第五，发包人接到承包人提交的竣工报告后，组织施工、勘察、设计、监理等部门在住建局工程质量监督部门的参与下对工程进行综合验收，对有问题的部分进行整改。该发包方的负责的部分由发包方整改，该承包方负责的部分由承包方整改，直到工程达到合格。

第六，验收合格后，发包方将竣工资料交建筑档案部门备案，并在约定时间内支付工程尾款。

七、承包方提出的塔吊租赁的赔偿问题是毫无道理的

1. 本工程是固定总价合同（俗称大包），即不论承包人用什么方法、付出什么代价，发包方只与承包方按每平方米760元计算。至于承包人用自己塔吊还是租用别人塔吊跟发包方没有关系。

2. 承包方的《塔吊租赁合同》中规定，合同自双方签字盖章后生效。然而对于该合同，双方均没有盖章。对方签字人是否为法定代表人不得而知。马某臣肯定不是某市建筑公司的法定代表人，因此该合同仅是一份未生效合同。

3. 退一步讲，即使双方签字盖章了，也不能证明这份合同与本案具有关联性，不能排除合同的标的物用在别的工地上。

八、关于工程款利息

（见代理词）

至于竣工结算阶段，承包方未完成全部工程，也未提交竣工报告、工程资料及工程决算文件，基础数字不存在，利息是怎么算出来的？

综上所述，本案并非一起恶意拖欠工程款的案件，而是一个私人包工队挂靠某市建筑公司，非法承包涉案工程，粗制滥造，严重延误工期，甚至导致工程倒塌。然而，本诉被告却以受害者身份对本诉原告口诛笔伐，似乎自己很受伤，并向发包人提出近300万元赔偿金，又请一个没有司法鉴定资质的公司对全部工程造价进行所谓的司法鉴定。整个过程就是本诉被告胡作非为的一场闹剧。请合议庭注意，本诉原告不是人们印象中的黑心老板，他未追究本诉被告挂靠承包问题、工期严重延误问题、工期延误导致对承租人的赔偿损失问题、工程变更证据内容和形式不合法问题等，而且在工程未竣工的情况下双方无争议地支付了635.3278万元，占工程合同承包价654.458万元的97%，若扣除质保金、工程税、管理费、水电等未完工部分，若按照合同关于工程主体竣工是应支付的工程款数额，本诉原告远远超额支付了工程款。现在我们仅主张按照2010年4月19日合议庭审理笔录中双方达成的协议对该工程进行验收，在验收合格后双方结算工程尾款和名实相符、程序合法的变更部分。如决算后我们欠承包方的，我们一定按期限付清欠款；如决算后，是我们超付了工程款，我们也希望发包方退还超付的工程款。在事实弄清前，

哪一方也不应以受害者自居，诬构对方无良。

请合议庭依法明断。

此致

某市中级人民法院

某县建材公司
2012 年 10 月 10 日

四、一审法院的判决结果

2013 年 3 月，某市中级人民法院作出判决：①甲方于工程竣工验收合格后 15 天内支付乙方人民币 80.3 万元，并自 2011 年 11 月 1 日起按照人民银行同类贷款利率支付利息；②乙方于判决生效后 15 天内向甲方提供全部竣工验收资料；③驳回甲方的其他诉讼请求；④驳回乙方的反诉请求。

五、上诉过程

一审判决宣布后，甲方不服判决，提起上诉。

民事上诉状

上诉人（原审原告，反诉被告），某市建材有限公司，住所地为某县 112 线三龙庙村南侧。法定代表人，梁某北。

被上诉人（原审被告，反诉原告），某市第四建筑工程有限责任公司，住所地为五一区上东道 2 号。法定代表人，任某。

上诉人因与某市第四建筑工程有限责任公司工程款纠纷一案，不服某市市中级人民法院〔2010〕晋商初字第 1 号判决，现提出上诉。

上诉请求：1. 撤销某市中级人民法院〔2010〕晋商初字第 1 号判决的第一项和第三项；2. 按照事实和法律，公正解决原被告之间的工程款纠纷；3. 一审、二审的诉讼费由被上诉人承担。

事实和理由：

一、某市中级人民法院在本案工程没有验收合格的情况下，作出上诉人支付被上诉人工程款的判决，既违反了《合同法》第 279 条的规定，也违反了双方施工合同的规定。

（见《补充代理意见》）

二、某市中级人民法院依据某市立信工程咨询有限公司（以下简称"立信公司"）的鉴定报告对本案作出判决是错误的，因为无论从程序还是从内容方面，立信公司的鉴定报告都是违法、无效的。

某市中级人民法院于2011年1月20日委托立信公司所做的是工程造价方面的司法鉴定，而立信公司根本不具备进行司法鉴定的主体资质。在报告的内容、程序依据等方面均存在违法情形。2010年8月30日，本诉原告已对此书面向合议庭提出异议。

（理由见《补充代理意见》）

一审法院认为："建材公司虽对《鉴定报告》提出异议，但未提供证据予以证实，应当承担举证不能的法律后果。"这种观点是完全错误的。因为对本案工程造价的司法鉴定是由一审法院委托进行的，一审法院具有审查鉴定单位是否具有司法鉴定资格的义务。某市中级人民法院设有负责司法鉴定的技术处，难道连立信公司是否具有司法鉴定资格这样的常规问题都搞不清楚吗？难道某市中级人民法院及其技术处自己没有河北省司法厅颁布的司法鉴定单位和司法鉴定人名录吗？这个问题还需上诉人举证吗？要知道对违法行为的审查及认定本身就是法院的职责范围内的事情。一审法院审理此案时为双方指定了举证期限，被告超出举证期限一年多才提出鉴定申请，作为指定举证期限的审判部门，自己能不知道本案已经过了鉴定申请的时限了吗？这样的问题还用上诉人举证吗？

综合以上理由，立信公司为涉案工程所作的所谓的造价《鉴定报告》不应被合议庭在判决时采用。

三、一审法院没有对本案工程中出现的工程变更进行真实性、合法性及关联性审查，仅凭被上诉方出具的没有监理师签字，甚至没有作为建设单位的上诉人签字的工程变更单，就认定上诉人拖欠被上诉人工程款，这是既不专业也不公平的判决。

对待工程变更，我们坚持实事求是的态度，即工程变更是固定合同价款之外的，应予考虑。具体做法是从实体和程序两方面予以考虑。

实体上，增项变更与减项变更折抵后，剩余部分列入工程决算。

在程序上，变更文件应当规范。第一，工程变更指令应有发包方工地代表和监理师签字；第二，承包方应于工程变更14天内，提出变更工程价款报告，否则发包人可根据所掌握的资料决定是否调整合同价款和调整的具体金额（见《办法》第 10 条第 3 款）。第三，工程变更部分不能以 2008 年某市第二期造价信息为依据进行调整。《解释》第 16 条第 2 款规定："因设计变更导致建设工程的工程量或者质量标准发生变化，当事人对该部分工程价款不能协商一致的，可以参照签订建设工程施工合同时当地建设行政主管部门发布的计价方法或者计价标准结算工程价款。"

四、被上诉人并未将工程完成到竣工状态，据监理师测算，尚有 20% 左右的工作量（折合成人民币 100 万元左右）未完成。然而一审判决仅凭被上诉人一方的说法及计算方法认定被上诉人仅有 7 万元左右的工作量未完成。这种基于偏听偏信作出的判决极大地损害了上诉人的利益。

五、一审判决遗漏了双方施工合同中规定的建设单位扣除承包方质量保证金、管理费、工程发票款的问题。

依《承包合同书》，本工程合同价款为 654.6336 万元。

合同第 5 条规定，发包方预留的 8% 工程款作为质量保修金，扣 2% 管理费。这样在暂时不考虑工程变更的情况下，扣除工程款的 10%，发包方应支付承包方 589.17024 万元。

依据现行税率，若再扣除 5.75% 的工程税，再扣除未完工程近 20 万元的造价，竣工结算时，发包方支付承包方的工程款当在 540 万元左右。还应减去工程变更的减项约 20 万元（如本案建筑物由十跨减为九跨）。正确的工程款数额应是 520 万元加上工程变更增项。而一审判决却判决本案的工程款为 710 多万元。

六、工程款利息以双方之间的债权债务关系为依据，双方谁欠谁的前还未搞清楚，更谈不上向对方支付利息。

此致
某省高级人民法院

上诉人：某县建材有限公司
2013 年 4 月 12 日

后双方在上诉过程中达成和解，甲方撤回上诉。

六、案例评析

据说本案施工方律师对胜诉胸有成竹，因为他使用了一招妙计能够使建设单位俯首就范。这就是施工方律师到建设单位递交工程决算报告,他知道公司高层不会接受,因此在公司门口拦住了一位电工,客气寒暄一阵,又结以小恩小惠,于是电工就接受了施工单位的工程结算报告并在回执上签了自己名字。出了建设单位大门,施工单位律师喜形于色,告知施工单位负责人大功告成。因为施工单位律师认为,相关法律规定,对方收到决算报告施工单位决算报告后28天不予答复就视为默认报告的内容。估计建设单位不会重视这个事情,一旦28天之后没有收到答复,就可以起诉了。

施工方律师认为建设方没有竣工验收就提前使用,视同竣工验收合格,支付工程款的前提条件已经具备,这也是本案取得胜诉的有利条件。

施工方律师没有看过2006年4月发布的最高人民法院民事审判庭《关于发包人收到承包人竣工结算文件后,在约定期限内不予答复,是否视为认可竣工结算文件的复函》([2005]民一他字第23号),否则不会觉得本案胜券在握。

工程案件中,挂靠施工和未验收合格即提前使用已经成了普遍现象,这已经成了我国工程领域的痛点问题,本案这两大痼疾同时具备。挂靠施工的处理结果和未验收合格情况下的工程款支付问题笔者在前面的案件以及本案代理文书部分已经予以充分阐述,在此不再赘述。

本案还有一个特殊现象,就是双方备案的所谓"白合同"每平方米造价为470元,而双方后签订的所谓"黑合同"每平方米造价为760元,一反"黑白合同"的江湖惯例。施工方律师第一次开庭举证时,将"黑白合同"同时作为证据向法庭提交,建设方律师本着解决问题的态度善意地问施工方律师,两个相互冲突,建议使用其中的一个。施工方律师经过一番考虑决定用所谓的"黑合同",也就是每平方米造价760元的小协议。这样就出现了非常特殊的一幕,即施工方主张按照"黑合同"来结算工程款,建设单位对之做了默认。需要说明的是,如果建设单位律师坚持备案的中标价合同才是结算工程款的依据,也就是按照每平方米470元结算,施工单位必将赔得血本无归。但是,建设单位律师考虑到备案合同可能有蹊跷,不是实事求是,所以没有坚持适用所谓的"白合同"。

本案审理过程中还出现了一个插曲,就是其中一次开庭,建设单位律师发现,结算报告的工程款数据相加,不等于施工单位主张的数据。经提醒,施工单位律师才发现已经提交并已经质证的工程结算报告由150多页变成80

多页。因为办案审理经过三年时间,在审理结束前的又一次开庭时,建设单位律师发现原被告双方提交的证据都不见了,问法官证据哪里去了,法官反问双方,你们提交过证据吗?建设单位律师大为惊诧,但也立刻知道发生了什么,遂不再追问。施工方律师也没有追问。这样双方达成了默契,以后开庭再也没有提到过那些证据。

诉讼中很可能出现一些想不到的事情,理想和现实总会有很大的距离。初入职的律师对这一点的体会会越来越深刻。

第五节 承包人能否就无法维修的工程主张工程款
——皇英宾馆工程质量暨工程款结算纠纷案

一、案情简介

2010年4月29日,甲房地产开发公司(甲方)获得《土地使用证》(17.2亩),6月8日,甲房地产开发公司获得某县就新建皇英宾馆项目颁发的《建设用地规划许可证》《固定资产投资项目备案证》。主要建设内容包括一期工程15 800平方米和二期工程12 593平方米。

通过招投标,乙挂靠万方建筑公司(乙方)获得中标并与甲房地产开发公司签订施工合同。承包范围为16 109平方米清单范围内土建、水暖电、消防消淋及消警。工程造价为2244万元(中标价),工期自2010年10月21日到2011年6月30日。按照实际发生的工程量,根据2008年定额和某市同期造价信息进行调整,并作为工程款结算的依据。补充条款:预付30万后,按照形象进度付款,合同价款最后以预决算为准并执行。

2010年8月3日实际开工,8月20日验槽,2010年12月28日出正负零,2011年6月20日五层封顶。

二、本案焦点问题

(一)在工程存在多份图纸的情况下,应当以哪份图纸为准?

(二)对账过程中,巨大的钢材用量差异出在哪里?

(三)仲裁过程中,能否分段裁决,如首先裁决解除合同,施工单位退出工地。然后解决工程质量和工程造价问题?

(四)工程存在重大质量问题时,工程还能否验收合格,仲裁庭能否裁决支持施工方主张的工程款?

（五）案子审理时间跨越七年多，如何解决施工单位占领工地拒不退出的问题？

三、开庭过程和裁决结果

（一）双方的主张

乙方认为甲方未按时支付工程款，2012年5月提起仲裁，称2010年双方签订施工合同，付款方式为按照每层形象进度付款，合同价款最后以预决算为准并执行。但是甲方直到五层封顶才第一次支付工程款100万。目前工程主体已经全部完工（主体总价款21 135 296.4元。其中土建18 017 823.51元、基础变更洽商1 789 913.11元、结算洽商486 527.56元、电器518 694.22元、已完水暖项目204 240元、熟肉车间60 598元、已确认变更工程价款57 500元），已付626万元以及180万元材料款，尚欠工程款1402万元，利息96万元（自2011年10月1日开始计算）。

甲方答辩意见：①工程尚不具备结算和支付条件；②主张的结算金额、付款等与事实不符。

甲方提出反申请，认为：①工程存在质量问题；②工程迟延交工。

乙方的答辩意见否定工程存在质量问题，否定迟延交工。

（二）庭审过程

乙方提供证据：①《施工合同示范文本》；②2011年7月4日《补充协议书》；③2011年8月10日《皇英宾馆工程进度计划书》；④2011年8月22日《补充协议》。甲方的质证意见是《投标函》已经保证不因施工条件及市场变化改变综合单价；乙方未履行按期封顶义务。

甲方提供证据：①《施工合同示范文本》。②2011年7月4日《补充协议书》约定："经双方协商，从六层至十二层的主体框架工程，甲方再支付乙方贰佰万元，乙方于2011年8月底无任何条件的全部完成。如有违约造成的损失由乙方自负。此协议只针对乙，与其他人无关。甲方只承认乙方为某某。"甲方负责人和乙方签字。③2011年8月22日《补充协议》约定："皇英宾馆建筑中，10层以下款项已付，在11层、12层建筑中乙方不再向甲方申请款项。""外墙1至3层加砌块砌起，外抹灰付乙方五十万元整，4层~12层加砌块砌起，外抹灰付乙方拾万元整。九月底前完工。陶粒砖未包括项目。"④乙方《投标函》以及2010年10月中标通知书。⑤2010年8月29日至2010年5月24日监理通知与监理日志。⑥工程质量照片。⑦《工程款付款明细》及凭证，证明共支付972万元。⑧提供围栏证明，应从相关费用中扣除。⑨2011年11月18日《说明》指出，某县信访办进行协调，约定皇英宾馆分三次支付农民工工资110万元，再出现欠农民工工资现象皇英宾馆概不负责。"下一步工程，如甲乙双方协商达成合作协议进一步合作，如协商不通，县政府无条件协助甲方把乙方清场。"

经开庭调查和现场踏勘，皇英宾馆主体已经竣工，二次结构做了一部分。工程从2012年停工至今，将近6年。

（三）仲裁庭重点调查的问题

本案自2013年10月至2018年5月，除了交换证据、补充证据、双方对账、非正式调解，还开了14次庭，期间历经6年。焦点较多，争议较大。

1. 实际支付工程款的数额

乙方承认已经支付806万元；后承认已付825万元；甲方认为已经支付972万元。

2. 主体竣工后乙方实际完成的工程量以及应支付的数额

双方其他工程量意见一致，主要在钢筋使用量上出现争议。

2013年8月1日开始对账。甲方认为钢筋用了1056吨，乙方认为用了1123吨（地下约255吨，地上约867吨）。

3. 工程款结算的依据是中标价还是按照实际发生的工程量据实结算，合同中两者发生冲突时应当以哪个结算依据为准

乙方投标书承诺："根据黄英宾馆招标文件，经踏勘现场和研究上述投标须知、合同条款、图纸、工程建设标准和工程量清单及其他文件后，我方愿以上述合同条件、技术规范、图纸的条件承揽上述合同的施工、竣工和保修，并保证在合同的履行期内，不因施工条件（包括参考工作量）及市场价格等因素的变化而改变综合单价。"

乙方承包范围为施工范围内全部土建、给排水、暖气、电气、消防喷淋及消防报警，中标价为22 447 350.13元。

《补充条款》约定，本合同付款最后以预决算为准执行。

"中标价为22 447 350.13元"和"本合同付款最后以预决算为准执行"显然是矛盾的。

(四) 工程质量司法鉴定的程序

2013年4月10日，决定对工程造价、质量、维修费用进行司法鉴定。

1. A司法鉴定中心

A司法鉴定中心认为开挖基础涉及建筑物安全，不愿意开挖。如果开挖需要甲方出具承诺书，保证开挖后出现安全问题与鉴定中心没有关系。甲方于2014年6月30日按照要求出具了《承诺书》。后来甲方与乙方又出具了《承诺书》，保证开挖时出现安全质量问题由甲方负责，如果证明基础确实存在问题，那么乙方承担全部责任。

A司法鉴定中心《工程质量鉴定告知书》认为甲方须委托有资质的设计、加固部门出具施工方案，并由建设单位、施工单位、设计单位和监理单位共同对施工方案验收，将验收合格报告提交A司法鉴定中心，A司法鉴定中心才能进场开挖。甲方7天内对本告知无响应，A司法鉴定中心将不再承担该鉴定工作。

甲方认为，A司法鉴定中心违反此前定下的鉴定程序，且告知内容不具有可操作性，属于刁难。双方陷入僵持。

仲裁庭认为，如果基础已经验收合格，那么就不必开挖，在没有出现实际质量问题时应当推定基础的施工质量合格。甲、乙双方均同意这个观点。

A司法鉴定中心出具了基础分部施工质量验收合格的鉴定意见。2014年7月3日，甲方提出书面反对意见，认为验收合格的结论应由勘察、设计、建设、施工、监理、审图以及质量监督部门联合作出，鉴定单位犯了越俎代庖的错误。A司法鉴定中心在没有见到《C-8-2地基分部专项工程验收记录》的情况下，仅仅依据一部分子分部、检验批的验收记录，推定基础验收合格犯了以偏概全的错误。质监站正式答复没有基础验收。验收签到表时间为2011年11月1日，这个时间主体已经封顶，不能验收作为基础的隐蔽工程。

于是，A司法鉴定中心黯然退出。

2. B司法鉴定中心

2014年9月，甲方向司法鉴定机构提交皇英宾馆工程质量鉴定事项，内容如下：

一、工程概况

本工程采用钢筋混凝土框架剪力结构。主楼：地下一层、地上十一层；

裙楼：地下一层、地上三层。

2011年施工就已达到现在状态，建起主体框架，但还有部分缺失未建。二次填充墙也是如此。

施工方单方停工，向我方提出终止施工并要求结算，我方也同意对方的要求，前提是工程必须验收合格，但是对方分部分项工程一直未进行验收，资料缺乏真实性。从目前工程建设情况的外观上来看，质量存在很多缺陷，有些缺陷还很严重。更有现场施工人员直接指出基础部分未按蓝图施工，存在隐患威胁工程的安全。鉴于这种情况，我方提出按照蓝图对工程进行鉴定。希望鉴定部门给出鉴定方案，鉴定本工程是否按照审图公司审核过的蓝图施工。

二、基础部位的鉴定

1. 裙楼基础鉴定事项：筏板厚度、柱帽混凝土厚度、钢筋配筋间距、直径及物理性能和底层防水层。

①位置（3轴~6轴，B轴），（柱帽4、5、6号）；包括后浇带做法；

②位置（8轴~13轴，C轴），（柱帽16、17号四个）。

2. 主楼基础鉴定事项：筏板厚度和钢筋的配置情况及物理性能和底层防水层。

①（8轴~13轴，H轴）、（柱帽11号四个）；

②（9轴~10轴，E轴~G轴）（电梯井基坑底座配筋尺寸，附加上下网配筋情况）；

③（8轴~13轴，G轴~H轴）（直径16的附加筋配置情况）；

④基础外墙钢板止水带；

⑤积水坑底混凝土厚度；

⑥地下室外墙防水层未按照图纸施工。

三、主体缺陷鉴定部位

①1层（8轴~13轴，C轴~E轴）区域，框架梁严重缺失，钢筋外露、腐蚀、氧化严重；

②5层（9轴~10轴，E轴~G轴）区域，一号楼梯缓冲平台梁缺失；

③7层（9轴~10轴，E轴~G轴）区域，竖井梁断裂；

④8层（12轴~13轴，E轴）轴交汇处框架梁支点处龟裂；

⑤9层（12轴~13轴，E轴）轴交汇处框架梁支点处龟裂；

⑥1层~11层电梯井，每层剪力墙的结合处空洞有缝隙，此处钢筋保护层

厚度不够，10层、11层的混凝土强度需要鉴定；

⑦4层~10层（9轴~10轴，（1/12轴~13轴），C轴~E轴）区域，1号、2号楼梯步梯平台处封边梁位置与图不符。见结施图38-42；

⑧（11轴~12轴，G轴）轴线上2层框柱外移，钢筋主筋外露；

⑨（2轴~6轴，C轴）处，地下式通风井没留；

⑩抽查框架零和次梁搭接处，钢筋搭接是否规范；钢筋支数是否确实。

四、二次结构

整体不符合图纸要求，例如：混凝土强度松散、钢筋外露、构造柱、板带、洞口过梁、抱框柱等存在不符合图纸的现象。

轴线偏移：

①主体外观（6轴~13轴，E轴），4层~10层墙体上下偏差严重超出规范。

②10轴~12轴、二层区域，框架柱K25-K26位移，主筋外露、弯曲。

③一层1轴~6轴，外墙、框柱位移。

2015年6月现场开挖，基础开挖位置：①裙楼9-10*C-D；②主楼9-10*G-H；③裙楼4-5*A-B；④9-10*G-H；⑤9-10*G-H。对现场墙体抽样剔凿。使用钢筋检测仪的钢筋间距和保护层厚度进行检查。对钢筋随机取样进行物理性能检测。对外墙防水进行开挖。

对1层~11层主体进行检查拍照。

B司法鉴定中心接受鉴定委托后，会同申请人和被申请人数次到施工现场踏勘，经过商定，在主楼和裙楼的地下五个部位进行挖掘，抽样检测柱帽和筏板的厚度、钢筋的数量、间距和直径、基础防水、后浇带是否做了等质量问题。挖掘过程中，乙方和甲方均对挖掘过程进行了拍照。

2015年8月24日，B司法鉴定中心出具《司法鉴定意见书》《建议修复意见》。

①钢筋间距不符合设计要求；②位置1附加筋间距不符合设计要求；③位置1筏板底部无防水卷材不符合设计要求；④位置1筏板厚度不符合设计要求；⑤位置1柱帽厚度不符合设计要求；⑥位置1下网无附加筋不符合设计要求；⑦地下一层无钢板止水带不符合设计要求；⑧地下一层后浇带不符合

设计要求;⑨地下一层无钢筋混凝土墙不符合设计要求;⑩地下一层上网上排钢筋保护层厚度不够不符合设计要求;⑪地下一层钢筋抗拉强度、屈伸强度、断后伸长率符合相关规范要求;⑫地下室外墙开挖三处均无防水卷材不符合设计要求;⑬4层~10层东立面9-10*E墙体为砌块填充墙不符合设计要求;⑭蜂窝麻面漏筋;⑮电梯剪力墙体符合;⑯1层~10层休息平台封边梁位置不符合设计要求;⑰2层框架柱蜂窝麻面漏筋;⑱2层框架柱11*G轴线向南偏移,12*G轴线向南偏移;⑲工程外立面窗洞过梁和构造柱、外立面门洞过量和构造柱、4层~12层局部构造柱与梁的连接位置有偏差,局部外墙与梁存在偏差;⑳5、8、9层9-12*E轴线东立面南北两侧柱间距不符合设计要求;㉑1层6*A轴线、5-6*A轴线和2-3*A轴线位置墙体砌筑位置偏出1层楼板边缘。

2014年9月,仲裁庭委托某市一家司法鉴定中心对皇英宾馆工程造价进行鉴定。2017年5月10日,某司法鉴定中心鉴定工程总造价为16 152 248.66元。

由于某省造价单位不具备出具修复方案的资质,因此其又委托某省建筑科学研究院(也具有司法鉴定资质)出具修复方案。某省建筑科学研究院接受委托后仅对地面部分出具了修复方案,认为地面以下的基础部分无法修复,因此没有出具相应部分的修复方案。

该司法鉴定中心根据某省建筑科学研究院出具修复方案并计算造价,得出修复费用为536 186.03元(地面部分)。

仲裁庭认为三个司法鉴定中心出具的《司法鉴定意见书》内容客观真实,程序合法,遂予以确认。

(五)辩论阶段

被申请人建设单位的代理意见

尊敬的首席仲裁员、仲裁员:

现就皇英宾馆施工合同纠纷一案发表代理意见如下:

一、申请方没有完全按图施工、施工质量存在重大瑕疵,所以竣工验收不可能达到合格。不合格的工程没有权利主张工程款

《建筑法》第58条第2款规定,建筑施工企业必须按照工程设计图纸和施工技术标准施工,不得偷工减料。《建设工程质量管理条例》第28条第1款规

定:"施工单位必须按照工程设计图纸和施工技术标准施工,不得擅自修改工程设计,不得偷工减料。"《合同法》第 279 条第 1 款规定:"建设工程竣工后,发包人应当根据施工图纸及说明书、国家颁发的施工验收规范和质量检验标准及时进行验收。验收合格的,发包人应当按照约定支付价款,并接收该建设工程。"

根据北京市建筑工程研究院建设工程质量司法鉴定中心出具的《司法鉴定意见书》,申请人施工的皇英宾馆地下一层存在钢筋间距、筏板厚度、柱帽厚度、偷减附加筋、偷减防水卷材、偷减钢筋混凝土墙、没做钢板止水带、钢筋保护厚度以及夹渣、露筋、钢筋锈蚀等情况。这种情况说明申请人没有按图施工,违反《建筑工程施工质量验收统一标准》《房屋建筑和市政基础设施工程竣工验收规定》《混凝土结构工程施工质量验收规范》。

在工程没有按图施工,违反国家强制性规定的情况下,工程不可能验收合格。而验收达不到合格标准的工程,申请人无权主张工程款。

二、就申请人已经完成的工程,我方已经足额支付申请方工程款,申请人无权再主张工程款

按照 2010 年 10 月 20 日发出的《中标通知书》以及后来签订的《施工合同》,申请人的承包范围包括土建、水暖电、消防、消防喷淋、消防报警,工程总造价 2244 余万,付款方式进度款以形象进度为准,但是施工开始后,双方经过协商,对工程款支付方式、期限做了变更,因此双方工程款的履行应当以变更后的约定为准。

申请人在《仲裁申请书》中说:"2010 年 10 月底,工程施工至正负零,被申请人因资金困难,请求延迟至主体三层封顶再给付第一次工程款。申请人鉴于被申请人困难同意其请求。"这段话说明双方经过协商,就工程款支付期限做了变更。主体三层于 2011 年 5 月 24 日封顶,我方于次日支付申请方 100 万元。因此,在工程款首付这个环节我方没有违约。《仲裁申请书》说我方在三层封顶后没有支付工程首付款是违背事实的。

6 月 20 日六层封顶,我方于 6 月 24 日又支付 70 万元。《仲裁申请书》说我方一直不支付工程款是违背事实的。

至于六层以后的工程款,双方通过补充协议对《施工合同》的相关约定做了变更。

2011 年 7 月 14 日,申请人与被申请人签订《补充协议》,约定从 6 层到 12 层的主体工程,甲方再支付乙方 200 万元,乙方于 2011 年 8 月底无条件地

全部完工,如有违约造成的损失由乙方自负。2011年7月21日、27日,我方分两次支付申请方200万元。但是申请方没有按时完工。

申请方不仅没有按时完工,而且又提出要求。在这种情况下,2011年8月22日,双方又签订《补充协议》,约定:"皇英宾馆建筑中,10层以下款项已付,在11层、12层建筑中以防不再向甲方申请款项。""外墙1层~3层加砌块砌起,外抹灰付乙方伍拾万元整,4层~12层屋子加砌块砌起,外抹灰付乙方十万元。9月底完工。"此后,我方于2011年9月21日、9月25日、10月2日、10月25日、11月30日分别支付申请人30万、56万、50万、30万、90万,远远超出8月22日协议约定的工程款,但是申请人不仅没有按时完工,而且违反《补充协议》的约定,仍然主张工程款。

申请人一方面通过空头承诺索要工程款,另一方面通过农民工闹事索取工程款。根据2011年11月18日提交的《说明》,某县信访办进行协调,约定皇英宾馆分三次支付农民工工资110万元,再出现欠农民工现象皇英宾馆概不负责。"下一步工程,如甲乙双方协商达成合作协议进一步合作,如协商不通,县政府无条件协助甲方把乙方清场。"2011年11月30日,我方又支付申请方90万元,加上我方垫付的混凝土189万元,电费5万元,手续费(工程垃圾费等)2万元,我方远远超出《说明》的要求付款。

所以,就申请人已经完成的工程,我方已经足额支付申请方工程款825万元。申请人一再违约,背信弃义,无权再主张工程款。

三、申请人无理停止施工,给我方造成巨大损失

双方签订的《施工合同》要求2011年6月30日竣工,然而自2011年11月主体基本完工以来,申请人无理停工,至今已经六年多。在今年某县草原天路、草原音乐节、奥运申办成功的大好形势下,如果皇英宾馆按时竣工,我方会有巨大的经济回报。

然而,申请人心怀叵测,停止施工故意造成我方经济损失,既给我方造成巨大经济损失,也使自己拿不到工程款,损人不利己,应当赔偿我方经济损失(以工程质量、工程造价鉴定结果做出后,计算出来的延误工期、维修费、宾馆如期开业预期利益、贷款利息等损失额为准)。

四、关于《造价鉴定报告》

北京市建筑工程研究院建设工程质量司法鉴定中心出具的《司法鉴定意见书》认为,申请人施工的皇英宾馆地下一层存在钢筋间距、筏板厚度、柱

帽厚度、偷减附加筋、偷减防水卷材、偷减钢筋混凝土墙、没做钢板止水带、钢筋保护厚度以及夹渣、露筋、钢筋锈蚀等情况，但《造价鉴定报告》很多方面没有考虑质量鉴定报告的意见和结论，如钢筋数量等，仍然以原施工图作为计算造价的依据，这必然导致造价数额脱离实际，因此《造价鉴定报告》不能作为计算工程款的依据。此外，造价鉴定依据的是某省建筑研究院的加固方案，但是该加固方案没有加盖审图章，不能用在工程上，而且造价鉴定单位转委托在法律程序上存在瑕疵。

总之，本案系实际施工人没有施工资质，挂靠申请人资质进行施工，双方签订的施工合同无效。申请人没有按图施工，已完工程存在重大质量瑕疵，竣工资料不全、造假，违反建筑法律法规的强制性规范，不可能验收合格。根据《建筑法》《建设工程质量管理条例》《最高人民法院关于审理建设工程施工合同纠纷案件适用法律问题的解释》，请求仲裁委员会驳回申请人的仲裁请求。

此致
某市仲裁委员会

某县皇英宾馆有限公司
2017 年 9 月 18 日

关于拆除皇英宾馆的申请书

某市仲裁委员会暨合议庭：

根据北京市建筑工程研究院建设工程质量司法鉴定中心出具的《司法鉴定意见书》，申请人施工的皇英宾馆地下一层存在钢筋间距、筏板厚度、柱帽厚度、偷减附加筋、偷减防水卷材、偷减钢筋混凝土墙、没做钢板止水带、钢筋保护厚度以及夹渣、露筋、钢筋锈蚀等情况。这种情况说明申请人没有按图施工，违反《建筑工程施工质量验收统一标准》《房屋建筑和市政基础设施工程竣工验收规定》《混凝土结构工程施工质量验收规范》。《司法鉴定意见书》列举出的很多质量问题事实上已经无法修复，加之施工单位对未完工程无端停工，没有对工程进行任何保护，未完工程暴露在风吹雨蚀中已将近七年。

鉴于工程不仅无法验收合格，而且难以修复，更不能投入使用，因此我单位申请将皇英宾馆拆除，望予照准！

某县皇英宾馆有限公司
2017 年 12 月 10 日

（六）裁判结果

2018年9月5日，某市仲裁委员会就皇英宾馆工程质量和造价纠纷作出裁决：第一，甲方收到本裁决书后一次性给付乙方741万元，利息支付期间为2011年9月6日起直至利息付清之日，利率为银行发布的同期贷款利率，乙方收到工程款后即向甲方出具工程款发票和向甲方交付该项工程；第二，甲方接受该项工程后，另行组织具有专业资质的施工队伍对工程质量的缺陷进行修复；第三，驳回乙方的其他仲裁请求；第四，驳回甲方的其他仲裁反请求。

四、案例评析

（一）本工程应以哪份图纸为准？

本工程共有四份图纸。乙方提交的证据包括：①施工蓝图一；②施工蓝图二；③五张白图；④甲方提供了乙方实际使用的施工图。

2010年8月20日，发出《设计更改通知单》。

2010年8月22日，发出设计人《皇英宾馆图纸答疑》。

2013年11月5日，设计单位情况介绍：①原始图，该图经审图公司审核的蓝图，基础为桩基。②基础开挖后，经地勘公司验槽认为地基的实际承载力比原地质报告提供的要高，并对地质报告进行了修改。我公司根据修改后的地质报告将基础改为筏板基础并正式出蓝图（由审图公司盖章，此版基础图称"审核版"）。③期间接到甲方电话，称地基岩石往下挖不动，请求降低筏板和柱帽高度以及配筋重新计算调整。由于工地给予开槽和备料，故未正式出蓝图，而是发了变更通知单（基础变02）邮件。

2012年11月20日："在正式施工前，由于地勘报告发生变化，基础进行了变更，同时上部结构经计算进行部分配筋调整，以最终变更图进行施工。在正式施工中再无其他变更。"

2013年10月28日，双方对正负零以上图纸无异议，对正负零以下针锋相对。乙方对板筋图不认可。

甲方提供了一份据称是乙方内部使用的图纸，这份图纸在钢筋使用量上与以前的施工蓝图有很大区别。甲方据此认为一方存在严重的偷工减料行为。

尽管甲方认为将桩基变为筏板基础的变更图纸仅仅是设计方通过电脑传过来并直接打印出来的白图，没有甲方和监理方签字，也没有审图公司加盖审图章。但是仲裁庭认为，该图纸有设计方出具的说明，甲方知情认可，并且已经按图施工完毕，因此确认乙方工程量以及施工质量应当根据施工蓝图和变更通知单以及设计方出具的变更图纸（白图）。

(二) 鉴定结论中提出的未按图施工问题是变更引起还是偷工减料引起的？

本工程经过重大变更，即桩基变筏基，这是甲方和设计方协商决定的，乙方据此施工没有问题。但是即使是根据此变更图纸，乙方也没有按图施工，主要是钢筋数量不符合图纸规定，未做地基防水，未做后浇带，轴线偏移，阳台位置严重错位等。在这种情况下，作为施工单位的乙方确实存在着偷工减料的行为。

(三) 未按图施工应承担什么责任？

按图施工是工程建设的基本要求，如果施工单位没有按图施工，工程将不能竣工验收合格。不能竣工验收合格，就无权主张工程款。

(四) 基础工程未验收的情况下，施工单位将主体工程进行到主体封顶。现工程出现质量问题，如何划分各方责任？

乙方认为基础工程已经验收合格。甲方提供如下证据证明基础工程根本没有验收合格：

2012年12月28日《主体初验问题汇总》中，工程还有很多问题需要整改。

2012年12月12日，甲方出具《关于对方提交资料不符合规范的说明》：施工技术文件缺8项；质量管理文件缺16项；安全和功能检测资料缺6项。

2014年7月8日，设计人出具《关于皇英宾馆验收情况说明》称：基础验收及主体验收我方均未接到通知。

按照通用条款约定，分部工程竣工后，乙方通知甲方验收。甲方在约定期限内不参与验收的，乙方有权停工，工期顺延，由此导致的后果由甲方承担。但是，本案乙方在没有证据证明书面通知甲方验收的情况下，擅自继续施工，并将工程进行到主体封顶。这个行为存在重大隐患，因为基础工程属于隐蔽工程，一旦出了质量问题很难发现，无法挽回。作为一个有经验的承包商，最好不要犯下如此低级的错误。

(五) 造价鉴定与质量鉴定、造价鉴定与维修费鉴定的顺序问题？

当质量问题与造价问题均出现纠纷时，一定是先进行工程质量鉴定，然后再进行工程造价鉴定。否则会造成造价鉴定徒劳无功。

如果要进行维修费用鉴定，造价鉴定单位一定应当具有设计资质，首先要拿到质量鉴定报告，然后根据质量鉴定报告，设计出维修方案，最后再根据维修方案计算出维修费用。

（六）就本案而言，合同有效与合同无效在效果上有什么不同？

在合同有效的情况下，严格执行合同。在合同无效的情况下，参照合同执行。就本案而言，事实上是某施工队挂靠万方建筑公司施工，施工队包工头通过万方建筑公司印信起诉甲方。庭审期间，甲方没有指出乙方的挂靠施工问题，从裁决结果看是一个失误。因为如果合同无效，乙方的工程款利息可能得不到保护，利润和管理费也有可能大打折扣。

（七）施工单位拒绝撤出施工现场怎么办？

这个问题最好是签订合同时就有预案，即订约时约定乙方出现挂靠施工、借用资质、工程转包、安全事故、不可抗力、连续停工30天等情况时，甲方有权解除合同，解约效力自合同解除通知送达时发生法律效力。施工单位每拖延一天，承诺支付给甲方数量可观的违约金，如每天3000元或者每天承担合同价款0.5%的违约金。这样施工单位如果不撤场就可能面临高额的违约金，结果得不偿失。

在对施工单位拒不撤场没有预案的情况下，如果要更换施工主体，要求现施工单位撤出施工现场，也需要解除施工合同。写起诉状时不仅要写解除合同，而且还要写明撤场时间，否则即使胜诉也可能达不到目的，甚至不得不另行起诉。此外，应调查施工单位的工程质量以及挂靠施工、文明施工、企业资质、人员资质职称、信息备案等问题，争取获得建设工程主管部门的支持。

（八）工程变更部分是否应予支持？

施工单位乙方提交的变更通知单包括：①桩基变筏基；②2010年8月26日，设计变更；③3层~4层E轴~C轴1轴~8轴线上，350×500的梁变为300×700；④2011年10月29日，1层~10层共8项（甲方是许某宏签字）；⑤2011年8月2日，女儿墙、机房、消防盒孔洞、对讲线敷设、配套电源、外呼孔洞、底坑深度等8项；⑥2011年5月6日，外墙由陶粒砖混凝土砌块改为加气块砌筑；⑦2010年11月12日，冬季施工措施，1轴~7轴地下室顶板砼浇筑防冻措施；⑧2011年8月10日，地下室、1层~10层二次砌体的修改；⑨2011年5月25日，电梯井（许某宏）；⑩2011年9月2日，平台轴宽增加，梁不变；⑪2010年10月11日，排水标高定在-1.9米处，按此标高预留洞口。

建设单位甲方对工程变更指令提出如下异议：①许多变更指令仅是复印件，没有原件，真实性存疑；②有些没有监理师签字；③有些变更没有实际执行；④乙方没有及时提交《变更工程价款报告》；⑤很多工程量没有甲方参与计量。

五、需要思考的问题

本案裁决结果充满争议，一方面体现了建设工程案件的专业性和复杂性，另一方面体现了某些地方仲裁委员会成员建筑法律知识的贫乏。

（一）本案在已完成工程尚未验收合格的情况下，裁决支付工程款违反《标准化法》的相关强制性规定，违反《合同法》第279条规定，也违反双方《补充协议》的约定

《裁决书》认为，主体封顶后，2011年11月1日，施工单位、监理单位、设计单位、质监站均到场签字，尽管甲方没有到场，但是由于其他各方已经到场，因此工程主体已经验收合格。这个认定没有法律依据，违反工程验收有关规定。

首先，除建设单位以外，到场单位尚缺勘察单位、审图单位以及规划部门，在参加验收部门未到齐的情况下，不能对工程进行验收。

其次，到场签到仅仅是工程验收的第一步，接下来对工程进行资料和实体进行实地检验才是对工程进行的验收。《裁决书》竟然把签到等于验收，属于不应该犯的错误。

最后，也是最重要的是，北京市建筑工程研究院建设工程质量司法鉴定中心经过鉴定，认为工程有21项不符合相关标准和设计要求。尤其是钢筋敷设数量不符合设计要求，基础筏板厚度不够，实际上就是偷工减料；基础防水未做、后浇带未做，轴线偏移、上下错位等，这些重大错误不仅违反建设工程的强制性规定，而且足以导致建筑物安全隐患，不仅不合格，而且危如累卵。《裁决书》无视这些不合格施工，竟然裁决建设单位按照预决算标准如数支付工程款，严重违反法律和双方的合同约定。

合格的工程才有资格主张工程款，不合格的工程没有资格主张工程款。

这是《建筑法》和最高人民法院相关司法解释的核心精神。本裁决结果与这个精神背道而驰。

(二)《裁决书》错误认定维修费用，导致裁决结果极其不公平

北京市建筑工程研究院建设工程质量司法鉴定中心给出了修复方案，但是没有给出修复费用。仲裁庭委托某省建研院司法鉴定中心计算出的修复费用为 536 186.03 元。

值得注意的是，某省建研院司法鉴定中心计算出的修复费用仅为地上部分的修复费用。由于地下部分无法直观看见，有些地方无法修复，因此某省建研院司法鉴定中心就没有计算地下部分的修复费用。

然而，仲裁庭却无视建筑物地下部分庞大的修复费用，仅仅将地上部分的修复费用作为全部修复费用，用所欠工程款减去地上部分修复费用得出甲方应支付的工程款。要知道，地下部分的质量和修复费用一直是双方反复争论的焦点，仲裁庭如此判决等于回避了这个焦点，相当于没有解决这个问题，这样的处理方式导致裁决结果极端不公平。

所以，裁决书认定的拖欠工程款 741 万元是一个没有扣除地下基础部分维修费用的数字，地下维修费用语焉不详是本裁决书一个严重的、致命的漏判。

(三) 对工程款发票的裁决不正确

由于乙方收到工程款后，只给甲方出具了收据而不是工程款发票，所以甲方提出反申请，要求乙方就已付工程款开具发票。这是甲方反申请的内容。

乙方的仲裁申请并没有主张发票问题，甲方就此提出反申请。

《裁决书》不仅驳回了甲方的主张，而且在乙方没有请求的情况下，呵护备至地作出裁决，要求甲方先支付工程款，然后提供发票。如此保姆式的裁决，明显不正确、不公平、不正常。

(四) 申请人反申请主张工程资料，这是正当的要求，可是《裁决书》
　　　却不予支持

乙方主张工程款，同时需要付出与工程款相对应的服务。这个服务包括工程资料的提供，否则甲方怎么组织工程验收？怎么备案？怎么办房产证？

《裁决书》严重忽视甲方权利，漠不关心工程质量以及验收问题，导致裁决结果严重失衡。

(五) 裁决书中的"被申请人接受该项工程后,另行组织具有专业资质的施工队伍对工程质量缺陷进行修复"没有仲裁申请为基础,严重违反了民法的公平原则

工程存在 21 项不合格的地方,这是作为施工单位的申请人偷工减量导致的。"解铃还须系铃人",施工单位必须对其不按图施工,偷工减料导致工程无法修复的无法验收合格负责任。可是,《裁决书》为了使施工单位逃避整改、维修责任,竟然在双方均没有请求的情况下,通过第二项裁决为施工单位作了仁至义尽的善后服务。

总之,某市就皇英宾馆工程质量和工程造价作出的裁决罔顾国家法律关于工程质量的强制性规定,无视工程已经无法维修因而也无法算出无法维修部分的造价的严峻事实,丧失了仲裁机构应当具备的中立、公正、及时、专业性。

第六节 法院判决承包人履行维修义务发包人在法定期间内未申请强制执行,发包人在维修期内要求承包人维修的权利是否已经消灭
——广厦房开与实际施工人工程款纠纷案

一、案情简介

2008 年 4 月 10 日,甲、乙双方签订工程《承包确认书》,由乙方承建广厦房开开发的大古城小区工程。双方约定:①按照 720 元每平方米计算工程款,工程承包价不低于某县现行市场价。②甲方待建设图纸出来,依据图纸确定标底。甲方依据图纸的建筑面积和工程量确定各个分包方的承包价格为最终的承包价格。③甲方供材及甲方分包:建筑钢材、楼宇门及户门、塑钢窗的制作安装、分包外墙涂料、分包外墙保温、甲方指定商砼供应商、土方开挖由甲方分包。④各个承包单位均为总包单位的项目部,管理费为 0.5% 左右。⑤承包单位缴纳履约保证金 10%。⑥承包单位垫资到三层,甲方开始付款。⑦本工程质量达到国家标准。⑧本工程要求是月底完成。⑨承包人全权负责承包范围内一切安全责任。同时约定,乙方负担的税费以及管理费由甲方代扣代缴。

2008年5月30日施工。2008年6月5日，甲方与华夏建筑公司签订《挂靠协议书》，华夏为总承包单位，下设五个分包施工队，乙方负责八栋楼的建设工程。具体施工合同的约定、履行分别由施工队与被告确定，工程价款的多少以及支付由各施工队与被告自行解决，与华夏公司无关。施工过程中甲方对工程进行了多次变更。

工程完工后各方竣工验收，甲方评定工程为合格，观感质量评定为好，但无竣工验收结论，未注明验收时间。

2009年1月21日，付款协议约定：①每平方米参考价按照720元计算工程款，最终定价结合本工程实际工程量不低于某县现行市场价；②甲方支付乙方工程款45万元，为清理农民工工资款，乙方并承诺收到后，立即支付农民工工资，如再有拖欠农民工工资问题由乙方全权负责；③其他工程款部分，甲方以现金支付或以现有房屋抵顶。

2009年4月开始入住。

2009年8月乙方起诉。

二、本案焦点问题

（一）挂靠施工情况下，建设单位应否支付承包人的利润？

（二）挂靠施工情况下，施工人不是企业，无企业管理成本，是否应支付管理费？支付比例多少为宜？

（三）发包人能否分包承包人的工程？

（四）如何确定竣工之日？交付使用之日？自来水公司提供的2009年4月1日住户购水之日能否作为实际使用之日？

（五）利息从何日起算？三通费用由谁支付？

（六）反诉是否超过期限？

（七）未作部分系发包方原因还是承包方原因？

（八）鉴定机构应以一类还是二类取费？

三、案件开庭经过和判决结果

（一）一审情况

2010年7月23日第一次开庭。

乙方诉称，2008年承建广厦房开开发的大古城小区工程，包工包料，当年开工，当年竣工。乙方于2008年12月竣工，甲方于2009年4月实际使用。

现甲方尚欠 1200 万元，请求判令支付工程款并从 2009 年 1 月 1 日起支付逾期利息至给付之日，承担诉讼费及鉴定费用。

甲方辩称，乙方挂靠施工，双方签订的合同无效。工程尚未验收，不具备支付工程款的条件。双方约定按照 720 元每平方米计算工程款。鉴定报告的工程造价不能适用，因为乙方是个人，因此应按照三类工程取费，而鉴定报告却以二类工程取费。乙方应依法缴纳工程税金，预留 5%的质保金并依约缴纳 0.5%的管理费。甲方交的 8 万元农民工工资保证金应从乙方工程款中扣除。施工前通水通电通路的费用也应由乙方负担。

甲方反诉称，乙方无证施工。多次自行变更，多处未按图施工，工程质量存在很多问题，如阳台裂缝、地面下陷、地下室隔墙基础未作等。请求判令乙方承担维修费 5 万元，未作部分 100 万元，配合验收并承担诉讼费。

乙方辩称：《最高人民法院关于审理建设工程施工合同纠纷案件适用法律问题的解释》第 13 条规定："建设工程未经竣工验收，发包人擅自使用后，又以使用部分质量不符合约定为由主张权利的，不予支持；……"根据《最高人民法院关于民事诉讼证据的若干规定》第 34 条第 3 款的规定，反诉请求已过规定期限。

乙方提交的证据：①工程确认书；②付款协议；③竣工验收报告；④工程变更通知、工程洽商记录、图纸会审记录、供水公司证明等证明被告变更工程；⑤造价鉴定报告；⑥挂靠协议书。

甲方提供证据：①为原告垫付资料员工资 8000 元，检测费 30 000 元、噪音费 6000 元、水电费 50 000 元；②被告被告负责提供钢材、楼宇门和入户门，并分包塑钢窗的制作和安装、外墙涂料、外墙保温以及土石方开挖工程。此外，提供大理石、大小瓷砖、平采瓦、脊瓦、陶瓷地面砖、保温砂浆、暖气片、水电表 PVC 管等共计 500 万元。

2010 年 12 月，一审判决：①支付工程款 1000 万元，利息 70 万元（2008 年 9 月 16 日 1 年~3 年贷款月利率 7.29%，期间为 2009 年 4 月 1 日至 2010 年 12 月 30 日）；②利润 80 万予以收缴；③反诉被告在保质期内承担保修责任。如被告未在指定期限内支付，加倍支付迟延履行期间的债务利息。受理费、财产保全费、鉴定费由被告负担。反诉受理费原告负担 2000 元，被告负担 5 万元。

(二) 二审情况

2011年3月，双方不服，均提起上诉。

乙方的理由是：①扣除的管理费，留给了开发商；②只收缴承包人利润，未收缴开发商的利润；③既然判决无证施工，为何扣除挂靠资质费。

甲方的上诉理由是：①乙方主体资格不适格；②剥夺甲方的诉讼权利，曾要求鉴定人详细列表并择日开庭，但最后却宣判了；③诉讼保全时存在虚假担保。

二审另查明，乙方与华夏公司签署工程协议在某县住建局备案，折算单价为每平方米860元。工程鉴定违反《河北省高级人民法院对外委托工作实施细则（试行）》第18条第4款的规定，不予采信。已扣管理费，不应再扣利润。高级人民法院裁定原审原告具备主体资格。原审原告同意扣减原审被告维修和赔偿给住户的费用，不予维修的，所需维修费用从质保金中扣除。甲方虽代垫农民工工资，但没有给乙方收据，致使乙方无法从住建局办理退费，因此对甲方从工程款扣除相应部分的主张不予支持。

2011年11月19日二审判决：工程款按照备案合同单价算：$8680 \times 860 = 746.48$万元，鉴定面积8873平方米、鉴定价849万元不予采用，同时减去已付工程款一审和二审诉讼费的分担。

2011年12月1日，省高级人民法院提起再审。

2011年12月12日，省高级人民法院裁定发回重申，再审期间中止原判决书执行。但被查封的款项仍被划走。

(三) 发回重审情况

2012年4月，某县法院重审案件。

乙方提供如下证据：工程承包确认书；增加变更工程洽商记录以及有关通知单（无签字，有的属于做法要求，无计算内容法院认为无法计算有无其他证据佐证的，不予支持，第8页第3行）；挂靠协议；竣工验收报告（法院未予认定，因为无结论，无准确时间，未备案登记）；鉴定报告；合同（备案合同的承包范围包括土建和水、暖、电，原告只做了土建和少量的给排水）。

甲方提供证据：工程承包确认书（无异议）；挂靠协议（无异议）；施工合同（无异议）；付款协议（无异议）；某县住建局关于2008年某县住宅楼建筑安装费用调查，每平方米725元（证据的形式）；被告与其他承包人的结算价；甩项减项汇总（非常重要，法庭应予查清，乙方认为减项 2、3 设计上没有，减项 4 变成小红砖，减项 5 角柱变为塑钢，造价提高了，甩项 7、8、9 都做了）；甲方给乙方发出的维修通知（应足够详细，保存好，并作为其他诉讼的证据，原告称未收到）；质量问题以及维修费用；质量问题照片；附属工程施工合同（维修）；业主与甲方签订的维修协议。

法院依职权调取的证据：甲方首次购水时间；到住建局调查同期房屋造价的调查笔录，每平方米 725 元；到住建局调查同期房屋造价的信息，每平方米 715 元~860 元（无异议）。

重审后一审判决：①甲方支付工程款 242 万元（总价款-已付-被告垫付费用 8 万-被告提供建筑材料 164 万-被告分包的工程款 87 万-税金 5.33%-预留质保金-挂靠管理费 5 万-管理费用 52 万［如何计算］）；②乙方在保质期内承担维修责任；③诉讼费分担；④鉴定费分担（因为对账时，对部分数据进行了确认）；⑤利息为 7.29%，自入住之日起至履行之日。

（四）发回重审后的二审情况

双方不服，均提起上诉至中级人民法院。2012 年 11 月 24 日，中级人民法院开庭审理。

二审法院重点审理的问题：

（1）如何确定承包方的承包范围。备案的《施工合同》明确为土建和水暖电，但双方并未执行该合同，《工程承包确认书》未明确承包范围，甲方认为乙方仅做了土建和部分排水，承包的起诉面积与鉴定报告的面积不同。

在这种情况下，只能参照下列文件确定乙方的承包范围：①每月提交的已完工作量；②竣工报告；③竣工结算报告以及相应结算资料；④《建筑工程建筑面积计算规范》（GB/T50353-2005）。

（2）如何确定工程款总额。《河北省建筑条例》《建筑工程施工发包与承包计价管理办法》《建设工程价款结算暂行办法》《河北省建筑工程造价管理办法》《河北省建筑、安装、市政、装饰装修工程费用标准》（中国建材工业出版社）。

			人工费	工人工资等5项
工程款	直接费	工程费	材料费	原价等6项
			机械费使用费	折旧、大修、燃料等7项
		措施费	不可竞争	安全文明施工费（税金以外+税率）安全2%，文明费率测定（基本费和增加费）
			可竞争	详见各专业消耗定额
	间接费	规费（人机×费率）		五险一金、职工教育（《河北省施工企业规费费率核准书》按核准的费率计取）
		管理费（人机×费率）		管理人员工资、办公费、固定资产使用费、工具用具使用费、劳动保险费（离退休职工）、工会经费、财产保险费、财务费、差旅费、税金（房产、车船、土地使用、印花）及其他（技术转让等15项）共11项
	利润			人机×费率
	税金	营业税		
		城市建设税		
		教育费附加		

发包方将工程分包，还需向总包支付总包服务费（3%、0.6%）。

（3）为什么没有支持原告工程变更部分？

（4）对于被告的反诉，法院是否漏判？

（5）工程造价鉴定的程序。

（6）实际施工人作为原告起诉时，如何协调被挂靠单位的关系？法院是否应追加被挂靠建筑公司为当事人？

（7）管理费与利润的关系。

根据《河北省建筑、安装、市政、装饰装修工程费用标准》第5.1.1条的规定：

序号	费用项目	计费基数	费用标准（%）		
			一类工程	二类工程	三类工程
1	直接费				

续表

序号	费用项目	计费基数	费用标准（%）			
			一类工程	二类工程	三类工程	
2	企业管理费	直接费中人工费加机械费	25	20	17	
3	规费		25（投标报价、结算时按核准费率计取）			
4	利润		14	12	10	
5	税金		3.48%	3.41%	3.28%	

建筑工程土石方、建筑物超高、垂直运输、特大型机械场外运输以及一次安拆费用标准桩基础工程费用标准。

（8）判决履行维修责任，但没有在质保期内申请强制执行，承包人是否承担保修责任？

（9）发包人能否分包工程？

（10）什么是一类取费？二类取费？

根据《河北省建筑、安装、市政、装饰装修工程费用标准》第5.1.3的规定：

项 目			一类	二类	三类	备注
民用建筑	公共建筑	檐高	≥36	≥20	<20	
		建筑面积	≥7000	≥4000	<4000	
		跨度	≥30	≥15	<15	
	居住建筑	檐高	≥56	≥20	<20	
		建筑面积	≥12 000	≥7000	<7000	
		层数	≥20	≥<7	<7	

（11）质量问题是否属于主体地基和基础的范围？

（12）如何计算利息？

（13）100万元的担保，查封2500万元资产和现金的虚假担保问题。

（14）没有招投标的法律责任？

（15）发包方向承包方收取管理费有无依据？

（16）对挂靠承包情况下，挂靠方的利润应否得到支持？挂靠但验收合格在法律后果上是否应与依法承包相区别？

（五）乙方就本案又提起诉讼

2014年6月，乙方在某县法院起诉，具体的诉讼请求为：①支付质保金；②支付附属工程（排水及化粪池）的工程款；③支付工程变更增项部分的工程款。甲方提出反诉，要求乙方承担维修责任。双方都提出了鉴定申请。

本案围绕下面焦点问题进行了审理

1. 本案在已经审理过的情况下，施工单位又提起诉讼，是否违反"一案不再审"的诉讼法原则

本案在某县人民法院已经审理过，上诉后发回重审，又经过中级人民法院作出终审判决。在之前的审理中，工程变更部分和附属工程部分已经审理过了，现在施工单位又提起诉讼，属于重复审理。

2. 本案的管辖问题

之前审理本案过程中，甲方认为审理不公，因此实名举报一审法院院长受贿。检察院调查属实，该法院院长被判处有期徒刑7年。

现在，乙方又在该县人民法院提起诉讼，而由于该县法院院长与本案曾具有利害关系，鉴此，某市中级人民法院指定某市某区人民法院审理此案。决定作出后，某县人民法院把案卷移送到某市某区人民法院。

3. 什么是附属工程？终审判决的工程款是否包括附属工程？

2014年6月1日《建筑工程施工质量验收统一标准》（GB50300-2013）附录C"室外工程的划分"规定，室外工程包括室外设施和附属建筑以及室外环境。室外设施包括道路和边坡；附属建筑包括车棚、围墙、大门、挡土墙；室外环境包括亭台、水景、花坛、绿化。

4. 终审判决的工程款是否包括工程变更？

本案重审后一审判决书第4页第3段"本案调查重点"第5项："有无变更工程量？内容？价款多少？"第5段"原审原告提供证据"第3项："增加变更工程洽商记录及有关通知书。"第7页第2段第3项"原审被告对原告证据的质证"："关于工程变更，有的无甲方签字，有的无设计单位签字，有的通知系工程往来信函，不构成对工程造价的增加与变更。有的只是做法要求，无计算内容等。"

二审判决书第 8 页第 4 行"一审重审查明部分":"在施工过程中,双方对室外排水管道、室外管沟等工程进行了变更,并对地下室一层的部分土建、水暖进行了变更,并签署了书面变更洽商记录,或由原审被告以通知的形式通知了原审原告,原审原告依变更内容进行了施工。"

上诉称,施工中增加了施工项目。

本院再审查明的事实与原审一致。

以上足以说明,本案的终审判决考虑到了变更部分,判决确定的工程款中包括承包人提出的变更部分的款项。

5. 原告关于所谓附属工程的诉讼请求是否已经过了诉讼时效

《河北省建设工程竣工验收备案证明书》证明,工程于 2010 年 12 月 22 日验收,于 2012 年 5 月 29 日备案。诉讼时效为 2 年,应从竣工验收合格之日起算。如果没有验收,应从提前擅自占用之日起计算。

6. 就被告的反诉而言,是否已经过了质保期

"反诉被告在保质期内承担维修责任",如果工程自 2010 年 12 月 22 日验收,那么防水防渗的保修期的截止日期就是 2015 年 12 月 22 日。

虽然装饰装修质保期已过,但被告在质保期内向原告发出了维修通知,且在诉讼期间一直主张原告的工程质量责任。

7. 判决履行维修责任,但没有在质保期内申请强制执行,承包人是否承担保修责任

《民事诉讼法》第 239 条规定:"申请执行的期间为二年。申请执行时效的中止、中断,适用法律有关诉讼时效中止、中断的规定。前款规定的期间,从法律文书规定履行期间的最后一日起计算;法律文书规定分期履行的,从规定的每次履行期间的最后一日起计算;法律文书未规定履行期间的,从法律文书生效之日起计算。"

8. 通知维修的正式程序、保管、救济方式

将有质量问题的部位拍照保存。书面通知,索要回执;也可邮寄快件,保存回执。每次必须明确维修部位,并告知对方,如果不履行维修义务,将雇佣他人维修,维修费用从质保金中抵扣。

保存与维修人的维修合同、工程量清单、结算报告以及结算票据。

9. 如何证明房屋存在质量问题?如何证明维修费用

①照片、证人证言、统计报告、工程质量鉴定报告;②施工资质、施工

合同、工程量清单、结算报告、结算相关票据。

10. 哪些部位应当进入鉴定范围？甲方提出的鉴定项目中，哪些属于主体地基基础？哪些属于屋面工程、装饰装修工程？

按照《建设工程质量管理条例》，地基基础主体的维修期限不低于设计年限，也就是 50 年，而装饰装修等的维修期限是 2 年。这样不同的部位保修期不一样，而本工程自验收合格之日起已经超过 2 年。因此，本案的工程质量涉及阳台、露台、屋面和地下室等的必须正确界定出所处的部位属于分部分项工程的哪个部分，才能决定是否进行下一步的司法鉴定。

2014 年 6 月 1 日《建筑工程施工质量验收统一标准》附录 B 中的"建筑工程的分部工程、分项工程划分"规定，建设工程共包括十个分部：①地基与基础；②主体结构；③建筑装饰装修；④屋面；⑤水暖；⑥通风与空调；⑦电气；⑧智能建筑；⑨建筑节能；⑩电梯。主体包括：混凝土结构、钢结构、砌体结构（砖砌体、混凝土小型空心砌块砌体、石砌体、配筋砌体、填充墙砌体）、钢管混凝土结构、型钢混凝土结构、铝合金结构、木结构。地基与基础包括：地基（素土、灰土、砂石基础、粉煤灰基础等）、基础（无筋扩展、钢筋混凝土扩展基础、筏形基础、箱形基础、钢结构基础等等）、基坑支护、地下水控制、土方、边坡、地下防水。

根据这个分类，甲方律师向法院提交了《司法鉴定申请书》并附上了《对大谷城小区质量鉴定的范围》以及存在质量问题详细的房间分布图。

<h3 style="text-align:center">对大谷城小区质量鉴定的范围</h3>

一、1 层~6 层屋顶、墙面、施工洞等裂缝；前后阳台挡板二次结构板与主体墙的结合部没按照施工图纸要求做拉结筋和挂钢网处理，造成结合部裂缝。

二、室内墙面、屋顶、梁、柱抹灰混凝土配比和标号不够，造成墙面抹灰脱落。

三、楼顶室外屋脊、屋檐抹灰混凝土配比和标号不够造成混凝土分化脱落、漏雨。

四、屋脊脊瓦漏雨，檐沟防水层、阁楼露台防水层没按照施工规范要求去做，造成室内漏雨（所有阁楼露台都漏雨）。

五、地下室、负一层由于室内房心回填土没有按照施工规范进行分层 3:7

灰土夯填，回填土没有夯实，出现了土方下沉导致砼地面、砼垫层出现空鼓、裂缝、塌陷。

六、地下室120隔墙和负一层240隔墙没有按照施工设计图纸要求做砼基础；由于回填土下沉导致砼地面空鼓塌陷，墙体出现裂缝倒塌现象。

七、楼基础外墙没有按照设计图纸要求进行防水防潮处理，造成雨水渗入地下室（防潮层未作防潮油和防水层无作卷材防水）。

八、对以上维修费用进行鉴定。

九、对甩项、减项部分的造价进行鉴定。

（六）判决结果

自首次开庭做了法庭调查之后，甲方律师向法院提交了《司法鉴定申请书》并附上了《对大谷城小区质量鉴定的范围》以及存在质量问题详细的房间分布图。法院决定委托某市司法鉴定中心对质量问题以及相应的造价问题进行司法鉴定。但是其后一年多的时间，某县人民法院迟迟没有开庭。时隔一年，甲方律师接到法官电话要求去法院拿判决书。律师说司法鉴定还没有出来，怎么判决结果就出来了。法官回答，今年对审理期限检查得特别严格，本案已经过了审理期限，因此必须结案。况且，甲方递交的《司法鉴定申请书》中，鉴定事项太笼统，无法鉴定。判决结果为：驳回乙方对工程变更、附属工程部分的诉讼请求，甲方支付本案的工程质量保证金。双方都没有上诉。

虽然判决还算满意，但是甲方律师心中仍然存有疑团，《司法鉴定申请书》非常详细，怎么可能无法鉴定呢？带着这个疑问，律师到司法鉴定中心调查究竟，才知道法院给司法鉴定中心出具的《司法鉴定申请书》上，确实只是要求对工程地基基础主体进行鉴定，而甲方提交给法院的鉴定范围以及存在质量问题的房间分布图却没有，也就是说，法院并没有将鉴定范围以及存在质量问题的房间分布图转交给司法鉴定中心。看到这个结果，律师非常懊恼。想责问主审法官，但是想起自己递送上述资料时，法官没有书面签收，也就是说，没有证据证明自己提交了上诉资料。又一想，这名法官已经不止一次不承认收到过律师提交的文书或资料了。

当事人收到法院的文书时，法官总是要求当事人详细填写签收文件，可是法官收到当事人文书时，却从来不给书面签收，当事人由于利害关系不敢主张签收权利。希望法院在未来的司法改革时，改善这一制度。

四、对本案二审判决的评价

（一）基本事实没有查清，导致判决结果出现错误

本案当事人之间存在四个协议性文件，分别是工程承包确认书、付款协议、挂靠协议和施工合同。工程承包确认书、付款协议是甲方与乙方签订的，挂靠协议和施工合同是甲方与被挂靠单位签订的。双方当事人在历次开庭过程中对上述协议的真实性均无异议。

工程承包确认书、付款协议均没有约定承包人的承包范围，所以只能于竣工后以发承包双方确认的结算文件以及相关结算资料来确定承包人的承包范围。

从发承包双方确认的结算文件以及相关结算资料来看，实际施工人只完成了全部土建工程以及部分排水，至于供暖、供电设备的施工和安装却是由他人完成的。因此，实际施工人的承包范围不包括供暖、供电设备的施工和安装。

终审判决以甲方与被挂靠单位某公司签订的备案合同确定工程款总额，即每平方米860元。然而，备案合同的承包范围却包括土建、水、暖和电的施工与安装。这就意味着，实际施工人做了一部分工程，而终审判决却将全部工程款判给了实际施工人。这无疑是一个重大失误。

当出现"黑白合同"时，法院按照备案的中标价确定工程款数额是没有问题的，但那只适用于"黑白合同"的承包范围一致的情况。就本案而言，"黑白合同"的承包范围不一致，不能机械地照搬备案的中标价。应当从备案的中标价总额中减去暖、电部分的工程款，才是本案工程款的公允价。

（二）遗漏案件当事人，导致审判程序出现错误

按照备案合同，本案的承包方是被挂靠建筑公司。然而，本案诉讼由实际施工人发起并作为原告，整个诉讼过程一、二审均没有追加承包方华建建筑公司。

在承包方建筑公司未参加诉讼的情况下，终审法院却采用了甲方与案外人约定的备案合同价，这是程序上以及法律适用上的错误。

另外，如果乙方挂靠的建筑公司作为原告起诉，甲方存在二次支付的可能性。

（三）对甲方的反诉请求在判决书中存在漏项

甲方的反诉请求包括要求对方配合验收、提交工程验收资料，但是判决书没有体现这些，形成漏项。

第七节 有资质的承包人与实际施工人在工程款结算方面是否应当有区别
——实际施工人诉发包人、总承包人、分包人拖欠工程款案

一、案情简介

2013年，大秦房地产开发公司（以下简称"大秦公司"）将桃源居室外给水工程发包给建胜建筑公司（以下简称"建胜公司"），建胜公司又将工程分包给金鑫水电安装公司（以下简称"金鑫公司"）。2013年4月3日，实际施工人鼎盛公司与分包人金鑫公司签订《建筑安装施工合同》，约定由鼎盛公司承包桃源居住宅小区室外管网工程的施工，合同价款880万元一次性核定分包，不做调整。付款方式为承包人每月末向分包人递交工程结算书，分包人每两个月结算一次，支付已完工程量80%的工程款。验收合格后，付至总价的95%，剩余5%工程质量保证金待工程竣工验收之日起第二个采暖期满后一次结清。鼎盛公司自2013年4月15日进场，5月初开工至2013年12月20日冬季休工，当年完成合同内土建工程量520万元（土方工程应有摄像照相记录，与文字资料一起作为工程量佐证），合同外增加变更工程量200万元。2014年，鼎盛公司完成合同内土方工程量225万元，合同外增加变更项目工程量90万元。2015年，金鑫公司要求鼎盛公司退场，于是鼎盛公司于3月14日退场。由于金鑫公司拖欠鼎盛公司600多万元，因此鼎盛公司诉至法院，要求金鑫公司、建胜公司、大秦公司支付拖欠的工程款以及利息。由于金鑫公司已经注销，所以将金鑫公司股东甲某和乙某作为被告。

二、有关实际施工人的法律规定

（一）《最高人民法院关于审理建设工程施工合同纠纷案件适用法律问题的解释》第2条、第26条

第2条规定："建设工程施工合同无效，但建设工程经竣工验收合格，承包人请求参照合同约定支付工程价款的，应予支持。"

第 26 条规定:"实际施工人以转包人、违法分包人为被告起诉的,人民法院应当依法受理。实际施工人以发包人为被告主张权利的,人民法院可以追加转包人或者违法分包人为本案当事人。发包人只在欠付工程价款范围内对实际施工人承担责任。"

(二) 最高人民法院《全国民事审判工作会议纪要》(法办 [2011] 442号)

第 28 条规定:"人民法院在受理建设工程施工合同纠纷时,不能随意扩大《关于审理建设工程施工合同纠纷案件适用法律问题的解释》第二十六条第二款的适用范围,要严格控制实际施工人向与其没有合同关系的转包人、违法分包人、总承包人、发包人提起的民事诉讼,且发包人只在欠付工程价款范围内对实际施工人承担责任。"

(三) 最高人民法院副院长《关于审理建设工程施工合同纠纷案件适用法律问题的解释》答记者问

十一、加强了对农民工合法权益的保护

问:《解释》第 26 条第 2 款是否存在突破合同相对性的问题?作出这样的规定是否会损害发包人利益?

答:《解释》第 26 条规定是为保护农民工的合法权益作出的规定。因为建筑业吸收了大量的农民工就业,但由于建设工程的非法转包和违法分包,造成许多农民工辛苦一年往往还拿不到工资。为了有利地保护农民的合法权益,《解释》第 26 条规定,实际施工人以发包人为被告主张权利的,人民法院可以追加转包人或者违法分包人为本案当事人,发包人只在欠付工程价款的范围内对实际施工人承担责任。从该条的规定看:

一是实际施工人可以发包人为被告起诉。从建筑市场的情况看,承包人与发包人订立建设工程施工合同后,往往又将建设工程转包或者违法分包给第三人,第三人就是实际施工人。按照合同的相对性来讲,实际施工人应当向与其有合同关系的承包人主张权利,而不应当向发包人主张权利。但是从实际情况看,有的承包人将工程转包收取一定的管理费用后,没有进行工程结算或者对工程结算不主张权利,由于实际施工人与发包人没有合同关系,这就导致实际施工人没有办法取得工程款,而实际施工人不能得到工程款则直接影响到农民工工资的发放。因此,如果不允许实际施工人向发包人主张权利,不利于对农民工利益的保护。

二是承包人将建设工程非法转包、违法分包后，建设工程施工合同的义务都是由实际施工人履行的。实际施工人与发包人已经全面实际履行了发包人与承包人之间的合同并形成了事实上的权利义务关系。在这种情况下，如果不允许实际施工人向发包人主张权利，不利于对实际施工人利益的保护。基于此种考虑，《解释》第26条规定实际施工人可以向发包人主张权利，但发包人仅在欠付工程款的范围内对实际施工人承担责任，如果发包人已经将工程价款全部支付给承包人的，发包人就不应当再承担支付工程价款的责任。因此，发包人只在欠付工程价款范围内对实际施工人承担责任，并不会损害发包人的权益。

三是为了方便案件审理，《解释》第26条还规定，人民法院可以追加转包人或者违法分包人为本案当事人，考虑到案件的审理涉及两个合同法律关系，如果转包人或者违法分包人不参加到诉讼的过程中来，许多案件的事实没有办法查清，所以人民法院可以根据案件的实际情况追加转包人或者违法分包人为共同被告或者案件的第三人；实际施工人可以发包人、承包人为共同被告主张权利。这样规定，既能够方便查清案件的事实，分清当事人的责任，也便于实际施工人实现自己的权利。

（四）最高人民法院政策精神和审判业务意见

要尽可能不突破合同相对性原理，根据法律和司法解释的规定严格控制发包人对实际施工人直接承担责任的具体情形，切实防止随意扩大发包人承担民事责任的使用范围。[1]

关于施工人权利的保护问题。《最高人民法院关于审理建设工程施工合同纠纷案件适用法律问题的解释》已经有明确规定，实际施工人可以向发包方主张权利，但这是有限度的，在理解执行这一规定的时候，一定要准确，不能任意扩大它的适用范围。除非是转包人和分包人没有向实际施工人支付工程款，也没有能力支付，而发包方还有其他的工程款没有支付完的，在未支付工程款的范围内，可以向实际施工人支付工程款。当前，有的地方没有准确理解执行这一规定，允许实际施工人要求发包方无条件地承担工程款给付

---

[1] 奚晓明："适应中国特色社会主义法律体系形成新形势在新的历史起点上谱写民事审判工作新编章——在全国民事审判工作会议上的总结讲稿"，载最高人民法院民事审判第一庭编，奚晓明主编：《民事审判指导与参考》（2011年第2辑），人民法院出版社2011年版，第12页。

义务，有的甚至要求发包方解决劳动关系问题。[1]这些我认为都是不正确的。

最高人民法院民一庭意见：该解释第 26 条第 2 款旨在侧重保护农民工合法权益，实际施工人仅可就工程款要求发包人在欠付工程价款范围内承担责任。人民法院在适用该条第 2 款保护农民工合法权益的同时应当结合该条第 1 款的规定，尊重施工合同各方已建立的各自独立法律关系，坚持合同相对性原则，不能随意扩大该条第 2 款的适用范围。

附：审判指导

目前，建筑行政主管部门预防及清理拖欠农民工工资机制健全，执法力度空前。建设工程总承包人被要求建立农民工工资台账，直接支付工资给农民工。许多拖欠农民工工资的建筑企业会面临被降低资质等级或者暂停投标的行政处罚，转包、非法分包人面临的经济风险和法律风险越来越大。劳务分包有形市场逐步建立健全并得到完善，施工企业已经从过往转包、违法分包这种粗放式经营模式转为合法的专业分包、劳务分包，建筑市场秩序有良好的转变。

《最高人民法院关于审理建设工程施工合同纠纷案件适用法律问题的解释》第 26 条第 2 款赋予实际施工人向没有合同关系的发包人、总承包人、转包人、违法分包人提起诉讼的权利有其历史背景。随着建筑市场发生的客观变化及农民工工资问题的解决，人民法院应当严格适用该条款，不能随意扩大第 26 条第 2 款的适用范围。适用时，应当注意以下方面：一是起诉人不属于该解释中"实际施工人"的，不予受理，从源头上把好收案关口。二是实际施工人原则上应向与其有合同关系的施工人主张权利，其突破合同相对性原则行使诉权的，应提供起诉证据证明发包人可能欠付工程款，其合同相对方有破产、下落不明、法人主体资格灭失等严重影响实际施工人权利实现的情形。三是实际施工人向发包人主张权利的款项应当限于工程款及"欠付工程价款范围内"，不能做扩大解释。四是实际施工人与他人虚构建造涉案工程情节，伪造证据，构成犯罪的及时移送有关刑事侦查部门；不构成犯罪的，应当按照《民法通则》第 134 条之规定，予以民事制裁，所诉请民事实体请

---

[1] 杜万华："在全国民事审判工作会议上的总结讲话"，载最高人民法院民事审判第一庭编，奚晓明主编：《民事审判指导与参考》（2011 年第 2 辑），人民法院出版社 2011 年版，第 22~23 页。

求，坚决予以驳回。[1]

（五）《最高人民法院关于审理建设工程施工合同纠纷案件适用法律问题的解释（二）》（法释〔2018〕20号）

第24条："实际施工人以发包人为被告主张权利的，人民法院应当追加转包人或者违法分包人为本案第三人，在查明发包人欠付转包人或者违法分包人建设工程价款的数额后，判决发包人在欠付建设工程价款范围内对实际施工人承担责任。"

第25条："实际施工人根据合同法第七十三条规定，以转包人或者违法分包人怠于向发包人行使到期债权，对其造成损害为由，提起代位权诉讼的，人民法院应予支持。"

三、本案焦点问题

（一）各个合同的法律效力？

（二）是否应当进行甲某签字的笔迹鉴定和工程价款鉴定？

（三）272万元属于跨年预算工程还是增加的工程量？

（四）大秦公司和建胜公司应否对金鑫公司以及甲某、乙某的债务承担连带责任？

（五）乙某是否挂名股东，应否承担责任？

四、开庭经过和判决结果

（一）原告实际施工人的诉讼请求以及主要证据

鼎盛公司诉讼请求：①判令金鑫公司支付工程款620万元，利息100万元；②建胜公司承担连带给付责任；③判令大秦公司在欠付金鑫公司的工程款范围内承担给付责任；④诉讼费由四被告承担。

鼎盛公司提供以下证据：①建筑安装合同；②2013年完成的实际工程量和变更工程量；③2014年年度结算通知和工程决算审计报告；④金鑫公司工程师王某证言，证明上述②③证据为双方预算员制作，真实可靠；⑤已付款证明；⑥金鑫公司工程师王某、刘某证言，证明建胜公司和金鑫公司之间系

---

[1] 最高人民法院民事审判第一庭："实际施工人原则上不应向与其没有合同关系的转包人、分包人、总承包人、发包人提起诉讼"，载最高人民法院民事审判第一庭，奚晓明主编：《民事审判前沿》（2014年第1辑），人民法院出版社2014年版，第140~141页。

工程违法转包；⑦图纸会审、工程联系单、抵账申请表证明大秦公司和金鑫公司直接结算，大秦公司应在欠付工程款范围内承担责任；⑧金鑫公司注销通知，拟证明金鑫公司未经清算，未告知鼎盛公司就注销登记，其股东应承担清偿责任；⑨原始测绘签证单68页，施工签证单38页，拟证明结算报告确认的工程量是有依据的。

（二）各被告答辩意见以及主要证据

金鑫公司以及甲某和乙某的答辩意见：原告提供的工程款结算文件没有金鑫公司签字盖章；其主张的2013年变更工程量实际上是第二年的预算工程量，并非是变更；要求对工程款进行鉴定，对金鑫公司负责人的签字进行鉴定；乙某只是挂名股东，不应当承担责任。

金鑫公司提供以下证据：①桃源居室外管网施工图纸，证明鼎盛公司没有按图施工；②金鑫公司与大秦公司签订的承包合同，证明工程来源于大秦公司的发包；③金鑫公司与鼎盛公司签订的施工合同；④大秦公司给金鑫公司下的罚款通知书，证明鼎盛公司施工质量不合格；⑤已付工程款证明；⑥增减工程量证明：证明2013减工程量100万元，预算增272万元，2014年减33万元，增90万元；⑦垫付电费证明；⑧桃源居室外管网预算书6册，证明工程应按照预算书决算；⑨桃源居项目客服部证明没有安装排污管网，工程不合格；⑩一组工程量签证单，与原告所举证据一致，工程款造价鉴定应当按照这些单据进行鉴定。

建胜公司认为，其与金鑫公司签订的合同合法有效，应受法律保护。至于金鑫公司与鼎盛公司签订的合同属于违法转让，合同无效。金鑫公司与鼎盛公司背着建胜公司签订转让合同，给建胜公司造成巨大损失，他们之间的债权债务关系与建胜公司无关，建胜公司不应承担责任。

大秦公司认为，其与建胜公司签订的合同合法有效，应受法律保护。建胜公司与金鑫公司签订的合同合法有效，应受法律保护。金鑫公司与鼎盛公司背着大秦公司签订转让合同，给大秦公司造成巨大损失，他们之间的债权债务关系与大秦公司无关，大秦公司不应承担责任。

（三）法庭辩论

原告鼎盛公司观点：我方按图施工，工程款应予支持。金鑫公司提供的图纸不能证明我方没有按图施工，因为图纸后来几次变更；罚款通知我方不认可，因为我方经过整改，工程质量没有问题；没有安装污水管网与事实不符,果真如此,无法解释竣工验收和交付使用。

被告金鑫公司认为:工程尚未验收合格,未到竣工结算节点;工程质量不合格,原告无权主张相应工程款,原告提供的结算报告和结算通知真实性有问题,需要笔迹鉴定和工程造价的司法鉴定;原告提供的证人证言不可信,因为证人在金鑫公司负责技术,其编制的报告与实际工程价款差距巨大,其陈述不真实、不可观。

被告建胜公司认为:我方是工程土金鑫装的总承包人,金鑫公司是室外管网的分包商,结算报告应当由我公司签章并报送大秦公司,未经我公司签署的工程报告不生效,不能产生工程款结算效力。金鑫公司与鼎盛公司之间的结算行为不能由我单位承担,否则对我公司不公平。

被告大秦公司认为:我方作为发包人,只与总承包人建胜公司具有合同关系,因此我方只与建胜公司结算,我方对建胜公司、金鑫公司与鼎盛公司之间的债权债务不具有任何付款义务,请法院依法驳回原告对我公司的诉讼请求。

(四) 一审判决结果

1. 一审法院裁判观点

(1) 原告与金鑫公司签订的施工合同无效。因为金鑫公司属于违法分包,合同应属无效。但是,原告实际进行了工程施工,工程价款应参照双方合同的约定和施工过程中的变更进行结算。

(2) 是否应当进行甲某签字的笔迹鉴定和工程价款鉴定。甲某在庭审过程中曾经承认结算报告上是自己的签字,而且有金鑫公司技术人员证人证言佐证,因此没有必要进行笔迹鉴定。结算报告清楚地载明了总工程量、增加的工程量、削减的工程量、实际完成的工程量,可以作为双方结算的依据,没有必要进行工程款的司法鉴定。

(3) 272万属于跨年预算工程还是增加的工程量。因为甲某已经在原告提供的结算报告上签字,且金鑫公司的员工作了对其不利的证明,可信度高。272万元属于已完成的工程量,不是跨年工程的预算工程量。

(4) 大秦公司和建胜公司应否对金鑫公司以及甲某、乙某的债务承担连带责任。建胜公司作为金鑫公司的发包单位,对于双方尚有工程款未结算完毕,但具体数额本案中无法确定的,建胜公司应当在欠付工程款范围内承担给付责任;原告要求大秦公司和建胜公司对甲某、乙某债务承担连带责任的主张于法无据，应予驳回。

（5）乙是否挂名股东，应否承担责任。甲某和乙某在明知债务尚未清偿的情况下，未通知债权人即将公司注销，应当对公司债务承担连带责任。乙某与鼎盛公司之间关于是否属于挂名股东之争属于股东与公司之外第三人之间的纠纷，属于团体法调整范畴，应当根据外观主义主要适用股东权的形式特征来判断是否属于公司股东。证明股东是否是公司股东的最重要的形式特征就是工商登记，而乙正是工商登记中明确记载的股东。因此在公司非法注销情况下，乙应当对公司债务承担清偿责任。鼎盛公司作为第三人没有义务知晓乙是否挂名股东。

2. 一审判决结果

①被告甲某、乙某于判决书生效之日起一次性付给原告剩余工程款570万元以及利息70万元；②被告建胜公司在欠付工程款范围内对第1项给付内容承担给付责任；③驳回原告其他诉讼请求。如果被告未按照本判决指定的期间履行给付金钱义务，应按照《民事诉讼法》第253条的规定，加倍支付迟延履行期间的债务利息。

（五）双方二审诉讼

1. 鼎盛公司上诉请求和事实理由

鼎盛公司上诉请求：①依法改判建胜公司对甲某、乙某的工程款承担连带责任；②确定大秦公司在甲某、乙某欠付工程款内承担给付责任。事实和理由：一是建胜公司只是大秦公司的一个附庸，是一个皮包公司，没有人员、财产，根本不能独立承担民事责任；二是大秦公司曾经直接与金鑫公司结算，是金鑫公司的实际发包人；三是《关于审理建设工程施工合同纠纷案件适用法律问题的解释》第26条就是判决大秦公司承担责任的法律依据。

2. 被上诉人答辩观点

被告总承包人的代理词

尊敬的审判长、审判员：

结合庭审情况，现发表如下代理意见：

一、本案工程没有经过竣工验收，根据《合同法》第279条规定，不具备支付工程款条件，上诉人鼎盛公司无权主张工程款

鼎盛公司的合同义务不仅包括工程数量，而且包括工程质量，能够反映

工程质量的法律文件就是《工程竣工验收报告》。根据"谁主张，谁举证"的原则，鼎盛公司可以到某市建筑档案馆调取《工程竣工验收报告》，作为主张工程款的依据，可是鼎盛公司没有提供相关证据。

工程只有竣工验收并且到建筑档案馆备案，房管部门才可能给住户办理《房屋所有权证书》，否则住户无法办理房产证。而住户办不下房产证就可能产生很多纠纷、诉讼甚至上访等社会问题。

因此，鼎盛公司主张工程款的前提条件是，交付全部竣工资料，配合竣工验收，工程竣工验收合格后向总承包人提交《结算报告》，主张工程款。

如果鼎盛公司认为业主已经擅自提前使用工程，那么应当提供业主擅自使用的证据。没有相应证据，无权主张工程款。

二、根据《建设工程质量管理条例》第37条的规定，鼎盛公司的结算资料没有监理师签字，无权主张工程款

施工人完成工程后，需要和监理共同对工程进行计量、审核，从而确定是工人完成的工程量，不能由施工人自己说完成了多少就是多少。因此施工人的《结算报告》一定要有监理的签字，否则不能确认施工人实际完成的工程量。

三、鼎盛主张我公司承担连带责任的法律依据错误

鼎盛公司引用《建筑法》《建设工程质量管理条例》的相应法律条文均是在证明工程不许非法转包、非法分包，并不是法律规定的应当承担连带责任情形，属于引用法律条文错误。而且这个条文恰恰是约束鼎盛公司自己的，鼎盛公司就是非法转包中的受让人，引用这一条恰恰是搬起石头砸自己的脚。

四、如果支持鼎盛公司的诉求，会出现一个逻辑关系上的悖论，致使发包人、总包人无法控制

这个悖论就是，分包商从承包人手里承包工程后，将工程再违法分包或者非法转包给实际施工人，实际施工人高估冒算，分包商照单签字，然后和实际施工人分成，反正所有的钱由发包人或者总承包人出钱。这个局面中的工程款就完全失控了，尽管违法转包人和受让人违法，但是违法转包人的签字却等同于承包人甚至发包人、监理师认可，无论多少钱，发包人或者承包人都得出。这个逻辑如果成立，任何开发商、总承包商都会破产。请人民法院高度重视这个问题。

五、我单位在本案中无过错，是违法转包的受害者，不应对违法行为承担连带责任

我单位承包"城市花园"土建、安装、给排水、强弱电、暖气、通风、消防等全部工程，将其中的水电安装工程合法分包给某市金鑫水电安装工程公司，这是合法的承包、分包行为。

然而分包商金鑫水电安装工程公司将工程违法转包给实际施工人鼎盛公司，鼎盛公司粗制滥造、高估冒算，疏于管理，监督缺位，最终完全失控，导致鼎盛公司的漫天要价，我公司面对门口的野蛮人束手无策。因此，希望人民法院根据民法的过错责任原则，判决过错人承担责任，我单位不能承担连带责任。如果工程没有竣工，就更不能承担所谓的连带责任。

六、"不能让违法者因违法而获利"是民法通识

《民法通则》《最高人民法院关于审理施工合同纠纷案件适用法律问题的解释》、2014 年《住建部建筑工程施工转包违法分包等违法行为认定查处管理办法（试行）》均规定了严厉的处罚办法。然而本案鼎盛公司却以宛如正义的化身，义正词严，似乎全世界都欠他的。与之形成对照的是，发包人、总承包人好像违法了一样，被称为黑心老板、没有良心。我们认为，法律对违法转包、分包持否定评价，并不是针对个案，而是表明了一种价值导向。如果让违法者因违法而获利，就会造成非常不好的社会效果。

七、在工程竣工验收合格的前提下，鼎盛公司的工程量需要鉴定后确定工程量以及相应价款

1. 鼎盛公司提供的结算资料不规范，不是正式的《结算报告》。

2. 第一被告陈某明既不是本工程项目的发包人，也不是承包人，因此陈某明签字认可不等于发包方或者承包方签字认可。

3. 陈某明所在的某市金鑫水电安装工程有限公司将工程非法转包给鼎盛公司，其与鼎盛公司之间属于非法转包关系，所签订的合同无效，不仅不受法律保护，而且应当按照《民法通则》的规定予以处罚甚至没收非法所得。

4. 《建设工程合同》不仅包括合同本身，而且包括中标通知书、投标书、图纸、规范、工地例会、工程变更通知、工程联系函等。非法转包行为无效，意味着合同意义上意思表示均无效，不仅仅是金鑫公司和鼎盛公司之间签署的合同无效。

5. 鼎盛代理人引用了住建部一些规章，认为承包人签字，工程款就确认

下来了。他认为陈某明就是承包人，因此，陈某明的签字就等于承包人签字甚至发包人签字。鼎盛公司需要搞清楚的是，我单位才是工程的承包人，发包人是与我单位签订的《施工合同》。因此，实际施工人的工程量以及相应工程款必须有我单位的签字盖章以及监理工程师的盖章，否则不具有结算效力。

6. 在金鑫公司与鼎盛公司转包行为违法，陈某明签字无效的情况下，鼎盛公司的实际工程量以及工程款只能由第三方鉴定才能确定。

八、关于实际施工人的工程款构成

为了保护农民工利益，维护社会稳定，《最高人民法院关于审理施工合同纠纷案件适用法律问题的解释》第26条赋予了实际施工人诉权。第2条规定无效合同的工程经过验收合格后，参照合同支持工程价款。但这个工程价款具体包括哪些没有明确。但是，《最高人民法院关于建设工程价款优先受偿权问题的批复》第3条规定，建筑工程价款包括承包人为建设工程应当支付的工作人员报酬、材料款等实际支出的费用，不包括承包人因发包人违约所造成的损失。在竣工验收合格的基础上，我们建议按照该批复的规定支付工程款。

因为实际施工人往往是小的工程公司甚至个人，根本不给工人缴纳社会保险，没有办公场所、组织机构，因此没有企业管理费，如果比照拥有建筑企业资质的公司支付给实际施工人工程款，明显是使实际施工人因违法行为而获利。

此外，违法施工人的利润更不应当获得支持，因为实际施工人从事的是违法行为，其利益不应受法律保护。法律之所以保护实际施工人的实际支出，是因为这部分费用涉及实际施工人以外的农民工、材料商的利益，他们没有过错，其劳动力应得到尊重。工程款利润部分则是实际施工人自己的利益，与他人无涉。因此，实际施工人的利益不应得到支持。

总之，本案中，发包人、总承包人是守法者、是合法有效法律关系主体。分包商金鑫公司和上诉人鼎盛公司是违法者，金鑫公司把本来应当由自己施工的工程完全转让给了鼎盛公司，因而是非法无效的法律关系。上诉人不仅通过非法方式承包工程，而且施工质量低劣、不参加工程竣工验收，在工程承包施工过程中一错再错！希望人民法院查明事实、辨法析理、弘扬正义，公正判决！

2017年11月25日

3. 大秦公司的答辩观点

我公司与上诉人没有合同关系，判决我公司承担责任没有法律依据。

4. 金鑫公司股东甲某、乙某的答辩意见

上诉人提供的所谓结算报告只是年度工作报告，根本不是正式的结算报告；工作报告上甲某的签名不真实，应当进行笔迹鉴定；272万是预算工程量价款，不是增加的工程量价款。2013年工作报告原文如下："截至2013年12月20日停工，剩余总分包工作量260万元。2013年土建完成工作量：885万元-100万元-260万元=525万元。剩余工作量作为2014年跨年工程，因施工图几经三变，885万元大包外，签字增加预算项目总计272万元。"此272万元明显是增加的预算工程量；一审不予司法鉴定剥夺了被上诉人的诉讼权利；乙某只是挂名股东，判决乙某承担责任不公平。

5. 庭审过程

二审期间，建胜公司提供证据两份：一个是大秦公司与建胜公司关于桃源居项目土建、水电安装、消防以及室外管网的合同，拟证明建胜公司是本项目的总承包人，建胜公司自己完成基础主体的主要工作，将室外管网等专业工程进行分包符合法律规定，合同合法有效。二是建胜公司营业执照和资质证书，证明建胜公司不是上诉人所言的皮包公司，不具备施工能力。

6. 二审法院观点

二审法院认为建胜公司提供的证据合法有效，建胜公司具有施工资质，是桃源居项目的总承包人。

依据现有证据没有明确272万元属于增加的工程量，上诉人提供的只是预算书，未经决算审计。上诉人可待有新的证据时另行主张。

其他事实的认定与一审一致。

7. 判决结果

二审判决如下：①被告甲某、乙某于判决书生效之日起一次性付给原告剩余工程款298万元以及利息（按照年利率5.75%，自2015年4月1日起计算至2017年7月30日）；②被告建胜公司对第一项判决承担连带给付责任；③驳回原告其他诉讼请求。如果被告未按照本判决指定的期间履行给付金钱义务，应按照《民事诉讼法》第253条的规定，加倍支付迟延履行期间的债务利息。本判决为终审判决。

五、案例评析

（一）二审法院对合同效力判断的失误

本案发包人大秦公司与建胜公司之间存在两个施工合同：一是土金鑫装合同；二是室外管网施工合同，事实上室外管网施工合同是桃源居房屋建筑合同的一个组成部分。二审法院认为，发包人大秦公司与建胜公司之间的施工合同属于生效合同，建胜公司是工程的总承包方。

但是由于大秦公司与建胜公司之间室外管网合同没有签订在总合同里边，而是单独签了一个合同，而这个合同权利义务又整体转让给了金鑫公司。二审法院因此认定建胜公司和金鑫公司之间属于合同转包，这个判断是不正确的。

既然承认建胜公司是工程的总承包方，那么就应当承认建胜公司有权将主体以外的专业工程分包出去。不能只看到建胜公司整体转让室外管网工程，还要看到建胜公司还承包了工程的土建以及水电安装等分部分项工程，总体上讲，它只分包给金鑫公司一部分工程，因此建胜公司与金鑫公司之间是分包关系，而不是转包关系。

《建筑法》规定，分包商不能将工程再次分包，当然更不能转包。金鑫公司将工程又转包给鼎盛公司却是属于分包商的转包行为，合同无效。

（二）判决建胜公司对甲某、乙某债务承担连带给付责任没有法律依据

本案的过错是分包商违法将工程转包给了实际施工人，而总承包商并没有过错。可是二审法院却判决建胜公司对甲某、乙某债务承担连带给付责任，对于建胜公司而言是极为不公的。

判决连带责任的前提条件是责任人存在共同过错，由于二审法院错误判断建胜公司与金鑫公司之间属于非法转包，存在共同过错，因而判决其对甲某、乙某债务承担连带给付责任。这个错误源于对合同效力认识的错误。

（三）本案中谁有权作为承包人在实际施工人结算报告上签章

二审法院认为，分包人金鑫公司在实际施工人结算文件上签字就等于总承包人，甚至发包人对工程款的认可，这是完全错误的。

首先，提交竣工结算文件的前提条件是工程已经竣工验收合格，否则提交该文件没有意义。

其次，竣工结算文件需要总承包商签字盖章后向开发商和监理部门提供，

开发商项目负责人或者法定代表人签字盖章、监理机构的总监理师签字盖章以后，才具有结算效力。实际施工人的已完工程量以及价款则需要分包商、总承包商、开发商项目负责人或者法定代表人签字盖章、监理机构的总监理师签字盖章以后，才具有结算效力。

可是，本案中二审法院认为分包商签字后实际施工人的结算报告就对总承包人、开发商产生法律效力。这就使总承包商、开发商的权益完全失去了保护，违法行为人的利益得到了法律的保护。这明显违背了法律的宗旨。

六、关于实际施工人的法律思考

近年来，我国建筑公司很少有建筑工人。挖槽、砌筑、木工、架子工、电工从事的工作多数通过外包完成，无论是总承包商，还是分包商，总是将很多工作交给实际施工人完成，这样就在我国建筑领域形成了庞大的实际施工人队伍。依据《建筑法》《建设工程质量管理条例》等规定，实际施工人承包工程是无效法律行为，从法理上讲，实际施工人利益不受法律保护。但是，考虑到实际施工人雇用了大量农民工，法律不支持实际施工人的利益将损害到作为弱势群体的农民工的利益。出于维护社会稳定的需要，《最高人民法院关于审理建设工程施工合同纠纷案件适用法律问题的解释》（法释〔2004〕14号）第26条规定："实际施工人以转包人、违法分包人为被告起诉的，人民法院应当依法受理。实际施工人以发包人为被告主张权利的，人民法院可以追加转包人或者违法分包人为本案当事人。发包人只在欠付工程价款范围内对实际施工人承担责任。"根据该解释第26条的规定，实际施工人有了诉权，获得了适格原告的主体地位。

实际施工人获得原告的主体地位，一方面使农民工的权益有了保障，但是另一方面，却使发包人、总承包人、分包人处于非常被动的地位。因为他们与实际施工人之间没有合同，可能对转包、违法分包的情况并不知情，还有可能已经将工程款支付给了工程转包者或者违法分包者。如果判决他们承担责任，很可能使他们支出双份工程款，从而违反民法的公平原则。

为了平衡发包人、总承包商、分包商和实际施工人的利益，有必要探讨实际施工人的法律地位以及权益保障方式问题。

（一）合同相对性以及对合同相对性突破的限度问题

合同的相对性是《合同法》的基本原理，指一般情况下合同效力只能约束合同当事人。但是，在某些特殊情况下，为了实现更大的价值，《合同法》也规定可以突破合同相对性原理，如代位权制度。

笔者认为，合同相对性的突破应当有一定限度，在形式上应以法律规定的方式修正合同相对性，行政法规、部门规章等规范性文件无权修改合同相对性的法律规定。在内容上，合同相对性的突破一定是基于更高的价值、更大的利益，两利相权取其大而不得已为之，否则应尽量维持合同相对性原理的稳定性。此外，突破合同相对性的受益者不可滥用权利，法律应对其适用范围给予限缩解释。

(二)《最高人民法院关于审理建设工程施工合同纠纷案件适用法律问题的解释》第26条突破合同相对性，赋予实际施工人诉权的立法背景

该解释第26条突破合同相对性，赋予实际施工人诉权的立法背景是包工头严重拖欠农民工工资，导致大量上访甚至社会群体事件，影响社会的稳定。维护社会稳定价值无疑要大于合同相对性理论价值的坚守，在这种情况下，赋予实际施工人诉权，保护农民工利益无疑是正确的。

(三)《最高人民法院关于审理建设工程施工合同纠纷案件适用法律问题的解释》第26条的立法初衷是保护农民工利益，而不是包工头利益，除了农民工工资以外的利益不应受法律保护

按照最高人民法院副院长就《最高人民法院关于审理建设工程施工合同纠纷案件适用法律问题的解释》答记者问以及最高人民法院政策精神和审判业务意见，该解释第26条的立法初衷是保护农民工利益，宗旨是维护社会稳定。法院或者仲裁机构裁判过程中一定应把握这个宗旨，只有这个宗旨才大于合同相对性的理论价值。如果不是作为弱势群体的农民工的利益，不是关系到社会稳定，就没有理由突破合同相对性原理，否则损害的便是契约自由、意思自治等合同法的底线价值，甚至会动摇依法治国的法治信念。

(四)根据近年来的现实情况，《最高人民法院关于审理建设工程施工合同纠纷案件适用法律问题的解释》第26条不应当继续适用

第一，通过农民工工资预储金和保证金的交纳，农民工的利益已经基本得到了保护，没有必要再单独赋予实际施工人诉权。

农民工工资预储金和保证金分别占工程款的20%和2%，住建部门、银行和建设单位在银行开设专用账户，专款专用。每个农民工根据银行要求开立

专用银行卡，符合工资支付条件后，相应工资直接由建行打到农民工工资卡上，这个数额和支付措施足以保证农民工工资的发放。

2017年2月，国务院办公厅发布《关于促进建筑业持续健康发展的意见》（国办发［2017］19号）要求全面落实劳动合同制度，实行农民工工资实名制，到2020年基本实现劳动合同全覆盖。健全工资支付保障制度，按照"谁用工，谁负责"和总承包负总责的原则，落实企业工资支付责任，依法按月足额发放工人工资。将存在拖欠工资行为的企业列入黑名单，对其采取限制市场准入等惩戒措施，情节严重的降低资质等级。

第二，近年来实际施工人身份发生较大变化，其主体已不再是农民工。

就本案而言，实际施工人是鼎盛公司，工程款实际上是两个商事主体之间的纠纷。就笔者了解，以实际施工人身份起诉的原告几乎没有农民工，多数是城市户籍甚至社会闲散人员。在这种情况下，司法解释赋予的诉权被其他利益相关方"搭便车"行使，已经违背了该解释第26条的初衷。

第三，实际施工人的诉讼请求不再是农民工工资，而是其他费用甚至是包工头的利润。因为农民工工资预储金和保证金的交纳，农民工的利益已经基本得到了保护，因此实际施工人的诉讼请求不应不包括农民工工资。换句话说，该解释第26条目前保护的已经不是农民工工资了，而是材料商、设备商、包工头的利益。如果这样，该解释第26条就没有存在的必要。

第四，过度保护实际施工人容易导致的法律悖论。只有合同无效，最终承包人才以实际施工人身份起诉。而导致合同无效的原因中，最终的承包人即实际施工人往往存在过错。按照《合同法》第58条的规定，有过错的要承担赔偿责任。《最高人民法院关于审理建设工程施工合同纠纷案件适用法律问题的解释》第4条规定："承包人非法转包、违法分包建设工程或者没有资质的实际施工人借用有资质的建筑施工企业名义与他人签订建设工程施工合同的行为无效。人民法院可以根据民法通则第一百三十四条规定，收缴当事人已经取得的非法所得。"也就是说，实际施工人是要受到法律处罚的。

然而，实践中，实际施工人不仅没有受到处罚，而且普遍因为诉讼而获利甚至获利超出预期。因为施工合同往往存在"黑白合同"，司法裁决依据备案的中标价合同结算工程款，这样实际施工人的利润便获得了充分的保障。更有甚者，很多案件需要司法鉴定，鉴定机构抛开合同依据定额鉴定工程款，这样，实际施工人获取的利润比按照原合同履行还要高。

这就导致《合同法》第58条、《最高人民法院关于审理建设工程施工合同纠纷案件适用法律问题的解释》第4条的规定与司法实践中的情形形成悖论。

本案的法律悖论更加典型，分包商从承包人手里承包工程后，将工程再违法分包或者非法转包给实际施工人，实际施工人高估冒算，分包商照单签字，然后和实际施工人分成，反正所有的钱都由发包人或者总承包商出。尽管违法转包人和受让人违法，但是违法转包人的签字却等同于承包人甚至发包人、监理师的认可，无论多少钱，发包人或者承包人都得出。这个逻辑如果成立，任何开发商、总承包商都会破产。

(五) 对实际施工人应当结算的工程款范围

赋予实际施工人原告资格的立法初衷是保护农民工工资，因为只要通过实际施工人提起的诉讼追索回农民工的工资，就实现了立法目的。因此农民工工资这部分工程款是实际施工人诉讼中必须保护的利益。

此外，若实际施工人违法，但是材料供应商、设备提供商可能是无辜的，如果不通过实际施工人提起诉讼，那么他们的利益将遭到重大损失。另外，由于工程材料、设备等已经物化到建筑物当中，如果不通过实际施工人通过诉讼进行追讨，那么开发商或者承包商将由此获益。在合同无效案件中，建设单位、施工单位也经常是导致合同无效的过错方，因此建设单位、施工单位获取的相应利益本质上属于不当得利，不应当将自己的利益建立在材料商、设备商的损失之上，所以材料供应商、设备提供商的利益也要受到保护。

最具争议的是实际施工人的利润以及部分规费，因为实际施工人是违法行为人，因此不应因自己的违法行为获利，所以实际施工人的利润不应受到法律保护。此外，实际施工人往往只是作为包工头的自然人，没有产生企业管理成本，更没有缴纳"五险一金"等规费。因此，不应该获得这部分工程款，否则实际施工人获得的超额利润将远远超过合法企业的施工利润，这是违反立法初衷的。

《合同法》第58条规定，合同无效的依据合同获取的财产应当返还；不能返还或没必要返还的折价补偿；有过错的一方应当承担过错责任，双方都有过错的各自承担相应的责任。工程的人力、物力物化到工程中后，实际已经无法返还，因此发包人支付的工程款不是合同正常履行的对价，而应是适当的折价补偿。既然是折价补偿，就必然与合同的对价有区别。

有些人将《最高人民法院关于审理建设工程施工合同纠纷案件适用法律

问题的解释》第 26 条赋予实际施工人的诉权理解成了胜诉权，误以为虽然实际施工人违法，但只要工程验收合格，发包人就必须全面、适当地支付给承包人和实际施工人全部工程款，这种理解是错误的。诉权不等于胜诉权，司法实践中如何界定工程款保护的范围还应当依据当事人的过错以及过错程度。

（六）如何平衡发包人、总承包人、分包人和实际施工人之间的利益

发包人是投资人，总承包人、分包人和实际施工人是发包人的服务提供商，二者互为相对方，在经济利益上存在博弈关系。过度保护实际施工人这一方，发包方的利益就要被减损，反过来也是一样。按照公平和等价有偿的民法原则，双方的利益应在司法上获得衡平。

在存在实际施工人的情况下，发包人可能有过错，也可能没有过错。这种情况下一定要分清导致合同无效的原因，根据过错以及过错程度来分配发包人以及其他施工当事人的法律责任。如果发包方依法发包，没有过错，法院或者仲裁机构不能不分青红皂白地判决发包人承担一切工程款支付责任，而应当考虑违法一方的过错，由违法一方承担一定不利后果。反之，如果发包方为实际施工人指定挂靠单位，或者为承包商制定实际施工人，则发包人作为过错方就应当承担施工过程中带来的相应不利后果。

上述按照导致合同无效的过错来划分责任的方法也适用于总承包人、分包人和实际施工人。[1]

（七）结论

《建筑法》关于建筑企业资质、《招标投标法》关于工程项目招标范围、《合同法》关于合同相对性原理均是法律强制性规定，是我国建设工程质量的有力保障，是法律应当坚守的价值底线。可是，许多建筑企业以及从业人员在利益驱动下，违反了这些法律强制性规定承揽工程，导致工程建设领域大量存在实际施工人现象。尽管实际施工人从事了违法行为，但是为了保护农民工工资以及社会稳定，最高人民法院的司法解释不得不以牺牲法律强制性规定作为代价。随着农民工工资预储金、保证金、农民工用工实名制的推行，农民工的利益已经有了保障，在这种情况下，《最高人民法院关于审理建设工程施工合同纠纷案件适用法律问题的解释》第 26 条失去了继续存在的必要，

---

[1] 周琳苪："数个转包或违法分包人之间对实际施工人的责任承担——兼论《建设施工合同纠纷司法解释》第 26 条的理解与完善"，载《法律适用》2017 年第 18 期。

否则会导致违法的利益受到保护而法律保护的利益却失去了保障。鉴于此种情况，笔者认为，新的立法或者司法解释应当修正或者废除该条规定。

第八节　承包人项目经理跳槽到发包人单位任职其代承包人接受的工程能否构成表见代理
——乙建筑公司与甲房开公司建设工程款纠纷案

一、案情简介

2008年4月29日，乙建筑公司（乙方）与甲房开公司（甲方）签订《建设工程施工合同》及《某县万柳住宅小区建筑工程承包补充协议》。双方约定：乙方作为承包方以垫资方式，承包甲方开发的某县万柳住宅小区一期工程。合同约定开工日期为2008年5月5日，竣工日期为2008年11月5日。建筑面积为36 830.5平方米，工程计价方式为每平方米820元，变更增加钢材调价。工程通过验收后7日内支付工程款。工程于2009年5月通过验收。申请人与被申请人在2010年8月23日确定了工程价款结算数额。但被申请人至今未向申请人支付双方确认的全部工程款，其中欠工程款1 475 168.81元，欠周转材料及机械工具款969 362元，共计2 444 530.81元。

二、本案焦点问题

（一）双方各自提交了内容不尽相同的施工合同文本，法官将如何认定这两份合同的效力，审理时以哪份合同为准？

（二）关于合同章的真伪。

（三）原施工单位经理代收工程款的行为是否对房地产开发公司构成表见代理？

三、开庭经过和裁判结果

施工单位乙方的仲裁请求：①请求裁决被申请人向申请人支付工程款、周转材料、机械、工具款共计2 444 530.81元；②请求裁决被申请人支付上述款项利息；③本案费用由被申请人承担。

甲方根据乙方的申请做以下答辩：①关于请求支付工程款1 475 168.81元，被申请人认为申请人的请求没有依据。所有工程款被申请人已经向申请人支付完毕。②关于周转材料、机械工具款969 362元，被申请人没有义务和责任及能力给申请人保管上述东西。第2项依据第1项而来的利息，被申请人对申请人的两项请求都不认可。利息因此不发生效力。③仲裁费用应该由申请人承担。

甲方反诉称：2008年8月，反请求人与被反请求人，签订了《建设工程施工合同》；2008年8月29日签订了《某万柳住宅小区建筑施工工程承包补充协议》，约定工期为2008年8月8日开工，2008年11月30日竣工，并约定工程每延误一天，施工方按照合同价格的每日5‰支付违约金。施工方由于种种原因未能按期完工。反请求人依约支付工程款，有支付凭证明细为证。被反请求人未能按约完成工程施工，致使整个工期拖延一年，由此给请求人造成了严重的经济损失。现要求被反请求人支付违约金500万元；另被反请求人欠反请求人租赁费142 982元；设备钢管550根，价值35 200元。现要求依法裁决：①请求裁决被反请求人向反请求人支付违约金500万元；②请求裁决被反请求人向反请求人支付租赁费、钢管款共计178 502元；③驳回被反请求人的仲裁请求；④仲裁费用由被反请求人承担。

乙方对甲方的反诉答辩：反请求申请人所讲没有事实依据，我们双方实际履行的是2008年4月29日签订的《建筑工程施工合同》及《补充协议》。在协议中第47条的第2项补充条款明确约定工期没奖没罚。反请求人于2009年7月5日出具的证明，工期延长至2009年9月30日竣工。故反请求人的请求不成立。此外，我们没有租赁对方的设备。

乙方提供的证据：①建设工程施工合同2份。②某县万柳住宅小区建筑工程承包补充协议（5页）。③某万柳住宅小区一期工程结算单1份。④某工程账务表（1页）。⑤某万柳住宅小区工程款明细说明（21页）。⑥关于胡某账务疑点分析1份。⑦对胡某账务疑点分析的进一步说明（1页）。⑧对胡某账务分析的进一步说明补充（1页）。⑨周转机械材料、工具款说明（45页）。⑩2012年5月3日中城建第五工程局有限公司出具的证明1张，证明《河北省建设工程竣工报告》上"施工单位评定"一栏加盖的为我公司公章。⑪2009年6月5日金河房开出具的因奥运及天气等因素影响工期延至2009年6月30日竣工证明1张；2009年7月5日金河房地产开发有限公司出具的因奥运及天气因素影响，工期延至2009年9月30日竣工证明1张；2009年7月5日某市金河房地产开发有限公司出具的因奥运及天气等因素影响，工期延至2009

年 11 月 30 日竣工的证明 1 张。⑫2009 年 5 月 29 日会议纪要 1 份（2 张），证明工程竣工验收、房屋交接手续办理会议记录。⑬建设工程竣工验收监督通知书 1 张。⑭某市金河房地产开发有限公司人事聘任通知 1 张。⑮2012 年 6 月 23 日承诺书 1 张，证明金河公司已确认工程于 2009 年 5 月竣工的承诺。⑯刻制印章通知书 1 张。⑰胡某辞职报告书 1 份。⑱河北省建设工程竣工报告 1 份（C3、C4、C5）1 份（A7、A8、D1、D4）。

甲方提交证据：①万柳小区一期工程结算及支付明细。②建筑工程施工合同 2 份。③2012 年 11 月 6 日建设工程质量验收监督书 1 份。④中城建所用仓库材料租金明细 1 张。⑤竣工报告两份。⑥中标通知书两张。⑦2010 年 3 月份至 7 月份维修房屋照片 4 张。⑧分户验收方案 7 份。⑨工程质量验收监督报告书 2 份。⑩胡某书面证明 1 张。⑪某县建筑工程安全监督站及某县建筑工程质量监督站 2012 年 5 月 8 日出具证明 1 张，证明中城建第五工程局有限公司未到某县建设局办理过胡某项目经理变更事宜。⑫2012 年 7 月 17 日外墙保温分项工程承包协议 2 份，附照片 4 张。⑬2010 年 1 月 10 日某市建苑建设监理有限公司索赔请求付收款收据 1 张，金额 200 000 元。⑭2012 年 1 月 25 日延期交工一年利息计算表 1 张。⑮延期产生退房违约金表 1 张，金额 843 149 元，附收据 30 张。⑯延期产生违约金表 1 张，金额 477 715 元，附收据 17 张。⑰河北省建设工程安全生产监督备案表 1 份。

经过调查，合议庭发现，本案申请人和被申请人提交的《施工合同示范文本》不一致，被申请人房地产开发公司提交的合同文本有延误工期的违约责任规定，即延误一天，支付工程款 5‰的违约金。而申请人提交的合同没有此约定。但是两份合同都有双方的公章以及法定代表人签字。如果认定被申请人提供的合同文本为真，那么申请人施工单位可能承担逾千万的违约金。

调查还发现，申请人仲裁申请书上的公章明显与施工合同上的公章不符。

此外，本案出现了一个奇特现象。申请人的项目经理后来跳槽到了房地产开发公司，被房地产开发公司委任为副总经理。之前房地产开发公司付给施工单位的工程款一直由这位项目经理代收，施工单位对待售的工程款数额一直是认同的。后来，此人从施工单位辞职，到房地产开发公司担任副总经理后，仍然代施工单位收取工程款。跳槽之前代收 1200 万元工程款，跳槽到房地产开发公司之后代收 900 万元。申请人主张的 200 多万元工程款都是他跳槽以后代收的部分，对于其他代收部分，申请人都是承认的。

经过开庭审理、现场调查，到施工单位走访，仲裁庭作出裁决。

仲裁裁决：仲裁庭根据《合同法》第 5 条、第 107 条；《仲裁法》第 51 条第 1 款之规定，裁决如下：①驳回申请人全部仲裁请求；②驳回反请求人全部反申请仲裁请求。本裁决为终局裁决。

四、案例评析

（一）双方各自提交了内容不尽相同的施工合同文本，法官将如何认定这两份合同的效力，审理时以哪份合同为准

乙方与甲方，向仲裁庭提交了不同版本的建设工程施工合同。鉴于甲方提交的施工合同形式完整，且在承包内容、中标价、开竣工日期等实质内容方面与某县建设工程招标管理办公室于 2008 年 8 月 6 日及 2008 年 8 月 19 日分别签发的某市建筑工程中标通知书内容一致，该合同文本盖有某县招投标管理办公室合同登记备案专章。甲方提供的某县招投标办公室出具的上述工程互联网信息亦能与以上内容相认证。而乙方提供的施工合同形式不完整，承包内容、中标价、开竣工日期与上述中标通知书内容不一致且无合同登记备案专章，依据《最高人民法院关于审理建设工程施工合同纠纷案件适用法律问题的解释》第 21 条的规定，仲裁庭对甲方提交的建设工程施工合同文本予以采信，确认其为有效合同。对乙方提供的合同文本不予采信。

关于申请人提交的《某县万柳住宅小区建设工程承包补充协议》，其虽为乙方一方提供，但是庭审中甲方对其予以认可，故仲裁庭对该补充协议予以采信并确认该协议有效。

（二）关于合同章的真伪

庭审中，甲方认为申请人出具的《仲裁申请书》上面的公章与备案合同及竣工报告上的公章不一致，故于 2012 年 5 月 5 日提出书面鉴定申请，要求鉴定仲裁申请书上面的公章真伪。2012 年 5 月 17 日，仲裁庭到乙方所在单位对申请书的公章进行比对调查，确认公章一致。其后，甲方撤回了鉴定申请。

（三）如何认定本案工程款数额

关于本案工程决算款，本案工程的中标价合计 23 987 399 元，备案合同工程造价也是 23 987 399 元，但是 2010 年 8 月 23 日，乙方与甲方就本案工程款决算进行了协商，双方确定本案工程款总造价为 31 974 797 元。对以上金额，双方均予以认可。根据《合同法》的当事人意思自治原则，仲裁庭据当

事人的合意，确定本案工程款总造价为 31 974 797 元。

(四) 甲方是否已经足额支付给乙方工程款，甲方如何证明自己已经足额支付给乙方工程款

关于乙方主张的 1 475 168.81 元工程款。乙方依据其提交的某县万柳住宅小区一期工程款结算单复印件（证据3）、某工程账务表（证据4）及补充提交的某万柳住宅小区工程明细说明（证据5）等证据，证明工程款为 31 974 797 元，已收到 30 501 628.19 元，甲方尚欠工程款 1 473 168.81 元。而甲方向仲裁庭提交了已付乙方 31 977 227.58 元工程款，比双方商定的工程款多付乙方 2430.58 元。甲方提交了付款凭证及票据，证明甲方未拖欠乙方工程款。乙方认为甲方支付的工程款中有 1 473 168.81 元支付给了乙方的原项目经理胡某，而未支付给合同的相对人即乙方。虽然胡某曾是该项目的项目经理，且该项目很多工程款经胡某支付给乙方但胡某已于 2009 年 5 月 1 日向乙方申请辞职并获批准。2009 年 5 月 28 日，甲方聘用胡某为该公司副总，并主管某万柳住宅小区工程项目的各项工作（见乙方提供的胡某辞职报告和人事聘任通知，证据14、17）。乙方认为，胡某既已辞职且到甲方任职，其领工程款的行为已非代表乙方的职务行为，甲方付给胡某 1 473 168.81 元工程款并不产生支付给乙方的法律效果。甲方认为，胡某虽向乙方辞职但其一直代理乙方受领工程款。胡某共向甲方收工程款 2000 多万元，其中有 900 多万元是胡某辞职以后代乙方受领的。乙方对其他受领行为均无异议，只对其中的 147 万元提出异议并不能否定甲方已完全支付给乙方工程款的事实。乙方在胡某辞职后未向甲方发出变更项目经理的通知，也未发出停止向胡某支付工程款的通知，故甲方向胡某的支付行为等同于向乙方支付。

仲裁庭审理查明，根据甲方向仲裁庭提交的原始支付凭证及其他相关证据，胡某自 2008 年 7 月 29 日至 2011 年 10 月 24 日共收到甲方支付的工程款 118 笔。2009 年 5 月 28 日后收到 24 笔金额 9 517 623 元，乙方对其中的 1 473 168.81 元不予认可外，对其他胡某受领的工程款均认可属于代乙方受领的工程款。仲裁庭认为自该合同签约时起，胡某即作为乙方的项目经理，工程承包方的项目经理是工程承包方在该项目的委托代理人，项目经理的指令产生的法律效果由承包方承受。就本案项目而言，乙方与甲方并未明确约定工程款的支付方式及合同履行期间，乙方采用了由胡某等个人代乙方领取工程款的方式。结合我国目前的工程实践，仲裁庭认为胡某等人代乙方领取工程款属于乙方

授权后的代理行为。2009年5月28日，胡某辞去乙方的项目经理职务，此时如果乙方决定终止胡某的项目经理身份，应依据双方签订的施工合同中的通用条款第2条第7款第4项的规定，提前7天以书面形式通知甲方。而乙方不仅未书面通知甲方，而且仍然由胡某领受工程款且数额巨大。仲裁庭认为，项目经理的身份并非工程款代收人的必要条件，非承包方工作人员身份也非工程款代收人的排除事项，因为代理人的身份具有开放性。胡某辞去项目经理职务后乙方同意其代收工程款，从这个行为可以推定出双方有授权代理的意思表示，因为胡某辞去项目经理职务，只表明其不能就本案工程项目向施工人员发布指令，但在代收工程款方面，胡某与乙方存在代理关系。就本案甲方而言，其根据胡某一直代理乙方收领工程款这个事实，有足够理由认定胡某与乙方在受领工程款方面存在代理关系。其向胡某支付工程款就相当于向乙方支付工程款的判断具有合理性。根据《民法通则》第4章第2节关于代理的规定，《合同法》第49条关于表见代理的规定以及《最高人民法院关于适用〈中华人民共和国合同法〉若干问题的解释（二）》第2条的规定，仲裁庭认为甲方将乙方的1 473 168.81元支付给胡某视同支付给乙方，乙方所受损失可以通过另案起诉向胡某主张。

庭审中，乙方提交了《关于胡某账务疑点分析》和《对胡某账务疑点分析的进一步说明》《对胡某账务分析的进一步说明补充》（证据6、7、8），认为甲方除欠付《仲裁申请书》中请求给付的14 713 168.81元外，还欠其他工程款，但乙方未申请变更仲裁请求，也未补交仲裁费用，故仲裁庭对乙方主张的其他工程款不予裁决。

（五）甲方是否欠乙方周转材料及机械工具款969 362元，甲方如何证明自己不欠乙方周转材料及机械工具款

关于乙方主张的969 362元周转材料及机械、工具款。乙方于2012年4月20日提供周转材料及机械、工具款说明（证据9），甲方辩解此申请及证据与本案无关联性，因此不予质证。乙方代理律师认为，周转材料已经物化到工程之中成为工程不可分割的组成部分，而机械工具是进行工程施工的不可缺少的必要条件。由此产生的费用支出，当然由甲方承担。

仲裁庭认为，周转机械材料、工具款说明旨在证明乙方与甲方在周转材料及机械工具方面存在借用关系，但借条中体现的借用时间均为2009年5月之后（乙方声称2009年5月该工程已竣工），借条中借用人既非甲方的法定代

表人，也非甲方的授权代理人，借条上均无甲方单位的公章。因此，借条中的借用人身份不明，所借物品的用途不明，难以确定借用人是个人行为还是职务行为，借用关系是乙方与甲方之间还是乙方与借用人之间。由于乙方的证据不足以证明乙方与甲方在周转材料及机械、工具方面存在借用关系，仲裁庭对乙方的这项请求不予支持。

乙方律师主张上述材料已用于工程，因此甲方应当承担上述费用的观点既与乙方提供的借条内容自相矛盾，也难以自圆其说。本案工程款采用固定合同总价方式，所有直接费、间接费均含在工程款中，乙方在工程款之外再主张材料费，机械费显属不当，因此仲裁庭对乙方律师的观点不予采纳。鉴于乙方提供的证据不足，且难以确定该借用关系是否本案建设工程施工合同履约中产生的纠纷，因此仲裁庭对乙方关于与甲方之间在周转材料及机械工具存在借用关系并请求赔偿的主张不予支持。

（六）假如甲方欠乙方工程款，工程款的利息如何计算

关于乙方主张的工程款利息。由于乙方无充分的证据证明甲方欠付工程款及借用周转材料及工具，因此仲裁庭对乙方主张的工程款利息不予支持。

（七）如何认定乙方是否延误工期

关于甲方主张的500万元违约金。甲方认为本案工程于2009年11月30日竣工，而合同规定的竣工日期为2008年11月5日，因此乙方共延误工期366天，按备案合同每延误一天3‰的违约金计算，甲方主张500万元违约金。而被甲方认为，工程于2009年5月竣工，且顺延竣工时间是甲方同意的，有甲方于2009年6月5日金河房开出具的因奥运及天气等因素影响工期延至2009年6月30日竣工证明1张；2009年7月5日金河房地产开发有限公司出具的因奥运及天气因素影响，工期延至2009年9月30日竣工证明1张；2009年7月5日某市金河房地产开发有限公司出具的因奥运及天气等因素影响，工期延至2009年11月30日竣工的证明（证据11）。

（八）乙方是否应当支付延误工期违约金

仲裁庭认为，按中标通知书和备案合同，本案工程C1C3C4C5栋楼开工日期为2008年8月22日，竣工日期应为2008年11月30日，合同工期为115天。甲方提供《竣工报告》《建设工程质量监督书》和《建筑工程竣工验收监督通知书》用于证明本案实际于2009年11月30竣工并通过验收。经过审查，上述三份证明内容均不完整，没有载明竣工的实际日期，也欠缺设计部

门和某县建设工程质量监督站的公章,因此甲方提交的证据难以证明本案工程的实际竣工日期。乙方提交了甲方于 2009 年 6 月 5 日、2009 年 7 月 5 日分别出具的同意工期顺延的证明,结合 2009 年 5 月 29 日甲方关于某县万柳住宅小区一期工程竣工验收房屋交接手续办理的会议记录,证明甲方已同意顺延工期至 2009 年 11 月 30 日。经审查,乙方的上述证据合法有效。仲裁庭认为,乙方提供的证据与甲方已经全部支付工程款的事实能够证明本案工程顺延至 2009 年 11 月 30 日是甲方的真实意思,仲裁庭对甲方主张的 500 万元违约金不予支持。

(九)乙方是否欠甲方租赁费 142 982 元;设备钢管 550 根,价值 35 200 元

关于甲方主张的租赁费 142 982 元;设备钢管价值 35 200 元赔偿款。仲裁庭认为,甲方提供的实物出库证明无乙方的公章也无乙方法定代表人或授权代理人签字,甲方也未提供设备租赁费计算方式、公式法律依据。由于甲方提供的实物出库单租赁人身份不明,难以证明甲方与乙方之间存在租赁关系,同时证明此租赁关系双方履行建设工程施工合同过程中产生的纠纷,因此甲方提供的证据不足以支持其主张的请求,仲裁庭对其主张不予支持。

第九节 包工包料的承包人拖欠材料款时材料供应商可否起诉发包人

——建设工程代位权诉讼

一、案情简介

2009 年 10 月,甲房地产开发公司律师接到办公室主任电话,马上到单位来,有急事。律师到后,办公室主任告诉他,我们单位的银行账号(四个)全部被封了,因为丙材料供应商告了我们,并对我们单位的财产做了财产保全。

经过询问,原来情况是这样的。2008 年 8 月,甲房地产开发公司(甲方)与乙承包商(乙方)签订施工合同,乙方承建甲方一栋办公楼,包工包料,合同价款 500 万元,工期 1 年,质量要求合格。丙材料供应商(丙方)为乙方供应部分钢材和水泥。

2009 年 9 月,丙方起诉甲房地产开发公司,认为甲方未付清乙方工程款,导致乙方不能支付甲方材料款,请求法院将甲方欠乙方的工程款共 120 万元

直接付给丙方。

甲方律师拿到起诉状后，了解到本工程尚未完工，但是已经支付92%的工程款。扣除质保金，事实上已经不欠工程款，因此要求财务部门将所有支付给乙方工程款的银行凭证全部收集复印，以证明甲方不欠乙方工程款。此举遭到甲方财务主管的强烈反对。因为凭证特别多，收集起来不容易，而且如果拿到法庭，中间有丢失的危险。但是甲方律师坚持自己的要求，财务人员满腹怨言，但是因为单位账号被封，本月工资可能发不了，为解燃眉之急，只好照做。

二、关于代位权的相关法律知识

(一)《合同法》的相关规定

第七十三条 因债务人怠于行使其到期债权，对债权人造成损害的，债权人可以向人民法院请求以自己的名义代位行使债务人的债权，但该债权专属于债务人自身的除外。

代位权的行使范围以债权人的债权为限。债权人行使代位权的必要费用，由债务人负担。

(二)《最高人民法院关于适用〈中国华人民共和国合同法〉若干问题的解释（一）》的相关规定

第十一条 债权人依照合同法第七十三条的规定提起代位权诉讼，应当符合下列条件：

(一) 债权人对债务人的债权合法；

(二) 债务人怠于行使其到期债权，对债权人造成损害；

(三) 债务人的债权已到期；

(四) 债务人的债权不是专属于债务人自身的债权。

第十二条 合同法第七十三条第一款规定的专属于债务人自身的债权，是指基于扶养关系、抚养关系、赡养关系、继承关系产生的给付请求权和劳动报酬、退休金、养老金、抚恤金、安置费、人寿保险、人身伤害赔偿请求权等权利。

第十三条 合同法第七十三条规定的"债务人怠于行使其到期债权，对债权人造成损害的"，是指债务人不履行其对债权人的到期债务，又不以诉讼方式或者仲裁方式向其债务人主张其享有的具有金钱给付内容的到期债权，致使债权人的到期债权未能实现。

次债务人（即债务人的债务人）不认为债务人有怠于行使其到期债权情况的，应当承担举证责任。

第十四条 债权人依照合同法第七十三条的规定提起代位权诉讼的，由被告住所地人民法院管辖。

第十五条 债权人向人民法院起诉债务人以后，又向同一人民法院对次债务人提起代位权诉讼，符合本解释第十四条的规定和《中华人民共和国民事诉讼法》第一百零八条规定的起诉条件的，应当立案受理；不符合本解释第十四条规定的，告知债权人向次债务人住所地人民法院另行起诉。

受理代位权诉讼的人民法院在债权人起诉债务人的诉讼裁决发生法律效力以前，应当依照《中华人民共和国民事诉讼法》第一百三十六条第（五）项的规定中止代位权诉讼。

第十六条 债权人以次债务人为被告向人民法院提起代位权诉讼，未将债务人列为第三人的，人民法院可以追加债务人为第三人。

两个或者两个以上债权人以同一次债务人为被告提起代位权诉讼的，人民法院可以合并审理。

第十七条 在代位权诉讼中，债权人请求人民法院对次债务人的财产采取保全措施的，应当提供相应的财产担保。

第十八条 在代位权诉讼中，次债务人对债务人的抗辩，可以向债权人主张。

债务人在代位权诉讼中对债权人的债权提出异议，经审查异议成立的，人民法院应当裁定驳回债权人的起诉。

第十九条 在代位权诉讼中，债权人胜诉的，诉讼费由次债务人负担，从实现的债权中优先支付。

第二十条 债权人向次债务人提起的代位权诉讼经人民法院审理后认定代位权成立的，由次债务人向债权人履行清偿义务，债权人与债务人、债务人与次债务人之间相应的债权债务关系即予消灭。

第二十一条 在代位权诉讼中，债权人行使代位权的请求数额超过债务人所负债务额或者超过次债务人对债务人所负债务额的，对超出部分人民法院不予支持。

第二十二条 债务人在代位权诉讼中，对超过债权人代位请求数额的债权部分起诉次债务人的，人民法院应当告知其向有管辖权的人民法院另行起诉。

债务人的起诉符合法定条件的，人民法院应当受理；受理债务人起诉的人民法院在代位权诉讼裁决发生法律效力以前，应当依法中止。

(三)《民事诉讼法》关于财产保全的规定

第一百条 规定人民法院对于可能因当事人一方的行为或者其他原因，使判决难以执行或者造成当事人其他损害的案件，根据对方当事人的申请，可以裁定对其财产进行保全、责令其作出一定行为或者禁止其作出一定行为；当事人没有提出申请的，人民法院在必要时也可以裁定采取保全措施。

人民法院采取保全措施，可以责令申请人提供担保，申请人不提供担保的，裁定驳回申请。

人民法院接受申请后，对情况紧急的，必须在四十八小时内作出裁定；裁定采取保全措施的，应当立即开始执行。

第一百零一条 利害关系人因情况紧急，不立即申请保全将会使其合法权益受到难以弥补的损害的，可以在提起诉讼或者申请仲裁前向被保全财产所在地、被申请人住所地或者对案件有管辖权的人民法院申请采取保全措施。申请人应当提供担保，不提供担保的，裁定驳回申请。

人民法院接受申请后，必须在四十八小时内作出裁定；裁定采取保全措施的，应当立即开始执行。

申请人在人民法院采取保全措施后三十日内不依法提起诉讼或者申请仲裁的，人民法院应当解除保全。

第一百零二条 保全限于请求的范围，或者与本案有关的财物。

第一百零三条 财产保全采取查封、扣押、冻结或者法律规定的其他方法。人民法院保全财产后，应当立即通知被保全财产的人。

财产已被查封、冻结的，不得重复查封、冻结。

第一百零四条 财产纠纷案件，被申请人提供担保的，人民法院应当裁定解除保全。

第一百零五条 申请有错误的，申请人应当赔偿被申请人因保全所遭受的损失。

第一百零六条 人民法院对下列案件，根据当事人的申请，可以裁定先予执行：

(一) 追索赡养费、扶养费、抚育费、抚恤金、医疗费用的；

（二）追索劳动报酬的；

（三）因情况紧急需要先予执行的。

第一百零七条 人民法院裁定先予执行的，应当符合下列条件：

（一）当事人之间权利义务关系明确，不先予执行将严重影响申请人的生活或者生产经营的；

（二）被申请人有履行能力。

人民法院可以责令申请人提供担保，申请人不提供担保的，驳回申请。申请人败诉的，应当赔偿被申请人因先予执行遭受的财产损失。

第一百零八条 当事人对保全或者先予执行的裁定不服的，可以申请复议一次。复议期间不停止裁定的执行。

三、本案焦点问题

（一）甲方是否欠乙方工程款？如欠款，是否已经到期？

（二）乙方是否欠丙方材料款？如欠款，是否已经到期？

（三）乙方是否怠于行使自己的到期债权？

（四）丙方是否因为乙方怠于行使自己的到期债权而受到损害？

四、开庭过程和判决结果

（一）开庭准备

乙方律师酒气熏天走进法庭，律师函、授权委托书均为空白，法官询问原因，其满不在乎，称庭后补交。这种游戏法律的态度笔者很不认可。

（二）法庭调查

1. 丙方举证

所举证据只有一张复印件，证明乙方拖欠丙方的 120 万已到期。乙方对此无异议。但甲方坚持要求丙方出具原件，否则认为证据缺乏真实性。

甲方律师要求丙方出具甲方欠乙方工程款且已经到期的证据，否则认为不构成代位权诉讼，请求法院驳回原告起诉。

丙方表示没有这方面的证据。

法官认为让丙方出具上诉证据实在是勉为其难，因为丙方是外部人，不可能知道甲方与乙方的事情。但甲方的律师仍然要求丙方出具甲方欠乙方工程款且已经到期的证据。

2. 甲方举证

甲方本有确凿证据，即已付全部工程款的92%，但此时发现原告没有证据，遂决定不再举证。即使其已经将所有付款收据和相应复印件准备齐全。

法官要求甲方举证，甲方律师回答：证据分为本证和反证，原告应举本证，然后被告出具反驳证据。"谁主张，谁举证"，现在对方作为原告，根本拿不出证据，我方就没有必要举证了。

庭审出现僵局。

法官说："你不举证就判你败诉。"

甲方律师回答：原告没有证据，你只能驳回他的起诉，怎能判我败诉？

庭审又出现僵局。

法官说："再给你一次机会，你不举证就判你败诉。"

甲方律师回答：我绝不会替原告举证。

庭审又出现僵局。

3. 乙方举证

口头认定工程有变更，增加工程量，产生增项500万元。

甲方律师认为不足为凭，且增加工程量是因为乙方出现工程事故，导致塌方，应该责任自负。程序上讲，乙方也是被告，不应客串原告的角色。

此外，甲方律师认为，本案施工单位为甲方施工建造室外排水管沟，由于施工质量问题，导致排水管沟塌方300多米。重新建造排水管沟产生的清理现场以及建设费用不是工程变更，而是乙方工作失误。相应费用应当由乙方承担。

(三) 法庭辩论

原告丙方认为，甲方拖欠乙方的工程款和乙方拖欠丙方的材料款均已到期，乙方怠于行使自己债权给丙方造成了损害，丙方完全具备行使代位权条件，法庭应支持丙方诉求。

债务人乙方同意代位权人原告的观点。

次债务人甲方认为，代位权行使的前提条件是两个债权均已合法到期，可是丙方仅凭欠款复印件不能证明乙方与丙方债权的真实性以及债权是否已经到期；另一方面，乙方施工的室外管沟尚未竣工验收合格，工程量和工程款价格均未确定，工程款尚未竣工结算，债权根本没有到期。

乙方认为，管沟塌陷是因为设计原因，因为施工图设计说明要求管沟用砖混方式去做，实际上管沟的建设应依据国家强制性标准用钢筋混凝土去做。乙方使用的是甲方给的图纸，因此图纸出现问题时，甲方应当承担责任。

甲方律师认为，施工图设计中已经明确管沟的做法适用国家标准，但下边又按照砖混进行设计，乙方应及时发现存在的问题，与设计单位和甲方沟通。可是乙方为了省事，不进行沟通就自作主张进行施工，导致地下管沟大面积塌陷，这是乙方责任导致的工程事故。

出事后，甲方另外雇施工队重新施工，修建了塌陷的300多米地下管沟。甲方按照原合同支付了乙方92%的工程款，又自费修建了室外管沟，承受了重大损失。现在乙方将工程塌陷导致的费用损失作为工程变更向甲方主张，没有任何法律依据。因此，甲方根本不欠乙方工程款，乙方应当就自己的工程事故向甲方赔偿。

三方各执一词，互不相让。

法官说：休庭，现在分配举证责任：因为证明甲方和乙方的债权债务关系的证据掌握在甲方手里，丙方无法就此进行举证，甲方拖欠乙方工程款的证据应当由甲方提供。乙方拖欠丙方材料款的证据由乙方举证。限双方在闭庭后15日内将上述证据提供给合议庭，逾期提交视为举证不能，将承担败诉结果。

甲方律师举手说，这样分配不公平。按照"谁主张，谁举证"的民事诉讼规则，代位权诉讼中的两个到期债权都应当由原告举证，原告没有相应证据的，应承担举证不能的后果。现在原告没有相应证据，让被告提供相关证据，实质上属于举证责任倒置。《民事诉讼法》对举证责任倒置的情形有明确规定，本案不属于其中任何一种情形，因此，相应证据不应当由被告提供。

（四）判决结果

驳回原告起诉。判决结果宣布以前不久，甲方所有银行账号都已经解封。

五、案例评析

（一）在判断准确的情况下，坚持自己的诉讼策略

本案原告没有相关证据，次债务人甲方律师发现这种情形，没有屈从法官压力，最终取得胜诉。

（二）讲究庭审策略，随机应变

为了应对本次诉讼，甲方律师要求甲方财务部门将所有支付乙方工程款

的凭证，包括原件和复印件都准备好，并在开庭时带到法庭。这些证据相当多，装满了汽车的后备厢。但是开庭后，次债务人甲方律师发现债权人除了乙方欠材料款的一张复印件以外，没有任何其他证据，于是决定不再提交相关证据。主审法官知道相关证据已经带到法庭，因此要求甲方提交证据。甲方律师知道提供证据对自己不利，等于替原告举证，因此坚持不再举证。因此，诉讼策略不能僵化，应该根据现场发生的变化，随机应变。

如同前面讲的勘察案例。建设单位律师在二审庭审中，否认支付给施工单位的是加固款，而是房屋修缮款。勘察单位律师马上抓住这个重大漏洞，指出既然是甲方的房屋修缮行为，那么发生的费用与勘察单位没有任何关系。这个反击直击被上诉人建设单位的要害，使其只好辩解是在打筏板等，但是其辩解已经显得苍白无力了。

（三）不受他人蛊惑，紧紧咬住对手的要害

本案的胜负手就是代位权要求的两个债权都合法到期，而这个需要甲方举证，为此法官和债务人均劝说甲方提交相关证据，但是甲方律师不受蛊惑，紧紧咬住对手的要害，使对手无计可施。当时，如果勘察单位律师提醒书记员将上诉人建设单位代理人说的话记载下来就更完美了。

（四）当图纸总说明与工程具体做法发生矛盾时，应当如何解决？本案室
　　　外管沟塌陷应当由谁承担责任

图纸总说明明确管沟执行国家标准，而国家标准的做法是钢筋混凝土结构。然而，施工图纸又按照砖混进行设计，施工单位按图施工，最终导致室外管沟出现300多米的塌陷事故。

笔者认为，以上事故属于混合责任。首先，甲方应在施工前组织图纸会审，如果组织了图纸会审，但设计方和施工方没有发现问题，那么甲方无责任。本案的主要责任方是设计方和施工方，设计方不应当在设计中出现如此重大的设计错误，这些错误在设计交底时就应当发现，可是却没有发现，设计方的专业水平和工作态度明显存在欠缺。就施工方而言，作为一个拥有一级资质的施工企业，其属于有经验的承包商，对设计上的矛盾应当及时发现。发现错误应当与设计单位和甲方及时沟通，共同确定施工工艺和做法再进行下道工序，不能不问青红皂白，胡乱施工而不计后果。所以，作为一各有经验的承包商，犯下这样错误难以自圆其说。

本案的设计方是甲方下属的设计院，如果设计方有责任，最终还是甲方

买单。正如有句话说的，不怕神级的对手，就怕猪一样的队友。甲方虽然成功狙击了代位权人的起诉，但是室外管沟的责任以及损失承担可能还会引起一场诉讼。

（五）与法官的合作方式：不卑不亢、有理有节

法官作为正义的最后一道防线应当保持中立，立场不偏不倚，这样才能保证判决结果公平。然而，现实中，有些法官只注重实体正义，缺乏程序正义观念，不注重举证规则，开庭比较随意。就本案而言，法官甚至威胁甲方律师，要求其按照要求举证，否则便要承担举证不能的责任。作为律师，一方面，应当遵守法庭规则，绝不与法官产生正面冲突；另一方面，也不能一味迁就，应当不卑不亢、有理有节。

有些法官审判民事案件如同公安人员审讯犯人，对律师要求特别严格，律师多说一句话，就会受到严厉呵斥、冷嘲热讽甚至人身攻击。律师遇到这种情况，务必保持理性和克制，必要时举手要求发言，建议法官使用法言法语，注意语言选择。

第十节 前后数份施工合同均无效的情况下，如何确定体现双方真实意思的实际履行合同
——《最高人民法院关于审理建设工程施工合同纠纷案件适用法律问题的解释（二）》第11条的运用

一、案情简介

起诉状称：2014年8月16日，被告甲房地产开发公司（甲方）与原告乙建筑公司（乙方）签订《施工合同》，承包内容为枫桥溪湖小镇1号、3号住宅楼和1号商业楼，合同价款采用固定单价，合同价款为2058万元。合同价款的调整方法：①当钢材价格超出招标同期材料基准价+200元/吨时，据实调整。②单项变更总价500元以内的不予增减。③2013年10月份以后省市主管部门颁发的规范性文件，决算据实调整。关于进度款：以形象进度为准，具体为：建筑主体完成至2层顶板付款15%，主体完成至7层付款15%，主题完成至10层付款15%，主体封顶付款25%，完成装修付款10%。竣工结算留5%作为保修金，余款一次性付清，保修金到期后一月内付清。关于违约责任：因发包人原因未能按照合同约定付款的，按未付工程款的年息6%承担违约责

任。2016年12月10日，双方就2号商业楼签订《施工合同》，固定单价，合同价款为365万元，系直发包工程。2015年1月13日，双方就项目的人防工程签订《施工合同》，固定单价，合同价款为1020万元，系直发包工程。2016年7月1日，双方就项目综合楼签订《施工合同》，固定单价，合同价款为3476万元。以上合同均已备案。项目开工后，甲方没有按时支付工程款，现已拖欠1500万元，利息1135万元。现提请仲裁，请求：①支付工程款1500万元；②利息1135万元；③赔偿申请人因此导致的经济损失；④仲裁费、保全费等费用由甲方承担。

答辩状称：枫桥溪湖小镇1号、3号住宅楼，1号商业楼以及综合楼有2份施工合同，乙方所称合同是未招标的合同，本案应以招标合同为准。合同签订后，甲方一直按约定支付工程款，乙方施工质量低劣，严重拖延工期。现在已经严重延误工期，给甲方造成巨大损失，请求驳回乙方的申请。

甲方的反申请：①要求解除合同；②要求支付违约金469万元，并赔偿甲方其他损失。

乙方的答辩：双方就同一项目签订两份合同，甲方所持合同为在先的招投标合同，但是由于该合同存在先进场施工后招标、改变中标工程范围等情况，因此甲方所持合同为无效合同。无效合同的溯及力自始无效，因此谈不上解除，甲方的仲裁申请没有法律和事实依据。乙方提交的《施工合同》依法成立，具有法律约束力，双方应当继续履行。总之，甲方所言不是事实，请仲裁庭查明真相，驳回甲方的反申请。

二、本案焦点问题

（一）同一项目双方提交了两套不同的合同文本，如何认定两套合同的效力，应当以哪一方提交的合同文本作为裁决依据？

（二）如何确定双方实际履行的合同？

（三）施工合同解除的条件以及如何主张合同解除？

（四）合同无效情况下能否主张逾期支付工程款违约金和利息？

三、开庭情况

书记员查明双方到庭人员，宣布仲裁庭纪律。首席仲裁员询问双方当事人是否申请回避，双方都表示不申请回避。首席仲裁员宣布开庭。

乙方宣读仲裁申请书。

甲方宣读答辩状。

甲方宣读反申请书。

乙方宣读答辩状。

首席仲裁员询问双方有没有补充申请、变更申请等，在双方表示没有新的补充、变更后，首席宣布开始法庭调查。

乙方向仲裁庭提供如下证据：

第一部分：关于枫桥溪湖1号楼、3号楼、1号楼商业附属工程

（1）《施工合同》；

（2）情况说明，证明乙方已经向甲方提交了竣工结算资料；

（3）工程洽商记录、工程补充变更通知书共48份，证明甲方对工程设计做了变更；

（4）竣工验收报告，证明乙方申请1号楼竣工验收，监理师验收合格；

（5）工程档案专项验收申请表，证明建筑档案馆同意对1号楼、3号楼住宅楼档案进行验收；

（6）工程竣工验收监督通知书，证明乙方已经向住建局质监站申请竣工验收；

（7）处罚通知，证明项目没有施工许可证被罚款；

（8）行政处罚听证告知书，证明甲方未经验收，擅自入驻1号楼商业、1号~7号楼住宅楼；

（9）停工通知，证明甲方多次通知停工；

（10）农民工工资预储金申请使用审批表证明应缴纳20%预储金，共计329万元；

（11）工程延付利息汇总以及工程款支付表。

第二部分：关于枫桥溪湖2号楼商业附属工程

（1）《施工合同》，证明合同价款为365万元；

（2）建设工程预算书，工程量增加，双方协议增加工程款。

第三部分：关于枫桥溪湖人防工程

（1）《施工合同》，证明合同价款1020万元；

（2）人防工程结算以及支付情况，证明已付805万元；

（3）施工单位工程款申请表，证明应再支付163万元；

（4）工程延期协议，证明双方竣工日期延至2017年12月31日；

(5) 工程签证单，证明设计变更，增加造价35万元；

(6) 工程索赔单，因甲方违约，索赔69万元；

(7) 工程洽商记录共8份，证明增加的工程量尚未结算。

第四部分：关于枫桥溪湖综合楼工程

(1)《施工合同》；

(2) 2016年9月4日工程造价核算报告，证明地下2层造价为333万元；

(3) 工程洽商记录，证明部分工程变更，没有结算；

(4) 工程签证单，证明设计变更增加造价93万元；

(5) 工程延期协议，证明竣工日期延至2017年12月31日；

(6) 二次结构验收证明，证明二次结构已经做完，应当支付到工程款的70%；

(7) 工程延付利息汇总以及工程款支付表，证明截至2017年12月31日，应付利息101万元；

(8) 工程索赔单，因被申请人违约，索赔102万元；

(9) 项目经理变更证明；

(10) 农民工工资预储金申请使用审批表证明应缴纳20%预储金，共计695万元。

甲方对乙方所提证据的质证意见：

对第一部分：

(1) 该《施工合同》不是双方真实意思，双方另有《施工合同》，该合同为固定总价，合同价款2441万元；

(2) 至 (11)，工程尚未竣工，不具备结算条件。所有单据签证不完整，真实性存疑；

对第二部分、第三部分、第四部分的质证意见都与第一部分的质证意见类似；

甲方向仲裁庭提交的证据以及乙方对所提证据的质证意见（略）。

2018年9月20日，合议庭就司法鉴定问题开庭审理，要求乙方与甲方按照司法鉴定机构的要求提供证据，并对对方证据进行质证，鉴定部门根据质证后的证据进行司法鉴定。

司法鉴定机构要求甲方提交的证据包括：①招标文件；②施工图纸；③设计变更；④工程洽商；⑤施工合同；⑥开竣工时间；⑦形象进度。

司法鉴定机构要求乙方提交的证据包括：①投标文件；②施工图纸；③设计变更；④工程洽商；⑤施工合同；⑥开竣工时间；⑦形象进度。

乙方没有 2 号商业图纸，合议庭要求双方庭下提交并核对。

甲方提出隐蔽工程已经覆盖，无法现场核实工程量，此时这部分工程款怎么鉴定。司法鉴定人员回答，如果这样就只能通过图纸鉴定。

司法鉴定人员请示合议庭，应当首先判断合同是否有效，依据合同来鉴定，否则无法进行司法鉴定。

合议庭承诺择日答复。

司法鉴定报告作出后，法院继续开庭，双方进入法庭辩论阶段。

（一）关于合同效力

乙方认为，经过招标的合同无效，理由是存在串标。直发包且备案的合同有效，因为直发包程序经过住建部门同意并接受过备案，相关证据已经提交。

甲方认为，本项目属于必须招标的工程项目，因此直发包的合同无效，经过招标的合同有效。

（二）合同是否应当解除

乙方认为，不应该解除，因为 1 号楼、3 号楼住宅，1 号楼商业已经交付使用；地下人防车库已经完成 95%，如果解除对于原告不公正。而且，无论根据《通用条款》还是根据《专用条款》，原告均无违约情形，不符合解约条件。

甲方认为，原告施工质量低劣，严重延误工期，经过多次催告，拒不整改。因此符合法定和约定的合同解除条件。

（三）关于违约责任

乙方认为，甲方不按约定支付工程款，拒绝提供农民工预储金支票，擅自将门窗、外墙装修、GRC 装饰框架、土方开挖项目分包，未验收及擅自使用，未办理《施工许可证》致使工程多次停工，对乙方提交的竣工结算资料不在约定期限回复等，应当承担违约责任。

甲方认为，乙方工程质量不合格、严重延误工期、未按时支付农民工工资导致出现群体事件、项目经理长期不在现场、未经同意对工程进行分包甚至转包等，应当承担违约责任。

乙方认为，甲方没有工程不合格的证据，且部分工程已经实际使用。未按期竣工是因为双方已经协商将工期延后，如 1 号楼、3 号楼住宅楼和 1 号楼商业楼的竣工时间延长到2017年1月17日。而且，甲方的《施工许可证》办理较晚，于2017年4月份才办理，因此未能在合同约定的时间竣工，这个责任在于甲方。

（四）关于工程变更

乙方认为，甲方多次变更图纸，工程洽商多达48次，价款均未结算。工程变更涉及金额500多万元，乙方索赔金额170多万元。

甲方认为，乙方提交的工程变更、洽商、签证多数没有建设单位、监理单位签字盖章，证据不具有合法性、真实性。证据多是复印件而且甲方均为听说，应是乙方单方行为，对此甲方不予认可。

（五）关于工程款的司法鉴定意见

乙方认为，2012定额以来，建筑市场变化很大，物价上涨，尤其是人工涨势非常猛，因此希望鉴定单位在2012定额的基础上进行市场询价，市场价格才是真是的价格，否则乙方将蒙受巨大损失。例如木工价格，由于奥运工程抢工期，很多工人都被奥运项目高价揽走，导致本地水电工人、木工、瓦工、架子工身价倍增，一个木工日工资达到700元~800元，而2012定额中，木工价格才70元，两者相差了10倍。因此，司法鉴定机构应按照市场价计算工程款。

甲方认为，鉴定结论的工程款远远超出乙方的实际应得价款。事实上，部分工程使用的是甲方供材，有些工程是建设单位完成的，还有一些工程没有做完，这部分工程款应扣除出去。此外，有些工程虽然有签证，但是实际上并没有实施。因此，司法鉴定部门不能仅靠图纸计算工程量，还需要现场计量，核实图纸与现场的实际工程量。

四、裁判结果

经过审理，法院作出判决：①甲方在收到本判决之日起支付乙方工程款1034万元，同时支付拖欠工程款产生的利息170万元，驳回乙方其他诉讼请求；②解除乙方与甲方的施工合同，同时驳回甲方的其他诉讼请求。

五、案例评析

（一）同一项目双方提交了两套不同的合同文本，如何认定两套合同的效力，应当以哪一方提交的合同文本作为裁决依据

2014年8月16日，双方就1号楼、3号楼住宅和1号楼、2号楼商业楼

签订了两份内容不同的合同，甲方提供的1号楼、3号楼住宅和1号楼、2号楼商业楼经过了招投标，但是没有备案，乙方提供的1号楼、3号楼住宅和1号楼商业楼经过了直发包，已经在住建局备案。

就综合楼而言，双方于2016年3月22日经过招投标签订了施工合同，标的2170万元；2016年7月1日经过直接发包签订了施工合同，标的为3476万元，后来因为增加地下二层又增加造价333万元；

地下人防工程只有一份合同。

笔者认为，本案施工合同均为无效合同，理由如下：

双方签约之日，我国招投标活动适用《招标投标法》和《招标投标法实施条例》，具体招标范围适用原国家计委于2000年颁布的《工程建设项目招标范围和规模标准规定》（现已失效）。按照上述规范性文件的规定，商品住宅属于必须招标的工程项目。尽管本项目中有综合楼和商业楼，但是却是枫桥溪湖项目的一部分，而本项目是住宅项目，因此必须通过招投标方式发包。至于人防工程，本身属于住宅项目的组成部分，此外更是涉及公共安全，因此也必须招标。

以上理由决定本项目不能通过直接发包的方式来承包。《住房和城乡建设部关于推进建筑业发展和改革的若干意见》（建市［2014］92号）、《河北省人民政府办公厅关于规范民营资本投资项目招标活动监督管理的通知》(冀政办字［2015］130号)、《河北省住房和城乡建设厅关于做好非国有资金投资建筑工程项目监管工作的通知》（冀建市［2014］33号）规定对民营资本投资的建筑工程试行建设单位自主决定是否招标发包。但是，上述规定均为行政规章，法律位阶较低，其内容不得与法律法规相冲突，否则无效。而上述文件正是与《招标投标法》和《招标投标法实施条例》冲突，因此不能对其加以适用。

本案直接发包的合同无效，经过招标的合同也无效。

首先，经过招标的1号楼、3号楼住宅和1号楼、2号楼商业楼施工合同是开工在先，招标在后。例如，1号楼商业楼，其2013年10月就已经开工，2014年4月已经竣工，同年7月已经交付使用，可是，该建筑于2014年8月16日才签订合同，招投标过程显然完全失去意义。1号楼、3号楼住宅也是2014年7月3日进场施工，2014年8月16日才签订合同的，明显存在串标。

其次，综合楼于2016年3月11日发生第一次工程洽商记录，3月15日进场，2016年3月22日签订招投标合同，明显存在串标。此外，2016年6月27日，甲方向乙方提交新图纸，要求按照新图纸施工。按照新图纸，工程造价由2170万元提高到3400万元。后来要求做地下二层，又增加333万元。合同实质性条款发生重大变更，因此招标合同已经无效。

地下人防工程应当依法招标而未招标，因此双方所签合同无效；2号楼商业应当依法招标而未招标，因此双方所签合同无效。

(二) 如何确定双方实际履行的合同

在两个版本合同均无效的情况下，应当尊重双方的意思表示，适用双方实际履行的合同。

经过招标的1号楼、3号楼住宅和1号楼、2号楼商业楼施工合同此后进行重大变更，即将2号楼商业楼分离出来于2016年12月10日单独签订合同，2号楼商业的条形基础变为筏板基础，合同价款也发生重大变化。由此可见，所谓招标的1号楼、3号楼住宅和1号楼、2号楼商业楼施工合同不是实际履行的合同，直发包的1号楼、3号楼住宅和1号楼商业是双方实际履行的合同。

综合楼的两个版本合同中，直接发包的合同签订时间在投标合同之后，且合同内容发生重大改变。现场施工内容也与合同内容相符，因此直接发包的合同是双方实际履行的合同。

直发包的1号楼、3号楼住宅和1号楼商业以及综合楼合同均经过住建局备案，可见这是双方真实的意思表示。合同备案虽然与合同效力无关，但却是推定双方真实意思的重要证据。且备案由甲方进行，乙方现在认可其为实际履行合同，因此本案中直发包的合同就是双方实际履行的合同。《最高人民法院关于适用〈中华人民共和国民事诉讼法〉的解释》第92条规定，一方当事人在起诉状、答辩状、代理词等书面材料中对与己不力的证据予以承认的，对方当事人无需举证证明。

至于人防工程和2号楼商业楼，虽然合同无效，但是可以按照《最高人民法院关于适用〈中华人民共和国民事诉讼法〉的解释》的规定，参照合同价款来结算工程款。

(三) 施工合同解除的条件以及如何主张合同解除

首先，施工合同解除的条件应满足《合同法》第93、94、95、96条的规定；其次应满足《最高人民法院关于审理建设工程施工合同纠纷案件适用法律问题的解释》第 8、9 条的规定。

就本案而言，由于施工合同无效，合同无效溯及开始，即自始无效，不适用合同解除条款。

发包方提出解除合同，不仅要提出解除合同，还要就解除合同导致的法律后果提出解决方案。例如，工程没有竣工的，不仅应提出解除合同的诉讼请求，还应当提出施工方人员和机械设备限期退出工地的诉讼请求，否则，即便合同解除，但是承包方继续占据工地和建筑物，导致发包方无法接管工地，仍无法另行发包，不得不就工地占有问题再次提起诉讼。

同理，承包方要求解除合同，也不能仅仅提出解除合同，还要测算工程的收益和损失，提出合理赔偿请求。例如，合同价格为固定总价合同，已经完成的工程属于地基基础或者主体部分，这部分利润较低。而未完成的水电安装、装饰装修利润较高，这时就不能按照平均利润索赔，而是要索要高于平均利润的赔偿。

（四）合同无效情况下能否主张逾期支付工程款违约金和利息

一般情况下，合同无效时，除了纠纷解决条款以外，其他条款均无效，当然，违约金条款也就无效，不能再依据合同中的违约金条款主张违约金和利息。

但是，按照《最高人民法院关于审理建设工程施工合同纠纷案件适用法律问题的解释》第 2 条的规定，合同无效但工程验收合格的，承包人请求参照合同约定支付工程价款的，应予支持。本条的规定是为了保护农民工的利益，维护社会的稳定。

笔者认为，公平交易、等价有偿是民法的基本原则，既然承包人有权请求参照合同约定支付工程价款，那么发包人也有权请求参照合同约定主张逾期支付工程款违约金和利息，否则承包人的利益得到了保护，发包人的利益却成了无人问津的法外之地，这样承包人与发包人的实体权利与程序权利就出现了不对等。

如果按照无效合同的过错责任原则追究赔偿责任，一方面，可能会导致发包人不得不另行起诉，增加当事人诉累，降低法院审判效率；另一方面，也会造成过错赔偿不易量化，不方便主张权利。如果参照合同约定主张逾期支付工程款违约金和利息，则一举消除上诉无效合同的过错责任原则追究赔偿责任的弊端，能够公平、合理地解决当事人的纠纷，平衡当事人的利益诉求。

(五) 发包方没有及时办理《施工许可证》对建设工程工期和工程款支付的影响

司法实践中，有人认为施工合同违法，合同即无效。这是一种错误的认识。《最高人民法院关于适用〈中华人民共和国合同法〉若干问题的解释(二)》第14条规定，《合同法》第52条规定中的强制性规定是指效力性强制规定。所谓效力性强制规定是指涉及公众利益和公众安全或者法律明文规定违反及无效的规定。

与效力性规定相对的概念便是管理性规定，就本案而言，开工需要办理《施工许可证》是住房和城乡建设部的规章规定，属于管理性规定。法律行为违反管理性规定的，并不必然导致无效。

就本案而言，发包方没有及时办理《施工许可证》并不导致合同无效。一般而言，发包方没有及时办理《施工许可证》对建设工程工期和工程款支付没有实质性影响。

(六) 在一方申请鉴定，另一方不同意鉴定情况下，法院是否有权进行工程造价鉴定

《民事诉讼法》第64条规定，人民法院认为审理案件需要的证据，应当依职权调查收集。鉴定报告属于证据的一种，当审理案件需要借此查明真相时，有权自行调查收集。

《最高人民法院关于适用〈中华人民共和国民事诉讼法〉的解释》第121条第2款规定："人民法院准许当事人鉴定申请的，应当组织当事人协商确定具备相应资格的鉴定人。当事人协商不成的，由人民法院指定。"

《仲裁法》第43条第2款规定："仲裁庭认为有必要收集的证据，可以自行收集。"第44条第1款规定："仲裁庭对专门性问题认为需要鉴定的，可以交由当事人约定的鉴定部门鉴定，也可以由仲裁庭指定的鉴定部门鉴定。"

根据上述规定，一方申请鉴定，另一方不同意鉴定的，法院或者仲裁机构均有权进行工程造价鉴定。

第十一节　工程款与农民工资纠纷案件的主管问题
——农民工诉建设单位、施工单位拖欠工资案

一、案情简介

2009年，甲房地产开发公司与乙承包商签订施工合同，乙承包商承建甲房地产开发公司10栋住宅楼，包工包料，合同价款为8000万元，工期1年，质量要求合格。乙公司雇佣几十名农民工从事木工、瓦工、架子工等工作，2010年10月工程如期竣工并交付验收。因为乙公司未支付全部工程款，农民工起诉乙公司和甲公司，要求支付工资共130万元。

二、相关法律知识

1.《最高人民法院关于审理建设工程施工合同纠纷案件适用法律问题的解释（二）》（法释［2018］20号）；

2.《最高人民法院关于审理建设工程施工合同纠纷案件适用法律问题的解释》（法释［2004］14号）；

3.《最高人民法院关于集中清理拖欠工程款和农民工工资案件的紧急通知》（法［2004］259号）；

4.《中华人民共和国刑法修正案（八）》。

第四十一条　在刑法第二百七十六条后增加一条，作为第二百七十六条之一："以转移财产、逃匿等方法逃避支付劳动者的劳动报酬或者有能力支付而不支付劳动者的劳动报酬，数额较大，经政府有关部门责令支付仍不支付的，处三年以下有期徒刑或者拘役，并处或者单处罚金；造成严重后果的，处三年以上七年以下有期徒刑，并处罚金。

"单位犯前款罪的，对单位判处罚金，并对其直接负责的主管人员和其他直接责任人员，依照前款的规定处罚。

"有前两款行为，尚未造成严重后果，在提起公诉前支付劳动者的劳动报酬，并依法承担相应赔偿责任的，可以减轻或者免除处罚。"

对于恶意拖欠农民工工资的行为，国家进行严厉的打击，不助长邪恶之风。虽然有很多法律法规来保护农民工的合法权益，但是国家仍应加强这方面的建设，仅有恶意拖欠农民工工资司法解释还是不够的，在执法上，法律援助方面仍应进行大力建设。

5.《最高人民法院关于审理拒不支付劳动报酬刑事案件适用法律若干问题的解释》(法释〔2013〕3号)。

为依法惩治拒不支付劳动报酬犯罪,维护劳动者的合法权益,根据《中华人民共和国刑法》有关规定,现就办理此类刑事案件适用法律的若干问题解释如下:

第一条 劳动者依照《中华人民共和国劳动法》和《中华人民共和国劳动合同法》等法律的规定应得的劳动报酬,包括工资、奖金、津贴、补贴、延长工作时间的工资报酬及特殊情况下支付的工资等,应当认定为刑法第二百七十六条之一第一款规定的"劳动者的劳动报酬"。

第二条 以逃避支付劳动者的劳动报酬为目的,具有下列情形之一的,应当认定为刑法第二百七十六条之一第一款规定的"以转移财产、逃匿等方法逃避支付劳动者的劳动报酬":

(一)隐匿财产、恶意清偿、虚构债务、虚假破产、虚假倒闭或者以其他方法转移、处分财产的;

(二)逃跑、藏匿的;

(三)隐匿、销毁或者篡改账目、职工名册、工资支付记录、考勤记录等与劳动报酬相关的材料的;

(四)以其他方法逃避支付劳动报酬的。

第三条 具有下列情形之一的,应当认定为刑法第二百七十六条之一第一款规定的"数额较大":

(一)拒不支付一名劳动者三个月以上的劳动报酬且数额在五千元至二万元以上的;

(二)拒不支付十名以上劳动者的劳动报酬且数额累计在三万元至十万元以上的。

各省、自治区、直辖市高级人民法院可以根据本地区经济社会发展状况,在前款规定的数额幅度内,研究确定本地区执行的具体数额标准,报最高人民法院备案。

第四条 经人力资源社会保障部门或者政府其他有关部门依法以限期整改指令书、行政处理决定书等文书责令支付劳动者的劳动报酬后,在指定的期限内仍不支付的,应当认定为刑法第二百七十六条之一第一款规定的"经政府有关部门责令支付仍不支付",但有证据证明行为人有正当理由未知悉责令支付或者未及时支付劳动报酬的除外。

行为人逃匿，无法将责令支付文书送交其本人、同住成年家属或者所在单位负责收件的人的，如果有关部门已通过在行为人的住所地、生产经营场所等地张贴责令支付文书等方式责令支付，并采用拍照、录像等方式记录的，应当视为"经政府有关部门责令支付"。

第五条 拒不支付劳动者的劳动报酬，符合本解释第三条的规定，并具有下列情形之一的，应当认定为刑法第二百七十六条之一第一款规定的"造成严重后果"：

（一）造成劳动者或者其被赡养人、被扶养人、被抚养人的基本生活受到严重影响、重大疾病无法及时医治或者失学的；

（二）对要求支付劳动报酬的劳动者使用暴力或者进行暴力威胁的；

（三）造成其他严重后果的。

第六条 拒不支付劳动者的劳动报酬，尚未造成严重后果，在刑事立案前支付劳动者的劳动报酬，并依法承担相应赔偿责任的，可以认定为情节显著轻微危害不大，不认为是犯罪；在提起公诉前支付劳动者的劳动报酬，并依法承担相应赔偿责任的，可以减轻或者免除刑事处罚；在一审宣判前支付劳动者的劳动报酬，并依法承担相应赔偿责任的，可以从轻处罚。

对于免除刑事处罚的，可以根据案件的不同情况，予以训诫、责令具结悔过或者赔礼道歉。

拒不支付劳动者的劳动报酬，造成严重后果，但在宣判前支付劳动者的劳动报酬，并依法承担相应赔偿责任的，可以酌情从宽处罚。

第七条 不具备用工主体资格的单位或者个人，违法用工且拒不支付劳动者的劳动报酬，数额较大，经政府有关部门责令支付仍不支付的，应当依照刑法第二百七十六条之一的规定，以拒不支付劳动报酬罪追究刑事责任。

第八条 用人单位的实际控制人实施拒不支付劳动报酬行为，构成犯罪的，应当依照刑法第二百七十六条之一的规定追究刑事责任。

第九条 单位拒不支付劳动报酬，构成犯罪的，依照本解释规定的相应个人犯罪的定罪量刑标准，对直接负责的主管人员和其他直接责任人员定罪处罚，并对单位判处罚金。

6. 《国务院办公厅关于切实解决企业拖欠农民工工资问题的紧急通知》(国办发明电〔2010〕4号)。

一、各地区、各有关部门要进一步统一思想认识,从维护社会稳定大局的高度,把解决企业拖欠农民工工资问题作为当前一项重要而紧迫的任务抓紧抓细,确保各项措施落到实处。按照属地管理、分级负责、谁主管谁负责的原则,进一步明确地方各级人民政府和有关部门的责任,省级人民政府负总责。人力资源社会保障部门要加强对解决企业拖欠农民工工资问题的组织协调和督促检查,加大劳动保障监察执法和劳动争议调处力度。住房城乡建设、发展改革、监察、财政等部门和工会要按照职责分工,积极做好解决建设领域拖欠工程款及企业拖欠农民工工资相关工作。

二、深入开展农民工工资支付情况专项检查,切实维护农民工的合法权益。地方各级人民政府要在普遍检查的基础上,集中力量重点解决建设领域企业拖欠农民工工资问题。要抓紧组织对本行政区域内所有在建工程项目支付农民工工资情况逐一排查,发现拖欠工资问题或欠薪苗头及时督促企业妥善解决;对反映投诉的建设领域工资历史拖欠问题,也要认真加以解决。要加强行政司法联动,加大对欠薪逃匿行为的防范、打击力度。对因拖欠工资问题引发的劳动争议,要开辟争议处理"绿色通道",对符合立案条件的当即立案,快速调处,力争在春节前办结;对符合裁决先予执行的拖欠工资案件,可以根据劳动者的申请裁决先予执行。

三、督促企业落实清偿被拖欠农民工工资的主体责任。各类企业都应依法按时足额支付农民工工资,不得拖欠或克扣。建设工程承包企业追回的拖欠工程款应当优先用于支付被拖欠的农民工工资。因建设单位或工程总承包企业未按合同约定与建设工程承包企业结清工程款,致使建设工程承包企业拖欠农民工工资的,由建设单位或工程总承包企业先行垫付被拖欠的农民工工资。因工程总承包企业违反规定发包、分包给不具备用工主体资格的组织或个人,由工程总承包企业承担清偿被拖欠的农民工工资责任。

四、加大力度解决建设领域拖欠工程款问题。对于政府投资的工程项目已拖欠的工程款,要由本级政府限期予以清偿;涉及拖欠农民工工资的,先行垫付被拖欠的工资。对于房地产开发等项目已拖欠的工程款,要督促建设单位限期还款;涉及拖欠农民工工资的,先行垫付被拖欠的工资;对不具备还款能力的项目,可采取资产变现等措施筹措还款资金。政府有关部门要及时准确地向人民法院提供建设单位拖欠工程款的信息，帮助建筑业企业通过法律途径解决拖欠工程款问题。对已通过诉讼程序进入执行阶段的拖欠工程款，要配合支持人民法院加大执行力度。对因建设单位破产等特殊原因，致使拖欠工程款成为"死账"的，由有关部门和当地人民政府妥善解决。

五、加快完善预防和解决拖欠农民工工资工作的长效机制。地方各级人民政府及有关部门要抓紧完善企业工资支付的法规和政策，建立健全企业劳动保障守法诚信制度、工资支付监控制度，完善工资保证金制度，强化劳动保障监察执法，切实保障农民工工资按月足额支付。要进一步规范建设工程分包行为，加强建设项目资金管理，从源头上防止发生拖欠工程款导致拖欠农民工工资问题。地方政府未能解决政府投资工程项目拖欠工程款问题的，除极特殊的项目外，一律不再批准其新建政府投资工程项目。对有拖欠工程款问题的房地产开发企业，一律不得批准其新开发建设项目和为其办理用地手续。对存在拖欠农民工工资问题的建筑业企业，要依法对其市场准入、招投标资格和新开工项目施工许可等进行限制，并予以相应处罚。

六、地方各级人民政府要进一步健全应急工作机制，完善应急预案，及时妥善处置因拖欠农民工工资问题引发的群体性事件，坚决防止事态蔓延扩大。对于拖欠时间长、涉及数额大、一时无法解决的拖欠工资，要通过动用应急周转金等资金渠道先行垫付部分工资，或给予被拖欠工资的农民工必要的生活救助，帮助其解决生活困难。同时，要加强舆论引导，做好疏导工作，引导农民工用理性合法的手段维护自身权益。

各省（区、市）人民政府要在春节前组织开展专项督查，人力资源社会保障部会同解决企业工资拖欠问题部际联席会议成员单位进行重点督查。对监管责任不落实、工作不到位以及政府投资工程项目拖欠工程款导致拖欠工资问题引发严重群体性事件的，要对直接责任人员和有关领导实行责任追究。

国务院办公厅
2010 年 2 月 5 日

三、本案焦点问题

（一）农民工起诉发包人和承包人拖欠工资属于劳动关系纠纷还是工程款纠纷？

（二）发包人已经支付承包人工程款，承包人未全部支付公民工工资，现农民工起诉发包人，发包人对农民工是否还有支付义务？

（三）农民工如何举证自己被拖欠的工资数额？

四、开庭过程和判决结果

开庭后，主审法官认为本案属于劳动关系的纠纷，遂告知原告向当地劳动争议仲裁委员会申请仲裁。

经过审理，一审法院驳回了原告起诉。原告没有上诉。

五、案例评析

（一）建设单位、施工单位、分包单位的法律关系

建设单位与施工单位是雇佣与被雇佣的关系，施工单位就工程质量对建设单位负责；施工单位与分包单位是总承包与分包的关系，二者对建设单位承担连带责任。分包单位承揽工程后不能再次分包。

（二）劳动关系与劳务关系的区别

（1）主体不同。劳动关系的主体是确定的，即一方是用人单位，另一方必然是劳动者。而劳务关系的主体是不确定的，可能是两个平等主体，也可能是两个以上的平等主体；可能是法人之间的关系，也可能是自然人之间的关系，还可能是法人与自然人之间的关系。

（2）关系不同。劳动关系的两个主体之间不仅存在着财产关系（即经济关系），还存在着人身关系，即行政隶属关系。也就是说，劳动者除提供劳动之外，还要接受用人单位的管理，服从其安排，遵守其规章制度等。劳动关系双方当事人，虽然法律地位是平等的，但实际生活中的地位却是不平等的。这就是我们常说的用人单位是强者，劳动者是弱者。而与劳动关系相近的劳务关系的两个主体之间只存在财产关系，或者说是经济关系，即劳动者提供劳务服务，用人单位支付劳务报酬。彼此之间不存在行政隶属关系，而是一种相对于劳动关系当事人、主体地位更加平等的关系。

（3）劳动主体的待遇不同。劳动关系中的劳动者除获得工资报酬外，还有保险、福利待遇等；而劳务关系中的自然人，一般只获得劳动报酬。

（4）适用的法律不同。劳动关系适用《劳动法》，而劳务关系则适用《合同法》。

（5）合同的法定形式不同。劳动关系用劳动合同来确立，其法定形式是

书面的。而劳务关系须用劳务合同来确立，其法定形式除书面的以外，还可以是口头和其他形式。

（三）农民工与施工单位是劳动关系还是劳务关系

（1）建筑公司（包括各项目部）与其雇用的农民工之间的关系。

（2）因不具备施工资质，挂靠建筑公司，以建筑公司名义施工的项目部（有分公司或项目部印章、工程款通过建筑公司账户结算）与其雇用的农民工之间的关系。

（3）因不具备施工资质，挂靠建筑公司，以建筑公司名义施工的项目部（项目部交挂靠费，建筑单位出公章、出资质，项目部与开发商直接结算）与其雇用的农民工之间的关系。

（4）建筑公司将劳务部分分包给有资质的劳务分包企业时，建筑公司与农民工的关系。

（5）建筑公司将劳务部分分包给没有资质的劳务分包企业时，建筑公司与农民工的关系。

（6）建筑公司将劳务部分分包给没有资质的个人（包工头包工包料）时，建筑公司与农民工的关系。

（7）建筑公司将劳务部分分包给没有资质的个人（仅作清包工的包工头）时，建筑公司与农民工的关系。

（8）建筑公司将主体以外部分分包给没有资质的个人（包工头包工包料）时，建筑公司与农民工的关系。

《劳动合同法》第7条规定，用人单位自用工之日起即与劳动者建立劳动关系。《劳动和社会保障部关于确立劳动关系有关事项的通知》第4条规定："建筑施工、矿山企业等用人单位将工程（业务）或经营权发包给不具备用工主体资格的组织或自然人，对该组织或自然人招用的劳动者，由具备用工主体资格的发包方承担用工主体责任。"

但《最高人民法院关于审理人身损害赔偿案件适用法律若干问题的解释》与以上法律法规是相冲突的。该司法解释第11条第2款规定："雇员在从事雇佣活动中因安全生产事故遭受人身损害，发包人、分包人知道或者应当知道接受发包或分包业务的雇主没有相应资质或者安全生产条件的，应当与雇主承担连带赔偿责任。"该条实际上也间接说明包工头雇佣人员与建筑企业没有雇佣关系。

（四）本案的主管问题，即建筑公司与其雇佣的农民工之间是劳动关系还是劳务关系，农民工工资问题应到劳动仲裁委员会仲裁还是到法院起诉

如果原告起诉的是工程款，则由受诉法院审理；如果原告起诉的是农民工工资，就应当到劳动仲裁委员会申请仲裁。

（五）本案管辖问题，即当被告为两人，且不在同一住所地时，应由哪个法院来管辖

(1) 施工合同纠纷以施工行为地为合同履行地；

(2) 先受理原则：哪个法院先受理即由该法院审理；

(3) 管辖权异议：一方当事人认为受诉法院不具管辖权的，应当在答辩期限内提出异议。

（六）建筑公司雇佣的农民工，能否直接起诉房地产开发公司

1. 合同主体的相对性原则

一般而言，施工单位的农民工不可以直接起诉建设单位，因为建设单位与农民工之间没有合同关系，这就是合同相对性原理。但是，为了保护农民工的利益，在施工单位怠于起诉建设单位，导致农民工利益受到损害时，建筑公司雇用的农民工，能直接起诉房地产开发公司。

2. 实际施工人可直接起诉房地产开发公司

《最高人民法院关于审理建设工程施工合同纠纷案件适用法律问题的解释》第26条规定："实际施工人以转包人、违法分包人为被告起诉的，人民法院应当依法受理。实际施工人以发包人为被告主张权利的，人民法院可以追加转包人或者违法分包人为本案当事人。发包人只在欠付工程价款范围内对实际施工人承担责任。"

（七）原告若属于建筑单位的职工，其诉讼地位如何

如果原告属于建筑单位的职工，那么本案就属于劳动关系，应告知原告到劳动仲裁委员会申请仲裁。

六、对本案的总结思考——如何解决拖欠民工工资的问题

（一）农民工工资预储金和保证金缴纳制度

各地住建局市场科预收农民工工资预储金，收取比例占施工合同价款的20%；各地人社局清欠办收取农民工工资保证金，收取比例为施工合同价款

的 2%。不允许建设单位要求施工单位垫付农民工工资预储金和保证金。

（二）工资支付专用账户制度

住建局、清欠办与建设单位共同在银行开立农民工工资预储金和保证金账户，按照施工合同约定的支付节点支付工程款。需要支付农民工工资时，建设单位向住建局、清欠办递交支付申请书，经过批准后，建设单位向施工单位支付农民工工资。工资支付专用账户的资金专款专用，不得挪作他用。

（三）工资支付告示牌张贴上墙制度

为了避免施工单位与所雇用的农民工之间出现支付脱节，需要在工资支付前，将拟支付的工资张贴公示，告知领工资的人员、数量、金额，以免冒领。

（四）失信企业黑名单制度

对于不按照规定预存农民工工资预储金和保证金缴纳的单位，政府将其纳入黑名单，不为其办理《施工许可证》《商品房预售许可证》。

（五）建筑劳务工人实名制管理

目前，全国有资质的建筑企业8万多家，从业人员5000余万人。对于大部分地区来说，劳务实名制还是停留在纸质文件的层面。

2017年，住房和城乡建设部副部长易军明确，根据国务院办公厅印发的《关于促进建筑业持续健康发展的意见》，建筑劳务工人实名制管理工作将在中国全面推行。

2017年5月，全国建筑工人实名制管理平台正式上线。现在，平台已上线项目5099个，参建单位45 263个，在册工人221.7万人，在场工人141.4万人。

（六）《国务院办公厅关于切实解决企业拖欠农民工工资问题的紧急通知》

（七）《最高人民法院关于审理建设工程施工合同纠纷案件适用法律问题的解释》第7条

具有劳务作业法定资质的承包人与总承包人、分包人签订的劳务分包合同，当事人以转包建设工程违反法律规定为由请求确认无效的，不予支持。

（八）拒不支付劳动报酬罪

《中华人民共和国刑法修正案（八）》第41条规定："在刑法第二百七十六条后增加一条，作为第二百七十六条之一：'以转移财产、逃匿等方法逃避支付劳动者的劳动报酬或者有能力支付而不支付劳动者的劳动报酬，数额较大，经政府有关部门责令支付仍不支付的，处三年以下有期徒刑或者拘役，并处或者单处罚金；造成严重后果的，处三年以上七年以下有期徒刑，并处罚金。单位犯前款罪的，对单位判处罚金，并对其直接负责的主管人员和其他直接责任人员，依照前款的规定处罚。有前两款行为，尚未造成严重后果，在提起公诉前支付劳动者的劳动报酬，并依法承担相应赔偿责任的，可以减轻或者免除处罚。'"

因此，如果用人单位不支付农民工构成犯罪的，将被以拒不支付劳动报酬罪起诉。

第十二节　施工合同被判无效时发包方的工期利益如何救济
——建设工程违约与过错赔偿案件

一、案情简介

甲、乙公司于 2005 年 3 月 3 日签订《建设工程施工合同》，约定乙公司垫资承包甲公司盛世美苑住宅小区土建安装、水暖电的施工合同。乙公司资金不足，基础工作完成后被迫停工。乙公司向甲公司要求拨付工程款，甲公司认为乙公司构成违约，要求解除施工合同，乙公司起诉甲公司，主张基础部分的工程款、违约金和利息，甲公司反诉乙公司，要求解除与乙公司的施工合同，并主张工期延误违约金，赔偿购房人退房导致的损失。

二、本案焦点问题

（一）起诉时是主张违约金，还是主张过错赔偿？如何确定和划分过错责任？

（二）如主张错误，如何救济？法院如何处理？

三、开庭过程和判决结果

某县人民法院经过审理，认为办案施工合同无效，判决驳回乙公司的诉讼请求，诉讼费由乙公司承担。

四、案例评析

（一）起诉时是主张违约金，还是主张过错赔偿？如何确定和划分过错责任

当事人各方在起诉前应当正确判断合同的效力，如果合同为有效合同，

就应主张违约金。违约金不足以弥补所受损失的,还可以主张损害赔偿。如果合同无效,与之相应的违约金不再适用,而应当根据《合同法》第58条的规定主张过错赔偿。

就本案而言,如果不存在应招标的工程未招标、施工企业资质存在瑕疵、工程被转包、违法分包等导致合同无效问题,当事人就可以根据有效合同主张对方承担违约责任。

在合同无效,当事人主张过错赔偿的情况下,双方主要根据《合同法》第58条规定追究责任,即"合同无效或者被撤销后,因该合同取得的财产,应当予以返还;不能返还或者没有必要返还的,应当折价补偿。有过错的一方应当赔偿对方因此所受到的损失,双方都有过错的,应当各自承担相应的责任"。

追究过错责任还要区分以对方能否合理预见为限。如果乙方能够合理预见工期延误将导致购房人退房,那么乙方应当承担相应的损失。反之,甲方没有证据或者理由证明乙方能够合理预见工期延误将导致购房人退房,那么就无权要求乙方承担相应损失。

追究过错责任还要查明事实,分清是非,责任与过错大小相适应,符合民法公平原则。就本案而言,主要查明停工的责任以及各方责任的大小。如果是甲方没有履行合作、协助、组织、通知、支付工程款义务的,甲方承担相应责任。如果是乙方人员、设备、资金、管理不到位导致工期延误,或者停工期间没有采取措施避免损失扩大,放任损害发生延续,乙方也应承担相应责任。[1]

(二) 如主张错误,如何救济?法院如何处理

如果甲公司或者乙公司认为合同有效而主张合同违约金,但是审理过程中法院发现合同存在无效情形,法院依据职权判决合同无效,而合同无效情况下违约金条款不再适用。法院能否同时驳回双方的诉讼请求?

对于当事人而言,起诉时不仅应当要求支付违约金,而且应当主张损害赔偿。这样,无论合同有效还是无效,诉讼请求都可以进入实体审理阶段。此外,若发生效力认定冲突,应当及时变更或者追加诉讼请求,以保障自己

---

[1] 参见"河南省偃师市鑫龙建安工程有限公司与洛阳理工学院、河南省第六建筑工程公司索赔及工程欠款纠纷案",载《最高人民法院公报》2013年第1期。

的合法权益。

就法院而言,当事人按照合同有效提出主张但是法院依职权判断无效,此时应当及时提醒当事人变更或者追加诉讼请求,以提高法院的审判效率,减少当事人讼累。如果法庭调查阶段结束,案件事实清楚,赔偿额没有超过当事人的诉讼请求的,法院也可以根据当事人的真实意图,判决支持当事人的经济损失以及利息。[1]

(三)违约金主张多少为宜?何为违约金过高或者违约金过低

《最高人民法院关于适用〈中华人民共和国合同法〉若干问题的解释(二)》第28条规定:"当事人依照合同法第一百一十四条第二款的规定,请求人民法院增加违约金的,增加后的违约金数额以不超过实际损失额为限。增加违约金以后,当事人又请求对方赔偿损失的,人民法院不予支持。"

第29条规定:"当事人主张约定的违约金过高请求予以适当减少的,人民法院应当以实际损失为基础,兼顾合同的履行情况、当事人的过错程度以及预期利益等综合因素,根据公平原则和诚实信用原则予以衡量,并作出裁决。当事人约定的违约金超过造成损失的百分之三十的,一般可以认定为合同法第一百一十四条第二款规定的'过分高于造成的损失'。"

最高人民法院民一庭程新文庭长在于2015年12月24日发布的《最高人民法院关于当前民事审判工作中的若干具体问题》中指出:"关于工程价款结算问题。要尊重合同中有关工程价款结算方法、标准的约定内容,严格执行工程造价、工程质量等鉴定程序的启动条件。虽然建设工程施工合同无效,但建设工程经竣工验收合格的,一般应参照合同约定结算工程价款,实际施工人违反合同约定另行申请造价鉴定结算的,一般不予支持。""关于违约金数额问题。违约金过高或过低的判断标准应结合行业利润率确定。建设工程行业的利润率一般在3%左右,实践中,在计算或调整违约金数额时,要考虑建筑业是微利行业的特点,尽量避免承包人因承担过高违约金导致'倒贴钱'现象发生。此外,对于《建设工程司法解释》第二十六条规定,目前实践中执行得比较混乱,我特别强调一下,要根据该条第一款规定严守合同相对性原则,不能随意扩大该条第二款规定的适用范围,只有在欠付劳务分包工

---

[1] 中华人民共和国最高人民法院民事审判第一庭编,奚晓明主编:《民事审判指导与参考》(2009年第2辑),法律出版社2009年版,第218~219页。

款导致无法支付劳务分包关系中农民工工资时，才可以要求发包人在欠付工程价款范围内对实际施工人承担责任，不能随意扩大发包人责任范围。"

就本案而言，当事人应当按照合同约定主张违约金，如果主张的违约金超过了实际损失，就应当主动调低违约金数额，以避免诉讼费的损失。法院应当按照民法公平原则对违约金数额进行综合判断，既要保护当事人的合法权益，也不能使一方当事人从无效合同中获取的利益超过有效合同。

（四）甲、乙两公司约定了欠付工程款违约金，乙公司起诉时是否有权在违约金之外再主张利息

当事人事先约定除了利息外，还应承担违约金责任，则从其约定；如果没有这样约定，则无权同时主张违约金和利息。[1]

（五）甲公司解除合同，可否根据合同主张工期延误违约金

《合同法》第98条规定："合同的权利义务终止，不影响合同中结算和清理条款的效力。"根据《合同法》第91条的规定，合同的终止情形包括合同履行、合同解除、债务抵销、提存、免除、混同等。现甲公司提出解除合同，合同虽然终止，但是，关于违约责任的条款仍然有效，因此，甲公司解除合同，可根据合同主张工期延误违约金。[2]

（六）如果工程款在约定给付日期前没有明确具体数额，乙方可否主张工程款逾期违约金

付款期限已经确定，但是付款金额无法确定。这种情况下应当明确付款金额无法确定的原因，如果因为甲方过错导致付款金额无法确定的，乙方可以主张工程款逾期违约金。

（七）结算时未主张逾期付款违约金或逾期竣工违约金的，结算完成后可否继续主张

双方竣工结算时，乙方只主张工程款本金，没有要求逾期付款利息。竣工结算后，双方应当按照结算凭证约定的权利和义务履行，不能再就原合同约定的利息主张权利。如果原合同没有关于逾期付款利息的约定，乙方就更没有权利主张。同样的道理也适用于甲方，即结算时未主张逾期竣工违约金

---

〔1〕参见最高人民法院民事审判第一庭编，奚晓明主编：《民事审判指导与参考》（2012年第1辑），人民法院出版社2012年版，第265~266页。

〔2〕参见"永清县中远房地产开发有限公司与华北建设集团有限公司施工合同纠纷案"（最高人民法院［2014］民申字第2208号裁定书）。

的，结算后也不能就此款项单独起诉。[1]

(八) 工程被迫停工时，甲、乙公司如何计算停工损失，双方对工程应尽什么义务

因甲公司解除合同，乙公司被迫停工。乙公司认为停工期间造成的损失应该由甲方承担。甲方认为乙方无力垫资，违反合同约定，导致工程工期延误，无法按时交房，造成购房人纷纷退款。甲方的损失应当由乙方承担。

判断双方的损失如何承担，前提是查明事实、分清责任。

《建筑法》没有禁止垫资承包，根据"法无禁止即可为"的法理通说，双方约定的垫资承包一般情况下是有效的。但是《招标投标法》第9条规定，工程申请招标的，应当有相应的资金或者资金来源已经落实。《招标投标法实施条例》《房屋建筑和市政基础设施工程施工招标投标管理办法》《工程建设项目施工招标投标办法》都对此作了类似规定。所以，如果本案属于必须招标的项目，那么甲公司需要乙公司完全垫资建设是有过错的。

如果本案不是必须招标的项目，甲公司开工前一样需要一定资金到位。《建筑工程施工许可管理办法》第4条规定："建设单位申请领取施工许可证，应当具备下列条件，并提交相应的证明文件：(一) 依法应当办理用地批准手续的，已经办理该建筑工程用地批准手续。(二) 在城市、镇规划区的建筑工程，已经取得建设工程规划许可证。(三) 施工场地已经基本具备施工条件，需要征收房屋的，其进度符合施工要求。(四) 已经确定施工企业。按照规定应当招标的工程没有招标，应当公开招标的工程没有公开招标，或者肢解发包工程，以及将工程发包给不具备相应资质条件的企业的，所确定的施工企业无效。(五) 有满足施工需要的技术资料，施工图设计文件已按规定审查合格。(六) 有保证工程质量和安全的具体措施。施工企业编制的施工组织设计中有根据建筑工程特点制定的相应质量、安全技术措施。建立工程质量安全责任制并落实到人。专业性较强的工程项目编制了专项质量、安全施工组织设计，并按照规定办理了工程质量、安全监督手续。(七) 建设资金已经落实。建设单位应当提供建设资金已经落实承诺书。(八) 法律、行政法规规定的其

---

[1] 参见"哈尔滨市通信建设工程有限公司与中国联通网络通信有限公司兴安盟分公司建设工程合同纠纷案"（最高人民法院［2014］民申字第652号裁定书）。

他条件。县级以上地方人民政府住房城乡建设主管部门不得违反法律法规规定，增设办理施工许可证的其他条件。"

此处说的资金落实应当是建设单位的自有资金。如果垫资承包，所垫资金视为建设单位融资，资金应当满足农民工工资预储金、安全文明措施费、各项税金、散装水泥基金、墙改基金、各项配套设施费的交付。否则也应视为甲公司建设资金没有落实，对停工负有过错责任。

对于乙公司而言，甲公司资金不到位也不意味着乙公司可以成年累月停工，应当采取措施避免扩大损失，否则无权就全部停工期间的损失主张权利。如果超出一定的期间无法复工，应当告知各方，另行协商工程停建或者缓建，不可一味放任损失扩大。

因此对于工程被迫停工时，甲、乙公司停工损失应当根据案件事实综合予以认定。

第十三节 工程竣工验收和资料提交在建设工程施工中的重要意义
—— 建设工程质量和验收纠纷案例

一、案情简介

甲、乙公司于2010年4月10日签订《建设工程施工合同》，约定乙公司承包甲公司月亮湖小镇住宅小区土建、安装、水暖电的施工合同。工程于2012年5月竣工验收合格。交付使用后，很多客户反映房屋屋顶大面积漏水。甲公司通知乙公司维修，乙公司认为是设计原因导致了房屋漏水，与施工方没有关系。甲公司数次催促乙公司维修无果，遂请丙建筑公司对房屋进行维修。甲公司要求乙公司承担全部维修义务，被乙公司拒绝。甲公司起诉至法院，要求乙公司承担工程质量不合格的违约责任；承担全部维修费用以及拖延支付期间的利息；承担业主向开发商索赔的维修、家具损坏、租房安置费用。乙公司的抗辩理由是，《房屋竣工验收合格报告》证明乙公司施工的工程属于合格工程，房屋出现质量问题是因为设计图纸不合理，乙公司按图施工没有过错。此外，甲公司以及住户使用不当也是房屋出现质量问题的因素。乙公司反诉甲公司拖欠工程款以及相应利息，并要求乙公司承担违约责任。

二、本案焦点问题

（一）验收的程序和内容。

（二）验收资料包括的内容。

三、开庭过程和判决结果

法院经过审理，判决乙公司履行维修义务，承担本案诉讼费。

四、案例评析

（一）工程验收的启动程序是什么？谁具有组织竣工验收的责任？验收的程序是什么？包括哪些内容？其法律效力是什么？

《建筑法》第61条确立了工程验收制度。

《建设工程质量管理条例》第16条规定："建设单位收到建设工程竣工报告后，应当组织设计、施工、工程监理等有关单位进行竣工验收。建设工程竣工验收应当具备下列条件：（一）完成建设工程设计和合同约定的各项内容；（二）有完整的技术档案和施工管理资料；（三）有工程使用的主要建筑材料、建筑构配件和设备的进场试验报告；（四）有勘察、设计、施工、工程监理等单位分别签署的质量合格文件；（五）有施工单位签署的工程保修书。建设工程经验收合格的，方可交付使用。"第17条规定："建设单位应当严格按照国家有关档案管理的规定，及时收集、整理建设项目各环节的文件资料，建立、健全建设项目档案，并在建设工程竣工验收后，及时向建设行政主管部门或者其他有关部门移交建设项目档案。"

《房屋建筑和市政基础设施工程竣工验收规定》第4条规定："工程竣工验收由建设单位负责组织实施。"第5条规定："工程符合下列要求方可进行竣工验收：（一）完成工程设计和合同约定的各项内容。（二）施工单位在工程完工后对工程质量进行了检查，确认工程质量符合有关法律、法规和工程建设强制性标准，符合设计文件及合同要求，并提出工程竣工报告。工程竣工报告应经项目经理和施工单位有关负责人审核签字。（三）对于委托监理的工程项目，监理单位对工程进行了质量评估，具有完整的监理资料，并提出工程质量评估报告。工程质量评估报告应经总监理工程师和监理单位有关负责人审核签字。（四）勘察、设计单位对勘察、设计文件及施工过程中由设计单位签署的设计变更通知书进行了检查，并提出质量检查报告。质量检查报告应经该项目勘察、设计负责人和勘察、设计单位有关负责人审核签字。（五）有完整的技术档案和施工管理资料。（六）有工程使用的主要建筑材料、建筑构配件和设备的进场试验报告，以及工程质量检测和功能性试验资料。（七）建设单位已按合同约定支付工程款。（八）有施工单位签署的工程质量保修书。（九）对于住宅工程，进行分户验收并验收合格，建设单位按户出具《住宅工程质量分户验收表》。（十）建设主管部门及工程质量监督机构责令整改的问题全部整改完毕。（十一）法律、法规规定的其他条件。"第6条规定："工程竣工验收应当按以下程序进行：（一）工程完工后，施工单位向建设单位提交工程竣工报告，申请工程竣工验收。实行监理的工程，工程竣工报告须经总监理工程师签署意见。（二）建设单位收到工程竣工报告后，对符合竣工验收要求的工程，组织勘察、设计、施工、监理等单位组成验收组，制定验收方案。对于重大工程和技术复杂工程，根据需要可邀请有关专家参加验收组。（三）建设单位应当在工程竣工验收7个工作日前将验收的时间、地点及验收组名单书面通知负责监督该工程的工程质量监督机构。（四）建设单位组织工程竣工验收。1.建设、勘察、设计、施工、监理单位分别汇报工程合同履约情况和在工程建设各个环节执行法律、法规和工程建设强制性标准的情况；2.审阅建设、勘察、设计、施工、监理单位的工程档案资料；3.实地查验工程质量；4.对工程勘察、设计、施工、设备安装质量和各管理环节等方面作出全面评价，形成经验收组人员签署的工程竣工验收意见。参与工程竣工验收的建设、勘察、设计、施工、监理等各方不能形成一致意见时，应当协商提出解决的方法，待意见一致后，重新组织工程竣工验收。"第7条规定："工程竣工验收合格后，建设单位应当及时提出工程竣工验收报告。工程竣工验收报告主要包括工程概况，建设单位执行基本建设程序情况，对工程勘察、设计、施工、监理等方面的评价，工程竣工验收时间、程序、内容和组织形式，工程竣工验收意见等内容。工程竣工验收报告还应附有下列文件：（一）施工许可证。（二）施工图设计文件审查意见。（三）本规定第五条（二）（三）（四）（八）项规定的文件。（四）验收组人员签署的工程竣工验收意见。（五）法规、规章规定的其他有关文件。"第8条规定："负责监督该工程的工程质量监督机构应当对工程竣工验收的组织形式、验收程序、执行验收标准等情况进行现场监督，发现有违反建设工程质量管理规定行为的，责令改正，并将对工程竣工验收的监督情况作为工程质量监督报告的重要内容。"第9条规定："建设单位应当自工程竣工验收合格之日起15日内，依照《房屋建筑和市政基础设施工程竣工验收备案管理办法》（住房和城乡建设部令第2号）的规定，向工程所在地的县级以上地方人民政府建设主管部门备案。"

《建设部关于加强住宅工程质量管理的若干意见》第3条第4项规定："各地建设行政主管部门要加强对住宅工程竣工验收备案工作的管理，将竣工验收备案情况及时向社会公布。单体住宅工程未经竣工验收备案的，不得进行住宅小区的综合验收。住宅工程经竣工验收备案后，方可办理产权证。"

由此可知，工程验收的启动程序是施工单位向建设单位提交竣工报告。建设单位收到施工单位竣工报告之后组织竣工验收。验收的程序是组织验收小组，对工程进行验收。验收合格工程各方签署《建设工程竣工验收报告》。验收完毕后将《建设工程竣工验收报告》到主管部门备案。

工程验收包括资料验收和实体验收。只有资料验收合格才开始进行实体验收。实体验收包括分户验收、单体验收、单项验收和综合验收。工程验收指的是综合验收。

工程验收的法律效力是，工程验收合格是工程款全部支付的前提条件，也是房屋产权产籍部门为建设单位以及购房人办理房产证的前提条件。

（二）房屋竣工验收合格报告能否充分证明房屋质量不存在瑕疵

房屋竣工验收合格报告能否充分证明房屋质量不存在瑕疵，主要取决于房屋是否出现明显的质量问题。

如果房屋没有出现裂缝、地基下沉、屋面渗漏等质量问题，甲公司仅以推测主张质量问题抗辩，乙公司就可以房屋验收合格报告证明房屋不存在质量问题。

如果房屋已经出现裂缝、地基下沉、屋面渗漏等质量问题，乙公司以房屋验收合格报告证明房屋不存在质量问题，乙公司的主张不能成立。事实胜于雄辩，房屋竣工验收报告已经被摆在面前的客观事实证伪。[1]

（三）工程缺陷责任期与保修期有什么区别

《建设工程质量保证金管理暂行办法》（现已失效）参照 FIDIK 条款引进

---

[1] 参见"江苏南通二建集团有限公司与吴江恒森房地产开发有限公司建设工程施工合同纠纷案"，载《最高人民法院公报》2014年第8期。

工程缺陷责任期概念。缺陷责任期是指承包人按照合同约定承担缺陷修复义务，且发包人预留质量保证金的期限，自工程通过竣工验收之日起计算。缺陷责任期一般为6个月、12个月或24个月。

缺陷责任期是一种当工程保修期（国际上称为缺陷责任期）内出现质量缺陷时，承包商应当负责维修的担保形式。维修保证可以包含在履约保证之内，这时，履约保证有效期要相应地延长到承包商完成了所有的缺陷修复。

《建设工程质量管理条例》第39条确立了建设工程实行质量保修制度，规定建设工程承包单位在向建设单位提交工程竣工验收报告时，应当向建设单位出具质量保修书。质量保修书中应当明确建设工程的保修范围、保修期限和保修责任等。第40条规定："在正常使用条件下，建设工程的最低保修期限为：（一）基础设施工程、房屋建筑的地基基础工程和主体结构工程，为设计文件规定的该工程的合理使用年限；（二）屋面防水工程、有防水要求的卫生间、房间和外墙面的防渗漏，为5年；（三）供热与供冷系统，为2个采暖期、供冷期；（四）电气管线、给排水管道、设备安装和装修工程，为2年。其他项目的保修期限由发包方与承包方约定。建设工程的保修期，自竣工验收合格之日起计算。"

由此可见，缺陷责任期是一种有担保的保修期，承包人要提供一部分工程款作为维修承诺的保障。而保修期没有相应的资金作为工程维修的履约担保。此外，缺陷责任期是约定保修期，当事人可以就保修期限、质保金数额协商约定。而保修期是法定保修期限，期限的起止日期由行政法规确定。

（四）工程维修的程序是什么？本案中的乙公司是否应当承担维修费用？

无论是缺陷责任期，还是保修期，当工程出现明显质量问题时，甲公司都有权要求乙公司维修，因为这是乙公司的合同义务。但是甲公司的维修必须注重程序，尤其是注重书面形式，以正确的方式行使自己的权利，这样才能保障自己的权益。

首先，应当分清质量问题产生于竣工验收合格前还是竣工验收合格后。如果是竣工验收前产生的质量问题，就不属于维修的范畴，而是质量整改。此时，乙公司不仅无权主张修复费用，还应当继续履行合同，达到竣工验收的条件，否则可能因为延误工期而承担违约责任。

其次，如果是竣工验收合格之后产生的质量问题，这个阶段产生的质量问题分成缺陷责任期和保修期。

如果是前者，甲公司应当在发现质量问题后及时书面通知乙公司履行维修义务，并要求乙公司授权接受文件的工作人员书面签收。如果乙公司拒不签收，甲公司可以以快递方式送达维修通知，以回执作为已经通知的凭证。如果乙公司签收维修通知，但是没有在限定的合理时间内履行维修义务的，甲公司有权委托有资质的第三方维修，费用从质量保证金中扣除。

如果是后者，甲公司应当在发现质量问题后及时书面通知乙公司履行维修义务，并要求乙公司授权接收文件的工作人员书面签收。如果乙公司拒不签收，甲公司可以以快递方式送达维修通知，以回执作为已经通知的凭证。如果乙公司签收维修通知，但是没有在限定的合理时间内履行维修义务的，甲公司有权委托有资质的第三方维修。维修的方案和费用应当及时通知乙公司。甲公司有权向乙公司主张维修费用。

在维修方面应当注意送达问题。甲、乙公司签订施工合同时就应当签订送达地址确认书，乙公司地址、联系方式、授权收发文件并签字，工作人员发生变更应当及时通知对方。否则，一方书面送达地址确认书载明的地址即为有效送达地址。送达到达之日为通知生效之日。

此外，维修问题还应当注意诉讼时效，主张维修的权利属于民法债权，如果超过诉讼时效主张权利可能会使权益得不到保护。因此，一定要及时主张权利，即使对方拒绝履行义务，行权主张也能起到诉讼时效中断的法律效果。2017年颁布的《民法总则》已将诉讼时效延长至3年，即自权利人知道或者应当知道自己权利受到损害之日起开始计算。

就本案而言，甲公司是工程投资人，有权要求乙公司维修，但是必须有证据证明自己向对方提出维修要求。在乙公司没有理由拒不履行维修义务时，甲公司有权委托有相应资质的第三方对工程进行维修。例如，维修方案的设计方资质、施工方危房修复的企业资质人员资质应当合法。维修方案图纸的审图合格证明、设计规划、消防、人防等手续审批时的手续均应齐全规范。因为乙公司对这部分维修费很难认同，因此甲公司的任何维修费用都应当有理有据，在真实性、合法性和关联性方面无懈可击。

（五）工程质量问题如何取证

最常见的是用现场照片证明工程存在质量问题，但是开庭质证时，对方律师一般要怀疑照片是否与涉案工程有关联，照片是否被加工等。所以，建设工程质量的证明首选工程质量司法鉴定；其次选择公证形式；还有特别明显的质量事故也可以专家证人出庭作证，并对专家证人在现场勘验、调查、见证的过程全程录像、拍照。保留原始证据、制作复制品或者复印件，在举证期限内向法庭提交。

（六）如何对工程质量进行司法鉴定

工程质量问题往往也涉及工程造价问题，因此，工程质量司法鉴定往往包含工程造价鉴定。但两个鉴定不能同时做，一定是先做工程质量司法鉴定，后做工程造价司法鉴定，只有确定质量问题与造价的关系，结合图纸和实际工程量的差距，才能正确地计算工程造价。

双方协商选聘司法鉴定机构，协商不成的，由法院或者仲裁机构指定。

申请工程质量司法鉴定，必须明确鉴定目的、鉴定部位、鉴定项目、鉴定内容，必要时要按照顺序详细列出需要鉴定的建筑物位置、质量瑕疵部位。如果鉴定申请写得太笼统，鉴定机构就可能无法下手，甚至与鉴定的目的南辕北辙。

申请工程造价鉴定，首先，必须明确计价标准，因为工程计价标准是多元的，不同的标准计算出的造价不同。其次，应当分别鉴定图纸工程量以及造价、实际工程量以及造价、未完工程量以及造价、维修方案和维修费用。最后，应当结合当事人的合同价款形式计算工程量。例如，当事人约定的是固定总价，如果仅以实际工程量以及造价来结算工程款，显然违背了当事人当初订立合同的初衷，因此应当在计算固定总价的情况下，固定总价占工程预算定额的比例，以此系数乘以实际工程量以及造价才是一个公平的价格。

造价鉴定一定要结合质量鉴定去做，否则造价鉴定就失去了意义。

为了提高效率，一定要把质量或者造价分成有争议和无争议两个部分，仅对有争议部分进行鉴定，避免动辄全部鉴定，给当事人造成巨大负担，也耽误审理期限。

工程鉴定机构具有技术优势，但缺乏必要的法律知识。因此，司法鉴定过程中，往往不考虑工程量以及费用的合法性，忽视当事人对证据的质证意见，只是按照工程建定的通常标准做技术鉴定，忽视了鉴定的司法性质，这是我国目前工程司法鉴定的通病。因此，当事人一定要指出工程、证据有争议的部分，建议鉴定人员多拿出几套方案，避免做无用功。

值得强调的是，工程一做司法鉴定，审理期限就将变得遥遥无期。有鉴于此，当事人一定要与鉴定机构约定鉴定期限，避免案件因为鉴定耗费大量时间。

(七) 提前使用未竣工验收工程是否均适用《最高人民法院关于审理建设工程施工合同纠纷案件适用法律问题的解释》第13条

《最高人民法院关于审理建设工程施工合同纠纷案件适用法律问题的解释》第13条规定："建设工程未经竣工验收，发包人擅自使用后，又以使用部分质量不符合约定为由主张权利的，不予支持；但是承包人应当在建设工程的合理使用寿命内对地基基础工程和主体结构质量承担民事责任。"

实践中，很多未竣工提前使用的案件都适用了该解释第13条。笔者认为，并不是所有提前使用未竣工验收工程均适用该解释第13条，因为本条适用有一个重要的前提条件，就是"发包人擅自使用"。什么是擅自使用，就是未经承包人同意，不听劝阻，强行进入、占有、使用。符合这个条件就构成擅自使用，就适用第13条。否则，如果是承包人和发包人协商一致，发包人提前使用未竣工验收工程；或者是发包人提前使用，承包人没有提出异议，甚至将钥匙、图纸等交给发包人，双方顺利办理移交手续，在这种情况下，就不能认定是发包人擅自使用，而是承包人同意了发包人提前使用。这种情况不能使用第13条。

此外，主体完工后，发、承包方与第三方签订三方协议，约定承包方退场，第三方完成承包方未完的工程。这种情况也是承包方知情并同意的，不属于发包方擅自使用。因此也不适用第13条。

此外，第13条所谓"提前使用"针对的是"使用部分"，如果是未使用部分，也不能适用第13条。例如，工程内容包括12栋楼，现在发包方擅自使用了一栋楼，那么发包人擅自使用后，又以使用部分质量不符合约定为由主张权利的，不予支持。至于其他11栋楼，均是独立设计、独立发挥其功能的单体建筑、单项工程，由于不存在发包人擅自提前使用的情况，因此均不能简单地适用第13条的规定。

(八) 《最高人民法院关于审理建设工程施工合同纠纷案件适用法律问题的解释》第14条中的"竣工"，是仅指完工，还是包括验收，甚至验收合格

首先，竣工是否当然包括竣工验收。笔者认为，竣工与验收分别属于工程施工的不同阶段，竣工是验收的前提，完成于验收之前。验收是对竣工工

程质量是否合格进行的全面检验,它发生于竣工之后,而且验收之后,竣工工程有可能产生合格和不合格两个结果,不合格的工程需要整改。因此,竣工和验收完全是两个不同的概念,竣工并不当然包括验收甚至验收合格。

其次,第14条中的"竣工"单指竣工,还是包括验收合格,这个结果直接关系到工程款的支付。如果第14条意指前者,那么工程还需验收合格才能支付工程款。反之工程不必验收达到合格,因为承包人擅自提前使用未完工程,已经视为工程验收合格,因此径行判决支付工程款即可。

笔者认为,工程竣工并不包括验收合格,第14条中的竣工也不应该包括验收合格。理由是:第一,建设工程不仅仅与发承包双方利益攸关,很多工程关系公众安全或者社会公共利益,视同合格工程改变不了事实上不合格的实际状况,一旦入住就可能导致人员和财产的巨大损失。因此,不能把发承包双方的风险转嫁给社会公众,不能让社会公众为发承包双方的过错买单。第二,建设工程是百年大计,施工必须符合国家强制性标准,这是《建筑法》《标准化法》的强制性要求,不能因为发包方的过失而免除发承包双方的法定义务,否则法律的强制性规定就成了一纸空文。第三,如果视同验收合格,必将导致承包方不再具有配合验收的义务,建筑工程将因此办不了《房屋所有权证》,最终受害的是无辜的购房人。第四,如果建设工程未经竣工验收,发包人擅自使用就被视同验收合格,那么还会导致发承包双方互相串通,故意提前使用,从而避免双方的验收合格义务。第五,如果建设工程未经竣工验收,发包人擅自使用就被视同验收合格,这个规则看似惩罚的是发包人,实际惩罚的是广大消费者及广大购房人。因此,这个规则是不合理的,也是不合法的。

(九)发包人擅自提前使用未竣工验收工程的情况下,工程款如何结算

《合同法》第279条第1款规定:"建设工程竣工后,发包人应当根据施工图纸及说明书、国家颁发的施工验收规范和质量检验标准及时进行验收。验收合格的,发包人应当按照约定支付价款,并接收该建设工程。"

按照本条规定,工程竣工验收是工程结算的节点,未竣工验收合格,承包方无权索要工程款。但是,发包人擅自提前使用未竣工验收工程的情况下,《最高人民法院关于审理建设工程施工合同纠纷案件适用法律问题的解释》将未竣工的工程视同竣工。该解释第14条规定:"当事人对建设工程实际竣工日期有争议的,按照以下情形分别处理:(一)建设工程经竣工验收合格的,

以竣工验收合格之日为竣工日期；(二) 承包人已经提交竣工验收报告，发包人拖延验收的，以承包人提交验收报告之日为竣工日期；(三) 建设工程未经竣工验收，发包人擅自使用的，以转移占有建设工程之日为竣工日期。"

这种情况下，未到竣工节点应当视同已到结算节点，发包人应按照约定支付剩余工程款。但是，双方仍然具有验收工程的义务，承包方应当整理齐全工程经济、技术、管理资料完成资料验收，工程实体部分也应当在发包方组织下验收并会签。如果验收过程中发现工程不合格，那么工程就需要修缮，使之符合国家强制性标准。整改修缮的费用应当由发包方承担，因为其提前擅自使用具有过错，在质量问题无法查清事实、分清责任的情况下，只能推断属于过错方的责任。

笔者发现最高人民法院有将第14条的竣工解释为竣工验收合格的案例，但是，笔者认为，即使是最高人民法院的判例，也有可商榷的地方。笔者同意将擅自提前使用未竣工的工程视为竣工，但不同意将其视为已经竣工验收合格。

(十) 建设单位没有及时办理施工过程中必需的合法手续，应当对签约前无法预见事件导致的工程质量问题承担主要责任

从事建设工程活动，必须严格执行基本建设程序，坚持先勘察、后设计、再施工的原则。建设单位未提前交付地质勘察报告、施工图设计文件未经过建设主管部门审查批准的，应对于因双方签约前未曾遇见的特殊地质条件导致工程质量问题承担主要责任，施工单位应秉持诚实信用原则，采取合理施工方案，避免损失扩大。人民法院应当根据合同约定、法律及行政法规规定的工程建设程序，依据诚实信用原则，合理地确定建设单位与施工单位对于建设工程质量问题的责任承担。[1]

---

[1] 参见"海擎重工机械有限公司与江苏中兴建设有限公司、中国建设银行股份有限公司泰兴支行建设工程施工合同纠纷案"，载《最高人民法院公报》2015年第6期。

（十一）工程竣工验收资料包括哪些文件

某市建筑工程档案移交目录

案卷题名	案卷类别	序号	文件名称	备注
工程准备阶段卷	决策立项文件	1~8	项目建议书等	
	征地拆迁文件	1~6	选址申请及选址规划意见通知书等	
	勘察测绘设计	1~12	岩土勘察报告等	
	招标投标文件	1~6	勘察设计招投标文件	
	开工审批文件	1~8	建设项目年度计划审报文件	
	工程质量监督	1~6	建设工程质量监督报建备案登记表	
	财务文件	1~4	估算、概算、预算和决算	
监理文件卷	监理规划	1~3	监理规划、实施细则、施工组设计	
	进度控制	1~4	工程开工报审表、暂停令、复工令等	
	质量控制	1~11	主要施工机械设备报审表等	
	造价控制	1~5	工程款支付申请表等	
	分包资质	1~2	分包商资质、实验室资质报审表等	
	监理通知	1~2	监理通知、监理师通知回复单等	
	合同争议、违约及处理	1~5	工程临时延期报审表等	
	监理工作总结卷	1~5	监理月报、专题报告、质量评估报告	
	监理会议纪要卷	1~2	监理会议纪要、监理工作联系单	
施工文件	工程管理文件	1~7	开工报审表、施工组织设计、技术交底记录、施工日志、竣工总结等	
	土建卷	1~87	图纸会审记录、设计变更通知单、工程洽商记录、工程定位测量及复测等	
	水暖卷	1~20	图纸会审、设计变更通知单、工程洽商、主要材料出厂合格证等	
	电气卷	1~15	图纸会审、设计变更通知单、工程洽商、主要材料出厂合格证等	
	通风与空调	1~22	图纸会审、设计变更通知单、工程洽商、主要材料出厂合格证等	

续表

案卷题名	案卷类别	序号	文件名称	备注
施工文件	电梯卷	1~26	图纸会审、设计变更通知单、工程洽商、主要材料出厂合格证等	
	建筑智能化	1~16	图纸会审、设计变更通知单、工程洽商、主要材料出厂合格证等	
	桩基、支护土方	1~35	图纸会审、设计变更通知单、工程洽商、不同桩位测量放线定位图等	
	地基处理	1~13	图纸会审、设计变更通知单、工程洽商、工程测量放线定位平面图等	
	施工验收	1~4	单位（子单位）工程质量竣工验收记录等	
竣工验收			工程概况表、工程竣工总结、单位（子单位）工程质量竣工验收记录、单位（子单位）工程质量控制资料核查记录、单位（子单位）工程安全和功能检验资料核查及主要功能抽查记录、河北省建设工程竣工报告和竣工验收报告、河北省建设工程竣工验收备案表、河北省建设工程竣工验收备案证明书、规划验收认可文件、公安消防验收意见、环保验收合格证、其他专项验收认可证明、沉降观测记录、《住宅质量保证书》《住宅使用说明书》《工程质量保修书》、工程开工、施工等照片、光盘等，交付使用财产总表和财产明细表、档案专项验收申请表及认可书	
竣工图卷	综合竣工图卷	1~5	总平面布置图、设计总说明书、竖向布置图、室外水电（店里、电讯、电视系统）气热综合图等	
	室外专业竣工图卷	1~14	给水、雨水、污水、热力、燃气、电讯、电力、电视、室外小品、消防、照明、水景等	
	专业竣工图卷	1~7	建筑、结构、装修（装饰）工程竣工图、电气、电气智能化、给排水、消防、通风、采光采暖、燃气等竣工图	

（十二）建设工程主体以及单位负责人对建设工程质量承担什么责任

1. 民事责任

《合同法》中有关民事责任的规定如下：

第二百八十条 勘察、设计的质量不符合要求或者未按照期限提交勘察、设计文件拖延工期，造成发包人损失的，勘察人、设计人应当继续完善勘察、设计，减收或者免收勘察、设计费并赔偿损失。

第二百八十一条 因施工人的原因致使建设工程质量不符合约定的，发包人有权要求施工人在合理期限内无偿修理或者返工、改建。经过修理或者返工、改建后，造成逾期交付的，施工人应当承担违约责任。

第二百八十二条 因承包人的原因致使建设工程在合理使用期限内造成人身和财产损害的，承包人应当承担损害赔偿责任。

第二百八十三条 发包人未按照约定的时间和要求提供原材料、设备、场地、资金、技术资料的，承包人可以顺延工程日期，并有权要求赔偿停工、窝工等损失。

第二百八十四条 因发包人的原因致使工程中途停建、缓建的，发包人应当采取措施弥补或者减少损失，赔偿承包人因此造成的停工、窝工、倒运、机械设备调迁、材料和构件积压等损失和实际费用。

第二百八十五条 因发包人变更计划，提供的资料不准确，或者未按照期限提供必需的勘察、设计工作条件而造成勘察、设计的返工、停工或者修改设计，发包人应当按照勘察人、设计人实际消耗的工作量增付费用。

第二百八十六条 发包人未按照约定支付价款的，承包人可以催告发包人在合理期限内支付价款。发包人逾期不支付的，除按照建设工程的性质不宜折价、拍卖的以外，承包人可以与发包人协议将该工程折价，也可以申请人民法院将该工程依法拍卖。建设工程的价款就该工程折价或者拍卖的价款优先受偿。

2. 行政责任

《建筑法》中有关行政责任的规定如下：

第七十条 违反本法规定，涉及建筑主体或者承重结构变动的装修工程擅自施工的，责令改正，处以罚款；造成损失的，承担赔偿责任；构成犯罪的，依法追究刑事责任。

第七十一条 建筑施工企业违反本法规定，对建筑安全事故隐患不采取措施予以消除的，责令改正，可以处以罚款；情节严重的，责令停业整顿，降低资质等级或者吊销资质证书；构成犯罪的，依法追究刑事责任。

建筑施工企业的管理人员违章指挥、强令职工冒险作业，因而发生重大伤亡事故或者造成其他严重后果的，依法追究刑事责任。

第七十二条 建设单位违反本法规定，要求建筑设计单位或者建筑施工企业违反建筑工程质量、安全标准，降低工程质量的，责令改正，可以处以罚款；构成犯罪的，依法追究刑事责任。

第七十三条 建筑设计单位不按照建筑工程质量、安全标准进行设计的，责令改正，处以罚款；造成工程质量事故的，责令停业整顿，降低资质等级或者吊销资质证书，没收违法所得，并处罚款；造成损失的，承担赔偿责任；构成犯罪的，依法追究刑事责任。

第七十四条 建筑施工企业在施工中偷工减料的，使用不合格的建筑材料、建筑构配件和设备的，或者有其他不按照工程设计图纸或者施工技术标准施工的行为的，责令改正，处以罚款；情节严重的，责令停业整顿，降低资质等级或者吊销资质证书；造成建筑工程质量不符合规定的质量标准的，负责返工、修理，并赔偿因此造成的损失；构成犯罪的，依法追究刑事责任。

第七十五条 建筑施工企业违反本法规定，不履行保修义务或者拖延履行保修义务的，责令改正，可以处以罚款，并对在保修期内因屋顶、墙面渗漏、开裂等质量缺陷造成的损失，承担赔偿责任。

第七十六条 本法规定的责令停业整顿、降低资质等级和吊销资质证书的行政处罚，由颁发资质证书的机关决定；其他行政处罚，由建设行政主管部门或者有关部门依照法律和国务院规定的职权范围决定。

依照本法规定被吊销资质证书的，由工商行政管理部门吊销其营业执照。

3. 刑事责任

《刑法》中有关刑事责任的规定如下：

第一百三十七条 建设单位、设计单位、施工单位、工程监理单位违反国家规定，降低工程质量标准，造成重大安全事故的，对直接责任人员，处五年以下有期徒刑或者拘役，并处罚金；后果特别严重的，处五年以上十年以下有期徒刑，并处罚金。

第一百三十八条 明知校舍或者教育教学设施有危险，而不采取措施或者不及时报告，致使发生重大伤亡事故的，对直接责任人员，处三年以下有期徒刑或者拘役；后果特别严重的，处三年以上七年以下有期徒刑。

第一百三十九条 违反消防管理法规，经消防监督机构通知采取改正措施而拒绝执行，造成严重后果的，对直接责任人员，处三年以下有期徒刑或者拘役；后果特别严重的，处三年以上七年以下有期徒刑。

笔者认为《刑法》第137条需要修正，理由如下：第一，在犯罪主体方面，该条仅规定了建设单位、设计单位、施工单位、工程监理，漏掉了勘察单位、测量单位、检测单位、审图单位等，这是第 137 条的重大漏洞。第二，第 137 条是单位犯罪还是自然人犯罪语焉不详，从主体上看似乎属于单位犯罪，但是处罚的却是自然人，没有规定对单位判处罚金，所以无论按照单位犯罪还是自然人犯罪都存在法理冲突。第三，第 137 条中的直接责任人还需进一步明确，因为无论是建设单位、施工单位等，从事建筑工程的直接责任人员都很多，如房地产开发公司董事长、总经理、主管工程的副总经理、工程部部长、项目经理（甲方代表）、工地负责人员等都直接参与工程的建设，立法上应当对此作进一步解释。

第十四节　装饰装修工程的承包人能否援用《合同法》第 286 条主张建设工程优先权
——建设工程优先权案例

一、案情简介

2009 年 4 月 13 日，甲、乙两公司签订《建设工程装饰装修合同》，合同价款为 1700 万元。工程虽未竣工，但是已承包的部分工程验收合格。由于甲公司无力支付工程款，乙公司多次催讨无果，遂诉至法院，要求甲公司支付拖欠的工程款、利息、违约金和损害赔偿金并主张建设工程优先受偿权。

二、与建设工程价款优先权相关的法律知识

（一）什么是优先权

优先权相对于劣后权，是法定担保物权，可以优先于其他债权甚至设定担保的债权优先受偿。《日本民法典》将优先权规定为先取特权。《日本民法典》第 327 条规定："不动产的先取特权，工匠、工程师及承揽人对债务人不动产所进行的工事费用，存在于该不动产上。"《德国民法典》第 648 条规定："建筑工程或建筑工程的一部分承揽人，由其契约所生的债权，对定作人的建筑用地得请求权与保全抵押权。"

优先权可根据其主张的对象范围分为一般优先权和特别优先权。一般优先权以债务人的全部资产为权利客体，特别优先权以债务人的特别动产或不动产为权利客体。从效力上说，优先权不仅可以优先于普通债权，在一定的

条件下也有可能优先于抵押、质押、留置等担保物权。因为它是对债权的一种担保，是担保物权的一种。优先权具有法定性、物上代位性、从属性、不可分性、不以占有与登记为要件、变价受偿性等特点。

优先权具体如何分类？

（1）一般优先权，即以债务人的一般财产为标的的优先权。优先权人可以债务人的一般财产优先受偿。从各国或地区的法律规定看，一般优先权通常有：①为司法费用而设的优先权。如破产费用的优先拨付。②为民法上特定债权利益而设的优先权。如职工工资的优先支付。③为民法上债务人利益而设的优先权。如债务人及其所抚养家属的生活必需费用要优先保留。④为国库而设的优先权。如债务人所欠税款的优先清偿。

（2）动产优先权，即在债务人特定动产上成立的优先权。优先权人可以债务人的特定动产的价值优先受偿。从各国或地区的立法规定看，动产优先权的主要种类有：①基于当事人有默示设定质权的理由而规定的优先权。如不动产出租人的优先权、营业主人的优先权等。②基于债权人的财物加入债务人财产而增值或者增加的理由而规定的优先权。③基于存在费用的理由而规定的优先权。④基于正义的理由而规定的优先权。我国现行法上规定的船舶抵押权、民用航空器优先权等也均属于动产优先权。

（3）不动产优先权，即在债务人的特定的不动产上成立的优先权。各国或地区的立法中规定的不动产优先权主要有不动产出卖的优先权、购买不动产贷款的优先权、不动产施工的优先权、不动产保存的优先权等。我国现行法上未明确规定不动产优先权。但在实务中有时也承认不动产优先权，如不动产施工费用的优先权、土地使用权上的破产企业职工安置费用优先权等。

（二）关于建设工程优先权

《合同法》第286条规定："发包人未按照约定支付价款的，承包人可以催告发包人在合理期限内支付价款。发包人逾期不支付的，除按照建设工程的性质不宜折价、拍卖的以外，承包人可以与发包人协议将该工程折价，也可以申请人民法院将该工程依法拍卖。建设工程的价款就该工程折价或者拍卖的价款优先受偿。"

2002年6月27日施行的《最高人民法院关于建设工程价款优先受偿权问题的批复》（以下简称《批复》）规定："一、人民法院在审理房地产纠纷案件和办理执行案件中，应当依照《中华人民共和国合同法》第二百八十六条的规定，认定建筑工程的承包人的优先受偿权优于抵押权和其他债权。二、消费者交付购买商品房的全部或者大部分款项后，承包人就该商品房享有的工程价款优先受偿权不得对抗买受人。三、建筑工程价款包括承包人为建设工程应当支付的工作人员报酬、材料款等实际支出的费用，不包括承包人因发包人违约所造成的损失。四、建设工程承包人行使优先权的期限为六个月，自建设工程竣工之日或者建设工程合同约定的竣工之日起计算。五、本批复第一条至第三条自公布之日起施行，第四条自公布之日起六个月后施行。"

三、本案焦点问题

（一）装饰装修工程的承包人能否援用《合同法》第286条主张建设工程优先权？

（二）当事人有权行使优先权的期限。

四、开庭过程和判决结果

2010年11月2日，某县人民法院开庭审理甲、乙两公司装修合同纠纷案，乙公司主张拖欠的工程款、利息、违约金和损害赔偿金并主张建设工程优先受偿权。甲公司辩称：首先，甲并非涉案工程的所有人，因此无权处分该工程。其次，乙公司装修的工程虽然验收合格，但是现在多处已经出现质量问题。按照合同约定，乙公司应当承担返工、重作的责任，无权主张工程款。

某县人民法院审理后查明，虽然甲公司不是建筑物的建设单位，没有房屋所有权证书，但是已经支付了涉案建筑物的购房款，建设单位已经为甲公司开具了不动产发票，因此，认定甲公司是涉案建筑物的所有权人。又查明由于甲公司长期拖延支付工程款，乙公司停工3个月，没有超出6个月的优先权行使期限。

2011年3月1日，某县人民法院判决，甲公司于判决书生效之日起10日内支付乙公司工程款1356万元，驳回乙公司关于利息、违约金和损害赔偿金的诉讼请求。甲公司到期不能支付，就该装修工程折价或者拍卖的价款支付乙公司工程款。判决作出后，双方均没有上诉。

五、案例评析

(一) 装饰装修工程的承包人能否援用《合同法》第286条主张建设工程优先权

《最高人民法院关于装修装饰工程款是否享有合同法第二百八十六条规定的优先受偿权的函复》：

福建省高级人民法院：

你院闽高法〔2004〕143号《关于福州市康辉装修工程有限公司与福州天胜房地产开发有限公司、福州绿叶房产代理有限公司装修工程承包合同纠纷一案的请示》收悉。经研究，答复如下：

装修装饰工程属于建设工程，可以适用《中华人民共和国合同法》第二百八十六条关于优先受偿权的规定，但装修装饰工程的发包人不是该建筑的所有权人或者承包人与该建筑物的所有权人之间没有合同关系的除外。享有优先权的承包人只能在建筑物因装修装饰而增加价值的范围内优先受偿。

此复。

二〇〇四年十二月八日

[理由]：

第一，装修装饰工程本质上属于建设工程，应当适用《合同法》第286条关于优先受偿权的规定。国务院于2000年1月30日发布的《建设工程质量管理条例》第2条第2款、2003年11月24日发布的《建设工程安全生产管理条例》第2条第2款规定："本条例所称建设工程，是指土木工程、建筑工程、线路管道和设备安装工程及装修工程。"国家统计局发布的《国民经济行业分类与代码》国家标准，建筑业按从事工程建设的不同专业划分为"土木工程建筑业""线路、管道和设备安装业"和"装饰、装修业"三大类。因此，将装修装饰工程纳入建设工程的范围符合国家规定和行业规范。

装修装饰工程款适用优先受偿权的原则，符合《合同法》第286条的立法本意。优先权是指特定债权人基于法律的直接规定而享有的就债务人的总财产或特定动产、不动产的价值优先受偿的权利。优先权是一种法定担保物权，它可以就债务人的全部财产或特定财产卖得的价金优先于其他有担保或无担保的债权而受清偿。优先权的价值在于打破债权平等原则，赋予一些特殊债权人享有以优先于其他债权人而受偿的权利，最终实现债权人之间的实质平等。在装饰装修工程中，正是因优先权人之工作行为而使原先之不动产增值，故其与建筑工程应属同一法理。在发包人拖欠的装修装饰工程价款中，除装修装饰所需要的材料费外，相当一部分是承包人应当支付的工作人员的工资和其他劳务费用。因此，将装修装饰工程款纳入建设工程款的范围之内，有利于保护广大劳动者及时获得劳动报酬的利益。

境外对装修装饰工程款的优先受偿权虽有不同的规定和称谓，但其保护装修装饰工程款优先受偿的原则基本相同。在日本，将这种优先受偿权规定为先取特权，即法律所规定的特殊债权人，可以从债务人的一定财产中得到优先偿还的法定担保物权。如民法上雇员即使在雇主破产的情况下其工资也可从雇主的一般财产中优先得到偿还。同样，建造房屋承包人在得不到其承包费用时，能拍卖其房屋得到优先受偿。《日本民法典》第327条规定："不动产的先取特权，工匠、工程师及承揽人对债务人不动产所进行的工事费用，存在于该不动产上。"德国和我国台湾地区将这种优先权划归法定抵押权的范畴之内。《德国民法典》第648条第1项规定："建筑工程或建筑工程的一部分承揽人，其由契约所生的债权，对定作人的建筑用地得请求让与保全抵押权。"我国台湾地区"民法"第513条规定："承揽之工作为建筑物或其他土地之工作物，或为此等工作物进行重大修缮者，承揽人就承揽关系所生之债权，对于其工作物所附之定做人之不动产，有抵押权。"

第二，装修装饰工程款的优先受偿权仅限于因装修装饰而使该建筑物增加的价值的范围。装修装饰工程是以已经建造的建筑物为基础而进行的一种二次加工和修缮，故其优先权的行使范围应当限定在装修装饰工程使建筑物增加价值的限度之内。在司法实践中，因装修装饰而使建筑物增值的范围一般应当根据当事人双方的合同约定来判断，如果合同中约定了洽商变更的条件及例外情形，则常常需要借助于司法鉴定来综合判定。《日本民法典》第327条第2款规定："前款先取特权，以不动产因工事而产生的增价现存情形为限，只就该增价额存在。"我国台湾地区"民法"第513条第4项规定："第一项及第二项就修缮所增加之价值限度内，优先于成立在先之抵押权。"

第三，装修装饰工程的发包人必须是该建筑物的所有权人，或者发包人虽然不是所有权人，但建筑物的所有权人与装修装饰工程的承包人之间已经形成合同关系。装修装饰工程总是依附于已经完成或基本完成的建筑物之上，因此，装修装饰工程的发包人一般应当是该建筑物的所有权人，这是装修装饰工程的承包人行使优先受偿权的基础和前提。在司法实践中，常常有一些发包人并不是装修装饰工程所依附的建筑物的所有权人，而是以租赁、联营等方式实际占有和使用该建筑物的占有人，对这些装修装饰工程承包人的优先受偿权应当进行合理限制，即该装修装饰工程未征得建筑物所有权人同意担保的前提下，该装修装饰工程的承包人不享有优先受偿权。在本案中，发包人虽然不是装修装饰工程所依附的该建筑物的产权人，但产权人愿意为该装修装饰工程的发包人承担连带保证责任，足以认定其知道并同意承包人承包其装修装饰工程，且建筑物的所有权人与装修装饰工程的承包人之间已经形成新的合同关系。因此，如果该保证合同成立，装修公司就该装修装饰工程的工程款仍享有优先受偿权。

综上所述，笔者认为，装修装饰工程属于建设工程，应当适用《合同法》第286条关于优先受偿权的规定，装修装饰工程的承包人在建筑物因装修装饰而增加价值的范围内享有优先受偿权。但装修装饰工程的承包人与该装修装饰工程所依附的建筑物的所有权人之间没有合同关系的例外。在本案中，甲公司作为装修装饰工程的发包人，并不是该装修装饰工程所依附的建筑物的所有权人，所以，甲公司与乙公司的装修装饰合同对建筑物的所有权人不具有约束力。但是，由于该建筑物的所有权人公司自愿为装修装饰工程的发包人甲公司承担连带保证责任，从而在装修装饰工程的承包人与建筑物的所有权人之间形成了新的合同关系。因此，如果该保证合同成立，乙公司作为装修装饰工程的承包人，就发包人所欠工程价款在建筑物因装修装饰而增加价值的范围内享有优先受偿权。

2019年2月1日施行的《最高人民法院关于审理建设工程施工合同纠纷案件适用法律问题的解释（二）》第18条明确规定，装饰装修工程的承包人可以援用《合同法》第286条主张建设工程优先权。

（二）行使建设工程优先权的起算日期的确定

建设工程承包人行使优先权的期限为6个月，自建设工程竣工之日或者建设工程合同约定的竣工之日起计算。

1. 自建设工程竣工之日起计算

《最高人民法院关于审理建设工程施工合同纠纷案件适用法律问题的解释》第14条规定："当事人对建设工程实际竣工日期有争议的，按照以下情形分别处理：（一）建设工程经竣工验收合格的，以竣工验收合格之日为竣工日期；（二）承包人已经提交竣工验收报告，发包人拖延验收的，以承包人提交验收报告之日为竣工日期；（三）建设工程未经竣工验收，发包人擅自使用的，以转移占有建设工程之日为竣工日期。"

建设工程优先权起算日期的竣工之日是指竣工验收合格之日，而不是承包人完成合同约定的全部施工任务之日。《合同法》第 279 条第 1 款规定："建设工程竣工后，发包人应当根据施工图纸及说明书、国家颁发的施工验收规范和质量检验标准及时进行验收。验收合格的，发包人应当按照约定支付价款，并接收该建设工程。"因为竣工验收合格是工程进入结算阶段的前提条件，如果还没有进入结算阶段就开始计算优先权行使期限，显然损害了承包人的合法权利。

因此，《最高人民法院关于建设工程优先受偿权的批复》第 4 条规定的"建设工程竣工之日"不包括《最高人民法院关于审理建设工程施工合同纠纷案件适用法律问题的解释》第 14 条规定中第 2、3 项规定的两种情形。[1]

2. 自建设工程合同约定的竣工之日起计算

3. 其他起算时间

（1）《建设工程施工许可证》载明的竣工时间。工程未竣工验收，合同也没有载明竣工日期的，优先权起算时间自《建设工程施工许可证》载明的竣工时间开始。[2]

（2）实际竣工之日、合同解除或者合同终止履行之日。非因承包人原因，建设工程未能在约定时间内竣工的，承包人依据《合同法》第 286 条规定享有的优先受偿权不受影响。承包人请求行使优先受偿权的期限，自建设工程实际竣工之日起计算；如果建设工程合同因为发包人的原因解除或终止履行，承包人行使建设工程价款优先权的期限自合同解除或终止履行之日计算。[3]

（3）承包人起诉之日。由于工程款数额一直难以确定，因此如果认定已

---

[1] 参见"大连开发区泰乐房地产开发有限公司与中国建筑第八工程局大连公司建设工程施工合同纠纷案"（最高人民法院［2014］民申字第 1004 号民事裁定书）。

[2] "司法解释规定的实际竣工日期能否作为建设工程价款优先受偿权除斥期间的起算点"，载最高人民法院民事审判第一庭编，奚晓明主编：《民事审判指导与参考》（2011 年第 2 辑），人民法院出版社 2011 年版。

[3] 参见最高人民法院立案庭编，景汉朝主编：《立案工作指导》（2014 年第 1 辑），人民法院出版社 2014 年版，第 160~165 页。

经过了优先权行使期限,显然与保障施工人利益这一立法目的相悖,所以可以将起诉之日作为优先权行使的起始之日。[1]

2019年2月1日施行的《最高人民法院关于审理建设工程施工合同纠纷案件适用法律问题的解释(二)》第22条明确规定该期限自发包人应当给付建设工程价款之日起算。

(三)发包人与承包人约定放弃优先受偿权是否可以

2019年2月1日施行的《最高人民法院关于审理建设工程施工合同纠纷案件适用法律问题的解释(二)》第23条明确规定:"发包人与承包人约定放弃或者限制建设工程价款优先受偿权,损害建筑工人利益,发包人根据该约定主张承包人不享有建设工程价款优先受偿权的,人民法院不予支持。"

第十五节　承包方在发包方制作的工程结算报告上签字后发包方是否还有权主张工程造价鉴定
——外网配套工程施工合同纠纷

一、案情简介

2012年5月1日,甲房地产开发公司(甲方)与乙建筑公司(乙方)签订"桃园小区"《基础设施配套工程、围墙工程、零星工程承包合同》。约定工程内容为:①基础设施配套;②各种围墙和室外护栏;③道路、草皮砖;④甲方所需的临时用工以及零星用工等。工程量的计算方式为:按照2008年定额和本地造价信息,经双方审核同意后,在此基础上按预算编制造价下浮3%～5%为乙方承包价。关于工程款的结算方式:以双方认可已完成的实际工程量为结算依据,甲方向乙方支付已完工程量的60%款项,单项工程完成后,甲方将支付工程款的85%,待下一单项工程完成后,甲方将前一项工程款支付到95%。剩下的5%两年保修期期满后一次性付清。

截至2013年11月,上述工程已经竣工并交付使用。

---

[1] 参见《最高人民法院办公厅关于印发全国民事审判工作会议纪要的通知》(法办[2011]442号)第4条。

二、本案焦点问题

（一）配套工程是否需要招标？
（二）配套工程是否需要监理？
（三）配套工程是否需要审图？
（四）降点是否违反合同实质性条款？
（五）甲方是否可以为乙方代做《工程预算书》《工程结算报告》？
（六）甲方工程师在《结算书》的签字是否代表甲方？

三、开庭过程和判决结果

（一）双方主张

乙方认为已完工程 222 万元，降点以后为 209 万元。甲方已付 86 万元，尚欠 123 万元。为此主张：①支付拖欠工程款 123 万元以及相应利息；②赔偿经济损失；③因仲裁产生的费用由被申请人承担。

甲方答辩意见：①甲方已经全额支付工程款，不欠乙方任何工程款；②合同签订存在恶意串通行为，损害甲方利益；③甲方依法解除合同，解除通知到达生效，乙方在 3 个月没有向法院、仲裁机构提出异议，解除通知已经生效；④工程存在严重质量问题；⑤甲方单方测算工程款为 89 万元。

（二）开庭过程

开庭准备阶段：书记员查明双方已经到庭，宣读仲裁纪律。首席询问双方当事人是否申请回避。因为双方代理律师属于同一个律师事务所，首席仲裁员问双方对对方出庭人员有没有异议，双方回答没有异议。

（1）申请人乙方宣读仲裁申请书。

（2）被申请人甲方宣读答辩状。

（3）申请人乙方就自己主张的事实举证，甲方对乙方的证据进行质证：

对第一组证据没有异议；对第二组证据也没有异议；不认可第三组证据。因为乙方承包人中的张三是甲方总工程师李四的小舅子，甲方预算员王五是李四介绍来的，因此他们是一伙人。他们互相勾结，恶意串通，损害了甲方的利益。因此，甲方预算员王五所做的预算无效，甲方总工程师李四的签字也是无效。

（4）被申请人甲方就自己主张的事实举证，乙方对甲方的证据进行质证：

首先，提供证人书证，证明李四担任总工期间，收受四号楼施工队礼金 1

万元，证明目的是李四串通外人，损害公司利益；其次，提供证人监理师书证，证明乙方没有干那么多活儿，证明目的是乙方工程款高估冒算；再次，提供一组照片，证明乙方工程质量特别差；最后，提供某造价员算出的乙方工程量价款，证明甲方不仅没有拖欠工程款，而且已经超付。

乙方对甲方证据发表质证意见：首先，李四确实收受过4号楼施工队礼金1万元，那是李四生病住院，对方到医院探望留下的。李四痊愈出院后已经退还给对方，因此所谓李四受贿的事实已经不存在。再者，那是4号楼的事，跟乙方没有任何关系。其次，通过对出庭作证的监理师进行询问，得知其只是主体工程的监理员，不是外网工程的监理师，外网工程没有委托监理师进行监理。由于该监理师不在现场，所以其关于外网工程的证言不可信。照片看不出准确地点，与本案没有关联性。某造价员算出的乙方工程量价款属于甲方单方面行为，立场偏颇，证明力不强，缺乏说服力。此外，甲方提供的证据均超过举证期限，应当视为放弃举证权利。某市仲裁委员会举证通知书规定举证期限为30日，自收到案件受理通知书和应诉通知书的次日起计算。甲方在未申请延期举证情况下在开庭时才提供证据，明显超过举证期限。根据《民事诉讼法》《仲裁法》关于证据规则的规定，甲方应提供举证不能的责任。

（5）仲裁庭意见：

鉴于双方关于工程款数额意见不一致，仲裁庭考虑对涉案工程进行造价鉴定，请双方发表意见。甲方同意鉴定。乙方不同意鉴定，理由是甲、乙双方已经在工程结算报告上签字，没有必要再进行司法鉴定。仲裁庭决定对工程造价进行司法鉴定。

（6）司法鉴定阶段：

首次接受委托的鉴定机构知道甲、乙双方均在工程结算书上签字后，认为没有必要作造价司法鉴定，因而主动退出。仲裁庭没有接受乙方意见，继续委托另一家司法鉴定机构进行司法鉴定。经过现场勘验、检测，该鉴定机构作出了司法鉴定。结果是尚欠工程款86万元。

（7）辩论阶段：

第一，第一轮辩论。

申请人乙方首先发言：首先，甲方举证超过期限，应当视为放弃权利。其次，通过庭审查明，甲方确实拖欠乙方工程款。最后，在甲、乙双方均在工程结算书上签字的情况下，不应当再进行司法鉴定。

被申请人甲方反驳意见：甲方之所以没有按时提交证据，是为了搞"证据隐藏战"，是为了打乙方一个措手不及，这就叫作兵不厌诈。通过司法鉴定，查明甲方所欠工程款确实没有乙方主张那么多。司法鉴定机构现场勘查，确实发现很多工程质量问题，乙方没有资格主张工程款。李四是乙方负责人的亲戚，而且在担任总工期间收受施工方贿赂，已经辞职。预算员是李四介绍来的，造价预算秉承李四的意志，因此造价报告不具备真实性。甲方已经到刑警队报案，举报李四诈骗，李四将为自己的行为承担刑事责任。

第二，第二轮辩论。

申请人乙方发言：证据隐藏可以，但是不能超出举证期限。被申请人搞证据隐藏超出举证期限，属于弄巧成拙。

2013年12月11日发布的《建筑工程施工发包与承包计价管理办法》第19条规定："工程竣工结算文件经发承包双方签字确认的，应当作为工程决算的依据，未经对方同意，另一方不得就已生效的竣工结算文件委托工程造价咨询企业重复审核。发包方应当按照竣工结算文件及时支付竣工结算款。竣工结算文件应当由发包方报工程所在地县级以上地方人民政府住房城乡建设主管部门备案。"

甲方代理人指控乙方与时任甲方总工的李四互相串通损害甲方利益，应当提供证据，否则属于诬陷。乙方鼓励甲方到公安机关举报，但是如果举报不实，甲方将构成诬告陷害罪，也将承担刑事责任。

被申请人甲方反驳：事实胜于雄辩，司法鉴定已经发现乙方施工质量问题，而且乙方存在高估冒算，其工程款主张不应得到支持。

工程结算的前提条件是甲方最终签字，这属于甲方的"最终审核权"，没有甲方最终审核，工程结算报告不具有法律效力。而且这个签字由甲方法定代表人签字，公司加盖公章。李四只是公司的一般工作人员，他的签字不能代表甲方。

第三，第三轮辩论。

申请人乙方发言：时过境迁，很多现场已经难以复原，一切应以当时签证手续为准。工程结算中没有甲方最终审核权这个概念，否则似乎工程款数额甲方说多少就是多少，这是很可笑的事。甲方违法解除合同，应当赔偿乙方因此受到的损失。

被申请人甲方反驳：现场就在那里，工程款结算应当实事求是。仲裁申请书上乙方项目经理的签字与工程结算书上的签字不一样，乙方签字人是假的，不是乙方项目经理签字。甲方根据《合同法》第96条规定合法解除合同，解除通知到达时生效，乙方3个月不向法院或者仲裁机构提出异议，权力已经不受法律保护。

（三）仲裁庭裁决

甲方于裁决书生效后10日内支付乙方工程款89万元，驳回乙方其他仲裁请求。

甲方向仲裁机构所在地中级人民法院起诉，要求撤销仲裁委员会的裁决，理由是乙方律师在仲裁机构担任仲裁员，身兼律师和仲裁员两职，其身份必然影响仲裁机构公正裁决，同时要求由人民法院受理此案并公正裁决。

（四）中级人民法院最终裁决

驳回甲方撤销仲裁委员会裁决的诉讼请求，理由是甲方的诉讼请求没有法律法规的依据。

四、案例评析

（一）本案合同的效力分析

合同纠纷案例应当首先判断合同效力问题，由于本案不属于法定必须招标的范围，所以合同的签订遵循意思自治原则，合同为有效合同。

（二）未使用《建设工程施工合同示范文本》，乙方签字人为项目部经理，加盖项目部公章，这种情况下合同的成立问题

建设工程合同一般使用住房和城乡建设部和国家工商总局颁布的示范文本，但这不具有强制性。签订合同一般需要公司法定代表人签章，项目经理不是法定代表人，项目部章不是单位公章或者合同专用章，但就本案而言，双方已经实际履行了合同，因此应当认定合同是双方真实意思的体现，合同依法成立。

（三）关于举证期限

乙方律师超越举证期限提交证据，按照民事诉讼法的规定应当视为举证不能，除非合议庭认为该证据属于审理案件必需的证据，在对当事人进行训诫的同时决定是否对其进行质证。本案是在仲裁委员会申请仲裁的证据，可使用《仲裁法》，程序相对宽松，合议庭没有严格追究当事人超越举证期限的

责任。

（四）证人的资格与利害关系

本案证人是一方当事人的亲属，确实与本案存在利害关系。但是利害关系的证人只是证明力差的问题，绝不是不能当证人。尤其是本案证人是建设单位总工程师，是工程签证的直接经办人，其证言对查明事实非常重要。因此合议庭考虑证人签字属于职务行为，证言有效。如果因此损害单位利益，应当由其所属单位对其提起诉讼，那是另一个法律关系。

（五）所谓的"甲方最终审核权"

开庭过程中，乙方律师反复强调甲方对工程造价拥有最终审核权，否则不具备支付条件。这是乙方律师的错误认识。

五、本案需要总结思考的问题

本案本来没有什么悬念，施工方主张123万元工程款，甲方总工程师已经在工程决算报告上签字，这意味着甲、乙双方在工程结算问题上达成了一致。《最高人民法院关于审理建设工程施工合同纠纷案件适用法律问题的解释（二）》第12条规定："当事人在诉讼前已经对建设工程价款结算达成协议，诉讼中一方当事人申请对工程造价进行鉴定的，人民法院不予准许。"《建筑工程施工发包与承包计价管理办法》第19条第1款规定："工程竣工结算文件经发承包双方签字确认的，应当作为工程决算的依据，未经对方同意，另一方不得就已生效的竣工结算文件委托工程造价咨询企业重复审核。……"

然而，乙方出于对自己施工的工程的绝对自信，竟然同意甲方的司法鉴定要求，其信誓旦旦地使代理律师产生错觉，导致鉴定中出现分歧，最终，仲裁庭裁决工程款89万元，更谈不上损害赔偿。

古人言："一日纵敌，千古为患。"诉讼中当自己胜券在握时，不应该给对方机会，否则坦荡之途便会陡生荆棘。

第十六节　清包工的工程是否需要验收
——装饰装修合同纠纷

一、案情简介

2010年10月10日，甲、乙双方签订《建筑装饰工程施工合同》，乙方承建盛世歌华大酒店的室内装饰工程，合同约定价款为 500 万元。2011 年 10 月 20 日，双方确认工程变更增项为 100 万元。同日，甲方承诺在 2012 年春节，前扣除质保金后付清全部工程款。截至 2012 年春节，甲方共支付乙方工程款 510 万元。现工程已过保质期，乙方多次催要工程款及利息，甲方一直推诿至今，故于 2012 年 10 月 22 日到北京市仲裁委员会申请仲裁。仲裁的请求事项为：①被申请人支付申请人工程款 89.6 万，并从 2012 年 1 月 24 日起按月息 3 分支付利息至实际给付之日；②仲裁费用由被申请人承担。

二、本案焦点问题

（一）装饰装修合同是否需要验收？

（二）清包工的工程是否需要验收？

（三）装饰装修合同的验收是否存在国家标准？

三、开庭过程和判决结果

（一）核对当事人

应审查对方出庭人员的身份证明、法定代表人的任职文件；委托代理的，应审查其代理手续。

对方若是法人，应看对方的营业执照、组织机构代码证、税务登记证。有行业准入条件的，应审查其资质证书、许可证等批准文件。

（二）告知双方权利和义务

注意权利义务须对等，注意是否有反诉或反申请。

（三）是否申请回避

对方离开法庭，监视对方与审判、仲裁人员的接触。例如，坐对方车辆回家，与对方去饭店等。

（四）申请人宣读《仲裁申请书》（略）

（五）被申请人甲方的答辩

甲方对乙方的仲裁请求答辩如下：

一、2011 年 9 月 11 日，甲方和乙方关于盛世歌华大酒店的工程款支付问题签订的《协议》是无效协议。乙方据此要求甲方支付 89.6 万元工程款及其利息的仲裁请求不应得到仲裁庭的支持

乙方要求甲方支付 89.6 万元工程款及其利息的依据不是双方于 2010 年 10 月 15 日签订的《建筑装饰工程施工合同》，而是 2011 年 9 月 11 日双方关

于盛世歌华大酒店的工程款支付问题签订的《协议》，是一个违反法律的无效协议。理由如下：

（一）《合同法》第52条规定，违反法律、行政法规的强制性规定时，合同无效。《合同法》第279条第1款规定："建设工程竣工后，发包人应当根据施工图纸及说明书、国家颁发的施工验收规范和质量检验标准及时进行验收。验收合格的，发包人应当按照约定支付价款，并接收该建设工程。"《合同法》第279条明确规定了竣工验收和支付工程款的先后顺序，并把验收合格作为支付工程款的前提条件，然而上述《协议》却颠倒了竣工验收和支付工程款的先后顺序，在上述工程尚未验收合格的情况下，约定先支付工程全款，明显违反了《合同法》的强制性、义务性规定，因此属于无效协议。

按照法律规则是授予权利还是设定义务，可以将法律规则分为权利规则、义务规则和复合规则，本条显然是为工程发承包双方设定义务，因此是义务性规则，而义务性规则具有强制性而没有选择性，不能由当事人自行随意变更和选择。

按照法律规则的刚性程度，可以把法律规则分为强行性规则和任意性规则。本条采用"应当"这个词，显然是强行性规则。强行性规则排除当事人以合意一致或单方意志予以变更。

合同成立与合同有效、合同生效是不同的概念，合同成立是一个事实判断，只要合同双方意思表示一致就可以；而合同有效是一个价值判断，合同即使成立，但违反法律、社会公共利益时，将导致无效。

就本案而言，双方关于盛世歌华大酒店的工程款支付问题签订的《协议》因违反了强制性、义务性法律的规定导致无效。

（二）建筑工程是公共场所，关系到不特定多数人的生命财产安全，建筑工程合同的双方不仅要履行对合同相对人的义务，更重要的是要履行社会义务，承担社会责任。建筑工程也不仅仅是合同双方的事情，而且是政府的事情，一个工程从项目建议书、可行性研究报告、立项、规划、用地、开工至竣工、保修、运行及后评估阶段，政府部门包括发改委、住建、国土、环保、消防、人防、地震等都要参与并监督。因此，已完工的建筑工程必须进行竣工验收并达到合格，建筑工程合同的双方没有权利依约定形式摒弃这个法定环节，直接进行工程款决算。

《建筑法》第61条第1款规定："交付竣工验收的建筑工程，必须符合规定的建筑工程质量标准，有完整的工程技术经济资料和经签署的工程保修书，并具备国家规定的其他竣工条件。"

《建设工程质量管理条例》第16条规定："建设单位收到工程竣工报告后，应当组织设计、施工、工程监理等有关单位进行竣工验收。建设工程竣工验收应当具备下列条件：（一）完成建设工程设计和合同约定的各项内容；（二）有完整的技术档案和施工管理资料；（三）有工程使用的主要建筑材料、建筑构配件和设备的进场试验报告；（四）有勘察、设计、施工、工程监理等单位分别签署的质量合格文件；（五）有施工单位签署的工程保修书。建设工程经验收合格的，方可交付使用。"

《房屋建筑工程和市政基础设施工程竣工验收暂行规定》（现已失效）第6条规定，工程竣工验收应当按以下程序进行：（一）工程完工后，施工单位向建设单位提交工程竣工报告，申请工程验收。（二）建设单位收到工程竣工验收报告后，对符合竣工验收条件的工程，组织勘察、设计、施工、监理等单位和其他有关方面的专家组成验收组，制定验收方案。

二、验收合格作为决算工程款的前提条件，既是法律的规定，也是双方2010年10月15日签订的《建筑装饰工程施工合同》的约定，所以被申请人认为应当履行法律的规定和双方合同的约定

《建筑装饰工程施工合同》第5条第5款约定："工程竣工后，乙方应通知甲方验收，甲方自接到验收通知后7日内组织验收，并办理验收、移交手续。"第6条第3款约定："工程竣工验收后，乙方提出工程结算并将有关资料交甲方。甲方自接到上述资料3天内审查完毕，到期未提出异议，视为同意。并在7天内，结清尾款"。

上述合同约定清清楚楚地明确了结算工程款的条件，因此被申请人的主张不仅有法律依据，同时有合同依据。

三、由乙方施工的盛世歌华大酒店装饰工程，质量非常低劣，达不到《建筑装饰工程施工及验收规范》（中国建筑工业出版社）、《建筑安装工程质量检验评定统一标准》的要求

工程于2011年春完工后，盛世歌华大酒店即发生墙砖大面积鼓起，墙面裂缝的情况。本代理人于2012年11月27日到现场并做了录像，另据盛世歌华大酒店工程部负责人介绍，乙方装饰过的房间中，没有质量问题的不超过20%。如此低劣的质量，要求不经验收就支付全部工程款是违反法律、合同约定的。

四、协议关于利息的约定也是违法的

利息应从应付工程款之日起算,现工程未验收合格,质量问题未得到整改,申请人无主张工程款利息权。

此外,协议对利率的约定高于银行同期同类贷款利率的4倍,属于高利贷性质,不应受法律保护。

综上所述,乙方施工的盛世歌华大酒店装饰工程质量未达到合同约定的合格标准,工程也未进行验收并达到合格,双方签订的《协议》是违反法律的无效协议。请求仲裁庭驳回其仲裁请求。

(六)申请人乙方的举证与被申请人甲方的质证

乙方提供如下证据支持自己的仲裁请求:①法人营业执照、组织机构代码证、税务登记证,证明乙方主体合格;②双方《建筑装饰工程施工合同》,证明双方存在合同关系;③2011年10月20日双方工程合同价结算单,证明结算金额600万元;④2011年10月20日双方签订的《协议》,证明甲方承诺在2012年春节前扣除质保金后付清全部工程款,否则按月支付3%的利息;⑤乙方借高利贷支付农民工工资并按月支付3%的利息给放贷人的借条,证明自己主张3%月息是有根据的。

(七)被申请人甲方的举证与申请人乙方的质证

①双方《建筑装饰工程施工合同》,证明双方存在合同关系;②甲方与业主的工程款结算单,证明因为乙方的工程质量问题,业主扣除甲方工程款30万元;③业主方出具的证明,内容是工程质量不合格,工程尚未验收,要求乙方提交工程资料。④光盘一张证明乙方的工程质量不合格。

(八)裁判结果

仲裁委员会裁决:被申请人自裁决书生效之日起10日内支付申请人工程款89.6万元;驳回申请人其他仲裁请求。

四、案例评析

(一)为什么本案由仲裁委员会审理

因为双方在主合同中有仲裁条款,约定争议事项由某市仲裁委员会处理并裁决。

(二)乙方的主体资格与《建筑装饰工程施工合同》的效力问题

2002年5月1日起施行的《住宅室内装饰装修管理办法》第22条规定:

"承接住宅室内装饰装修工程的装饰装修企业,必须经建设行政主管部门资质审查,取得相应的建筑业企业资质证书,并在其资质等级许可的范围内承揽工程。"

室内装修工程不同于土建工程,如果乙方来的都是一些农民工承包盛世歌华大酒店的内部装饰装修,那只能说明乙方根本不具备承揽本工程的资质,为此希望仲裁委调查乙方的建筑业企业从业资质等级问题。

(三)《协议》的效力问题

承包方隐瞒其没有装修资质的事实真相,按照《建筑法》第26条、《民法通则》第55条、《合同法》第52条、《最高人民法院关于审理建设工程施工合同纠纷案件适用法律问题的解释》第1条等关于民事法律行为主体资格的规定,双方施工合同为无效合同。

本案应按照《最高人民法院关于审理建设工程施工合同纠纷案件适用法律问题的解释》第2、3条处理。

(四)业主提前占用未竣工验收合格的工程,该工程还用不用验收

提前占用的工程是否还需要验收?

根据《建筑法》《标准化法》《建设工程质量管理条例》《工程建设项目实施阶段程序管理暂行规定》《建设项目(工程)竣工验收办法》(现已失效)、《建筑工程施工质量验收统一标准》和《住宅室内装饰装修管理办法》工程验收是检验工程是否执行国家强制性标准的重要环节,是法定的必经程序。

《最高人民法院关于审理建设工程施工合同纠纷案件适用法律问题的解释》第13、14条规定了提前占用工程的一些处理办法,但没有明确说明提前占用的工程不需要验收,这种情况下不能轻易否定司法解释的上位法——全国人大和全国人大常委会制定的法律的明确规定。

(五)业主提前占用未竣工验收合格的工程,该工程质量责任如何分担

1. 提前使用工程的质量应区分为"使用部分"和"非使用部分",并在工程质量责任上区别对待

《最高人民法院关于审理建设工程施工合同纠纷案件适用法律问题的解释》第13条规定,建设工程未经验收,发包人擅自使用后,又以使用部分质量不符合约定为由主张权利的,不予支持。

本条的关键词在于"使用部分","使用部分"是解释在"质量"之前加

的一个定语，这个定语使"质量"有了一个范围，那就是使用部分的质量。

既然有使用部分的质量，就会伴生非使用部分的质量。也就是说，擅自使用后，对使用部分的质量发包方无权再主张质量抗辩权；但对于入住后非使用部分的质量问题仍有权向承包方主张权利。例如，工程应于9月底竣工，发包方于6月份就提前使用了该工程，结果验收时发现暖气安装存在偷工减料问题，由于提前使用期间是夏季，根本没有使用工程的暖气系统，因此暖气系统属于非使用部分。此时，发包方仍有权利向承包方主张暖气系统的质量抗辩权，因为这部分的质量问题与发包方的提前使用行为无关。再比如工程应于9月底竣工，发包方于6月份就提前使用了该工程，但使用后由于电路问题一直未使用电梯，结果验收时发现电梯存在严重问题，此时，电梯就属于非使用部分。此时，发包方仍有权利向承包方主张电梯的质量抗辩权，因为这部分的质量问题与发包方的提前使用行为无关。

建设工程未经验收，发包人擅自使用，使用部分的质量不符合约定的，由发包方责任自负，这属于民法的过错推定原则。原因在于，这种情况下质量方面的责任问题由于擅自使用而很难分清，而发包方擅自使用是有过错的，因此推定质量问题也是发包方的过错。

真理再向前一步可能就陷入谬误。对于非使用部分，如果不加分析地认为，只要发包人擅自提前占用工程，那么，除地基基础主体外，一切质量责任均由发包方自负，这就陷入了"一刀切"，违背了法律处罚上比例原则。因为就非使用部分而言，在质量上的责任问题非常清晰，那就是承包方的行为直接导致了工程质量问题，而发包方的行为与工程质量没有因果联系，即不存在推定过错的前提条件。所以，对于非使用部分，工程质量的事实部分非常清楚，责任不像使用过的部分那样容易混淆，此时在责任已经清晰的情况下仍然把责任归结给发包方，既不实事求是，也对发包方有失公平。

所以，该解释在"质量"之前加一个"使用部分"这样的定语是有原因的。

2. 发包人如果擅自提前占用工程，那么，除地基基础主体外，一切质量责任均由发包方自负的处理模式违反法律责任上的比例原则

法律责任上的比例原则指过错程度与责任大小成正比，过错大，责任大；过错小，责任小；无过错，无责任。哪部分有过错，哪部分有责任，真正罚当其错，比例适当。

发包人如果擅自提前占用工程，不仅违法违约，而且影响承包方履行合同义务，造成管理混乱，质量责任难以分清，这是明显的过错。但不能因此认为工程上的其他一切责任都是发包方的错。

发包方无疑应承担自己的过错导致的那部分责任，但是不应当让发包方承担不是自己的过错导致的那部分责任。对于不是发包方的提前占用导致的那部分责任，承包方仍应承担工程质量责任。

3. 对地基基础和主体质量责任的除外规定能否倒推承包方对其他工程质量均不再承担责任

《最高人民法院关于审理建设工程施工合同纠纷案件适用法律问题的解释》第13条规定："建设工程未经竣工验收，发包人擅自使用后，又以使用部分质量不符合约定为由主张权利的，不予支持；但是承包人应当在建设工程的合理使用寿命内对地基基础工程和主体结构质量承担民事责任。"

（六）《合同法》《建筑法》与上述解释的关系问题

《立法法》是宪法性的文件，《立法法》中没有授权最高人民法院对法律进行解释。

就本案而言，地面、门窗、灯具等显然属于使用部分。然而，墙砖、墙面、软包、壁画等部分的质量问题与提前入住无关。因为无论是否提前入住，这些部分均保持原状。

本条的另一关键词是"擅自使用"。所谓擅自使用，是指一方不顾另一方的抗议、反对和劝阻对自己无权使用的东西强行使用，经劝告仍不改正的行为。具体到本案，发包人入驻后，承包方想必耳闻目睹，但承包方从未提出任何异议，这是擅自使用吗？这是默认。

（七）关于工程保质期，庭审中乙方公司代理人认为工程保质期是1年，并且本工程已经过了保质期，这个观点是不对的

国务院颁布的《建设工程质量管理条例》第40条规定，在正常情况下，建设工程的最低保修期限为：屋面防水工程、有防水要求的卫生间、房间和外墙面的防渗漏，为5年；电气管线、给排水管道、设备安装和装修工程，为2年。

《住宅室内装饰装修管理办法》第32条规定："在正常使用条件下，住宅室内装饰装修工程的最低保修期限为二年，有防水要求的厨房、卫生间和外墙面的防渗漏为五年。保修期自住宅室内装饰装修工程竣工验收合格之日起计算。"

就本案而言，涉案大酒店的卫生间防水均是乙方所施工，其保修期应是5年，其他装修工程，最低保修期限也至少为2年，而不是乙方代理人信口开河的一年。

乙方代理人认为本工程已经过了保质期，理由是工程竣工交付已经超过1年，这个观点不具备工程方面的常识。《建设工程质量管理条例》第40条第3款明确规定："建设工程的保修期，自竣工验收合格之日起计算。"

本案工程虽然竣工，但并未验收，更谈不上合格，保修期还没开始计算，因此认为工程保质期是1年，并且本工程已经过了保质期这个观点是不对的。

庭审中，乙方承认工程尚未竣工验收，但其代理人认为，建设单位已经使用了该工程，因此该工程已视同验收合格，不必再进行工程验收。这个观点是不对的。

《最高人民法院关于审理建设工程施工合同纠纷案件适用法律问题的解释》第14条第3项规定："建设工程未经竣工验收，发包人擅自使用的，以转移占有建设工程之日为竣工日期。"

竣工与竣工验收合格是两个不同的概念，竣工在先，验收在后。本条宗旨在于解决发承包双方关于竣工日期的争议，因此确定了如何界定竣工日期的规则，但并未说工程不必验收了，更未说建设单位已经使用工程，该工程就视同验收合格。

（八）装饰装修工程是否在验收范围之内

首先，什么是装饰装修？装饰装修属于建筑工程中的一个分部，指地基基础主体、屋面、水暖电、电梯、消防、人防、节能环保、防雷等之外，房屋进一步达到居住要求并美化的建筑、工艺措施。装饰装修分为室内和室外，室内又分为家庭和公共空间部分。装饰装修的具体内容包括抹灰、勾缝、粉刷涂色、门窗玻璃、裱糊、软包、门窗套、吊顶、灯光效果、电器设备安装、护栏扶手、雕塑花饰、明暗龙骨、墙砖地砖等。

绝大多数普通住宅的大部分装饰装修无疑是不需要验收的，原因在于：

第一，绝大多数普通住宅的大部分装饰装修不在承包商的承包范围之内，而承包范围是由合同、图纸、说明及工程指令来界定的。普通住宅把大部分装修装饰留给业主根据自己的喜好去装修，满意与否是业主与家装公司的事。在工程承包合同中根本没有这部分内容，当然不在验收之列。

第二，住宅并非全部由业主装饰装修，由业主自己完成的仅是装修装饰工程的一部分（毛坯房户门以内的地面墙面门套窗帘等），其他装修装饰工程如室内地面找平层、门窗、管线设备安装等，室外装修、公共空间（地面墙面贴转、门窗玻璃、粉刷涂色、护栏扶手等）仍需要承包商来完成。承包商完成的这些部分都需要通过验收。本案是酒店工程，酒店的全部内外装饰工程均由承包商按照合同内容、设计图纸和说明、施工方案来完成。其中乙方承包的是全部内部装饰装修，因此全部都在竣工验收范围。

第三，装饰装修是否不重要并不需验收。国家只有装饰装修需要验收的规定，没有装饰装修不需验收的规定。从合同法的角度讲，任何合同载明的义务都应当得到履行，既然法律规范、承包合同都规定其需要验收，那么就应当进行验收。

综上所述，本案工程哪些需要验收哪些不需要验收应根据合同以及施工图纸、说明。对于合同以及施工图纸、说明当中已明确属于甲方应完成的合同义务，因此在《工程竣工验收报告》中，分部验收、子分部、分项验收、检验批验收必须写明工程完成的情况。

（九）清包工工程是否需要验收

庭审中，乙方承认工程尚未竣工验收，但其代理人认为，乙方仅是清包工，因此没有参与工程验收的义务。这种说法是不对的。

双方签订的《建筑装饰工程施工合同》第5条第5款约定："工程竣工后，乙方应通知甲方验收，甲方自接到验收通知后7日内组织验收，并办理验收、移交手续。"以此能够知道乙方参加工程验收是其义不容辞的责任。

乙方的代理人想把乙方在涉案大酒店干活的人说成是乙方公司直接雇佣的农民工，其用意是逃避工程质量维修责任和参与工程验收责任，这是有失诚信的行为。

（十）谁有义务启动验收程序，验收的程序是什么

庭审中，乙方承认工程尚未竣工验收，但其代理人认为，工程验收的程序是：首先由甲方通知乙方要对工程进行验收，乙方接到通知后才参与工程验收。这种说法违背工程验收程序的基本常识。

《房屋建筑工程和市政基础设施工程竣工验收暂行规定》（现已失效）第6条规定，工程竣工验收应当按照以下程序进行：(1) 工程完工后，施工单位向建设单位提交工程竣工报告，申请工程验收。(2) 建设单位收到工程竣工验收报告后，对符合竣工验收条件的工程，组织勘察、设计、施工、监理等单

位和其他有关方面的专家组成验收组，制定验收方案。

多层建筑的施工分为其各分部，即地基、基础、主体、屋面、外部装饰装修、内部装饰装修和水暖电。每个分部都必须验收，这叫作分部分项验收。工程竣工后，再进行综合验收即竣工验收。每次验收都由施工单位提出验收申请，然后建设单位组织验收。

乙方的代理人为了推却自己提交竣工报告的责任，竟然把申请验收的责任推到对方身上，这是不智且不义之举。

（十一）装饰装修工程有无国家标准，如何区分强制性标准和推荐性标准

《标准化法》第2条规定，强制性标准必须执行。

《建筑法》第61条规定，交付竣工验收的建筑工程，必须符合规定的建筑工程质量标准。

装饰装修方面的国家标准主要是《建筑装修工程质量验收规范》（中国建筑工业出版社）（GB50210-2001），其他子分项如地面、防水、抹灰各有自己的国家标准，GB是国家标准的简称，GB/T是推荐性国家标准的简称。凡是GB打头并没有T字母标志的，全部是强制性标准，必须执行。

（十二）乙方是否越位主张了业主的权利

乙方是否有权要求甲方对其承包的工程进行工程验收并提交工程资料。

第一，乙方代理人及其法定代表人在开庭时一口咬定工程已竣工验收并已提交全部资料，然而，代理人经过调查，证实工程没有验收，乙方未向甲方装饰提供任何竣工资料。

第二，第一次开庭时，代理人已向仲裁庭提交过建设单位出具的证明，证明的内容包括要求甲方参加工程验收。

第三，乙方是依据乙方和甲方签订的《建筑装饰工程施工合同》主张上述权利的。

《建筑装饰工程施工合同》第5条是关于工程质量和验收的约定。其中5.6规定："工程竣工后，乙方应通知甲方验收，甲方自接到验收通知7日内组织验收，并办理验收、移交手续。"

《建筑装饰工程施工合同》第6条是关于工程款和结算的约定。其中6.3约定："工程竣工验收后，乙方提出工程结算并将有关资料交甲方。"

第四，根据《建筑工程施工质量验收统一标准》（现已失效）第6.0.5条的规定："单位工程有分包单位施工时，分包单位对所承包的工程项目应按本

标准规定的程序进行评定，总包单位派人参加。分包单位工程完成后，应把工程有关资料交总包单位。"

因此，乙方不是越俎代庖、在未授权情况下行使建设方的权利，而是依据乙方和甲方签订的《建筑装饰工程施工合同》主张上述权利。

（十三）乙方在竣工验收时，应向谁提交工程资料，应当提交哪些资料

（十四）3%月息能否得到支持

主张工程款利息的程序应当是，工程竣工验收合格后，双方对工程款进行决算，发包方在约定给付的期限内未支付工程款，开始计算利息。就本案而言，工程尚未验收，工程款尚未决算，因此利息问题尚未提上日程，正所谓"皮之不存，毛将附焉"。

双方于2011年9月11日关于涉案大酒店的工程款支付问题签订协议，约定按照所欠工程款的3%月息来支付工程款利息。该协议既违反《合同法》第279条，也违反司法解释关于民间借贷利率方面的规定，是一个无效协议。

庭审中，乙方承认工程尚未竣工验收，但其代理人认为，甲方应先支付全部工程尾款和利息，再谈验收的事情。这个观点是不对的。《合同法》第279条规定对这个问题给出了明确的答案。

《合同法》第279条第1款规定："建设工程竣工后，发包人应当根据施工图纸及说明书、国家颁发的施工验收规范和质量检验标准及时进行验收。验收合格的，发包人应当按照约定支付价款，并接收该建设工程。"《合同法》第279条明确规定了竣工验收和支付工程款的先后顺序，并把验收合格作为支付工程款的前提条件。

《住宅室内装饰装修管理办法》第30条第1款规定："住宅室内装饰装修工程竣工后，装修人应当按照工程设计合同约定和相应的质量标准进行验收。验收合格后，装饰装修企业应当出具住宅室内装饰装修质量保修书。"

因此，乙方代理人关于先支付工程尾款，后进行验收的观点是完全错误的。

尽管双方于2011年9月11日关于涉案大酒店的工程款支付问题签订的协议，该协议是一个违反法律的无效协议，不能作为支付工程款的依据（此问题在仲裁答辩书中已有论及，此处不再赘述）。

总之，甲方并不是无理拖欠乙方工程款的黑心老板，而是乙方尚未履行完毕施工合同规定的验收义务。甲方承认尚未完全支付乙方工程款，但并不

是要赖账，而是要执行《合同法》第279条的法律规定以及双方签订的施工合同的第5条第5款、第6条第3款的约定。在乙方未履行前述法定义务和合同义务的情况下，本工程不具备工程款决算的前提条件，乙方的仲裁请求没有法律和合同依据。

第十七节　装饰工程和装修工程在分部分项的内容和工程验收方面有什么区别
——张某奎与吕梁房地产开发公司装修合同纠纷

一、案情简介

原告张某奎诉讼请求：①请求判令被告支付拖欠的工程款137万元；②判令被告自2012年12月23日起，每日按照5‰支付违约金和损失；③承担全部诉讼费用。事实和理由部分：2011年4月7日，原告和被告签订了一份《协议书》，约定原告承包朔方市财富中心的精装修项目，双方就工程内容、承包方式、工程造价、工程工期、工程款支付、工程变更、合同价款调整以及双方权利义务进行了约定。合同约定：以甲方认定的材料单价为准，工程量以实际发生为准。工程价款为1470万元，合同总量差在上下2%内执行包干，超出该范围的工程量另行结算。原告按照被告的指令，于2011年7月进场施工，2011年12月竣工，原告按照被告要求陆续施工到2012年8月全部撤场，2012年9月正式使用。2014年，被告认可双方工程量，并委托山西威武工程造价有限公司进行造价审核，结算价款为2279万元，原告又将造价公司漏掉的增项加入结算价中，最终结算价为2302万元并得到被告认可。但是，被告在2016年又自行出具一份结算价为1840万元的《报告书》给予原告，后又多次自行改变结算价款。原告认为工程最终结算价是双方认可的2302万元，现被告已经支付1269万元，另一借款纠纷案件中，法院判决被告支付原告896万元，综合计算，被告尚欠原告137万元。

被告吕梁房地产开发公司答辩称：原告在答辩状中的陈述与事实不符，其诉讼请求不应当得到支持，理由如下：

（1）起诉状认为，2011年4月7日原被告之间签订《协议书》，这是不对的。事实上，被告是与青岛顺丰建设集团有限公司签订的《协议书》，原被告之间没有合同关系。

(2) 起诉状认为，财富中心装修工程已经竣工，这是不对的。事实上，原告作为实际施工人承揽的财富中心装修工程一直没有竣工，更没有通过验收。

根据《合同法》第 279 条的规定，竣工验收合格是支付工程款的前提条件。所以，原告和承包方应当在工程竣工后向被告提交竣工报告，提请被告组织设计单位、监理单位、承包方对工程进行竣工验收。验收合格后，向被告提交工程结算证书，双方进行工程结算。

(3) 起诉状认为，山西威武工程造价有限公司出具报告书，结算价款为 2279 万元，这个与事实不符。

事实上，原被告双方在 2013 年 10 月 10 日协商一致，委托山西威武工程造价有限公司对涉案工程造价进行审计，审计结果是 1840 万元，而并非是原告所言的 2279 万元。

(4) 原告在起诉状中认为，被告两次对原告的决算价表示认可，这个不是事实，被告认可的是双方共同委托的山西威武工程造价有限公司作出的审计结果，没有认可过原告的结算价。

(5) 被告已经支付原告工程款 2188 万元，不仅不欠原告工程款，而且远远超出应付的工程款。

由于被告与财富中心的购房人约定了交房期限，政府对商家入驻也有要求，因此被告只好应原告要求，多支付了很多工程款，以避免工期延误，按时交付房屋。由于原被告还有其他债权债务关系，因此对于超额支付的工程款，被告准备待综合考虑后向原告主张权利。

综上所述，被告不仅没有拖欠原告工程款，而且超付了原告工程款。因此，原告的主张没有事实依据与法律依据，请求人民法院驳回原告的诉讼请求。

二、本案的焦点问题

(一) 装修合同是否有效，如果无效，原告能否主张违约金？
(二) 如何确定被告应当支付的装修工程款数额？
(三) 应否对应当支付的装修工程款数额进行司法鉴定？
(四) 工程是否已经竣工验收？

三、开庭经过和判决结果

2018 年 6 月 21 日，原告张某奎与被告吕梁房地产开发公司装修合同纠纷一案开庭，主审法官询问双方出庭当事人身份情况，询问双方当事人是否要求法官或者人民陪审员回避，然后敲下法槌。

原告宣读起诉状，宣读完毕后声明只主张违约金，撤回要求赔偿损失的诉讼请求。

被告宣读答辩状。

审判长归纳审判焦点：①双方合同效力；②工程款支付情况。被告要求将工程是否竣工验收列入审判焦点，审判长拒绝。

审判长宣布下面开始法庭调查，首先由原告举证。

原告举证如下：

第一组证据：财富中心装修《协议书》和工程预算书，证明目的是原被告双方存在施工合同关系，原告主体适格。同时说明《协议书》中的承包方江苏华安建筑公司项目部根本不存在，江苏华安建筑公司项目部系被告私刻公章，原告已经到公安部门报案。

第二组证据：申请法院到某市建筑档案馆调取工程竣工验收年度报告，证明目的是工程已经竣工验收完毕，具备工程款结算条件。

第三组证据：已经收到工程款1269万元的收据，证明目的是被告仅仅支付1269万元，尚欠工程款137万元。

第四组证据：《判决书》一份，证明另一借款纠纷案件中，法院判决被告支付原告896万元。

原告当庭补充如下证据：①2014年工程量认可证明；②项目造价审计申请书；③2016年被告给原告的《公函》；④工作联系单；⑤部分报价单。

被告对原告所提交证据的质证意见如下：

对第一组：仅是复印件，真实性存疑。《协议书》当事双方是被告和江苏华安建筑公司项目部，与本案没有关联性。

对第二组：不认可，因为装修工程没有竣工验收。

对第三组：需要核对才能进行评论。

对第四组：对真实性无异议，但与本案没有关联性。

对补充证据的质证意见：均是复印件，真实性存疑。

被告举证如下：

张某奎与吕梁房地产开发公司财富中心装修合同纠纷证据目录

序号		证据名称	页数	证据内容	证明目的
第一组	1	营业执照	1		主体适格
	2	组织机构代码证	1		
	3	法定代表人任职证明和身份证复印件	1		
第二组	1	《协议书》		合同价款为1470万元，预算工程量正负2%范围内包干	工程量分为预算内和预算外两个部分，预算内的1470万元上下浮动2%实行包干，预算外的另行结算
	2	工程预算书			
第三组	1	项目审计申请书		原被告双方协商一致聘请第三方对工程造价进行审计，报告结论是1840万元	工程实际造价是1840万元
	2	某造价咨询公司出具的工程造价审计报告			
第四组		已付工程款证明		见《已付工程款明细》，发包方已经支付给承包方2188万元	已经超额支付工程款
第五组		某物业公司就本装修工程的质量问题所作的证明			工程不合格，直到现在还在整改，因此一直没有通过验收
第六组		2014年4月3日联络函			2014年4月3日还没有完工，其后一直断断续续，严重延误工期
证据份数			总页数		
收取证据方签收证据栏					

原告质证意见如下：

对第一组：无异议。

对第二组：真实性无异议，对证明目的有异议。

对第三组：认可项目审计申请书的真实性。对审计报告工程量无异议，对造价结论有异议。第27页，涂料变为乳胶漆，差价为166万元，审计报告没有考虑。由一类、二类、三类用工未按照合同计价，地面瓷砖未按照合同计价，这两项共差369万元。

对第四组：已付工程款证据，需要回去核对。

对第五组：百谊物业就财富中心装修工程的质量问题所作的证明与本案不具有关联性，工程已经竣工验收合格。

对第六组：2014年4月3日联络函，认可真实性，不认可证明目的。装修虽存在一些问题，但是已经做了一次性处理。

法官提问：原告有没有装修资质？答：没有，就是被告指定挂靠，合同由被告盖好章后直接交给原告本人。问：工程款怎么支付，支付给项目部还是原告本人？答：支付给原告的建材公司、原告的财务负责人或者原告本人。问：工程是否已经竣工？答：[2015] 张开初字270号判决书已经认定工程已经于2012年11月30日竣工验收合格且已经备案。问：是否申请鉴定？答：我们要求对工程造价进行鉴定。

法官休庭，双方对账，原告提交工程造价鉴定申请书，被告提交工程竣工验收报告。

四、案例评析

（一）装修合同的效力

依照《招标投标法》以及原国家发展计划委员会《工程建设项目招标范围和规模标准规定》的规定，商业写字楼的装修工程不属于必须招标的工程。

但是，按照《最高人民法院关于审理建设工程施工合同纠纷案件适用法律问题的解释》第1条的规定，承包人没有取得建筑施工企业资质的，所签订的施工合同无效。本案承包人为自然人，非企业，更非有装修资质的法人企业，因此，双方签订的施工合同无效。

如果施工合同无效，合同相应的违约金条款也无效，原告的违约金主张不能得到法律支持。

(二) 如何确定被告应当支付的装修工程款数额

合同约定：以甲方认定的材料单价为准，工程量以实际发生为准。工程价款 1470 万元，合同总量差在+2%内执行包干，超出该范围的工程量另行结算。

因此，首先应当将实际发生的合同工程量分为图纸内部的和超出该范围的两部分，图纸内部的工程量施行 1470 万元，合同总量差在+2%内执行包干，超出该范围的工程量另行结算。

超出该范围的工程量也应当按照合同价款和预算价之间的比值进行结算，这样才能体现出当事人真实的意思表示。

另外，由于双方一致同意对本工程进行造价审计，因此双方应当认可共同委托的审计结果。目前，承包方只认可工程量，不认可造价审计结果，这是违背双方约定的。

(三) 被告已经支付装修工程款的数额

原告认为工程最终结算价是双方认可的 2302 万元，现被告已经支付 1269 万元；被告认为已经支付原告工程款 2188 元，中间相差很大的数额，需要每笔都进行核实。

(四) 应否对应当支付的装修工程款数额进行司法鉴定

本案没必要进行司法鉴定。

首先，双方已经共同委托造价审计部门进行过工程款审计，审计结果双方应当接受，因此不应当重复审计。《建筑工程施工发包与承包计价管理办法》第 19 条规定："工程竣工结算文件经发承包双方签字确认的，应当作为工程决算的依据，未经对方同意，另一方不得就已生效的竣工结算文件委托工程造价咨询企业重复审核。……"

其次，《最高人民法院关于审理建设工程施工合同纠纷案件适用法律问题的解释》第 22 条规定："当事人约定按照固定价款结算工程价款，一方当事人请求对建设工程价款进行鉴定的，不予支持。"第 23 条规定："当事人对部分案件事实有争议的，仅对有争议的事实进行鉴定，但争议事实范围不能确定，或者双方当事人请求对全部事实鉴定的除外。"据此，如果进行审计，也应当将工程量分为合同约定范围以内的和超出范围的工程变更部分，只能够对变更部分进行审计，不能对合同约定范围以内的工程量以及相应价款进行审计。

(五) 工程是否已经竣工验收

原告误以为工程已经竣工验收合格包括装修工程也验收合格，事实上，本案是关于财富中心的精装修工程，和装饰工程完全不同，因此，精装修部分并没有验收合格。

装饰工程指的是二次结构做完后，承包人关于内外墙抹灰、踢脚线等工程的施工工作。装修工程指的是装饰工程完工后，关于墙面粉刷、地板铺设、墙面砖铺设、灯光照明等进行的工作。

具体到本案装饰与装修的区别，应看土建部分的施工合同和精装修合同之间在承包内容和承包范围方面的区别。

第十八节　建设工程纠纷案件的"痛点"问题
——建设工程司法鉴定案例

一、案情简介

2003年10月14日，甲、乙两公司签订《建设工程施工合同》，约定由乙公司承包张大高速公路一标段的施工工程，工程为固定总价合同，合同价款共计1.5亿元。乙公司又将工程转包给丙施工队施工。2005年6月工程竣工，并且验收合格，取得《建设工程竣工验收备案登记证》。双方结算工程款时发生分歧，乙公司提出对工程造价进行司法鉴定，甲公司未予答复。乙公司单方委托智恒造价咨询公司对涉案工程造价进行鉴定，并向智恒公司提供了造价鉴定需要的施工合同、施工图纸和监理签证等资料。乙公司将鉴定报告送达甲公司，甲公司不予认可。为了使工程早日投入使用，甲、乙公司在政府有关部门在场见证情况下达成《退场清算协议》，并在协议上签字盖章。但后来乙公司反悔，认为《退场清算协议》是被迫签订的。甲公司后来也反悔，甲公司认为张大高速公路属于国有资金投资建设的项目，属于《审计法》规定的法定的审计范围，因此双方的工程款结算应当以审计报告结果为准。

二、建设工程司法鉴定基础知识

（一）司法鉴定概述

司法鉴定，是指在诉讼过程中，对案件中的专门性问题，由司法机关或当事人委托法定鉴定单位，运用专业知识和技术，依照法定程序作出鉴别和判断的一种活动。司法鉴定具有独立性、中立性和科学性,但作为一种意见,也具有主观性,因此不能将鉴定意见等同于事实,更不能迷信鉴定意见,以致陷入"以鉴代审"误区。法官应当根据《民事诉讼法》第105条全面分析鉴定意见,并公布采信或者不予采信的结果和理由。

英美法未将司法鉴定作为一种独立的证据,只是作为专家证言,即证人的一种,或者作为科学证据。大陆法系大多将司法鉴定作为一种独立的证据,包括鉴定意见或者鉴定结论。

根据《民事诉讼法》第53条的规定,司法鉴定是八种证据之一,其形式是鉴定意见,包括确定性意见和推断性意见。为了衡平当事人的证据,《民事诉讼法》第79条引进了专家证人制度,对鉴定意见发表自己看法。

数据显示,2006年至2010年,我国司法鉴定机构年均增长6.94%,司法鉴定从业人员年均增长5.69%,检案数量年均增长39.38%。截至2010年底,我国共计司法鉴定机构4955家,司法鉴定从业人员53 835人,当年检案数量达到117万件,行业发展初具规模。2017年底。全国共有7800余家工程造价咨询单位,注册造价工程师87 963人,其中公司制企业7575家,合伙企业63家。甲级3737家,乙级4063家。

(二) 建设工程司法鉴定的法律依据

目前,我国在司法鉴定方面还没有统一的法律,司法鉴定的法律依据散见于三大诉讼法以及数部法律、规章、司法解释当中。2018年3月1日起实施的《建设工程造价鉴定规范》(GB/T51262-2017)是建设工程司法鉴定领域的最新规定。

(1) 2015年《全国人民代表大会常务委员会关于司法鉴定管理问题的决定》(2015年修正)。

(2) 2017年《民事诉讼法》第六章第64、76、77、78、79条。

(3) 2015年2月4日实施的《最高人民法院关于适用中华人民共和国民事诉讼法的解释》(以下简称《民诉法解释》)第121、122、123条。

(4) 2008年《最高人民法院关于民事诉讼证据的若干规定》。

(5) 2004年发布的《最高人民法院关于审理建设工程施工合同纠纷案件适用法律问题的解释》第16、22、23条。

(6) 2001年11月16日《人民法院司法鉴定工作暂行规定》。

(7) 2002年4月1日《人民法院对外委托司法鉴定管理规定》。

(8) 2007年9月1日《最高人民法院对外委托鉴定、评估、拍卖等工作管理规定》。

(9) 2016年5月1日司法部实施的《司法鉴定程序通则》。

(10) 2005年5月30日司法部实施的《司法鉴定人登记管理办法》。

(11) 2014年3月17日司法部《建设工程司法鉴定程序规范》(SF/ZJD500001-2014)。

(12) 2016年10月20日实施的住建部《工程造价咨询企业管理办法》。

(13) 2015年11月1日住建部实施的《建设工程造价咨询规范》。

(14) 2018年3月1日实施的住建部《建设工程造价鉴定规范》(GB/T51262-2017)。

(15) 2019年2月1日实施的《最高人民法院关于审理施工合同纠纷案件适用法律问题的解释（二）》第12、13、14、15、16条。

(16) 2019年6月1日司法部实施的《司法鉴定执业活动投诉处理办法》。

(17) 2012年12月1日中国造价协会发布的《建设工程造价鉴定规程》。

上诉关于司法鉴定的规范虽然很多，但是令出多门，不系统，且存在一些法律漏洞。我国应当统一制定一部司法鉴定条例，全面、系统地规范司法鉴定行为。

（三）工程司法鉴定与造价咨询、资产评估的关系

在程序上，司法鉴定的委托人是法院，后两者不一定；司法鉴定是诉讼中委托，后两者不一定；司法鉴定是法定证据，后两者属于民事委托合同。资产评估以资产存续时间为计价参数，需要考虑损耗，而司法鉴定不考虑这些。

（四）鉴定程序的启动以及鉴定机构和鉴定人员的选择

1. 申请人申请鉴定为主，法院依职权委托鉴定为辅

《民事诉讼法》第76条规定："当事人可以就查明事实的专门性问题向人民法院申请鉴定。当事人申请鉴定的，由双方当事人协商确定具备资格的鉴定人；协商不成的，由人民法院指定。当事人未申请鉴定，人民法院对专门性问题认为需要鉴定的，应当委托具备资格的鉴定人进行鉴定。"

第77条规定："鉴定人有权了解进行鉴定所需要的案件材料，必要时可以询问当事人、证人。鉴定人应当提出书面鉴定意见，在鉴定书上签名或者

盖章。"

根据上述规定，当事人和法院都有权启动鉴定程序。两者的关系是，申请人申请鉴定为主，法院依职权委托鉴定为辅。

《最高人民法院关于适用〈中华人民共和国民事诉讼法〉的解释》第94条规定："民事诉讼法第六十四条第二款规定的当事人及其诉讼代理人因客观原因不能自行收集的证据包括：（一）证据由国家有关部门保存，当事人及其诉讼代理人无权查阅调取的；（二）涉及国家秘密、商业秘密或者个人隐私的；（三）当事人及其诉讼代理人因客观原因不能自行收集的其他证据。当事人及其诉讼代理人因客观原因不能自行收集的证据，可以在举证期限届满前书面申请人民法院调查收集。"

第95条规定："当事人申请调查收集的证据，与待证事实无关联、对证明待证事实无意义或者其他无调查收集必要的，人民法院不予准许。"

第96条规定："民事诉讼法第六十四条第二款规定的人民法院认为审理案件需要的证据包括：（一）涉及可能损害国家利益、社会公共利益的；（二）涉及身份关系的；（三）涉及民事诉讼法第五十五条规定诉讼的；（四）当事人有恶意串通损害他人合法权益可能的；（五）涉及依职权追加当事人、中止诉讼、终结诉讼、回避等程序性事项的。除前款规定外，人民法院调查收集证据，应当依照当事人的申请进行。"

第121条规定："当事人申请鉴定，可以在举证期限届满前提出。申请鉴定的事项与待证事实无关联，或者对证明待证事实无意义的，人民法院不予准许。人民法院准许当事人鉴定申请的，应当组织双方当事人协商确定具备相应资格的鉴定人。当事人协商不成的，由人民法院指定。符合依职权调查收集证据条件的，人民法院应当依职权委托鉴定，在询问当事人的意见后，指定具备相应资格的鉴定人。"

《最高人民法院关于审理建设工程施工合同纠纷案件适用法律问题的解释（二）》第14条规定："当事人对工程造价、质量、修复费用等专门性问题有争议，人民法院认为需要鉴定的，应当向负有举证责任的当事人释明。当事人经释明未申请鉴定，虽申请鉴定但未支付鉴定费用或者拒不提供相关材料的，应当承担举证不能的法律后果。一审诉讼中负有举证责任的当事人未申请鉴定，虽申请鉴定但未支付鉴定费用或者拒不提供相关材料，二审诉讼中申请鉴定，人民法院认为确有必要的，应当依照民事诉讼法第一百七十条第一款第三项的规定处理。"

根据上诉规定，一审未申请司法鉴定，二审提出司法鉴定的，仍然有可能启动司法鉴定程序。

2. 建设工程司法鉴定机构三足鼎立的状况

首先，司法行政部门根据《全国人民代表大会常务委员会关于司法鉴定管理问题的决定》和司法部《司法鉴定程序通则》对鉴定机构和人员进行管理，为获得司法鉴定资格的单位颁发《司法鉴定许可证》，为获得司法鉴定资格的人员颁发《司法鉴定人执业证》。

其次，法院根据《人民法院司法鉴定工作暂行规定》《人民法院对外委托司法鉴定管理规定》《最高人民法院对外委托鉴定、评估、拍卖等工作管理规定》，遴选有资格进行司法鉴定的单位，制成司法鉴定人名册，通过协商摇号等方式确定建设工程司法鉴定人。

最后，住房和城乡建设部根据《工程造价咨询企业管理办法》《建设工程造价咨询规范》规定造价咨询企业在资质等级范围内进行鉴定工作。

所以，选择哪个鉴定机构的前提条件是当事人是处于非诉阶段还是仲裁阶段或者诉讼阶段。非诉阶段当事人可以自由协商，仲裁则依据司法部规定，诉讼则依据法院的规定选择诉讼机构。

（五）建设工程司法鉴定的事项、范围和申请鉴定期限

《最高人民法院关于审理建设工程施工合同纠纷案件适用法律问题的解释（二）》第15条对此作了规定。

1. 鉴定事项的含义

鉴定事项是指工程质量、工期或者工程款的全部或者部分问题。

本案例未涉及质量和工期，因此鉴定事项是关于工程款问题。

2. 鉴定范围的含义

鉴定范围是工程质量、工期或者造价的特定部分。

《最高人民法院关于审理建设工程施工合同纠纷案件适用法律问题的解释》第22条规定："当事人约定按照固定价结算工程价款，一方当事人请求对建设工程造价进行鉴定的，不予支持。"

《最高人民法院关于审理建设工程施工合同纠纷案件适用法律问题的解释》第23条规定："当事人对部分案件事实有争议的，仅对有争议的事实进行鉴定，但争议事实范围不能确定，或者双方当事人请求对全部事实鉴定的

除外。"

《最高人民法院关于审理建设工程施工合同纠纷案件适用法律问题的解释（二）》第12条规定："当事人在诉讼前已经对建设工程价款结算达成协议，诉讼中一方当事人申请对工程造价进行鉴定的，人民法院不予准许。"

3. 鉴定期限的含义

（1）申请鉴定的期限。《最高人民法院关于适用〈中华人民共和国民事诉讼法〉的解释》第121条规定，当事人申请鉴定，可以在举证期限届满前提出。

但是，由于开庭前一方当事人不知对方提供什么证据，很可能需要针对对方举证提出鉴定申请，或者出现审判员认为要查明案件事实必须坚定等情形。这种情况下，法官应当允许当事人提出鉴定申请。

也即举证期限内提出为原则，举证期限外提出为例外。

（2）司法鉴定的期限。司法部《建设工程司法鉴定程序规范》第5.17.1规定："鉴定机构应在签订《建设工程司法鉴定协议书》之日起六十个工作日内完成委托事项的鉴定工作。但是补充或者重新提取鉴定资料，司法鉴定人复查现场、赴鉴定项目所在地进行检验和调取鉴定资料所需的时间，不计入鉴定期限。"

（六）法官在司法鉴定中的职权

有些法官为了省事，逢工程案件必鉴定。有些法官将鉴定中很多事项推给鉴定部门，应当说，这是一种懒惰的表现。法官在司法鉴定中不能"无为而治"，应当行使司法鉴定的主动权。

首先，法官应当结合申请鉴定事项与待证事项有无关联、鉴定的事项对证明待证事实有无意义，对是否启动鉴定程序作出判断。符合依职权调查收集证据的法院应当依职权委托鉴定。

其次，无论是申请鉴定还是依职权鉴定，法院都是司法鉴定的委托人，与司法鉴定部门签订《司法鉴定委托协议书》。

再次，法官依职权对委托鉴定的事项、范围和鉴定期限进行判断并写入《司法鉴定委托协议书》。

最后，对建设工程重大事项作出判断，不能由鉴定部门决定。例如合同效力、结算依据、工程变更等签证文件的效力，必须由法官根据法律作出判断。

三、本案焦点问题

（一）双方当事人已就工程款结算额达成协议，一方当事人主张对工程款进行鉴定的，是否予以支持？

（二）审计部门对建设资金的审计能否作为工程款结算的依据？

（三）工程变更时，司法鉴定机构如何确定变更部分的计价依据？

四、开庭过程和裁判结果

某省高级人民法院经过审理认为，虽然乙公司是单方委托建设工程司法鉴定，但是，甲公司没有提出足以反驳鉴定结论的证据，并且甲公司也没有提出对工程造价进行重新鉴定，所以，乙公司单方委托智恒造价咨询公司对涉案工程造价进行鉴定的结论有效。

但是，双方在鉴定后又在政府有关部门在场见证情况下达成《退场清算协议》，该协议视为是双方真实的意思表示，可以作为双方结算工程款的依据。

至于甲公司认为张大高速公路属于国有资金投资建设的项目，属于《审计法》规定的法定的审计范围，因此双方的工程款结算应当以审计报告结果为准的观点。某省高级人民法院认为，《审计法》的相关规定属于行政法律关系，在双方当事人已经通过结算协议确认了工程结算价款并已基本履行完毕的情况下，国家审计机关作出的审计报告，不影响双方结算协议的效力。

综上所述，某省高级人民法院根据双方当事人达成的《退场清算协议》，判决甲公司支付给乙公司剩余工程款921万元。

五、案例评析

（一）如何起草工程司法鉴定的鉴定范围和鉴定事项

工程司法鉴定的鉴定范围和鉴定事项关系到工程司法鉴定的目的能否实现，因此起草工程司法鉴定的鉴定范围和鉴定事项时候一定要目标明确、具体、操作性强，对检材进行法庭质证时一定要与鉴定人员沟通交流，讲明鉴定的目的，保证双方达成一致意见。

以工程质量鉴定为例，鉴定申请书要说明已经出现的质量瑕疵以及质量瑕疵分布情况，要求鉴定机构确认工程质量是否达到设计要求、是否影响使用功能、是否影响结构安全、工程能否达到验收合格的水平。要求鉴定机构查清质量缺陷的原因,以科学数据分析原因和结果之间的因果联系,进一步确定责任主体以及各责任主体的责任范围。鉴定工程质量问题一定要同时提出质量问题的修复方案以及修复费用,以免因鉴定不全面而导致二次鉴定。

非单方委托鉴定情况下,司法鉴定委托书不由申请人出具,而由法院出具。向法官提交司法鉴定申请书应请法官出具收据。此外,法院的委托鉴定书很笼统,因此一定要告知法官务必将申请人起草的鉴定范围和鉴定事项附在司法鉴定委托书上,以免鉴定机构不知如何下手。实践中,有些法官没有将申请人起草的鉴定范围和鉴定事项附在司法鉴定委托书上,而司法鉴定委托书很笼统、很概括,如请对工程地基基础主题相关质量问题进行工程质量司法鉴定,导致鉴定单位不知所云,无法开展鉴定工作。此外,当事人起草的鉴定范围和鉴定事项存在丢失的可能,这种情况下鉴定意见书的效果可想而知。当事人的钱白花了,时间也浪费了。

通常,鉴定部门的鉴定意见书出来之前,鉴定部门要通过法院或者仲裁机构向当事人征求意见。申请人应当仔细阅读鉴定意见书,审查鉴定意见书是否对鉴定范围和鉴定事项作出了回应。尤其是涉及鉴定目的的事项,如施工方是否做到了按图施工,工程是否达到验收合格水平。如果发现鉴定意见书没有全部回应鉴定申请书中的鉴定范围和鉴定事项,一定要指出来并要求鉴定机构补充完善,否则就失去了鉴定的意义,影响诉讼效果。

(二)如何控制司法鉴定的时间,防止鉴定过程遥遥无期

司法实践中,一旦工程进入司法鉴定程序,也就意味着案件可能遥遥无期了。很多案件因为司法鉴定,导致案件审理很多年无法结案。笔者代理的一个案件从开始司法鉴定,经过6年多仍然没有结束,审理人员和当事人个个苦不堪言。司法鉴定期限的不确定性,是目前建设工程纠纷案件审理的顽疾,因此当事人一定要未雨绸缪,提前准备预案。

《司法鉴定程序通则》第28条规定:"司法鉴定机构应当自司法鉴定委托书生效之日起三十个工作日内完成鉴定。鉴定事项涉及复杂、疑难、特殊技术问题或者鉴定过程需要较长时间的,经本机构负责人批准,完成鉴定的时限可以延长,延长时限一般不得超过三十个工作日。鉴定时限延长的,应当及时告知委托人。司法鉴定机构与委托人对鉴定时限另有约定,从其约定。在鉴定过程中补充或者重新提取鉴定材料所需的时间,不计入鉴定时限。"

2014年3月17日中华人民共和国司法部司法鉴定管理局发布并实施的

《建设工程司法鉴定程序规范》（现已失效）（SF/Z JD0500001-2014）对鉴定期限作了如下规定：

5.17 完成鉴定的时限

5.17.1 司法鉴定机构应在收到委托人出具的鉴定委托书或签订《建设工程司法鉴定协议书》之日起六十个工作日内完成委托事项的鉴定。

5.17.2 鉴定事项涉及复杂、疑难、特殊的技术问题或者检验过程需要较长时间的，经与委托人协商并经鉴定机构负责人批准，完成鉴定的时间可以延长，每次延长时间一般不得超过六十个工作日。

5.17.3 司法鉴定机构与委托人对完成鉴定的时限另有约定的，从其约定。

5.17.4 在鉴定过程中补充或者重新提取鉴定资料，司法鉴定人复查现场、赴鉴定项目所在地进行检验和调取鉴定资料所需的时间，不计入鉴定时限。

所以，对于建设工程司法鉴定案件，人民法院在征求当事人的意见情况上，应当根据鉴定工作的难易程度，与鉴定机构约定鉴定期限同时约定鉴定未完成时的延期方式和延期时间。尤其要约定在延期后合理催告时间内仍没有完成司法鉴定时，鉴定机构应承担违约责任。承担违约责任的方式可以按照延误时间的程度分阶段减收鉴定费。

如果委托人和鉴定机构没有鉴定时间的约定，就应当执行司法部司法鉴定管理局发布并实施的《建设工程司法鉴定程序规范》（现已失效）。

(三）建设工程合同无效，工程竣工验收合格，工程款应参照合同结算还是据实结算

《最高人民法院关于审理建设工程施工合同纠纷案件适用法律问题的解释》第2条确立了建设工程施工合同无效可以参照合同约定支付工程价款的原则，即"该条并未赋予承包人选择参照合同的约定或者工程定额标准进行结算的权利，除非双方另行协商一致同意按照定额价或市场价据实结算，否则，一般应参照合同约定支付工程价款"。

"在合同无效的情况下，参照合同约定支付工程款，与法理和现行法律有关无效合同的处理原则明显相悖，但这种处理有利于保障工程质量，且这种方式有利于案件处理，平衡当事人之间的利益关系，得到良好的社会效果。""如果按照工程定额或者建设行政主管部门发布的市场价格信息作为计价标准

计算工程的造价成本，就需要委托鉴定。这势必增加当事人的诉讼成本，扩大当事人的损失，案件审理期限延长，不能及时审结案件，不利于对当事人合法权益的保护，案件审判的法律效果与社会效果不能得到有机统一。""如果合同无效按照上述两种标准折价补偿，就可能诱使承包人恶意主张合同无效，以达到获取高于合同约定工程款的目的，这与无效合同处理原则以及制定司法解释以期达到规范建筑市场、为促进建筑业发展提供法律保障的初衷相悖。"[1]

（四）约定固定总价情况下，一方能否要求对工程款进行司法鉴定

《最高人民法院关于审理建设工程施工合同纠纷案件适用法律问题的解释》第22条："当事人约定按照固定价结算工程价款，一方当事人请求对建设工程造价进行鉴定的，不予支持。"第23条规定："当事人对部分案件事实有争议的，仅对有争议的事实进行鉴定，但争议事实范围不能确定，或者双方当事人请求对全部事实鉴定的除外。"

可见，对于在施工合同中约定按照平方米均价进行结算的未完工程，对已完工程部分进行结算时，应尊重当事人的约定。可先以合同约定的平方米均价乘以总面积数得出约定的总价款，在通过鉴定确定已完工程的工程量占全部工程量的比例，最后以总价款乘以比例得出已完工程的工程价款。

因此，约定固定总价情况下，一方要求对工程款进行司法鉴定的，不应得到支持。施工过程中发生合同变更，当事人能够按照《施工合同》约定的计价标准计算工程造价的，应当执行合同约定。没有约定或者约定不明的，可以就原承包范围之外增加或者减少的部分进行鉴定。[2]

（五）双方当事人已就工程款结算额达成协议，一方当事人主张对工程款进行鉴定的，是否予以支持？

《最高人民法院关于建设工程施工合同纠纷案件适用法律的解释（二）》第12条已经对此做出相应规定。

市场经济条件下，应当尊重契约自由原则，当事人在没有证据证明存在

---

[1] 黄松有主编，最高人民法院民事审判第一庭编著：《最高人民法院建设工程施工合同司法解释的理解与适用》，人民法院出版社2017年版，第123页。

[2] 参见"唐山凤辉房地产开发有限公司与赤峰建设建筑（集团）有限责任公司建设工程施工合同纠纷案（最高人民法院[2015]民一终字第309号判决书）"，载最高人民法院民一庭编，杜万华主编：《民事审判指导与参考》（2016年第3辑），人民法院出版社2017年版，第220~222页。

胁迫、欺骗等违法行为的情况下，应当履行自己的承诺，不能放任当事人出尔反尔。

"司法实践中应当避免'以鉴代审'，把司法审判权交给鉴定机构。对于双方当事人对于涉案工程已经达成一致意见，一方当事人申请鉴定的，人民法院不应当予以支持。"[1]

应当注意，结算协议具有独立法律地位，即使合同无效，当事人如果达成结算协议，也不再支持司法鉴定申请。

尤为重要的是，如果合同和结算协议都被认定为无效，只要结算协议是双方当事人真实的意思表示，不损害他人利益，那么，仍然可以根据《最高人民法院关于建设工程施工合同纠纷案件适用法律的解释》第2条，在结算工程款中参照使用。

（六）一方单独委托鉴定单位作出鉴定意见，另一方无证据推翻也不申请重新鉴定的，是否可以作为工程造价的认定依据

根据《最高人民法院关于民事诉讼证据的若干规定》第28条的规定，一方单独委托鉴定单位作出鉴定意见，另一方无证据推翻也不申请重新鉴定的，可以作为工程造价的认定依据。[2]

本案承包人单方委托智恒造价咨询公司进行鉴定，鉴定意见做出并送达发包人后，发包人既不提出异议，也不申请重新鉴定，因此，法院对造价鉴定意见进行了认定。

（七）审计部门对建设资金的审计能否作为工程款结算的依据

第一，根据《审计法》的规定，国家审计机关对工程建设单位进行审计是一种行政监督行为，审计人与被审计人之间因国家审计发生的法律关系与本案当事人之间的民事法律关系性质不同。因此，在民事合同中，当事人对接受行政审计作为确定民事法律关系依据的约定，应当具体、明确，而不能通过解释推定的方式，认为合同签订时，当事人已经同意接受国家机关的审

---

[1] 参见"薛理杰、陈强与重庆交通建设（集团）有限责任公司、绵阳市交通运输局等单位建设工程施工合同纠纷案（最高人民法院［2011］民一终字第88号判决书）"，载最高人民法院民事审判第一庭编，杜万华主编：《民事审判指导与参考》（2015年第2辑），人民法院出版社2017年版，第232~233页。

[2] 参见"成都燕宇投资实业发展有限公司与中国建筑第六工程局第五建筑工程公司建设工程施工合同纠纷案"（最高人民法院［2014］民申字第1459号民事裁定书）。

计行为对民事法律关系的介入。第二，在双方当事人已经通过结算协议确认了工程结算价款并已基本履行完毕的情况下，国家审计机关作出的审计报告，不影响双方结算协议的效力。

因此，审计部门对建设资金的审计能否作为工程款结算的依据，主要看当事人是否就审计事项事先作过约定。如果事先约定以审计结果作为结算依据，那么审计结果就将成为双方结算工程款的依据。如果没有先约定以审计结果作为结算依据，那么审计结果便只是甲方内部财务监督的方式，对乙方没有约束力。甲方也无权要求乙方以审计结果来结算工程款。[1]

本案双方当事人没有约定审计结论对双方具有约束力，因此当发包人主张以审计结果作为结算依据时，不应该得到支持。

（八）财政评审中心做出的审核结论能否作为工程款结算的依据？

国家财政部于2000年颁布《财政性投资基本建设项目工程概、预、决、算审查若干规定》（现已失效），规定评审机构报送的基本建设项目工程竣工结算审查报告，经财政部门确认后出具的审查结论，作为建设单位与施工企业工程价款结算及编制竣工财务决算的依据。这一规定以行政审查代替当事人的意思自治，超越了职权范围。人民法院不以部门行政规章作为裁判案件的依据。

《预算法》第71条、《预算法实施条例》第76条也规定了财政部门对财政性资金的监督管理职能。这个规定在行政法律关系中必须得以执行，但是在民事法律关系中，仍然实行当事人的意思自治原则。

财政部门对财政投资的评定审核是国家对建设单位基本建设资金的监督管理，不影响建设单位与承建单位的合同效力及履行。但是，建设合同中明确约定以财政部门对财政投资的审核结论作为结算依据的，审核结论应当作为结算的依据。"依法有效的建设工程施工合同，双方当事人均应依约履行。除合同另有规定，当事人请求以审计机关作出的审计报告、财政评审作出的评审结论作为工程价款结算依据的，一般不予支持。"[2]

---

　　〔1〕 "重庆建工集团股份有限公司与中铁十九局集团有限公司建设工程合同纠纷案"（最高人民法院〔2012〕民提字第205号），载《最高人民法院公报》2014年第4期。
　　〔2〕 参见《最高人民法院办公厅关于印发全国民事审判工作会议纪要的通知》（2011年10月8日，法办〔2011〕442号）第4条。

（九）当事人已经确定检测项目和方法且检测点选取范围在施工范围内的，当事人一方未参与选择，是否影响鉴定程序合法性

《司法鉴定程序通则》第 24 条规定："司法鉴定人有权了解进行鉴定所需要的案件材料，可以查阅、复制相关资料，必要时可以询问诉讼当事人、证人。经委托人同意，司法鉴定机构可以派员到现场提取鉴定材料。现场提取鉴定材料应当由不少于二名司法鉴定机构的工作人员进行，其中至少一名应为该鉴定事项的司法鉴定人。现场提取鉴定材料时，应当有委托人指派或者委托的人员在场见证并在提取记录上签名。"

司法鉴定中，当事人已经确定检测项目和方法，且检测点选取范围在施工范围内的，当事人一方未参与对检测点的选择，不影响鉴定程序的合法性。[1]

（十）工程造价鉴定取费标准变化时，是否仍按照原约定下浮率对工程造价鉴定结果进行下浮

合同约定按照二类工程取费标准结算，对工程进行司法鉴定时，鉴定机构没有采用二类取费标准，而是采用当地最新实施的综合定额标准。由于采用综合定额标准结算工程款，乙公司获得的工程款将大幅降低，此时如果再执行按照约定的下浮率，对乙公司显失公平。鉴于鉴定机构没有采用原来的计价标准，那么与原标准配套的下浮率也就不再采用。此外，下浮率的执行应当协商一致然后执行，在没有乙公司同意的情况下，甲公司无权单方面执行合同价款的下浮率。[2]

（十一）鉴定机构分别按照定额价和市场价作出鉴定结论时，应当采用定额价还是市场价

首先，不应当采用定额价作为计价依据。理由是：第一，《合同法》第 61 条规定："合同生效后，当事人就质量、价款或者报酬、履行地点等内容没有约定或者约定不明确的，可以协议补充；不能达成补充协议的，按照合同有关条款或者交易习惯确定。"第 62 条规定："当事人就有关合同内容约定不明确，依照本法第六十一条的规定仍不能确定的，适用下列规定：（一）质量要

---

〔1〕 参见"新世纪建设集团有限公司与张掖市三峰房地产开发有限公司施工合同纠纷案"（最高人民法院［2015］民一终字第 106 号判决书）。

〔2〕 参见最高人民法院民事审判第一庭编，奚晓明主编，杜万华副主编：《民事审判指导与参考》（2013 年第 2 辑），人民法院出版社，第 242~243 页。

求不明确的,按照国家标准、行业标准履行;没有国家标准、行业标准的,按照通常标准或者符合合同目的的特定标准履行。(二) 价款或者报酬不明确的,按照订立合同时履行地的市场价格履行;依法应当执行政府定价或者政府指导价的,按照规定履行。(三) 履行地点不明确,给付货币的,在接受货币一方所在地履行;交付不动产的,在不动产所在地履行;其他标的,在履行义务一方所在地履行。(四) 履行期限不明确的,债务人可以随时履行,债权人也可以随时要求履行,但应当给对方必要的准备时间。(五) 履行方式不明确的,按照有利于实现合同目的的方式履行。(六) 履行费用的负担不明确的,由履行义务一方负担。"第63条规定:"执行政府定价或者政府指导价的,在合同约定的交付期限内政府价格调整时,按照交付时的价格计价。逾期交付标的物的,遇价格上涨时,按照原价格执行;价格下降时,按照新价格执行。逾期提取标的物或者逾期付款的,遇价格上涨时,按照新价格执行;价格下降时,按照原价格执行。"

其次,本工程造价不是法定必须执行的政府定价或者政府指导价,而是当事人通过合同协商一致的。在协商不一致的情况下,应当执行订立合同时履行地的市场价。定额只是工程造价的平均水平,不能反映施工企业的综合能力和管理水平。此外,市场价与时俱进,信息贴近市场真实行情,更接近施工企业真实的施工成本。因此,在双方没有对计价标准作出约定的情况下,应当采用市场价作为工程款结算的依据。[1]

(十二) 司法鉴定机构如何确定计价依据

计价依据包括参照合同约定和据实结算,定额价和市场价,工程类别取费和综合定额取费,工程类别取费又包括一类工程、二类工程等。那么,司法鉴定机构如何确定计价依据呢?

实践中很多仲裁和诉讼案件中,仲裁员和法官认为采用何种计价依据是鉴定部门的工作范围,导致案件"以鉴代审"的结果。事实上,鉴定依据是当事人正义的核心问题,决定诉讼的成败。如此重要的问题绝不能由司法鉴定部门包办代替,一定是由法院在对合同效力、双方过错、权利和义务的平衡等进行综合判断后作出决定。

---

〔1〕 参见"齐河环盾钢结构有限公司与济南永君物资有限责任公司施工合同纠纷案"(最高人民法院〔2011〕民提字第104号民事判决书),载《最高人民法院公报》2012年第9期。

（十三）工程变更时，司法鉴定机构如何确定变更部分的计价依据

建设工程旷日持久，很少有合同可以一成不变地被履行到底，中间大多都会出现变更甚至很多变更。如果当事人没有事先确定变更的计价依据，就容易出现纠纷。

当事人签订施工合同，往往采用住房和城乡建设部、国家工商行政管理总局发布的《建设工程施工合同（示范文本）》，该文本已经历经1999年、2004年、2013年、2017年四个版本。每个版本在《通用条款》部分都规定了工程变更时的计价依据。例如，2013年文本的10.4.1即约定了变更估价原则：

10.4.1 变更估价原则

除专用合同条款另有约定外，变更估价按照本款约定处理：

（1）已标价工程量清单或预算书有相同项目的，按照相同项目单价认定；

（2）已标价工程量清单或预算书中无相同项目，但有类似项目的，参照类似项目的单价认定；

（3）变更导致实际完成的变更工程量与已标价工程量清单或预算书中列明的该项目工程量的变化幅度超过15%的，或已标价工程量清单或预算书中无相同项目及类似项目单价的，按照合理的成本与利润构成的原则，由合同当事人按照第4.4款［商定或确定］确定变更工作的单价。

10.4.2 变更估价程序

承包人应在收到变更指示后14天内，向监理人提交变更估价申请。监理人应在收到承包人提交的变更估价申请后7天内审查完毕并报送发包人，监理人对变更估价申请有异议，通知承包人修改后重新提交。发包人应在承包人提交变更估价申请后14天内审批完毕。发包人逾期未完成审批或未提出异议的，视为认可承包人提交的变更估价申请。

因变更引起的价格调整应计入最近一期的进度款中支付。

《财政部、建设部建设工程价款结算暂行办法》第10条规定："工程设计变更价款调整（一）施工中发生工程变更，承包人按照经发包人认可的变更设计文件，进行变更施工，其中，政府投资项目重大变更，需按基本建设程序报批后方可施工。（二）在工程设计变更确定后14天内，设计变更涉及工程价款调整的，由承包人向发包人提出，经发包人审核同意后调整合同价款。

变更合同价款按下列方法进行：1. 合同中已有适用于变更工程的价格，按合同已有的价格变更合同价款；2. 合同中只有类似于变更工程的价格，可以参照类似价格变更合同价款；3. 合同中没有适用或类似于变更工程的价格，由承包人或发包人提出适当的变更价格，经对方确认后执行。如双方不能达成一致的，双方可提请工程所在地工程造价管理机构进行咨询或按合同约定的争议或纠纷解决程序办理。（三）工程设计变更确定后14天内，如承包人未提出变更工程价款报告，则发包人可根据所掌握的资料决定是否调整合同价款和调整的具体金额。重大工程变更涉及工程价款变更报告和确认的时限由发承包双方协商确定。收到变更工程价款报告一方，应在收到之日起14天内予以确认或提出协商意见，自变更工程价款报告送达之日起14天内，对方未确认也未提出协商意见时，视为变更工程价款报告已被确认。确认增（减）的工程变更价款作为追加（减）合同价款与工程进度款同期支付。"

所以，多数情况下，工程变更时，司法鉴定机构确定变更部分的计价依据还是有章可循的，但是如果双方确实没有约定，或者约定无效的，则应当按照最高人民法院的司法解释来执行。

《最高人民法院关于审理建设工程施工合同纠纷案件适用法律问题的解释》第16条第1、2款规定："当事人对建设工程的计价标准或者计价方法有约定的，按照约定结算工程价款。因设计变更导致建设工程的工程量或者质量标准发生变化，当事人对该部分工程价款不能协商一致的，可以参照签订建设工程施工合同时当地建设行政主管部门发布的计价方法或者计价标准结算工程价款。"

（十四）什么情况下可以进行司法鉴定

司法鉴定的启动方式有两种：一是当事人在举证期限届满前提出鉴定申请，在这种情况下，法院有权决定是否批准申请；二是法院依职权启动司法鉴定，询问当事人意见后，指定具备相应资格的鉴定人。

有些情况下可以不进行司法鉴定，例如，双方已就工程款结算达成结算协议后，一方又反悔的；双方约定提交结算报告后发包人在28天内审核否则视为认可的，事实上发包人收到结算报告确实没有在约定的审核期限内审核完毕的；双方约定以审计结论或者财政评审中心结论作为结算依据，另一方不符又提出鉴定申请的；双方决定固定单价或者固定总价结算工程款的，在工程量没有发生变化情况下且没有出现调整因素的，一方提出司法鉴定的；

其他因素；等等。

（十五）什么情况下不采用司法鉴定结论

《司法鉴定程序通则》第27条规定："司法鉴定人应当对鉴定过程进行实时记录并签名。记录可以采取笔记、录音、录像、拍照等方式。记录应当载明主要的鉴定方法和过程，检查、检验、检测结果，以及仪器设备使用情况等。记录的内容应当真实、客观、准确、完整、清晰，记录的文本资料、音像资料等应当存入鉴定档案。"

《最高人民法院关于民事诉讼证据的若干规定》第27条第1款规定："当事人对人民法院委托的鉴定部门作出的鉴定结论有异议申请重新鉴定，提出证据证明存在下列情形之一的，人民法院应予准许：（一）鉴定机构或者鉴定人员不具备相关的鉴定资格的；（二）鉴定程序严重违法的；（三）鉴定结论明显依据不足的；（四）经过质证认定不能作为证据使用的其他情形。"

由此可见，如果鉴定机构出具的《司法鉴定意见书》内容达不到真实、客观、准确、完整、清晰的要求，司法鉴定结论将不被采纳。同时，出现不具备相应资质、鉴定程序违法、依据明显不足、不符合证据三性要求的，鉴定结论将不被采纳。

（十六）如何对鉴定意见书提出质证意见

《最高人民法院关于审理建设工程施工合同纠纷案件适用法律问题的解释（二）》对鉴定意见书的质证问题作了规定。第15条规定："人民法院准许当事人的鉴定申请后，应当根据当事人申请及查明案件事实的需要，确定委托鉴定的事项、范围、鉴定期限等，并组织双方当事人对争议的鉴定材料进行质证。"第16条规定："人民法院应当组织当事人对鉴定意见进行质证。鉴定人将当事人有争议且未经质证的材料作为鉴定依据的，人民法院应当组织当事人就该部分材料进行质证。经质证认为不能作为鉴定依据的，根据该材料作出的鉴定意见不得作为认定案件事实的依据。"

此外，对司法鉴定意见的质证还需注意以下问题。

1. 对鉴定人和鉴定机构的质证意见

鉴定机构应当持有《司法鉴定许可证》，鉴定人应当持有司法鉴定人执业证。《司法鉴定人登记管理办法》第12条规定："个人申请从事司法鉴定业务，应当具备下列条件：（一）拥护中华人民共和国宪法，遵守法律、法规和社会公德，品行良好的公民；（二）具有相关的高级专业技术职称；或者具有相关的行业执业资格或者高等院校相关专业本科以上学历，从事相关工作五年以上；（三）申请从事经验鉴定型或者技能鉴定型司法鉴定业务的，应当具备相关专业工作十年以上经历和较强的专业技能；（四）所申请从事的司法鉴定业务，行业有特殊规定的，应当符合行业规定；（五）拟执业机构已经取得或者正在申请《司法鉴定许可证》；（六）身体健康，能够适应司法鉴定工作需要。"

注意，不能将第2项讲的行业执业资格与行业职业资格相混淆。执业资格是指注册执业资格，例如注册造价师、注册监理师、注册结构师等，职业资格是指造价员、施工员、监理员、安全员等职业资格，两者大相径庭。

《工程造价咨询企业管理办法》第8条规定："工程造价咨询企业资质等级分为甲级、乙级。"第9条规定："甲级工程造价咨询企业资质标准如下：（一）已取得乙级工程造价咨询企业资质证书满3年；（二）企业出资人中，注册造价工程师人数不低于出资人总人数的60%，且其出资额不低于企业认缴出资总额的60%；（三）技术负责人已取得造价工程师注册证书，并具有工程或工程经济类高级专业技术职称，且从事工程造价专业工作15年以上；（四）专职从事工程造价专业工作的人员（以下简称专职专业人员）不少于20人，其中，具有工程或者工程经济类中级以上专业技术职称的人员不少于16人，取得造价工程师注册证书的人员不少于10人，其他人员具有从事工程造价专业工作的经历；（五）企业与专职专业人员签订劳动合同，且专职专业人员符合国家规定的职业年龄（出资人除外）；（六）专职专业人员人事档案关系由国家认可的人事代理机构代为管理；（七）企业近3年工程造价咨询营业收入累计不低于人民币500万元；（八）具有固定的办公场所，人均办公建筑面积不少于10平方米；（九）技术档案管理制度、质量控制制度、财务管理制度齐全；（十）企业为本单位专职专业人员办理的社会基本养老保险手续齐全；（十一）在申请核定资质等级之日前3年内无本办法第27条禁止的行为。"第10条规定："乙级工程造价咨询企业资质标准如下：（一）企业出资人中，注册造价工程师人数不低于出资人总人数的60%，且其出资额不低于认缴出资总额的60%；（二）技术负责人已取得造价工程师注册证书，并具有工程或工程经济类高级专业技术职称，且从事工程造价专业工作10年以上；（三）专职专业人员不少于12人，其中，具有工程或者工程经济类中级以上专业技术职称的人员不少于8人；取得造价工程师注册证书的人员不少于6

人,其他人员具有从事工程造价专业工作的经历;(四)企业与专职专业人员签订劳动合同,且专职专业人员符合国家规定的职业年龄(出资人除外);(五)专职专业人员人事档案关系由国家认可的人事代理机构代为管理;(六)具有固定的办公场所,人均办公建筑面积不少于10平方米;(七)技术档案管理制度、质量控制制度、财务管理制度齐全;(八)企业为本单位专职专业人员办理的社会基本养老保险手续齐全;(九)暂定期内工程造价咨询营业收入累计不低于人民币50万元;(十)申请核定资质等级之日前无本办法第27条禁止的行为。"

第19条规定:"工程造价咨询企业依法从事工程造价咨询活动,不受行政区域限制。甲级工程造价咨询企业可以从事各类建设项目的工程造价咨询业务。乙级工程造价咨询企业可以从事工程造价5000万元人民币以下的各类建设项目的工程造价咨询业务。"第20条规定:"工程造价咨询业务范围包括:(一)建设项目建议书及可行性研究投资估算、项目经济评价报告的编制和审核;(二)建设项目概预算的编制与审核,并配合设计方案比选、优化设计、限额设计等工作进行工程造价分析与控制;(三)建设项目合同价款的确定(包括招标工程工程量清单和标底、投标报价的编制和审核);合同价款的签订与调整(包括工程变更、工程洽商和索赔费用的计算)及工程款支付、工程结算及竣工结(决)算报告的编制与审核等;(四)工程造价经济纠纷的鉴定和仲裁的咨询;(五)提供工程造价信息服务等。工程造价咨询企业可以对建设项目的组织实施进行全过程或者若干阶段的管理和服务。"

因此,对造价鉴定机构主体资格进行质证时,应当注意其企业级别、执业范围,《司法鉴定许可证》的年检情况。

2. 对《司法鉴定意见书》的形式提出异议

《最高人民法院关于民事诉讼证据的若干规定》第29条规定:"审判人员对鉴定人出具的鉴定书,应当审查是否具有下列内容:(一)委托人姓名或者名称、委托鉴定的内容;(二)委托鉴定的材料;(三)鉴定的依据及使用的科学技术手段;(四)对鉴定过程的说明;(五)明确的鉴定结论;(六)对鉴定人鉴定资格的说明;(七)鉴定人员及鉴定机构签名盖章。"

根据以上规定,当事人可以对《司法鉴定意见书》的形式提出异议。如《司法鉴定意见书》是否附有《司法鉴定许可证》;是否加盖骑缝章;是否有司法鉴定人签字并加盖司法鉴定执业专章;《司法鉴定意见书》内部提到的重要文献资料是否收集并装订进入《司法鉴定意见书》。

3. 对检材的真实性、合法性和关联性进行质证

司法鉴定与技术鉴定的区别是，司法鉴定比技术鉴定更全面地考虑了法律方面的因素，因此比技术鉴定更接近公正。这就需要司法鉴定人不仅具备工程技术知识，而且具备必要的法律知识，否则，司法鉴定就与单纯的技术鉴定没有什么区别了。

然而，技术知识与法律知识脱节是当今司法鉴定领域的普遍现象。实践中，一些司法鉴定人不注意区分检材的真实性、合法性和关联性，将所有的资料等量齐观。例如造价鉴定，施工方提供的工程变更签章不完整，但是有些造价人员依经验认为，只要变更单上有发包方驻工地代表的签字，就应当列入造价计算范围，不加区别地作为计算造价的依据，从而取代了法官的判断。

所以，作为当事人，尤其是当事人的律师，一定要提醒司法鉴定人客观事实与法律事实的区别、实质正义与程序正义的不同，提醒司法鉴定人对林林总总的工程资料进行证据三性的甄别。

4. 对司法鉴定过程中的转委托现象进行质证

建设工程司法鉴定过程中，有些环节司法鉴定机构不具备技术条件，司法鉴定机构往往会委托其他具有这方面实力的技术机构完成相应工作。例如工程质量司法鉴定，司法鉴定机构不具备对地基进行勘察或者地基承载力、变形系数的检测条件，因此司法鉴定机构会委托专业的岩土、水文勘察单位或者检测单位进行地基勘察或者地基承载力、变形系数的检测。这就涉及民法的转委托问题。

《民法总则》第169条规定："代理人需要转委托第三人代理的，应当取得被代理人的同意或者追认。转委托代理经被代理人同意或者追认的，被代理人可以就代理事务直接指示转委托的第三人，代理人仅就第三人的选任以及对第三人的指示承担责任。转委托代理未经被代理人同意或者追认的，代理人应当对转委托的第三人的行为承担责任，但是在紧急情况下代理人为了维护被代理人的利益需要转委托第三人代理的除外。"

实践中，司法鉴定机构很少征求委托人意见，往往径行委托第三人完成部分司法鉴定工作，严格来讲，没有委托人的同意，转委托行为是没有法律效力的，除非出现紧急情况而迫不得已。所以，当司法鉴定出现转委托情况

时，当事人应当就其合法性进行质证。

5. 对鉴定结论进行质证

《工程造价咨询企业管理办法》第22条规定："工程造价咨询企业从事工程造价咨询业务，应当按照有关规定的要求出具工程造价成果文件。工程造价成果文件应当由工程造价咨询企业加盖有企业名称、资质等级及证书编号的执业印章，并由执行咨询业务的注册造价工程师签字、加盖执业印章。"

这里要注意工程造价成果文件上，应当有注册造价工程师的签字，实践中很多造价成果文件没有注册造价师的签字，只有造价员的签字。这是不规范的。

6. 对补充鉴定意见的质证

有些鉴定意见书出现漏项，因此需要出具补充意见。鉴定机构在出具正式《鉴定意见书》时往往注意到了形式和内容的规范性，但是在出具补充鉴定意见时就忽视了形式和内容的规范性问题。

例如，《补充鉴定意见书》仅仅加盖了单位的公章，没有加盖司法鉴定专用章；再如《补充鉴定意见书》没有左侧封闭性装订，仅仅用订书钉订住，很不严谨。

因此，对于司法鉴定机构而言，应当善始善终，如果需要出具《补充司法鉴定意见书》，一定要秉承正式《司法鉴定意见书》一样的严谨和规范，避免犯下低级的错误。

7. 对于专业性非常强的问题，可以请专家出庭协助提出异议

《民事诉讼法》第78条规定："当事人对鉴定意见有异议或者人民法院认为鉴定人有必要出庭的，鉴定人应当出庭作证。经人民法院通知，鉴定人拒不出庭作证的，鉴定意见不得作为认定事实的根据；支付鉴定费用的当事人可以要求返还鉴定费用。"第79条规定："当事人可以申请人民法院通知有专门知识的人出庭，就鉴定人作出的鉴定意见或者专业问题提出意见。"

8. 注意对鉴定人进行分别询问，印证鉴定过程的真实性

六、应思考的问题

（一）如何规制建设工程案件"以鉴代审"现象？

（二）如何解决工程司法鉴定机构利益取向与鉴定行为公正性的矛盾？

（三）施工合同签订过程中，如何对可能发生的工程司法鉴定作出约定，

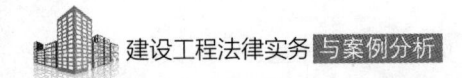

以保证鉴定行为的公正性以及鉴定时间的及时性?

(四) 如何克服工程司法鉴定久拖不决的顽疾?

(五) 工程司法鉴定领域的法律统一性问题。

(六) 关于《建设工程司法鉴定条例》的立法思考。

第七章
建设工程刑事案例

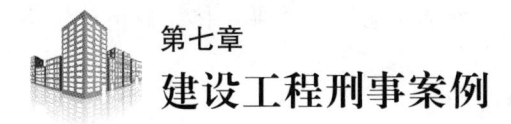

一、案情简介

2007年，某县将2010-71号地块挂牌出让，A房地产开发公司竞拍并获得该地块的土地使用权。2008年，A房地产开发公司在该地块开发建设美仑佳苑住宅小区，2010年10月工程交付使用。2011年初，小区6、7、8号楼出现严重裂缝现象，该县住房和城乡建设局（以下简称"住建局"）聘请国家工程质量检验监督中心对裂缝原因进行调查，确认原因在于地基处理存在问题，主体施工也存在问题。其后，该县住建局又从北京某大学、某建筑研究所聘请五位专家对6、7、8号楼的安全情况进行鉴定，五位专家认为，上述楼房存在严重质量问题，应当拆除。某县住建局又聘请一家造价公司对三栋楼房的造价进行鉴定，鉴定的结果是2200万元。

由于该楼房的安全事故造成了重大经济损失，2011年2月19日，该县公安局以涉嫌工程重大安全事故罪为由将A房地产开发公司总经理甲、副总经理乙；地基处理单位B公司美仑佳苑小区项目部经理丙，负责6、7、8号楼地基处理的三个工长丁、戊、己；某建筑公司负责6、7、8号楼主体施工的三个工长庚、辛、壬；设计单位负责6、7、8号楼结构设计的工程师李某琪刑事拘留。2011年3月9日，该县检察院批准将上述十人逮捕。

2011年2月16日，李某琪聘请某律师事务所律师张某某为辩护律师。

二、与该案有关的《刑法》《刑事诉讼法》知识

（一）什么是工程重大安全事故罪

《刑法》第137条规定："建设单位、设计单位、施工单位、工程监理单位违反国家规定，降低工程质量标准，造成重大安全事故的，对直接责任人员，处五年以下有期徒刑或者拘役，并处罚金；后果特别严重的，处五年以上十年以下有期徒刑，并处罚金。"关于本罪应当思考如下几个问题：

(1) 勘察单位、审图公司、质监站是否能够成为本罪主体，分包单位施工队是否能够成为本罪主体？

(2) 本罪是单位犯罪，还是自然人犯罪？

(3) 此处国家规定的范围是什么？

(4) 什么是重大安全事故，这是构成本罪的重要条件。

《工程建设重大事故报告和调查程序规定》（现已失效）对此有具体规定：

第二条 本规定所称重大事故，系指在工程建设过程中由于责任过失造成工程倒塌或报废、机械设备毁坏和安全设施不当造成人身伤亡或者重大经济损失的事故。

第三条 重大事故分为四个等级：

（一）具备下列条件之一者为一级重大事故：

1. 死亡三十人以上；

2. 直接经济损失三百万元以上。

（二）具备下列条件之一者为二级重大事故：

1. 死亡十人以上，二十九人以下；

2. 直接经济损失一百万元以下，不满三百万元。

（三）具备下列条件之一者为三级重大事故：

1. 死亡三人以上，九人以下；

2. 重伤二十人以上；

3. 直接经济损失三十万元以上，不满一百万元。

（四）具备下列条件之一者为四级重大事故：

1. 死亡二人以下；

2. 重伤三人以上，十九人以下；

3. 直接经济损失十万元以上，不满三十万元。

（二）什么是刑事拘留和逮捕

刑事拘留，是指公安机关在侦查过程中，遇有紧急情况对现行犯或有重大嫌疑分子采取临时限制其人身自由的强制措施。

逮捕，是指对有证据证明有犯罪事实，可能被判处徒刑的犯罪嫌疑人、被告，采取取保候审、监视居住的方法，不足以防止其社会危害性，暂时剥夺其人身自由的强制措施。

2011年2月16日，李某琪聘请某律师事务所律师张某某为辩护律师。接受委托后，张律师首先走访并勘验了现场，测量了现场10栋楼之间前后左右的楼距，并对走访过程全程录像；其次，到设计院将6、7、8号楼的图纸找出来，向设计院的项目负责人、注册结构师、规划师、建筑师询问设计情况；最后，又到审图公司走访专家询问当时审图情况，并复印了设计图的合格报告，找到2号~6号、1号~5号、7号~10号地勘。

正值张律师收集证据时，李某琪被刑事拘留。

（三）如何取保候审

取保候审，是指公安机关、检察院和法院对未被逮捕的嫌疑人、被告人，为防止其逃避侦查起诉和审判，责令其提出保证人或缴纳保证金，并出具保证书，保证其随传随到的一种强制措施。

取保候审申请书

申请人：张某某律师，某律师事务所

联系方式：159×××××××

申请事项：对犯罪嫌疑人李某琪申请取保候审

取保理由：

李某琪因涉嫌工程重大安全事故罪，于＿＿＿年＿月＿日经＿＿＿＿决定逮捕，现羁押在＿＿＿＿看守所。

1. 李某琪身体虚弱，患有乙肝、低血压和妇科病，需要积极治疗，在羁押场所可能导致病情恶化；

2. 李某琪的女儿尚幼，需要母亲照顾；

3. 对李某琪不予羁押不会产生社会危害性。李某琪毕业于河北农业大学土木工程系，系某市建筑勘察设计有限公司的结构工程师，性格随和，收入稳定，家庭和谐，上进心强，没有危害社会的动机；

4. 侦查阶段李某琪已办理取保候审，期间遵纪守法，晨省夕惕，没有任何违纪违法行为；

5. 李某琪被指控犯罪的理由是：在6、7、8号楼加长部分没有地勘报告的情况下作出了设计，可能导致这三栋楼出现质量事故。这只是一种可能性，未达到《刑事诉讼法》规定的事实清楚、证据确凿的程度。

侦查机关委托国家建筑工程质量监督检验中心进行调查后，作出的鉴定结论是：①原地形为沟谷，填土层较厚，强夯影响范围内原位测试呈离散特点，表明强夯影响范围内填土不均匀。8号楼垫层与地基脱开2厘米，表明填土具有湿陷性，强夯未完全消除填土的湿陷性；②强夯地基处理存在不符合相关规范要求的内容，6、7、8号楼强夯地基处理范围小于相关规范的规定，6、8号楼夯击点布置及夯点施工顺序不符合相关规范要求，地基质量检验不符合相关规范要求。

以上鉴定结论均未提出李某琪所做的结构设计有什么问题，也即三栋楼的质量事故与设计无关。

根据国家规定，工程勘察探孔间距最长不得超过30米，在此间距范围内的勘察数据视作有效数据。本工程中，6、7、8号楼和2、3、4号楼勘察探孔最长间距为26米左右，满足国家规范要求。李某琪按照规范要求，以6、7、8号楼和2、3、4号楼的勘察报告为勘察依据，设计了6、7、8号楼，因此李某琪的结构设计是有勘察报告的。

据本人到现场踏勘，三栋楼中，损坏最重的都是二单元的西首，而加长部分均为一单元，一单元损坏并不严重。因此问题并未出在加长部分。

综上所述，李某琪涉嫌犯罪的可能性不大，也不具社会危险性，请求人民法院准予取保候审。

此致
某县人民法院

申请人：某律师事务所律师　张某某
2012年10月18日

2011年2月25日，张律师、设计院院长、李某琪的丈夫将李某琪接出了看守所，此时李某琪已被关押16日。

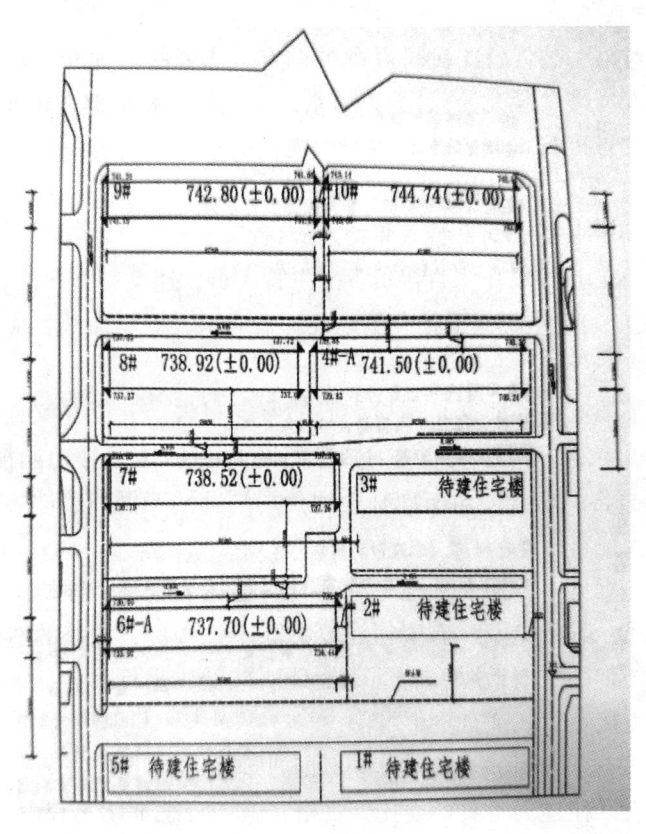

三、美仑佳苑的总平面图以及现场的情况

四、一审开庭经过

2011年11月19日,某县工程重大安全事故案在某县人民法院正式开庭审理,10名被告共聘请15名律师为自己辩护,某县法院副院长亲自担任审判长,刑事审判庭庭长担任主审法官,另一名法官也是一名资深法官。检察机关则由公诉科科长、副科长亲自担任主诉检察官。

早晨9点,10名被告被全副武装的警察押进法院待命,检察官和15名律师分别落座。书记员核对出庭人员身份,宣布法庭纪律,随后请法官入席。三名法官身穿法袍在审判庭中间落座。审判长询问各方是否申请回避,在各方均不表示回避后,审判长一敲法槌宣布"现在开庭"。

（一）公诉人宣读起诉书

（二）法庭调查

首先是对第一被告公司副总经理的调查。法警将其他 9 名被告押到候审室。第一被告坐进"婴儿椅"，公诉方举证，被告人和辩护人质证后，公诉方首先对第一被告进行讯问，然后，第一被告的辩护人首先发问，其次由第二到第十被告的 14 名律师依次发问，最后是法官讯问。

1. 针对第一被告公司总经理甲的调查

（1）公诉方指控甲作为直接负责的主管人员，违反《建筑法》第 54 条和第 72 条的规定，故意降低工程质量标准，造成重大安全事故，应当依法被追究刑事责任。

公诉方举证：主要证据是国检中心的鉴定报告、五位专家意见、造价公司出具的造价鉴定、6 号~8 号楼的施工图纸、1 号~5 号楼地勘报告、7 号~10 号楼地勘报告、房开公司与地基处理公司的合同、做静载试验的公司的实验记录、证人证言。

律师质证意见：委托人某住建局不具备委托人资格；国检中心不具备司法鉴定的资质；五位专家没有资格建议拆除三栋楼房；维修的造价与建设的造价重复；施工图纸有改动；合同不能证明减低质量标准；证人不可信，尤其是工程的直接负责人证言更不可信。

（2）第一被告举证：合作建房协议证明某县政府在房开公司中占 40%的股份，委托人某住建局不具备委托人资格；施工日志证明工程由工程部负责，自己不是直接负责的主管人员。

辩护方意见是甲仅负责公司的日常工作，工程上的是由工程部负责，自己很少签发工程联系函也很少出席会议，因此不是直接负责的主管人员。公诉方指控甲与地基处理单位签合同将施工图纸要求的地基处理 7.5 米改为 3.4 米，而该施工图本身已被改过，有可能是签完合同后设计人员为逃避责任将 3.4 米改为 7.5 米；静载试验中一个建筑场地可以仅作 3.4 个点。

公诉方的质证意见：不具备真实性、关联性。

2. 针对第二被告公司总工程师乙的调查

公诉方指控乙作为直接负责的主管人员，违反《建筑法》第 54 条和第 72 条的规定，故意降低工程质量标准，造成重大安全事故，应当依法被追究刑事责任。

（1）公诉方举证：主要证据是设计交底会议、发布施工令、施工日志、工程联系函、工地例会、证人证言。

（2）第二被告举证：证明自己不是直接负责的主管人员。

3. 针对第三被告地基处理公司项目部经理丙的调查

法警将第二被告押走，将第三被告押至法庭。第三被告坐进"婴儿椅"，公诉方举证，被告人和辩护人质证后，公诉方首先对第三被告进行讯问，然后，第三被告的辩护人首先发问，其次由第一到第十被告的十四名律师依次发问，最后是法官讯问。

（1）公诉方指控丙作为直接负责的主管人员，违反《建筑法》第54、55、58、74条的规定，故意降低工程质量标准，造成重大安全事故，应当依法被追究刑事责任。

公诉方举证：主要证据是国检中心的鉴定报告、五位专家意见、造价公司出具的造价鉴定、6号~8号楼的施工图纸、1号~5号楼地勘报告、7号~10号楼地勘报告、房开公司与地基处理公司的合同、做静载试验的公司的实验记录、证人证言。

律师质证意见：委托人某住建局不具备委托人资格；国检中心不具备司法鉴定的资质；五位专家没有资格建议拆除三栋楼房；维修的造价与建设的造价重复；施工图纸有改动；合同不能证明减低质量标准；证人不可信，尤其是工程的直接负责人证言更不可信。

（2）第三被告举证：合作建房协议证明某县政府在房开公司中占40%的股份，委托人某住建局不具备委托人资格；施工日志证明工程由工程部负责，自己不是直接负责的主管人员。

第一被告的辩护人举手，法官示意其可以发言。第一被告的辩护人认为第三被告的一名辩护人（地基处理公司的总工程师）既是辩护人，又是证人，违反了《刑事诉讼法》的规定，但合议庭未加注意，也不加制止，已经使本案的审理出现了重大程序瑕疵。法官承认，但审理已到中途，无法停止。

辩护方认为灰土处理改强夯是建设单位提出来的，自己没有做过强夯；图纸第一因手写修改不可信，第二也从来没有见过这套图纸，施工时用的是另一套图纸；压缩模量不小于20，不大于25mpa.，软化厚度1米，处理后地基承载力设计值$fk=180kpa$，这个数字是相互矛盾的，而且地基在山坡上容易侧滑，因此设计是有问题的。国检中心的报告不是司法鉴定，不能作为定案的依据，其依据的地勘报告是本单位做的有利害关系不可相信，做地勘时探坑的位置、深度都有问题；在本案未定案时，房屋不应被拆除，完全可以加固，因此谈不上什么损失；专家不够权威；此外，应追究真正责任人监理公司、住建局、规划局、甲方工程部的责任。

4. 针对第四被告地基处理公司项目经理丁的调查

（1）公诉方举证：主要证据是房开公司与地基处理公司的合同、证人证言。

（2）第四被告举证：证明自己不是直接负责的主管人员。

5. 针对第五被告戊的调查

（1）公诉方举证：主要证据是房开公司与地基处理公司的合同、证人证言。

（2）第五被告举证：证明自己不是直接负责的主管人员。

6. 针对第六被告己的调查

（1）公诉方举证：主要证据是房开公司与地基处理公司的合同、证人证言。

（2）第六被告举证：证明自己不是直接负责的主管人员。

7. 针对第七被告庚的调查

（1）公诉方举证：主要证据是国检中心的鉴定报告、五位专家意见、造价公司出具的造价鉴定、施工日志证明其为施工单位本项目的项目经理，证人证言。证明第七被告为直接责任人员，应当承担刑事责任。

（2）第七被告举证：证明自己不是直接负责的主管人员。

8. 针对第八被告率的调查

（1）主要证据是国检中心的鉴定报告、五位专家意见、造价公司出具的造价鉴定、施工日志证明其为施工单位本项目的项目经理，证人证言。证明第八被告为直接责任人员，应当承担刑事责任。

第八被告质证：国检中心的鉴定报告资质存在问题，仅以其提出的问题不足以导致建筑的安全事故；建筑物不应被拆除。

（2）第八被告举证：部分建筑材料检验合格报告，证明材料合格；部分材料为甲提供，自己是清包工；证明自己不是直接负责的主管人员。

公诉方质证：证据不足以采信。

9. 针对第九被告壬的调查

(1) 公诉方举证：主要证据是国检中心的鉴定报告、五位专家意见、造价公司出具的造价鉴定、施工日志证明期为施工单位白本项目的项目经理，证人证言。证明第九被告为直接责任人员，应当承担刑事责任。

第九被告质证：国检中心的鉴定报告资质存在问题，仅以其提出的问题不足以导致建筑的安全事故；建筑物不应被拆除。

(2) 第九被告举证：证明自己只是被单位挂靠，基本没去过工地，不了解情况，不是直接负责的主管人员。

公诉方质证：不具合法性、真实性和关联性。

10. 针对第十被告结构设计人李某琪的调查

公诉方指控李某琪为设计单位的直接责任人员，违反《建筑法》第 54 条、第 72 条的规定，故意降低工程质量标准，造成重大安全事故，应当依法被追究刑事责任。

辩护方对被告李某琪作无罪辩护，认为李某琪的设计符合国家规范，不构成犯罪，不应当被追究刑事责任。

(1) 公诉方举证：五位专家意见、造价公司出具的造价鉴定证明发生重大安全事故，导致巨额经济损失；1 号~5 号楼地勘报告、7 号~10 号楼地勘报告：证明 6、7、8 号楼地勘范围长度是 75 米；6 号~8 号楼的施工图纸证明设计时，6 号楼向东增加了一个单元，使总长度达到 94.4 米，比地勘长度增加 19.4 米，而增加的这 19.4 米没有做补勘。在没有对加长部分做勘探的情况下进行设计，违反了《建设工程质量管理条例》第 21 条的规定，即设计单位应当根据勘查成果文件进行建设工程设计，以及第 63 条有关罚则的规定。此外，5 号楼地勘报告显示长度 78 米，施工图设计为 94.4 米，加长 17.7 米。8 号楼加长 2.1 米，违规情况与前述 6 号楼一样；施工日志证明验槽时在场并签字；工地例会上认可地基检测报告，并同意基础施工。

辩护人的质证意见：五位专家意见不能作为拆除建筑物的依据，损失不应该发生；按照《岩土工程勘察规范》的国家标准 4.1.15 的规定，在地基复杂程度为二级的情况下，探坑间距为 15 米~30 米，在 2、3、4 号楼均已建成的情况下，可以参照 2、3、4 号楼的地勘报告，因为 2 号~4 号楼与 6 号~8 号楼之间的探坑图纸间距小于 30 米，实际距离更小；楼座加长是否违法是规划局的责任，当时，规划局的官员在场，设计方不能控制，况且挖出的土层与勘探报告相符，可以进行设计；施工图纸已写明要求建设单位找有资质的地基检测单位进行检验，因此，检验单位的资质只能由建设单位控制；而且，设计人只能相信地基检测单位，地基检测单位认为地基处理达到设计人设计的数据，设计人只能相信，因为设计人在地基检测方面并非专业人士。

(2) 第十被告举证：《岩土工程勘察规范》的国家标准，证明按照国家标准4.1.15的规定，在地基复杂程度为二级的情况下，探坑间距为15米~30米。检察机关遗漏的2号~6号楼地勘，证明加长部分有地勘，因此加长部分不用做补勘；6、7、8号楼的结构设计图纸，证明图纸经过项目负责人、注册结构师、审核人、校对人的把关，设计没有问题。如果施工方严格按图施工，就不会出现安全事故；审图公司的施工图合格报告，证明设计没有问题；公诉方提供的国检中心的鉴定报告仅认定地基处理和主体施工存在问题，没有认定设计存在问题。

公诉方质证：《岩土工程勘探规范》不能作为证据举证；施工图纸上并仅注明依据1号~5号楼、7号~10号楼地勘，未注明引用过2号~6号楼地勘，因此不能证明设计方参考过2号~6号楼地勘；设计图纸未严格把关审图公司的施工图合格报告的真实性、合法性存在问题；虽未提到设计存在的问题，但并未明确排除。

(三) 法庭辩论

美伦佳苑一案李某琪的辩护词

尊敬的审判长、尊敬的各位法官：

受被告李某琪的委托，我们担任本案被告人李某琪的辩护人。

开庭之前，我们阅读了公诉人提交的案卷，听取了李某琪对本案的陈述，并对有关问题进行了调查。现根据事实和法律提出以下辩护意见。

我们为李某琪所做的是无罪辩护，理由如下：

一、6-A、7、8号楼是有地勘的。起诉书指控李某琪在6-A、7、8号楼加长部分未作地勘的情况下制作加长后设计图的犯罪事实不存在。

起诉书提到李某琪的地方有两处，一是经依法审查查明部分，认为"李某琪在6-A、7、8号楼加长部分未作出地勘的情况下，违反国家规定制作了加长后的设计图"。二是在本院认为部分，认为"李某琪作为设计单位直接负责人，在6-A、7、8号楼的建造过程中违反国家规定，降低了工程质量标准，造成重大安全事故"。把起诉书中的两处概括起来，就是指控李某琪在6-A、7、8号楼楼座加长部分未作出地勘的情况下，违反国家规定，制作了加长后的设计图，造成重大安全事故，从而构成工程重大安全事故罪。

起诉书是基于6-A、7、8号楼的加长部分（此处所谓的加长，是指6-A、7、8号楼座长度比其地勘东西端的长度长，不是李某琪先设计过一个75米的左右的建筑，后来又做了加长设计的，而是李某琪一开始就在建筑设计的基础上将6-A、7、8号楼的楼长设计为后来的实际楼长。以下的所谓加长部分均是这个意思）没做地勘这一前提条件认定李某琪有罪的，然而事实上，6-A、7、8号楼的加长部分是有地勘的。

以5号楼为例。5号楼向东加长了17.7米，起诉书认为加长的17.7米没有勘探报告。辩护人认为，如果5号楼东边没有其他勘探点，那么除去最东边的两个探坑ZK43、TK48可以向外覆盖的15米之外，剩余的2.7米确实没有勘探资料。然而事实上，5号楼向东9.6米处（现场测量是6.9米）恰好是与他平行的3号楼最西端的两个探坑，原建设部发布的《岩土工程勘察规范》（GB50021-2001）第4条第1款第（十五）项规定，地基复杂程度为2级时，勘探点间距为15米~30米。按照每个探坑覆盖15米半径的标准，剩余的2.7米完全能够被3号楼最西端的两个探坑所覆盖，因此5号楼的加长部分也是有地勘的。5号楼的地勘报告和3号楼的两个探坑完全可以覆盖加长后的楼座。

也就是说，5号楼的结构完全可以依据自身的地勘报告并依据与他相邻的3号楼的勘探报告作出设计。

6-A号楼、8号楼的设计依据与5号楼同理。

8号楼比6-A、5号楼特殊的在于：8号楼向东加长了2.1米，起诉书认为加长的2.1米没有勘探报告。辩护人认为，按照《岩土工程勘察规范》的国家标准4.1.15规定，在地基复杂程度为二级的情况下，探坑间距为15~30米。也就是说，每个探坑的覆盖半径可达到15米。所以，8号楼最东边的两个探坑ZK34、TK38不仅向内覆盖15米，而且可以向外覆盖15米。楼座虽然加长了2.1米，但这2.1米完全在ZK34、TK38这两个探坑的覆盖范围内，因此8号楼的加长部分是有地勘的，8号楼的地勘报告完全可以覆盖加长后的楼座。

开庭过程中，第一被告和第二被告都提出，楼座加长后，开始想到补勘，但后来考虑东边相邻楼座的勘探报告可以使用，因此就将6-A、7、8号楼的勘探报告与东边相邻楼座的勘探报告结合起来作为6-A、7、8号楼的设计依据。这个说法与李某琪的说法能够互相印证。

庭审举证阶段，辩护人已将与6-A、7、8号楼相邻的东边楼座的勘探报告以及以上小区的总平面定位图提交合议庭，它们和中冶公司所做的地勘、恒基公司所做的1、5、6号地勘结合起来能清楚地定位各栋楼之间的距离。

此外，起诉书把勘探资料仅仅限于岩土勘察报告，事实上，获取岩土资料的方式是多元的。例如基坑开挖以后，勘察单位和设计单位都可以通过直观的方式来观察现场的岩土情况与勘察报告反映的岩土情况是否一致。基坑开挖后，还要在基地进行钎探，勘察单位和设计单位都可以通过钎探资料来了解现场的岩土情况与勘察报告反映的岩土情况是否一致。如果用强夯按照设计的7.5米深度处理地基，施工方需要把基底的土挖出来再强夯，夯实后再填土，平整后再强夯，这就叫分层强夯。强夯中的土方挖掘过程，也能够直观地体现基底土层的真实情况。

因此，6-A、7、8号楼不仅存在地勘报告，而且有基槽开挖、钎探资料、试夯报告、分层强夯等资料与地勘报告相辅相成，这些资料完全能够反映6-A、7、8号楼的基本地质情况。

通过以上说明，我们可以知道6-A、7、8号楼都是有地勘的。

就是因为6-A、7、8号楼都是有地勘的，国家建筑工程质量监督检验中心（以下简称国检中心）特聘的五位建筑专家、出图公司和审图公司才认为李某琪的结构设计是合格的，否则，这样常识性的错误哪能逃脱专家们的法眼。

因此，起诉书指控李某琪在6-A、7、8号楼加长部分未作地勘的情况下制作加长后设计图的犯罪事实是不存在的。

二、庭审中，公诉人一直未对辩护人提出的6-A、7、8号楼加长部分有地勘这一观点提出质疑或反对，但其一直强调"李某琪只在设计图上标明6-A、7、8号楼自身的地勘报告，而未明确标明也依据了东面与其相邻的三栋楼的地勘报告"，因此李某琪仍然构成工程重大安全事故罪。这个观点忽视了客观事实，并没有法律依据。

首先，对于结构设计图纸如何标明所使用的地勘报告，各级规范性文件均无统一规定，因此公诉人对李某琪标注地勘方式的指控没有法律依据。

其次，某市对于结构设计图纸标明地勘报告的方式也无统一规定。辩护人到各设计院调查，其对于结构设计图纸标明地勘报告的方式各种各样，许多结构设计图纸只标明地勘报告的名称，根本不写具体楼座号。

再次，结构设计图纸是否标明所使用的地勘报告与工程发生质量事故没有必然的因果联系。工程质量如果没有问题，即使未标明所用地勘报告，工程也不会出现事故；反之，工程质量如果有问题，即使标明所用地勘报告，工程也会出现事故。因此，绝不能因为结构设计图纸是否标明所使用的地勘报告来给被告定罪。

最后，许多国家级的文件也只引用了主要的指导思想，但这并不意味着以前坚持的主义和思想就被抛弃了，只是与时俱进，强调跟现实结合更紧密的新理论、新观点。这和本案当事人只标明主要依据的做法是同一个道理。

三、起诉书没有说明李某琪的行为如何导致工程的重大安全事故。也就是说，起诉书没有对李某琪的行为与工程事故之间必然的因果联系作出合理说明。辩护人认为，如果关于加长部分是否存在勘探资料和被告行为与事故结果的因果关系都未查清，就不能认为所谓的犯罪事实都已查清，更不能在此基础上给李某琪定罪。

起诉书要指控李某琪符合工程重大安全事故罪的犯罪构成，应查清以下事实。

首先，查清6-A、7、8号楼加长部分的地质情况，掌握加长部分岩土的物理性质、颗粒构成，水文地质参数、强度和变形参数，湿度和应力情况，活动断裂等不良地质情况。

其次，根据6-A、7、8号楼加长部分的地质情况，查清国家建筑工程标准规范对结构设计所做的要求。

再次，查清李某琪所做结构设计违反了国家哪些强制性规定。

最后，证明如果按照李某琪的结构设计进行施工，必然导致6-A、7、8号楼出现目前这种工程重大安全事故。

然而，起诉书告诉我们6-A、7、8号楼加长部分的地质情况，也没告诉我们正确的设计方法，没告诉我们如果完全按照李某琪的结构设计去施工会产生什么结果。也就是说，起诉书是在没有证明过程、没有因果关系链条的情况下指控李某琪构成犯罪的。所以辩护人认为，起诉书指控李某琪犯罪的事实不清楚，证据也不充分，不能给李某琪定工程重大安全事故罪。

四、李某琪的结构设计符合建设法规范，其结构设计不是美伦佳苑出现工程事故的原因。因此李某琪在主观方面没有过错，客观方面没有危害行为，不符合工程重大安全事故罪的犯罪构成。

首先，根据万全住建局委托"国家建筑工程质量监督检验中心"（以下简称国检中心）作出的鉴定结论，6-A、7、8号楼的质量事故全部是地基处理问题，鉴定结论没有提出结构设计存在问题。

万全住建局委托国家建筑工程质量监督检验中心进行调查后，作出的鉴定结论是：①原地形为沟谷，填土层较厚，强夯影响范围内原位测试呈离散特点，表明强夯影响范围内填土不均匀。8号楼垫层与地基脱开2厘米，表明填土具有湿陷性，强夯未完全消除填土的湿陷性。②强夯地基处理存在不符合相关规范要求的内容，6、7、8号楼强夯地基处理范围小于相关规范的规定，6、8各遍夯击点布置及夯点施工顺序不符合相关规范要求，地基质量检验不符合相关规范要求。

既然国检中心未认定结构设计有问题，那么，结构设计人对工程事故就没有责任。

其次，万全住建局委托五名知名专家出具的专家建议，也认为工程质量事故的原因是地基处理问题，而不是设计问题。

再次，结构设计的图纸上，出图单位的项目负责人、审核人、审定人、注册结构师均签字认为结构设计合格。

最后，审图公司出具的审图报告也认为李某琪的结构设计是合格的。2007年5月12日，某市维佳工程设计咨询有限公司（以下简称"审图公司"）对6-A、7、8号楼住宅楼出具了河北省施工图设计文件审查报告书和河北省施工图设计文件审查合格书，其施工图审查结论是："本建筑工程施工图设计文件依据国家有关法规和建设部《房屋建筑和市政基础设施工程施工图设计文件审查管理办法》经审查合格"。

工程项目分为前期阶段、准备阶段、施工阶段、竣工和维修阶段和运行后评估这五个阶段，其中能直接导致工程质量问题的在于勘察、设计和施工阶段，现在国检中心、审图公司和五位专家已经找出了工程质量事故的原因，即工程质量问题出在施工阶段的地基处理分部这个环节，这样也就排除了勘探和设计的责任。

需要指出的是，国检中心、审图公司、五位专家和出图单位在审查结构设计时一定是要看岩土勘探报告（以下简称地勘）的，因为结构设计是否合理是相对地勘探而言，就如同鞋子是否合适一定要看脚的大小一样。像加长部分没有地勘这样明显的问题，国检中心、审图公司和五位专家肯定是不会放过的。国检中心、审图公司和五位专家之所以认为设计没问题，是因为他们不仅看了6-A、7、8号楼的地勘报告，而且看了邻近6-A、7、8号楼的其他楼座的地勘报告，然后综合认定结构设计没有问题。

五、为什么结构设计没问题，但6-A、7、8号楼却出现了严重的质量问题呢？原因在于施工环节中地基处理单位未按照结构设计的要求对地基进行处理，最后导致事故发生。就像做一个鞋子，设计人设计得很好，但生产厂家没有把鞋跟粘牢，结果把消费者的脚扭伤一样的道理，这超出了设计人能够控制的范围，因此设计人是没有责任的。地基的施工单位存在以下问题。

第一，地基处理公司在对地基进行处理时没有相关的资质。根据岩土工程有限公司出具的勘探报告，涉案工程场地复杂程度为二级，地基复杂程度为二级，而中冶在地基处理时没有相关资质，其于2009年后补了资质证书，但证书颁发于2007年6月12日，且为地基与基础工程专业承包（暂定）三级。

第二，按照李某琪2007年4月作出的结构设计关于地基和基础设计的说明，设计要求"甲方找有资质的公司进行地基处理"，"处理后消除湿陷性，用强夯置换处理基底，处理后基底以下7.5米范围内土层压缩模量不小于20，不大于25mpa.，软化厚度1米，处理后地基承载力设计值$fk=180kpa$"，"在施工期间，应做好防水防渗措施，严防地面水流入基坑或槽内，处理后的人工地基应进行检测并提供合格的检测报告，才可进行上部施工"。

然而，地基处理公司未按照设计要求对地基进行处理，在施工中降低了质量要求。

2007年5月8日，建设单位与中冶沈勘签订《地基处理合同》，规定，为了保证美伦佳苑基础工程顺利进行，在确保工程质量的前提下，大幅度降低工程造价，缩短施工工期……特明确甲乙双方责任。第2条"乙方责任"规定，地基处理工程周期缩短一半，一般住宅控制在一周左右，地基处理工程费用在现有3:7灰土基础上降低30%。第3条规定，地基处理的深度为基础底面3倍的基础宽度范围内（别墅3米左右，6层住宅4米左右）。

请审判长和法官注意，李某琪的设计要求地基处理的深度为7.5米左右，而甲乙协商后却改为4米，试想，如果地基处理公司不降低造价，按7.5米处理，并达到基底以下 7.5 米范围内土层压缩模量不小于 20，不大于 25mpa.，软化厚度 1 米，处理后地基承载力设计值 fk=180kpa，那么 6-A、7、8 号楼楼能出现质量事故吗？

第三，基坑多次、大量积水，是地基下沉的重要原因。按照《监理日志》，2007 年 5 月 13 日下午 1 点至 6 点，场地上下了五小时小雨，5 月 24 日，5 月 27 日下了两天阵雨。尤其是 6 月 13 日和 6 月 14 日，两天均下了大雨，基坑积水，无法施工，只好晒槽两天。6 月 29 日，2 号楼跑水，流入 6 号楼基坑。

某市地区的地下土层多为湿陷性黄土，遇水便会产生下沉，所以设计方要求做好防水防渗措施，严防地面水流入基坑或槽内，然而中冶沈勘却导致雨水多次泡槽，犯下地基处理的大忌。这是导致质量事故不可忽视的原因。

第四，《强夯加固检测报告》数据来自《重夯土样试验结果表》，但是《重夯土样试验结果表》却是中冶沈勘让某市宣化建筑勘察涉及有限公司职工陈某丽个人出具的实验数据，2009 年 3 月 18 日，宣化建筑勘察涉及有限公司特别声明，陈某丽的个人行为与公司无关。由此可见，地基处理单位是怎样处理的地基。

第五，根据《施工日志》，场地东端未按设计点夯要求施工；距东端 15 米处五个夯点也未按设计点夯要求施工。

第六，《监理日志》中无强夯地基验收记录。

六、退一步讲，即使加长部分没有可借鉴的勘探资料，也不能由此直接认定李某琪有罪。

加长部分没有地勘也没有借鉴就做出结构设计肯定违反国家规定，但这与工程质量事故是否有必然的因果联系还不一定。让我们来设想一下。

首先，地基分为天然地基和人工地基。在天然地基之上直接就可以建造房屋。因此加长部分即使没有勘探资料，但下面恰好是沙卵层等天然地基，也不会导致工程事故。因此，即使加长部分没有可借鉴的勘探资料，要给李某琪定罪，也须首先排除下面存在天然地基这种可能。

如不存在天然地基，需要对地基进行人工处理，那么应分为两种情况：

第一种情况是，虽然加长部分没有地勘，但其下面的地质情况与有地勘部分差别不大，因此，只要施工方按图纸和设计要求施工，楼房质量没有问题。如果施工方没有按图纸和设计要求施工，例如基坑塌陷、钢筋标号不够等导致工程重大质量事故，此时，由于工程重大事故的原因不是设计方，而是施工方，设计方仍不应承担责任。

第二种情况是，加长部分没做地勘，结果加长部分的地质情况与未加长部分迥然不同，如按照原结构设计施工，必然出现工程质量问题。此时，结构设计的过错与工程质量事故存在必然的因果联系，结构设计人难辞其咎，必须承担法律责任。

因此，即使加长部分没有可借鉴的勘探资料，也不能不加甄别地由此直接认定李某琪有罪，必须考虑嫌疑人的行为与工程事故的因果联系。

七、据本人现场踏勘，6-A、7、8号楼每单元都有裂缝，加长部分并非受损最重部分，受损最重的部分均为各楼的二单元西首（不在加长的地基上），以此可以推断，6-A、7、8号楼的工程质量事故主要是施工方面的原因，与加长部分有无勘探无关。

如果施工没有问题，仅仅是加长部分没有地勘，而加长部分下面地质情况变化异常，如有地下暗河、防空洞、墓穴等，那么6-A、7、8号楼加长分就会因此出现质量事故，但是其他单元应当是安然无恙的。

如果施工出现问题，尤其是地基处理未达到设计要求，那么6-A、7、8号楼甚至9、10号楼都会普遍出现问题，美伦佳苑正是这种情形。

在现场我还观察到，受损最重的是三栋楼的二单元西首（在未加长部分的地基上），而加长部分的一单元受损情况与三、四单元相差无几。这说明，一单元的地质情况没有异常变化，也就是说，加长部分的结构设计没有引起工程质量问题。

综上所述，6-A、7、8号楼加长部分有地勘资料，李某琪的结构设计合格，6-A、7、8号楼质量事故与李某琪的结构设计没有直接的因果联系，因此，李某琪不具备工程重大安全事故罪的犯罪构成。

辩护人：某律师事务所律师张某某
2012年11月26日

本案被告人众多，被告人共聘请辩护人15名，由于审理中发问环节过多，每次开庭都需要2天甚至3天。其中第一次开庭用了整整3天时间，最后一天从早晨9点开到晚上9点，中间休息一小时吃饭。

五、一审判决

被告人李某琪犯工程重大安全事故罪，情节轻微，缓期执行，并判处罚金4万元。

六、发回重审中的焦点问题

各被告均不服一审判决，向中级人民法院上诉。中级人民法院裁决发回重审。发回重审后，本案应重点查清的焦点问题包括：

（一）各施工单位所有的施工图纸是否由李某琪设计，因为被告供述中出现了三样图纸

（二）法律对设计依据以及如何表达有无规定

（三）施工单位用的施工图去哪了？为什么与在住建局备案的图纸不一致

（四）缩模量不小于20，不大于25mpa，软化厚度1米，处理后地基承载力设计值fk＝180kpa，数值之间是否匹配

（五）设计施工图与地基处理结果之间的关系

（六）设计人的沉降计算

（七）修改施工图的程序和方法

（八）如何确定审图公司的底图，公章盖在哪张图上

（九）国检中心的鉴定报告能否作为判决的依据

（十）国检中心依据的地勘报告能否作为鉴定报告的依据，如何看待二者之间的关联关系和利害关系

（十一）某专家的身份和角色问题

（十二）本案的管辖问题

（十三）是否应当在穷尽民事手段之前才能动用刑事手段

（十四）为什么不追究监理公司的直接责任人员的刑事责任

（十五）鉴定人出庭质证的情况

（十六）地基处理公司的法律责任

（十七）房开公司工程部人员的法律责任

（十八）挡土墙问题

（十九）6、7、8号楼均是在第二单元开裂最为严重，延长线上的挡土墙、道路均出现裂缝现象，是否应考虑侧滑以及沟谷的影响

（二十）第一被告与第二被告均患心脏病，开庭时屡次发作，能否对其取

保候审的问题

发回重审后李某琪的一审辩护词

尊敬的审判长、尊敬的各位法官：

受被告李某琪的委托，我们担任本案被告人李某琪的辩护人。

我们首先坚持原一审开庭时的质证意见和辩护意见，然后提出以下补充辩护意见：

我们为李某琪所做的仍然是无罪辩护，理由如下：

一、李某琪没有公诉人指控的那些犯罪动机。

公诉人认为，各被告为了个人的利益置人民群众利益于不顾，云云。辩护人认为，李某琪没有公诉人指控的那些犯罪动机。因为李某琪是设计方，降低造价产生的利益只能进入建设单位、施工单位的腰包，跟李某琪无关。相反李某琪希望工程提高造价，因为造价提高，就能多收设计费。

二、地基处理公司在地基处理时并未使用李某琪所设计的图纸，李某琪的设计行为与美伦佳苑的工程事故无关，因此，李某琪无罪。

原一审时，各被告当庭看过李某琪所设计的图纸就认为没有见过这份图纸，但原一审合议庭并未深入调查这个问题。通过2013年4月1日和4月8日的两次庭审，各被告在涉及李某琪所设计的图纸时，均称未见过这张图纸。第二被告的辩护律师问第二被告："你是什么时间见到的某市的设计图（李某琪所设计的图纸）？"第二被告明确地说："出事后才见到，2012年才见到这张图纸。"地基处理单位的第四、第五、第六被告均再一次明确表示做地基处理时，没见过李某琪所设计的图纸。

各被告看过李某琪所设计的图纸后认为没有见过这份图纸这个事实，说明李某琪的设计行为与美伦佳苑的工程事故无关。

三、公诉方对李某琪的指控自相矛盾。其指控李某琪没有按照法律规范设计图纸，构成犯罪；另一方面又以李某琪设计的同一份图纸为标准，指控施工单位不按图纸施工构成犯罪，像老顽童周伯通一样打了一趟左右手互搏的空明拳。

以李某琪设计的同一份图纸为标准，指控施工单位不按图纸施工构成犯罪，这就等于承认李某琪设计的图纸是合格的。然而，指控李某琪时又认定同一份图纸不合格，成了犯罪的证据。这样的逻辑怎能让当事人信服。

四、公诉人认为李某琪没有将2号~6号楼地勘报告写入设计依据就构成了犯罪，除非李某琪拿出证据，证明国家有明文规定2号~6号楼地勘报告不用写进设计依据，否则就构成犯罪。

"法无明文规定不为罪"是刑法基本原则。"对政府而言，法无明文授权皆禁止；对公民而言，法无明文禁止皆可为。"这是每一个法律人均应耳熟能详的基本常识。然而公诉人却手持一个支离破碎的证据链让辩护人找证据来否定，拿不出证据就控告有罪，这是一种什么思维方式，这是典型的有罪推定、疑罪从有、宁枉勿纵的思维方式。

公诉人举证的标准是事实清楚、证据充分，证据形成一个完整的证据链，如果证据链不完整，就去积极地完成举证，达不到这个标准不能动辄指控，总之，证据链需要由公诉人去完善。《刑法》《刑事诉讼法》早已否定了有罪推定、疑罪从有的定罪原则，然而有罪推定、疑罪从有的幽灵却依然在刑法实践领域中徘徊，并成为将人送入监牢的利器，这真是法律实践中的莫大悲哀。

望合议庭察其流弊，识其流变，洞幽烛照，发扬国光，昭其至显，从而正人心、弘国法、厚风俗。

七、二审焦点问题

发回重审后，原审人民法院重新组成合议庭，对本案进行审理。判决结果是维持原判。各被告均不服，向中级人民法院上诉。二审法院需要查清的焦点问题包括：

（一）国检中心依据的勘探报告存在的问题：①以黄海海平面定位，其仅挖下两米，无法探知下面的地基处理情况；②人工探坑的深度与直径不成比例；③楼房已经矗立起来，再行勘探如何能在原来的地基上打探坑；③探坑的分布与地基处理范围的关系。

（二）什么是施工场地，什么叫单体建筑？

（三）施工单位用的是哪套图纸？

（四）标贯法能否检测地基处理情况？

（五）国检中心鉴定人员的回答出现相互矛盾？

（六）如果6号楼向后移了10米，6号楼的实际还能否借鉴2号楼的勘探资料？

（七）楼座的楼号变更问题对设计有无影响？

（八）地基监测单位出庭作证的情况。

（九）公诉方证据与指控罪名的对应关系。

（十）未写明依据与楼房裂缝的因果联系。

（十一）公诉方的逻辑错误：在指控李某琪时认为其设计不合格；在指控施工单位时，又依据李某琪的设计数据认为其构成犯罪。既依据国检中心的报告指控其他被告有罪，但指控李某琪时，又无视国检中心的报告并未认为设计有错误这个事实。

（十二）十八届三中全会以及最高人民法院刑事审判工作会议精神对本案的影响；最高人民法院主管刑事审判的副院长沈德咏认为，要像防止洪水猛兽一样防止冤假错案，坚决杜绝疑罪从有、有罪推定，疑罪轻判的现象。

李某琪涉嫌工程重大安全事故罪的二审辩护词

尊敬的审判长审判员：

一审被告李某琪不服某县法院［2012］万刑初字第103号判决，理由如下：

一、一审法院对被告李某琪及其辩护人提供的重要证据未予置评，这个审理上的重大遗漏直接影响到判决的公正。

一审中，公诉方指控"李某琪在6-A、7、8号楼加长部分未作出地勘的情况下，违反国家规定制作了加长后的设计图"。据此，公诉方认为李某琪构成犯罪。

针对公诉方的指控，李某琪及其辩护人向一审法院提供了设计6-A、7、8楼所依据的三本地勘报告，分别是某勘察公司做的1号~5号楼、2号~6号楼和地基处理公司做的地勘报告。对此，3一审判决书的第8页已经予以说明。按照国家规范，这三本地勘能够覆盖美伦佳苑小区的全部楼座，因此，6-A、7、8楼加长部分是有地勘的。

由于公诉人卷宗里已经有1号~5号楼和中冶沈勘公司关于7、8号楼的地勘报告，因此一审法院认为不必重复举证，仅收取了李某琪及其辩护人提供的

2号~6号楼地勘。

对于李某琪及其辩护人提供的2号~6号楼地勘，一审庭审时辩护人向法庭提交并对其能够作为6-A、7、8楼加长部分地勘依据的理由作了说明。公诉方对此证据进行了质证，其质证意见中没有否定2号~6号楼地勘的真实性，没有否定辩护人引用的国家规范，也没有否定2号~6号楼地勘能够作为6-A、7、8号楼加长部分的地勘依据，公诉人在法庭调查和法庭辩论阶段一贯的反驳意见是，2号~6号楼地勘没有写在施工图的设计依据中。其言外之意是，即使6-A、7、8号楼加长部分即使有地勘，设计时依据加长部分的地勘设计了，但只要你没有写进设计依据中，我就认为你没有地勘，没有地勘进行设计就构成犯罪。

因此，一审中，被告方与公诉方的争议焦点不是6-A、7、8号楼加长部分事实上有无地勘，而是设计人李某琪没有把加长部分的地勘写入设计依据时是否构成犯罪。

2号~6号楼地勘能否作为6-A、7、8号楼加长部分的设计依据，2号~6号楼地勘写没写进设计依据对涉案三栋楼的影响，这些直接关系到李某琪是否构成犯罪，对于如此重要的证据，一审法院竟然不予置评，这个将被告方证据弃之不顾的审理缺陷不仅在实体上无法查清事实，而且在程序上体现了有罪推定的司法理念。

希望二审法院对此予以纠正，并依据国家规范对2号~6号楼地勘与6-A、7、8号楼加长部分的关系予以说明。尤其希望二审法院对李某琪的犯罪行为、犯罪结果和犯罪行为与犯罪结果之间的因果关系进行审理查明。如果连起码的犯罪构成都说不清楚，并回避这个焦点问题，那就不能给李某琪定罪。

二、判决书的审理查明部分，共列举出20项质证后的证据来证明被告人的犯罪事实，然而辩护人仔细研读后发现，判决书列举的20项证据中没有一项证明了6-A、7、8号楼加长部分没有地勘，并且由于没有地勘进行设计导致工程重大安全事故。也就是说，判决书认定"李某琪在6-A、7、8号楼加长部分未作出地勘的情况下，违反国家规定制作了加长后的设计图"这一事实根本没有证据支持。

判决书第9页第二段第六行认为李某琪"在6-A、7、8号楼加长部分未作出地勘的情况下，违反国家规定制作了加长后的设计图"。辩护人认为，一审法院既然这样认为，就必须有证据来支持，否则，以上判断不能成立。从第 11 页开始，一审判决书列举出 20 项质证后的证据，但是没有一项证明了 6-A、7、8 号楼加长部分没有地勘，并因此导致工程事故。第二被告供述中说过 6-A、7、8 号楼加长部分没有补勘，而不是没有地勘，没有补勘的原因第一被告和第三被告等人在一审庭审时都作了明确的说明，就是因为后来了解到 2 号~6 号楼地勘能够覆盖到 6-A、7、8 号楼加长部分，所以就没必要补勘。

一审判决就是这样，完全不顾对被告李某琪有利的证据，却在没有证据的情况下对李某琪作出了有罪判决，希望二审法院注意这一点。

三、判决书不仅没有证据支持，而且也未说明 6-A、7、8 号楼加长部分没有地勘与 6-A、7、8 号楼的工程质量事故之间的因果关系。

按照一审判决的逻辑，被告人李某琪"在 6-A、7、8 号楼加长部分未作出地勘的情况下，违反国家规定制作了加长后的设计图"就构成了工程重大安全事故罪。

公诉方及一审判决的错误就在于完全不考虑李某琪的行为与工程事故的因果关系。从上述可知，6-A、7、8 号楼加长部分是有地勘的。现在我们退一步来讲，难道 6-A、7、8 号楼加长部分没有地勘，6-A、7、8 号楼就必然出现工程事故吗？如果公诉方和一审法院这样认为，那么请详细阐述一下其中的因果关系，尤其要解释一下 6-A、7、8 号楼加长部分是怎样导致出现工程事故的。

四、被告人李某琪提供的 2 号~6 号楼地勘证明 6-A、7、8 号楼加长部分在客观上是存在地勘的。李某琪本人与第一被告和第三被告等人的供述已经说明了 6-A、7、8 号楼楼加长部分使用了 2 号~6 号楼地勘。审图公司对李某琪的施工图出具的合格证明、五位专家和国家工程质量检验监督中心出具的鉴定报告均没有对李某琪的施工图设计提出疑义。这些证据已经从主观和客观方面构成了一个完整的证据链，充分证明了 6-A、7、8 号楼的加长部分存在地勘，李某琪的施工图设计是没有问题的。

总之，被告人李某琪有证明自己无罪的证据，而公诉方和一审法院既没有构成犯罪的证据，也不能说明李某琪的行为与工程事故之间的因果关系。希望二审法院在审理中发微探幽、洞隐烛照、释法析理、秉公明断，让每一个被告在个案中感受到阳光的存在以及正义的力量。

某律师事务所律师　张某某

2013 年 3 月 9 日

八、本案终审判决

本案从一审到二审,又从发回重审的一审到二审,历时3年。最终,某市中级人民法院宣布美伦佳苑设计师李某琪无罪,其他被告维持原判。

九、对本案法律问题的几点思考

(一) 设计方的真正软肋。

(二) 刑事与民事的关系。

(三) 刑辩律师的风险。

(四) 律师的弱势地位。

(五) 理论与实践的距离。

(六) 司法地方化问题。

(七) 刑事案件的因果关系问题。

(八) 建筑案件审判的专业性。

(九) 政府权力直接入股公司问题。

(十) 判决书的文风、格式与规范问题。

(十一) 公检法组卷与嫌疑人的证据问题。

(十二) 建筑术语的表达与法律的距离,跨界复合型人才的珍贵。

第八章
如何签订施工合同

为了指导建设工程施工合同当事人的签约行为，维护合同当事人的合法权益，依据《中华人民共和国合同法》《中华人民共和国建筑法》《中华人民共和国招标投标法》以及相关法律法规，住房和城乡建设部、国家工商行政管理总局对《建设工程施工合同（示范文本）》(GF-2013-0201)进行修订，制定了《建设工程施工合同（示范文本）》(GF-2017-0201)（以下简称《示范文本》）。为了便于合同当事人使用《示范文本》，现就有关问题说明如下：

《示范文本》由合同协议书、通用合同条款和专用合同条款三部分组成。

（一）合同协议书

《示范文本》合同协议书共计13条，主要包括：工程概况、合同工期、质量标准、签约合同价和合同价格形式、项目经理、合同文件构成、承诺以及合同生效条件等重要内容，集中约定了合同当事人基本的合同权利义务。

（二）通用合同条款

通用合同条款是合同当事人根据《中华人民共和国建筑法》《中华人民共和国合同法》等法律法规的规定，就工程建设的实施及相关事项，对合同当事人的权利义务作出的原则性约定。

通用合同条款共计20条，具体条款分别为：一般约定、发包人、承包人、监理人、工程质量、安全文明施工与环境保护、工期和进度、材料与设备、试验与检验、变更、价格调整、合同价格、计量与支付、验收和工程试车、竣工结算、缺陷责任与保修、违约、不可抗力、保险、索赔和争议解决。前述条款安排既考虑了现行法律法规对工程建设的有关要求，也考虑了建设工程施工管理的特殊需要。

（三）专用合同条款

专用合同条款是对通用合同条款原则性约定的细化、完善、补充、修改或另行约定的条款。合同当事人可以根据不同建设工程的特点及具体情况，通过双方的谈判、协商对相应的专用合同条款进行修改补充。在使用专用合同条款时，应注意以下事项：

（1）专用合同条款的编号应与相应的通用合同条款的编号一致；

（2）合同当事人可以通过对专用合同条款的修改，满足具体建设工程的特殊要求，避免直接修改通用合同条款；

（3）在专用合同条款中有横道线的地方，合同当事人可针对相应的通用合同条款进行细化、完善、补充、修改或另行约定，如无细化、完善、补充、修改或另行约定，则填写"无"或划"/"。

《示范文本》为非强制性使用文本。《示范文本》适用于房屋建筑工程、土木工程、线路管道和设备安装工程、装修工程等建设工程的施工承发包活动，合同当事人可结合建设工程的具体情况，根据《示范文本》订立合同，并按照法律法规规定和合同约定承担相应的法律责任及合同权利义务。

第一节 发包人如何签订施工合同

第一部分 合同协议书

发包人（全称）：<u>名称应与投资主体的公章相同</u>

承包人（全称）：<u>名称应与公司法人的公章相同</u>

根据《中华人民共和国合同法》《中华人民共和国建筑法》及有关法律规定，遵循平等、自愿、公平和诚实信用的原则，双方就<u>与立项文件和招标文件一致</u>工程施工及有关事项协商一致，共同达成如下协议：

一、工程概况

1. 工程名称：<u>与立项文件和招标文件一致</u>。

2. 工程地点：<u>本条将确定工程项目的行政管辖和司法管辖，意义重大。因此应明确项目的详细地址。</u>

3. 工程立项批准文号：<u>根据《国务院关于投资体制改革的决定》《政府核准的投资项目目录》（2016），政府按照不同的投资主体，分别采用审批制、核准制和备案制。例如，政府投资项目就是审批制，社会投资项目就是核准制或者备案制。因此，应当按照政府的规定履行审批、核准或者备案手续，</u>

并准确填写相应的立项批准文号。

4. 资金来源：包括：自有资金、政府拨款、银行贷款、企业债券、股权融资、债券融资、夹层融资、短期汇票、私募债、融资租赁、民间借贷、委托贷款、票据置换、股权信托计划、房地产信托投资、保险资产债权融资计划、住房公积金贷款、有限合伙融资、项目融资等。

发包人应根据资金来源的实际情况填写本栏。

5. 工程内容：应写明建筑物名称、幢数、层数、结构、建筑面。群体工程应附《承包人承揽工程项目一览表》（附件1）。

6. 工程承包范围：

根据实际情况，应写明工程项目的土建、给水排水、供热通风、电气安装、电梯、消防、人防、绿化、附属工程等。此处注意不要与工程内容重复。

二、合同工期

计划开工日期：____年____月____日。

计划竣工日期：____年____月____日。

工期总日历天数：____天。工期总日历天数与根据前述计划开竣工日期计算的工期天数不一致的，以工期总日历天数为准。

合同工期根据工期定额确定，发包人通过与承包人协商，可以在定额工期的基础上上下浮动15%，但是不得低于定额工期的70%。

由于建设工程是一个复杂的系统工程，合同约定的开工日期经常变化。因此，最终实际的开工日期要结合监理师的开工令、《施工许可证》、进场时间等因素综合判断。

三、质量标准

工程质量符合_____标准。

一般为合格标准。如果有特殊要求，应当进一步明确。例如，获得住房和城乡建设部颁发的鲁班奖、所在省的省长杯等。

四、签约合同价与合同价格形式

1. 签约合同价为：人民币（大写）_____（¥_____元）；

根据工程是否招标，必须招标的工程，签约合同价应当与中标通知书上的合同价款一致，否则可能导致合同无效。不是必须招标的工程，签约合同价由发包人和承包人按照市场经济意思自治的原则合意一致达成，可以与定额价或者工程量清单报价不一致。定额报价的情况下，如果实际发生的工程量发生变化，风险由承包人承担。在工程量清单报价的情况下，如果实际发生的工程量发生变化，风险由发包人承担。

其中：

(1) 安全文明施工费：

人民币（大写）＿＿＿＿＿＿＿（¥＿＿＿＿＿＿元）；

安全文明施工费5%左右，为税后的签约合同价乘以省政府建设主管部门发布的比例。这笔费用要在申请《施工许可证》之前预存到政府指定的银行专用账户。

(2) 材料和工程设备暂估价金额：

人民币（大写）＿＿＿＿＿＿＿（¥＿＿＿＿＿＿元）；

材料和工程设备暂估价金额是用于支付必然发生但暂时不能确定价格的材料设备金额。

(3) 专业工程暂估价金额：

人民币（大写）＿＿＿＿＿＿＿（¥＿＿＿＿＿＿元）；

专业工程暂估价金额是用于支付必然发生但暂时不能确定价格的专业工程金额。

(4) 暂列金额：

人民币（大写）＿＿＿＿＿＿＿（¥＿＿＿＿＿＿元）。

暂列金额是招标人在工程量清单中暂定并包括在合同价款中的一笔款项。

2. 合同价格形式：<u>包括总价合同、单价合同以及其他形式。工程量清单报价均为单价合同</u>。

五、项目经理

承包人项目经理：＿＿＿＿＿＿＿＿＿＿＿＿＿＿＿＿＿＿＿。

加盖承包人公章的该项目经理委任书复印件、身份证复印件、从业资质证书复印件应当作为施工合同的附件。

大中型建设项目的项目经理应当具有注册建造师的注册证书和执业印章。一级建造师可以担任一级建筑企业的项目经理。二级建造师只能担任二级以下建筑企业的项目经理。

因此，协议书上载明的项目经理应当符合《建筑法》《建设工程质量管理条例》《注册建造师管理规定》和《建造师执业资格制度暂行规定》等规范性文件的相关规定。

六、合同文件构成

本协议书与下列文件一起构成合同文件：

（1）中标通知书（如果有）；（2）投标函及其附录（如果有）；（3）专用合同条款及其附件；（4）通用合同条款；（5）技术标准和要求；（6）图纸；（7）已标价工程量清单或预算书；（8）其他合同文件。

在合同订立及履行过程中形成的与合同有关的文件均是合同文件的组成部分。

上述各项合同文件包括合同当事人就该项合同文件所作出的补充和修改，属于同一类内容的文件，应以最新签署的为准。专用合同条款及其附件须经合同当事人签字或盖章。

七、承诺

1. 发包人承诺按照法律规定履行项目审批手续、筹集工程建设资金并按照合同约定的期限和方式支付合同价款。

2. 承包人承诺按照法律规定及合同约定组织完成工程施工，确保工程质量和安全，不进行转包及违法分包，并在缺陷责任期及保修期内承担相应的工程维修责任。

3. 发包人和承包人通过招投标形式签订合同的，双方理解并承诺不再就同一工程另行签订与合同实质性内容相背离的协议。

八、词语含义

本协议书中词语含义与第二部分通用合同条款中赋予的含义相同。

九、签订时间

本合同于_____年___月___日签订。

《合同法》规定，承诺到达时合同成立。对于必须招标的工程项目，中标通知书送达承包人时，合同即告成立。对于不是必须招标的工程项目，但是也通过招标签订合同的，也是中标通知书送达承包人时，合同即告成立。只有不必招标、实际也没有招标的合同以《协议书》签订的时间作为合同成立的时间。

合同成立时间的法律意义在于界定双方享有权利和履行义务的起始时间。例如，合同约定合同成立后发包人应在约定期限内支付工程预付款的，合同签订时间即成为工程款支付的节点。如果发包人没有按时支付预付款，就可能承担违约责任。

《最高人民法院关于审理建设工程施工合同纠纷案件适用法律问题的解释》第16条规定，当事人对建设工程的计价标准或者计价方法有约定的，按照约定结算工程价款。因设计变更导致建设工程的工程量或者质量标准发生变化，当事人对该部分工程价款不能协商一致的，可以参照签订建设工程施工合同时当地建设行政主管部门发布的计价方法或者计价标准结算工程价款。这就意味着发生设计变更时，计价标准和计价方式可能要与合同签订时间相关。例如，签约时间是2007年，而双方直到2010年才开始结算。发包方要使用2008年定额，而承包方要使用2012年定额。在这种情况下，就应当根据司法解释适用2008年定额。

十、签订地点

本合同在＿＿＿＿＿＿＿＿＿＿＿＿＿＿＿＿＿＿签订。

如果双方在争议解决条款中约定了仲裁管辖或者诉讼管辖，签约地点可能成为未来仲裁或者法院的管辖地。

十一、补充协议

合同未尽事宜，合同当事人另行签订补充协议，补充协议是合同的组成部分。

十二、合同生效

本合同自＿＿＿＿＿＿＿＿＿＿＿＿＿＿＿＿＿＿生效。

合同成立是事实判断，合同生效是价值判断。前者双方合意即成立，后者是履行了约定条件或者法定的程序、不违反法律、不违反公序良俗即生效。

因此，通常情况下，合同成立时间即合同生效时间。但是，如果合同附条件、附期限，则应当条件成就时生效。法定的批准、登记手续完成时合同生效。

对于必须招标的合同,虽然《招标投标法》规定合同应当备案,但是这个备案手续不是合同生效的条件,只是行政部门的管理性规定,而非效力性规定。因此,即使招标的合同没有备案,也不影响建设工程合同的效力。

十三、合同份数

本合同一式____份,均具有同等法律效力,发包人执____份,承包人执____份。

发包人:　　（公章）　　　　　　承包人:　　（公章）
法定代表人或其委托代理人:　　　法定代表人或其委托代理人:
（签字）　　　　　　　　　　　　（签字）
组织机构代码:_____　　　组织机构代码:_____
地　　址:_____　　　地　　址:_____
邮政编码:_____　　　邮政编码:_____
法定代表人:_____　　　法定代表人:_____
委托代理人:_____　　　委托代理人:_____
电　　话:_____　　　电　　话:_____
传　　真:_____　　　传　　真:_____
电子信箱:_____　　　电子信箱:_____
开户银行:_____　　　开户银行:_____
账　　号:_____　　　账　　号:_____

由于承包人建筑队伍分布在五湖四海,加盖公章很不方便。因此,建筑市场上,很多建筑公司刻有多枚公章。这就需要发包人在签订合同时需要核实承包人的公章真伪,核实协议书上的公章与投标文件上的公章是否一致。此处不可仅仅加盖承包人项目部或者分公司的印章,一定要加盖承包人的法人公章或者合同专用章。

法定代表人签字处应当由法定代表人手签,而不是加盖法定代表人私章。如果是授权代理人签字,一定要由本人手签。同时,合同附件中一定要附有授权代理人的授权委托书。

公司地址关系到公文送达和诉讼管辖地的确定,因此一定要认真填写。法定代表人、委托代理人、公司电话同样关系到双方信息的畅达,一定要填写完整。传真、电子邮箱、开户行、账号关系到双方的信息沟通和工程款结算，因此一定要填写完整、准确。

建议双方在补充协议中签订联系人、地址、联系方式、开户行确认书，正式约定上述事项，并签字盖章。一方向上述人员、地址履行合同义务，即为合同适当履行。对方不得以未收到等理由否认履行行为。一方上述事项发生变动，必须在约定时间内通知对方，否则引起的后果由未履行通知义务一方负责。

合同一定要标明页码和页数，加盖骑缝章，以免一方换页。

第二部分　通用合同条款

1. 一般约定

1.1 词语定义与解释

合同协议书、通用合同条款、专用合同条款中的下列词语具有本款所赋予的含义：

1.1.1 合同：

1.1.1.1 合同：是指根据法律规定和合同当事人约定具有约束力的文件，构成合同的文件包括合同协议书、中标通知书（如果有）、投标函及其附录（如果有）、专用合同条款及其附件、通用合同条款、技术标准和要求、图纸、已标价工程量清单或预算书以及其他合同文件。

1.1.1.2 合同协议书：是指构成合同的由发包人和承包人共同签署的称为"合同协议书"的书面文件。

1.1.1.3 中标通知书：是指构成合同的由发包人通知承包人中标的书面文件。

1.1.1.4 投标函：是指构成合同的由承包人填写并签署的用于投标的称为"投标函"的文件。

1.1.1.5 投标函附录：是指构成合同的附在投标函后的称为"投标函附录"的文件。

1.1.1.6 技术标准和要求：是指构成合同的施工应当遵守的或指导施工的国家、行业或地方的技术标准和要求，以及合同约定的技术标准和要求。

1.1.1.7 图纸：是指构成合同的图纸，包括由发包人按照合同约定提供或经发包人批准的设计文件、施工图、鸟瞰图及模型等，以及在合同履行过程中形成的图纸文件。图纸应当按照法律规定审查合格。

1.1.1.8 已标价工程量清单：是指构成合同的由承包人按照规定的格式和要求填写并标明价格的工程量清单，包括说明和表格。

1.1.1.9 预算书：是指构成合同的由承包人按照发包人规定的格式和要求编制的工程预算文件。

1.1.1.10 其他合同文件：是指经合同当事人约定的与工程施工有关的具有合同约束力的文件或书面协议。合同当事人可以在专用合同条款中进行约定。

1.1.2 合同当事人及其他相关方：

1.1.2.1 合同当事人：是指发包人和（或）承包人。

1.1.2.2 发包人：是指与承包人签订合同协议书的当事人及取得该当事人资格的合法继承人。

1.1.2.3 承包人：是指与发包人签订合同协议书的，具有相应工程施工承包资质的当事人及取得该当事人资格的合法继承人。

1.1.2.4 监理人：是指在专用合同条款中指明的，受发包人委托按照法律规定进行工程监督管理的法人或其他组织。

1.1.2.5 设计人：是指在专用合同条款中指明的，受发包人委托负责工程设计并具备相应工程设计资质的法人或其他组织。

1.1.2.6 分包人：是指按照法律规定和合同约定，分包部分工程或工作，并与承包人签订分包合同的具有相应资质的法人。

1.1.2.7 发包人代表：是指由发包人任命并派驻施工现场在发包人授权范围内行使发包人权利的人。

1.1.2.8 项目经理：是指由承包人任命并派驻施工现场，在承包人授权范围内负责合同履行，且按照法律规定具有相应资格的项目负责人。

1.1.2.9 总监理工程师：是指由监理人任命并派驻施工现场进行工程监理的总负责人。

1.1.3 工程和设备：

1.1.3.1 工程：是指与合同协议书中工程承包范围对应的永久工程和（或）临时工程。

1.1.3.2 永久工程：是指按合同约定建造并移交给发包人的工程，包括工程设备。

1.1.3.3 临时工程：是指为完成合同约定的永久工程所修建的各类临时性

工程，不包括施工设备。

1.1.3.4 单位工程：是指在合同协议书中指明的，具备独立施工条件并能形成独立使用功能的永久工程。

1.1.3.5 工程设备：是指构成永久工程的机电设备、金属结构设备、仪器及其他类似的设备和装置。

1.1.3.6 施工设备：是指为完成合同约定的各项工作所需的设备、器具和其他物品，但不包括工程设备、临时工程和材料。

1.1.3.7 施工现场：是指用于工程施工的场所，以及在专用合同条款中指明作为施工场所组成部分的其他场所，包括永久占地和临时占地。

1.1.3.8 临时设施：是指为完成合同约定的各项工作所服务的临时性生产和生活设施。

1.1.3.9 永久占地：是指专用合同条款中指明为实施工程需永久占用的土地。

1.1.3.10 临时占地：是指专用合同条款中指明为实施工程需要临时占用的土地。

1.1.4 日期和期限：

1.1.4.1 开工日期：包括计划开工日期和实际开工日期。计划开工日期是指合同协议书约定的开工日期；实际开工日期是指监理人按照第 7.3.2 项［开工通知］约定发出的符合法律规定的开工通知中载明的开工日期。

1.1.4.2 竣工日期：包括计划竣工日期和实际竣工日期。计划竣工日期是指合同协议书约定的竣工日期；实际竣工日期按照第 13.2.3 项［竣工日期］的约定确定。

1.1.4.3 工期：是指在合同协议书约定的承包人完成工程所需的期限，包括按照合同约定所作的期限变更。

1.1.4.4 缺陷责任期：是指承包人按照合同约定承担缺陷修复义务，且发包人预留质量保证金（已缴纳履约保证金的除外）的期限，自工程实际竣工日期起计算。

1.1.4.5 保修期：是指承包人按照合同约定对工程承担保修责任的期限，从工程竣工验收合格之日起计算。

1.1.4.6 基准日期：招标发包的工程以投标截止日前 28 天的日期为基准日期，直接发包的工程以合同签订日前 28 天的日期为基准日期。

1.1.4.7 天：除特别指明外，均指日历天。合同中按天计算时间的，开始当天不计入，从次日开始计算，期限最后一天的截止时间为当天 24:00。

1.1.5 合同价格和费用：

1.1.5.1 签约合同价：是指发包人和承包人在合同协议书中确定的总金额，包括安全文明施工费、暂估价及暂列金额等。

1.1.5.2 合同价格：是指发包人用于支付承包人按照合同约定完成承包范围内全部工作的金额，包括合同履行过程中按合同约定发生的价格变化。

1.1.5.3 费用：是指为履行合同所发生的或将要发生的所有必需的开支，包括管理费和应分摊的其他费用，但不包括利润。

1.1.5.4 暂估价：是指发包人在工程量清单或预算书中提供的用于支付必然发生但暂时不能确定价格的材料、工程设备的单价、专业工程以及服务工作的金额。

1.1.5.5 暂列金额：是指发包人在工程量清单或预算书中暂定并包括在合同价格中的一笔款项，用于工程合同签订时尚未确定或者不可预见的所需材料、工程设备、服务的采购，施工中可能发生的工程变更、合同约定调整因素出现时的合同价格调整以及发生的索赔、现场签证确认等的费用。

1.1.5.6 计日工：是指合同履行过程中，承包人完成发包人提出的零星工作或需要采用计日工计价的变更工作时，按合同中约定的单价计价的一种方式。

1.1.5.7 质量保证金：是指按照第 15.3 款［质量保证金］约定承包人用于保证其在缺陷责任期内履行缺陷修补义务的担保。

1.1.5.8 总价项目：是指在现行国家、行业以及地方的计量规则中无工程量计算规则，在已标价工程量清单或预算书中以总价或以费率形式计算的项目。

1.1.6 其他：

1.1.6.1 书面形式：是指合同文件、信函、电报、传真等可以有形地表现所载内容的形式。

1.2 语言文字

合同以中国的汉语简体文字编写、解释和说明。合同当事人在专用合同条款中约定使用两种以上语言时，汉语为优先解释和说明合同的语言。

1.3 法律

合同所称法律是指中华人民共和国法律、行政法规、部门规章,以及工程所在地的地方性法规、自治条例、单行条例和地方政府规章等。

合同当事人可以在专用合同条款中约定合同适用的其他规范性文件。

1.4 标准和规范

1.4.1 适用于工程的国家标准、行业标准、工程所在地的地方性标准,以及相应的规范、规程等,合同当事人有特别要求的,应在专用合同条款中约定。

1.4.2 发包人要求使用国外标准、规范的,发包人负责提供原文版本和中文译本,并在专用合同条款中约定提供标准规范的名称、份数和时间。

1.4.3 发包人对工程的技术标准、功能要求高于或严于现行国家、行业或地方标准的,应当在专用合同条款中予以明确。除专用合同条款另有约定外,应视为承包人在签订合同前已充分预见前述技术标准和功能要求的复杂程度,签约合同价中已包含由此产生的费用。

1.5 合同文件的优先顺序

组成合同的各项文件应互相解释,互为说明。除专用合同条款另有约定外,解释合同文件的优先顺序如下:

(1) 合同协议书;

(2) 中标通知书(如果有);

(3) 投标函及其附录(如果有);

(4) 专用合同条款及其附件;

(5) 通用合同条款;

(6) 技术标准和要求;

(7) 图纸;

(8) 已标价工程量清单或预算书;

(9) 其他合同文件。

上述各项合同文件包括合同当事人就该项合同文件所作出的补充和修改,属于同一类内容的文件,应以最新签署的为准。

在合同订立及履行过程中形成的与合同有关的文件均构成合同文件组成部分,并根据其性质确定优先解释顺序。

1.6 图纸和承包人文件

1.6.1 图纸的提供和交底。发包人应按照专用合同条款约定的期限、数量和内容向承包人免费提供图纸，并组织承包人、监理人和设计人进行图纸会审和设计交底。发包人至迟不得晚于第 7.3.2 项［开工通知］载明的开工日期前 14 天向承包人提供图纸。

因发包人未按合同约定提供图纸导致承包人费用增加和（或）工期延误的，按照第 7.5.1 项［因发包人原因导致工期延误］约定办理。

1.6.2 图纸的错误。承包人在收到发包人提供的图纸后，发现图纸存在差错、遗漏或缺陷的，应及时通知监理人。监理人接到该通知后，应附具相关意见并立即报送发包人，发包人应在收到监理人报送的通知后的合理时间内作出决定。合理时间是指发包人在收到监理人的报送通知后，尽其努力且不懈怠地完成图纸修改补充所需的时间。

1.6.3 图纸的修改和补充。图纸需要修改和补充的，应经图纸原设计人及审批部门同意，并由监理人在工程或工程相应部位施工前将修改后的图纸或补充图纸提交给承包人，承包人应按修改或补充后的图纸施工。

1.6.4 承包人文件。承包人应按照专用合同条款的约定提供应当由其编制的与工程施工有关的文件，并按照专用合同条款约定的期限、数量和形式提交监理人，并由监理人报送发包人。

除专用合同条款另有约定外，监理人应在收到承包人文件后 7 天内审查完毕，监理人对承包人文件有异议的，承包人应予以修改，并重新报送监理人。监理人的审查并不减轻或免除承包人根据合同约定应当承担的责任。

1.6.5 图纸和承包人文件的保管。除专用合同条款另有约定外，承包人应在施工现场另外保存一套完整的图纸和承包人文件，供发包人、监理人及有关人员进行工程检查时使用。

1.7 联络

1.7.1 与合同有关的通知、批准、证明、证书、指示、指令、要求、请求、同意、意见、确定和决定等，均应采用书面形式，并应在合同约定的期限内送达接收人和送达地点。

1.7.2 发包人和承包人应在专用合同条款中约定各自的送达接收人和送达地点。任何一方合同当事人指定的接收人或送达地点发生变动的，应提前 3 天以书面形式通知对方。

1.7.3 发包人和承包人应当及时签收另一方送达送达地点和指定接收人的来往信函。拒不签收的,由此增加的费用和(或)延误的工期由拒绝接收一方承担。

1.8 严禁贿赂

合同当事人不得以贿赂或变相贿赂的方式,谋取非法利益或损害对方权益。因一方合同当事人的贿赂造成对方损失的,应赔偿损失,并承担相应的法律责任。

承包人不得与监理人或发包人聘请的第三方串通损害发包人利益。未经发包人书面同意,承包人不得为监理人提供合同约定以外的通信设备、交通工具及其他任何形式的利益,不得向监理人支付报酬。

1.9 化石、文物

在施工现场发掘的所有文物、古迹以及具有地质研究或考古价值的其他遗迹、化石、钱币或物品属于国家所有。一旦发现上述文物,承包人应采取合理、有效的保护措施,防止任何人员移动或损坏上述物品,并立即报告有关政府行政管理部门,同时通知监理人。

发包人、监理人和承包人应按有关政府行政管理部门要求采取妥善的保护措施,由此增加的费用和(或)延误的工期由发包人承担。

承包人发现文物后不及时报告或隐瞒不报,致使文物丢失或损坏的,应赔偿损失,并承担相应的法律责任。

1.10 交通运输

1.10.1 出入现场的权利。除专用合同条款另有约定外,发包人应根据施工需要,负责取得出入施工现场所需的批准手续和全部权利,以及取得因施工所需修建道路、桥梁以及其他基础设施的权利,并承担相关手续费用和建设费用。承包人应协助发包人办理修建场内外道路、桥梁以及其他基础设施的手续。

承包人应在订立合同前查勘施工现场,并根据工程规模及技术参数合理预见工程施工所需的进出施工现场的方式、手段、路径等。因承包人未合理预见所增加的费用和(或)延误的工期由承包人承担。

1.10.2 场外交通。发包人应提供场外交通设施的技术参数和具体条件,承包人应遵守有关交通法规,严格按照道路和桥梁的限制荷载行驶,执行有关道路限速、限行、禁止超载的规定,并配合交通管理部门的监督和检查。

场外交通设施无法满足工程施工需要的，由发包人负责完善并承担相关费用。

1.10.3 场内交通。发包人应提供场内交通设施的技术参数和具体条件，并应按照专用合同条款的约定向承包人免费提供满足工程施工所需的场内道路和交通设施。因承包人原因造成上述道路或交通设施损坏的，承包人负责修复并承担由此增加的费用。

除发包人按照合同约定提供的场内道路和交通设施外，承包人负责修建、维修、养护和管理施工所需的其他场内临时道路和交通设施。发包人和监理人可以为实现合同目的使用承包人修建的场内临时道路和交通设施。

场外交通和场内交通的边界由合同当事人在专用合同条款中约定。

1.10.4 超大件和超重件的运输。由承包人负责运输的超大件或超重件，应由承包人负责向交通管理部门办理申请手续，发包人给予协助。运输超大件或超重件所需的道路和桥梁临时加固改造费用和其他有关费用，由承包人承担，但专用合同条款另有约定的除外。

1.10.5 道路和桥梁的损坏责任。因承包人运输造成施工场地内外公共道路和桥梁损坏的，由承包人承担修复损坏的全部费用和可能引起的赔偿。

1.10.6 水路和航空运输。本款前述各项的内容适用于水路运输和航空运输，其中，"道路"一词的含义包括河道、航线、船闸、机场、码头、堤防以及水路或航空运输中其他相似结构物；"车辆"一词的涵义包括船舶和飞机等。

1.11 知识产权

1.11.1 除专用合同条款另有约定外，发包人提供给承包人的图纸、发包人为实施工程自行编制或委托编制的技术规范以及反映发包人要求的或其他类似性质的文件的著作权属于发包人，承包人可以为实现合同目的而复制、使用此类文件，但不能用于与合同无关的其他事项。未经发包人书面同意，承包人不得为了合同以外的目的而复制、使用上述文件或将之提供给任何第三方。

1.11.2 除专用合同条款另有约定外，承包人为实施工程所编制的文件，除署名权以外的著作权属于发包人，承包人可因实施工程的运行、调试、维修、改造等目的而复制、使用此类文件，但不能用于与合同无关的其他事项。未经发包人书面同意，承包人不得为了合同以外的目的而复制、使用上述文件或将之提供给任何第三方。

1.11.3 合同当事人保证在履行合同过程中不侵犯对方及第三方的知识产权。承包人在使用材料、施工设备、工程设备或采用施工工艺时，因侵犯他人的专利权或其他知识产权所引起的责任，由承包人承担；因发包人提供的材料、施工设备、工程设备或施工工艺导致侵权的，由发包人承担责任。

1.11.4 除专用合同条款另有约定外，承包人在合同签订前和签订时已确定采用的专利、专有技术、技术秘密的使用费已包含在签约合同价中。

1.12 保密

除法律规定或合同另有约定外，未经发包人同意，承包人不得将发包人提供的图纸、文件以及声明需要保密的资料信息等商业秘密泄露给第三方。

除法律规定或合同另有约定外，未经承包人同意，发包人不得将承包人提供的技术秘密及声明需要保密的资料信息等商业秘密泄露给第三方。

1.13 工程量清单错误的修正

除专用合同条款另有约定外，发包人提供的工程量清单，应被认为是准确的和完整的。出现下列情形之一时，发包人应予以修正，并相应调整合同价格：

（1）工程量清单存在缺项、漏项的；

（2）工程量清单偏差超出专用合同条款约定的工程量偏差范围的；

（3）未按照国家现行计量规范强制性规定计量的。

2. 发包人

2.1 许可或批准

发包人应遵守法律，并办理法律规定由其办理的许可、批准或备案，包括但不限于建设用地规划许可证，建设工程规划许可证，建设工程施工许可证，施工所需临时用水、临时用电、中断道路交通、临时占用土地等许可和批准。发包人应协助承包人办理法律规定的有关施工证件和批件。

因发包人原因未能及时办理完毕前述许可、批准或备案，由发包人承担由此增加的费用和（或）延误的工期，并支付承包人合理的利润。

2.2 发包人代表

发包人应在专用合同条款中明确其派驻施工现场的发包人代表的姓名、职务、联系方式及授权范围等事项。发包人代表在发包人的授权范围内，负责处理合同履行过程中与发包人有关的具体事宜。发包人代表在授权范围内的行为由发包人承担法律责任。发包人更换发包人代表的，应提前7天书面通知承包人。

发包人代表不能按照合同约定履行其职责及义务，并导致合同无法继续正常履行的，承包人可以要求发包人撤换发包人代表。

不属于法定必须监理的工程，监理人的职权可以由发包人代表或发包人指定的其他人员行使。

2.3 发包人人员

发包人应要求在施工现场的发包人人员遵守法律及有关安全、质量、环境保护、文明施工等规定，并保障承包人免于承受因发包人人员未遵守上述要求给承包人造成的损失和责任。

发包人人员包括发包人代表及其他由发包人派驻施工现场的人员。

2.4 施工现场、施工条件和基础资料的提供

2.4.1 提供施工现场。除专用合同条款另有约定外，发包人应最迟于开工日期7天前向承包人移交施工现场。

2.4.2 提供施工条件。除专用合同条款另有约定外，发包人应负责提供施工所需要的条件，包括：

（1）将施工用水、电力、通信线路等施工所必需的条件接至施工现场内；

（2）保证向承包人提供正常施工所需要的进入施工现场的交通条件；

（3）协调处理施工现场周围地下管线和邻近建筑物、构筑物、古树名木的保护工作，并承担相关费用；

（4）按照专用合同条款约定应提供的其他设施和条件。

2.4.3 提供基础资料。发包人应当在移交施工现场前向承包人提供施工现场及工程施工所必需的毗邻区域内供水、排水、供电、供气、供热、通信、广播电视等地下管线资料，气象和水文观测资料，地质勘察资料，相邻建筑物、构筑物和地下工程等有关基础资料，并对所提供资料的真实性、准确性和完整性负责。

按照法律规定确需在开工后方能提供的基础资料，发包人应尽其努力及时地在相应工程施工前的合理期限内提供，合理期限应以不影响承包人的正常施工为限。

2.4.4 逾期提供的责任。因发包人原因未能按合同约定及时向承包人提供施工现场、施工条件、基础资料的，由发包人承担由此增加的费用和（或）延误的工期。

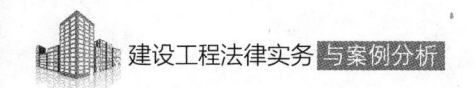

2.5 资金来源证明及支付担保

除专用合同条款另有约定外,发包人应在收到承包人要求提供资金来源证明的书面通知后 28 天内,向承包人提供能够按照合同约定支付合同价款的相应资金来源证明。

除专用合同条款另有约定外,发包人要求承包人提供履约担保的,发包人应当向承包人提供支付担保。支付担保可以采用银行保函或担保公司担保等形式,具体由合同当事人在专用合同条款中约定。

2.6 支付合同价款

发包人应按合同约定向承包人及时支付合同价款。

2.7 组织竣工验收

发包人应按合同约定及时组织竣工验收。

2.8 现场统一管理协议

发包人应与承包人、由发包人直接发包的专业工程的承包人签订施工现场统一管理协议,明确各方的权利义务。施工现场统一管理协议作为专用合同条款的附件。

3. 承包人

3.1 承包人的一般义务

承包人在履行合同过程中应遵守法律和工程建设标准规范,并履行以下义务:

(1) 办理法律规定应由承包人办理的许可和批准,并将办理结果书面报送发包人留存;

(2) 按法律规定和合同约定完成工程,并在保修期内承担保修义务;

(3) 按法律规定和合同约定采取施工安全和环境保护措施,办理工伤保险,确保工程及人员、材料、设备和设施的安全;

(4) 按合同约定的工作内容和施工进度要求,编制施工组织设计和施工措施计划,并对所有施工作业和施工方法的完备性和安全可靠性负责;

(5) 在进行合同约定的各项工作时,不得侵害发包人与他人使用公用道路、水源、市政管网等公共设施的权利,避免对邻近的公共设施产生干扰。承包人占用或使用他人的施工场地,影响他人作业或生活的,应承担相应责任;

(6) 按照第 6.3 款[环境保护]约定负责施工场地及其周边环境与生态

的保护工作；

（7）按第6.1款［安全文明施工］约定采取施工安全措施，确保工程及其人员、材料、设备和设施的安全，防止因工程施工造成的人身伤害和财产损失；

（8）将发包人按合同约定支付的各项价款专用于合同工程，且应及时支付其雇用人员工资，并及时向分包人支付合同价款；

（9）按照法律规定和合同约定编制竣工资料，完成竣工资料立卷及归档，并按专用合同条款约定的竣工资料的套数、内容、时间等要求移交发包人；

（10）应履行的其他义务。

3.2 项目经理

3.2.1 项目经理应为合同当事人所确认的人选，并在专用合同条款中明确项目经理的姓名、职称、注册执业证书编号、联系方式及授权范围等事项，项目经理经承包人授权后代表承包人负责履行合同。项目经理应是承包人正式聘用的员工，承包人应向发包人提交项目经理与承包人之间的劳动合同，以及承包人为项目经理缴纳社会保险的有效证明。承包人不提交上述文件的，项目经理无权履行职责，发包人有权要求更换项目经理，由此增加的费用和（或）延误的工期由承包人承担。

项目经理应常驻施工现场，且每月在施工现场时间不得少于专用合同条款约定的天数。项目经理不得同时担任其他项目的项目经理。项目经理确需离开施工现场时，应事先通知监理人，并取得发包人的书面同意。项目经理的通知中应当载明临时代行其职责的人员的注册执业资格、管理经验等资料，该人员应具备履行相应职责的能力。

承包人违反上述约定的，应按照专用合同条款的约定，承担违约责任。

3.2.2 项目经理按合同约定组织工程实施。在紧急情况下为确保施工安全和人员安全，在无法与发包人代表和总监理工程师及时取得联系时，项目经理有权采取必要的措施保证与工程有关的人身、财产和工程的安全，但应在48小时内向发包人代表和总监理工程师提交书面报告。

3.2.3 承包人需要更换项目经理的，应提前14天书面通知发包人和监理人，并征得发包人书面同意。通知中应当载明继任项目经理的注册执业资格、管理经验等资料，继任项目经理继续履行第3.2.1项约定的职责。未经发包人书面同意，承包人不得擅自更换项目经理。承包人擅自更换项目经理的，应按照专用合同条款的约定承担违约责任。

3.2.4 发包人有权书面通知承包人更换其认为不称职的项目经理，通知中应当载明要求更换的理由。承包人应在接到更换通知后14天内向发包人提出书面的改进报告。发包人收到改进报告后仍要求更换的，承包人应在接到第二次更换通知的28天内进行更换，并将新任命的项目经理的注册执业资格、管理经验等资料书面通知发包人。继任项目经理继续履行第3.2.1项约定的职责。承包人无正当理由拒绝更换项目经理的，应按照专用合同条款的约定承担违约责任。

3.2.5 项目经理因特殊情况授权其下属人员履行其某项工作职责的，该下属人员应具备履行相应职责的能力，并应提前7天将上述人员的姓名和授权范围书面通知监理人，并征得发包人书面同意。

3.3 承包人人员

3.3.1 除专用合同条款另有约定外，承包人应在接到开工通知后7天内，向监理人提交承包人项目管理机构及施工现场人员安排的报告，其内容应包括合同管理、施工、技术、材料、质量、安全、财务等主要施工管理人员名单及其岗位、注册执业资格等，以及各工种技术工人的安排情况，并同时提交主要施工管理人员与承包人之间的劳动关系证明和缴纳社会保险的有效证明。

3.3.2 承包人派驻到施工现场的主要施工管理人员应相对稳定。施工过程中如有变动，承包人应及时向监理人提交施工现场人员变动情况的报告。承包人更换主要施工管理人员时，应提前7天书面通知监理人，并征得发包人书面同意。通知中应当载明继任人员的注册执业资格、管理经验等资料。

特殊工种作业人员均应持有相应的资格证明，监理人可以随时检查。

3.3.3 发包人对于承包人主要施工管理人员的资格或能力有异议的，承包人应提供资料证明被质疑人员有能力完成其岗位工作或不存在发包人所质疑的情形。发包人要求撤换不能按照合同约定履行职责及义务的主要施工管理人员的，承包人应当撤换。承包人无正当理由拒绝撤换的，应按照专用合同条款的约定承担违约责任。

3.3.4 除专用合同条款另有约定外，承包人的主要施工管理人员离开施工现场每月累计不超过5天的，应报监理人同意；离开施工现场每月累计超过5天的，应通知监理人，并征得发包人书面同意。主要施工管理人员离开施工现场前应指定一名有经验的人员临时代行其职责，该人员应具备履行相应职责的资格和能力，且应征得监理人或发包人的同意。

3.3.5 承包人擅自更换主要施工管理人员，或前述人员未经监理人或发包人同意擅自离开施工现场的，应按照专用合同条款约定承担违约责任。

3.4 承包人现场查勘

承包人应对基于发包人按照第2.4.3项［提供基础资料］提交的基础资料所做出的解释和推断负责，但因基础资料存在错误、遗漏导致承包人解释或推断失实的，由发包人承担责任。

承包人应对施工现场和施工条件进行查勘，并充分了解工程所在地的气象条件、交通条件、风俗习惯以及其他与完成合同工作有关的其他资料。因承包人未能充分查勘、了解前述情况或未能充分估计前述情况所可能产生后果的，承包人承担由此增加的费用和（或）延误的工期。

3.5 分包

3.5.1 分包的一般约定。承包人不得将其承包的全部工程转包给第三人，或将其承包的全部工程肢解后以分包的名义转包给第三人。承包人不得将工程主体结构、关键性工作及专用合同条款中禁止分包的专业工程分包给第三人，主体结构、关键性工作的范围由合同当事人按照法律规定在专用合同条款中予以明确。

承包人不得以劳务分包的名义转包或违法分包工程。

3.5.2 分包的确定。承包人应按专用合同条款的约定进行分包，确定分包人。已标价工程量清单或预算书中给定暂估价的专业工程，按照第10.7款［暂估价］确定分包人。按照合同约定进行分包的，承包人应确保分包人具有相应的资质和能力。工程分包不减轻或免除承包人的责任和义务，承包人和分包人就分包工程向发包人承担连带责任。除合同另有约定外，承包人应在分包合同签订后7天内向发包人和监理人提交分包合同副本。

3.5.3 分包管理。承包人应向监理人提交分包人的主要施工管理人员表，并对分包人的施工人员进行实名制管理，包括但不限于进出场管理、登记造册以及各种证照的办理。

3.5.4 分包合同价款：

（1）除本项第（2）目约定的情况或专用合同条款另有约定外，分包合同价款由承包人与分包人结算，未经承包人同意，发包人不得向分包人支付分包工程价款；

（2）生效法律文书要求发包人向分包人支付分包合同价款的，发包人有权从应付承包人工程款中扣除该部分款项。

3.5.5 分包合同权益的转让。分包人在分包合同项下的义务持续到缺陷责任期届满以后的，发包人有权在缺陷责任期届满前，要求承包人将其在分包合同项下的权益转让给发包人，承包人应当转让。除转让合同另有约定外，转让合同生效后，由分包人向发包人履行义务。

3.6 工程照管与成品、半成品保护

（1）除专用合同条款另有约定外，自发包人向承包人移交施工现场之日起，承包人应负责照管工程及工程相关的材料、工程设备，直到颁发工程接收证书之日止。

（2）在承包人负责照管期间，因承包人原因造成工程、材料、工程设备损坏的，由承包人负责修复或更换，并承担由此增加的费用和（或）延误的工期。

（3）对合同内分期完成的成品和半成品，在工程接收证书颁发前，由承包人承担保护责任。因承包人原因造成成品或半成品损坏的，由承包人负责修复或更换，并承担由此增加的费用和（或）延误的工期。

3.7 履约担保

发包人需要承包人提供履约担保的，由合同当事人在专用合同条款中约定履约担保的方式、金额及期限等。履约担保可以采用银行保函或担保公司担保等形式，具体由合同当事人在专用合同条款中约定。

因承包人原因导致工期延长的，继续提供履约担保所增加的费用由承包人承担；非因承包人原因导致工期延长的，继续提供履约担保所增加的费用由发包人承担。

3.8 联合体

3.8.1 联合体各方应共同与发包人签订合同协议书。联合体各方应为履行合同向发包人承担连带责任。

3.8.2 联合体协议经发包人确认后作为合同附件。在履行合同过程中，未经发包人同意，不得修改联合体协议。

3.8.3 联合体牵头人负责与发包人和监理人联系，并接受指示，负责组织联合体各成员全面履行合同。

4. 监理人

4.1 监理人的一般规定

工程实行监理的，发包人和承包人应在专用合同条款中明确监理人的监理内容及监理权限等事项。监理人应当根据发包人授权及法律规定，代表发包人对工程施工相关事项进行检查、查验、审核、验收，并签发相关指示，但监理人无权修改合同，且无权减轻或免除合同约定的承包人的任何责任与义务。

除专用合同条款另有约定外，监理人在施工现场的办公场所、生活场所由承包人提供，所发生的费用由发包人承担。

4.2 监理人员

发包人授予监理人对工程实施监理的权利由监理人派驻施工现场的监理人员行使，监理人员包括总监理工程师及监理工程师。监理人应将授权的总监理工程师和监理工程师的姓名及授权范围以书面形式提前通知承包人。更换总监理工程师的，监理人应提前 7 天书面通知承包人；更换其他监理人员，监理人应提前 48 小时书面通知承包人。

4.3 监理人的指示

监理人应按照发包人的授权发出监理指示。监理人的指示应采用书面形式，并经其授权的监理人员签字。紧急情况下，为了保证施工人员的安全或避免工程受损，监理人员可以口头形式发出指示，该指示与书面形式的指示具有同等法律效力，但必须在发出口头指示后 24 小时内补发书面监理指示，补发的书面监理指示应与口头指示一致。

监理人发出的指示应送达承包人项目经理或经项目经理授权接收的人员。因监理人未能按合同约定发出指示、指示延误或发出了错误指示而导致承包人费用增加和（或）工期延误的，由发包人承担相应责任。除专用合同条款另有约定外，总监理工程师不应将第 4.4 款［商定或确定］约定应由总监理工程师作出确定的权力授权或委托给其他监理人员。

承包人对监理人发出的指示有疑问的，应向监理人提出书面异议，监理人应在 48 小时内对该指示予以确认、更改或撤销，监理人逾期未回复的，承包人有权拒绝执行上述指示。

监理人对承包人的任何工作、工程或其采用的材料和工程设备未在约定的或合理期限内提出意见的，视为批准，但不免除或减轻承包人对该工作、工程、材料、工程设备等应承担的责任和义务。

4.4 商定或确定

合同当事人进行商定或确定时，总监理工程师应当会同合同当事人尽量通过协商达成一致,不能达成一致的,由总监理工程师按照合同约定审慎做出公正的确定。

总监理工程师应将确定以书面形式通知发包人和承包人,并附详细依据。合同当事人对总监理工程师的确定没有异议的,按照总监理工程师的确定执行。任何一方合同当事人有异议,按照第20条[争议解决]约定处理。争议解决前,合同当事人暂按总监理工程师的确定执行;争议解决后,争议解决的结果与总监理工程师的确定不一致的,按照争议解决的结果执行,由此造成的损失由责任人承担。

5. 工程质量

5.1 质量要求

5.1.1 工程质量标准必须符合现行国家有关工程施工质量验收规范和标准的要求。有关工程质量的特殊标准或要求由合同当事人在专用合同条款中约定。

5.1.2 因发包人原因造成工程质量未达到合同约定标准的,由发包人承担由此增加的费用和(或)延误的工期,并支付承包人合理的利润。

5.1.3 因承包人原因造成工程质量未达到合同约定标准的,发包人有权要求承包人返工直至工程质量达到合同约定的标准为止,并由承包人承担由此增加的费用和(或)延误的工期。

5.2 质量保证措施

5.2.1 发包人的质量管理。发包人应按照法律规定及合同约定完成与工程质量有关的各项工作。

5.2.2 承包人的质量管理。承包人按照第7.1款[施工组织设计]约定向发包人和监理人提交工程质量保证体系及措施文件,建立完善的质量检查制度,并提交相应的工程质量文件。对于发包人和监理人违反法律规定和合同约定的错误指示,承包人有权拒绝实施。

承包人应对施工人员进行质量教育和技术培训,定期考核施工人员的劳动技能,严格执行施工规范和操作规程。

承包人应按照法律规定和发包人的要求,对材料、工程设备以及工程的所有部位及其施工工艺进行全过程的质量检查和检验,并作详细记录,编制工程质量报表,报送监理人审查。此外,承包人还应按照法律规定和发包人的要求,进行施工现场取样试验、工程复核测量和设备性能检测,提供试验样品、提交试验报告和测量成果以及其他工作。

5.2.3 监理人的质量检查和检验。监理人按照法律规定和发包人授权对工程的所有部位及其施工工艺、材料和工程设备进行检查和检验。承包人应为监理人的检查和检验提供方便,包括监理人到施工现场,或制造、加工地点,或合同约定的其他地方进行察看和查阅施工原始记录。监理人为此进行的检查和检验,不免除或减轻承包人按照合同约定应当承担的责任。

监理人的检查和检验不应影响施工正常进行。监理人的检查和检验影响施工正常进行的,且经检查检验不合格的,影响正常施工的费用由承包人承担,工期不予顺延;经检查检验合格的,由此增加的费用和(或)延误的工期由发包人承担。

5.3 隐蔽工程检查

5.3.1 承包人自检。承包人应当对工程隐蔽部位进行自检,并经自检确认是否具备覆盖条件。

5.3.2 检查程序。除专用合同条款另有约定外,工程隐蔽部位经承包人自检确认具备覆盖条件的,承包人应在共同检查前 48 小时书面通知监理人检查,通知中应载明隐蔽检查的内容、时间和地点,并应附有自检记录和必要的检查资料。

监理人应按时到场并对隐蔽工程及其施工工艺、材料和工程设备进行检查。经监理人检查确认质量符合隐蔽要求,并在验收记录上签字后,承包人才能进行覆盖。经监理人检查质量不合格的,承包人应在监理人指示的时间内完成修复,并由监理人重新检查,由此增加的费用和(或)延误的工期由承包人承担。

除专用合同条款另有约定外,监理人不能按时进行检查的,应在检查前 24 小时向承包人提交书面延期要求,但延期不能超过 48 小时,由此导致工期延误的,工期应予以顺延。监理人未按时进行检查,也未提出延期要求的,视为隐蔽工程检查合格,承包人可自行完成覆盖工作,并作相应记录报送监理人,监理人应签字确认。监理人事后对检查记录有疑问的,可按第 5.3.3 项[重新检查]的约定重新检查。

5.3.3 重新检查。承包人覆盖工程隐蔽部位后,发包人或监理人对质量有疑问的,可要求承包人对已覆盖的部位进行钻孔探测或揭开重新检查,承包人应遵照执行,并在检查后重新覆盖恢复原状。经检查证明工程质量符合合同要求的,由发包人承担由此增加的费用和(或)延误的工期,并支付承包人合理的利润；经检查证明工程质量不符合合同要求的，由此增加的费用和（或）延误的工期由承包人承担。

5.3.4 承包人私自覆盖。承包人未通知监理人到场检查，私自将工程隐蔽部位覆盖的，监理人有权指示承包人钻孔探测或揭开检查，无论工程隐蔽部位质量是否合格，由此增加的费用和（或）延误的工期均由承包人承担。

5.4 不合格工程的处理

5.4.1 因承包人原因造成工程不合格的，发包人有权随时要求承包人采取补救措施，直至达到合同要求的质量标准，由此增加的费用和（或）延误的工期由承包人承担。无法补救的，按照第13.2.4项［拒绝接收全部或部分工程］约定执行。

5.4.2 因发包人原因造成工程不合格的，由此增加的费用和（或）延误的工期由发包人承担，并支付承包人合理的利润。

5.5 质量争议检测

合同当事人对工程质量有争议的，由双方协商确定的工程质量检测机构鉴定，由此产生的费用及因此造成的损失，由责任方承担。合同当事人均有责任的，由双方根据其责任分别承担。合同当事人无法达成一致的，按照第4.4款［商定或确定］执行。

6. 安全文明施工与环境保护

6.1 安全文明施工

6.1.1 安全生产要求。合同履行期间，合同当事人均应当遵守国家和工程所在地有关安全生产的要求，合同当事人有特别要求的，应在专用合同条款中明确施工项目安全生产标准化达标目标及相应事项。承包人有权拒绝发包人及监理人强令承包人违章作业、冒险施工的任何指示。

在施工过程中，如遇到突发的地质变动、事先未知的地下施工障碍等影响施工安全的紧急情况，承包人应及时报告监理人和发包人，发包人应当及时下令停工并报政府有关行政管理部门采取应急措施。

因安全生产需要暂停施工的，按照第7.8款［暂停施工］的约定执行。

6.1.2 安全生产保证措施。承包人应当按照有关规定编制安全技术措施或者专项施工方案，建立安全生产责任制度、治安保卫制度及安全生产教育培训制度，并按安全生产法律规定及合同约定履行安全职责，如实编制工程安全生产的有关记录，接受发包人、监理人及政府安全监督部门的检查与监督。

6.1.3 特别安全生产事项。承包人应按照法律规定进行施工，开工前做好安全技术交底工作，施工过程中做好各项安全防护措施。承包人为实施合同而雇用的特殊工种的人员应受过专门的培训并已取得政府有关管理机构颁发的上岗证书。

承包人在动力设备、输电线路、地下管道、密封防震车间、易燃易爆地段以及临街交通要道附近施工时，施工开始前应向发包人和监理人提出安全防护措施，经发包人认可后实施。

实施爆破作业，在放射、毒害性环境中施工（含储存、运输、使用）及使用毒害性、腐蚀性物品施工时，承包人应在施工前7天以书面通知发包人和监理人，并报送相应的安全防护措施，经发包人认可后实施。

需单独编制危险性较大分部分项专项工程施工方案的，及要求进行专家论证的超过一定规模的危险性较大的分部分项工程，承包人应及时编制和组织论证。

6.1.4 治安保卫。除专用合同条款另有约定外，发包人应与当地公安部门协商，在现场建立治安管理机构或联防组织，统一管理施工场地的治安保卫事项，履行合同工程的治安保卫职责。

发包人和承包人除应协助现场治安管理机构或联防组织维护施工场地的社会治安外，还应做好包括生活区在内的各自管辖区的治安保卫工作。

除专用合同条款另有约定外，发包人和承包人应在工程开工后7天内共同编制施工场地治安管理计划，并制定应对突发治安事件的紧急预案。在工程施工过程中，发生暴乱、爆炸等恐怖事件，以及群殴、械斗等群体性突发治安事件的，发包人和承包人应立即向当地政府报告。发包人和承包人应积极协助当地有关部门采取措施平息事态，防止事态扩大，尽量避免人员伤亡和财产损失。

6.1.5 文明施工。承包人在工程施工期间，应当采取措施保持施工现场平整，物料堆放整齐。工程所在地有关政府行政管理部门有特殊要求的，按照其要求执行。合同当事人对文明施工有其他要求的，可以在专用合同条款中明确。

在工程移交之前，承包人应当从施工现场清除承包人的全部工程设备、多余材料、垃圾和各种临时工程，并保持施工现场清洁整齐。经发包人书面同意，承包人可在发包人指定的地点保留承包人履行保修期内的各项义务所需要的材料、施工设备和临时工程。

6.1.6 安全文明施工费。安全文明施工费由发包人承担，发包人不得以任何形式扣减该部分费用。因基准日期后合同所适用的法律或政府有关规定发生变化，增加的安全文明施工费由发包人承担。

承包人经发包人同意采取合同约定以外的安全措施所产生的费用，由发包人承担。未经发包人同意的，如果该措施避免了发包人的损失，则发包人在避免损失的额度内承担该措施费。如果该措施避免了承包人的损失，由承包人承担该措施费。

除专用合同条款另有约定外，发包人应在开工后28天内预付安全文明施工费总额的50%，其余部分与进度款同期支付。发包人逾期支付安全文明施工费超过7天的，承包人有权向发包人发出要求预付的催告通知，发包人收到通知后7天内仍未支付的，承包人有权暂停施工，并按第16.1.1项［发包人违约的情形］执行。

承包人对安全文明施工费应专款专用，承包人应在财务账目中单独列项备查，不得挪作他用，否则发包人有权责令其限期改正；逾期未改正的，可以责令其暂停施工，由此增加的费用和（或）延误的工期由承包人承担。

6.1.7 紧急情况处理。在工程实施期间或缺陷责任期内发生危及工程安全的事件，监理人通知承包人进行抢救，承包人声明无能力或不愿立即执行的，发包人有权雇佣其他人员进行抢救。此类抢救按合同约定属于承包人义务的，由此增加的费用和（或）延误的工期由承包人承担。

6.1.8 事故处理。工程施工过程中发生事故的，承包人应立即通知监理人，监理人应立即通知发包人。发包人和承包人应立即组织人员和设备进行紧急抢救和抢修，减少人员伤亡和财产损失，防止事故扩大，并保护事故现场。需要移动现场物品时，应作出标记和书面记录，妥善保管有关证据。发包人和承包人应按国家有关规定，及时、如实地向有关部门报告事故发生的情况，以及正在采取的紧急措施等。

6.1.9 安全生产责任：

6.1.9.1 发包人的安全责任。发包人应负责赔偿以下各种情况造成的损失：

（1）工程或工程的任何部分对土地的占用所造成的第三者财产损失；

（2）由于发包人原因在施工场地及其毗邻地带造成的第三者人身伤亡和财产损失；

(3) 由于发包人原因对承包人、监理人造成的人员人身伤亡和财产损失；

(4) 由于发包人原因造成的发包人自身人员的人身伤害以及财产损失。

6.1.9.2 承包人的安全责任。由于承包人原因在施工场地内及其毗邻地带造成的发包人、监理人以及第三者人员伤亡和财产损失，由承包人负责赔偿。

6.2 职业健康

6.2.1 劳动保护。承包人应按照法律规定安排现场施工人员的劳动和休息时间，保障劳动者的休息时间，并支付合理的报酬和费用。承包人应依法为其履行合同所雇用的人员办理必要的证件、许可、保险和注册等，承包人应督促其分包人为分包人所雇用的人员办理必要的证件、许可、保险和注册等。

承包人应按照法律规定保障现场施工人员的劳动安全，并提供劳动保护，并应按国家有关劳动保护的规定，采取有效的防止粉尘、降低噪声、控制有害气体和保障高温、高寒、高空作业安全等劳动保护措施。承包人雇佣人员在施工中受到伤害的，承包人应立即采取有效措施进行抢救和治疗。

承包人应按法律规定安排工作时间，保证其雇佣人员享有休息和休假的权利。因工程施工的特殊需要占用休假日或延长工作时间的，应不超过法律规定的限度，并按法律规定给予补休或付酬。

6.2.2 生活条件。承包人应为其履行合同所雇用的人员提供必要的膳宿条件和生活环境；承包人应采取有效措施预防传染病，保证施工人员的健康，并定期对施工现场、施工人员生活基地和工程进行防疫和卫生的专业检查和处理，在远离城镇的施工场地，还应配备必要的伤病防治和急救的医务人员与医疗设施。

6.3 环境保护

承包人应在施工组织设计中列明环境保护的具体措施。在合同履行期间，承包人应采取合理措施保护施工现场环境。对施工作业过程中可能引起的大气、水、噪音以及固体废物污染采取具体可行的防范措施。

承包人应当承担因其原因引起的环境污染侵权损害赔偿责任，因上述环境污染引起纠纷而导致暂停施工的，由此增加的费用和（或）延误的工期由承包人承担。

7. 工期和进度

7.1 施工组织设计

7.1.1 施工组织设计的内容。施工组织设计应包含以下内容：

（1）施工方案；

（2）施工现场平面布置图；

（3）施工进度计划和保证措施；

（4）劳动力及材料供应计划；

（5）施工机械设备的选用；

（6）质量保证体系及措施；

（7）安全生产、文明施工措施；

（8）环境保护、成本控制措施；

（9）合同当事人约定的其他内容。

7.1.2 施工组织设计的提交和修改。除专用合同条款另有约定外，承包人应在合同签订后14天内，但至迟不得晚于第7.3.2项［开工通知］载明的开工日期前7天，向监理人提交详细的施工组织设计，并由监理人报送发包人。除专用合同条款另有约定外，发包人和监理人应在监理人收到施工组织设计后7天内确认或提出修改意见。对发包人和监理人提出的合理意见和要求，承包人应自费修改完善。根据工程实际情况需要修改施工组织设计的，承包人应向发包人和监理人提交修改后的施工组织设计。

施工进度计划的编制和修改按照第7.2款［施工进度计划］执行。

7.2 施工进度计划

7.2.1 施工进度计划的编制。承包人应按照第7.1款［施工组织设计］约定提交详细的施工进度计划，施工进度计划的编制应当符合国家法律规定和一般工程实践惯例，施工进度计划经发包人批准后实施。施工进度计划是控制工程进度的依据，发包人和监理人有权按照施工进度计划检查工程进度情况。

7.2.2 施工进度计划的修订。施工进度计划不符合合同要求或与工程的实际进度不一致的，承包人应向监理人提交修订的施工进度计划，并附具有关措施和相关资料，由监理人报送发包人。除专用合同条款另有约定外，发包人和监理人应在收到修订的施工进度计划后7天内完成审核和批准或提出修改意见。发包人和监理人对承包人提交的施工进度计划的确认，不能减轻或免除承包人根据法律规定和合同约定应承担的任何责任或义务。

7.3 开工

7.3.1 开工准备。除专用合同条款另有约定外，承包人应按照第7.1款

[施工组织设计]约定的期限,向监理人提交工程开工报审表,经监理人报发包人批准后执行。开工报审表应详细说明按施工进度计划正常施工所需的施工道路、临时设施、材料、工程设备、施工设备、施工人员等落实情况以及工程的进度安排。

除专用合同条款另有约定外,合同当事人应按约定完成开工准备工作。

7.3.2 开工通知。发包人应按照法律规定获得工程施工所需的许可。经发包人同意后,监理人发出的开工通知应符合法律规定。监理人应在计划开工日期7天前向承包人发出开工通知,工期自开工通知中载明的开工日期起算。

除专用合同条款另有约定外,因发包人原因造成监理人未能在计划开工日期之日起90天内发出开工通知的,承包人有权提出价格调整要求,或者解除合同。发包人应当承担由此增加的费用和(或)延误的工期,并向承包人支付合理利润。

7.4 测量放线

7.4.1 除专用合同条款另有约定外,发包人应在至迟不得晚于第7.3.2项[开工通知]载明的开工日期前7天通过监理人向承包人提供测量基准点、基准线和水准点及其书面资料。发包人应对其提供的测量基准点、基准线和水准点及其书面资料的真实性、准确性和完整性负责。

承包人发现发包人提供的测量基准点、基准线和水准点及其书面资料存在错误或疏漏的,应及时通知监理人。监理人应及时报告发包人,并会同发包人和承包人予以核实。发包人应就如何处理和是否继续施工作出决定,并通知监理人和承包人。

7.4.2 承包人负责施工过程中的全部施工测量放线工作,并配置具有相应资质的人员、合格的仪器、设备和其他物品。承包人应矫正工程的位置、标高、尺寸或准线中出现的任何差错,并对工程各部分的定位负责。

施工过程中对施工现场内水准点等测量标志物的保护工作由承包人负责。

7.5 工期延误

7.5.1 因发包人原因导致工期延误。在合同履行过程中,因下列情况导致工期延误和(或)费用增加的,由发包人承担由此延误的工期和(或)增加的费用,且发包人应支付承包人合理的利润:

(1)发包人未能按合同约定提供图纸或所提供图纸不符合合同约定的;

(2)发包人未能按合同约定提供施工现场、施工条件、基础资料、许可、批准等开工条件的；

（3）发包人提供的测量基准点、基准线和水准点及其书面资料存在错误或疏漏的；

（4）发包人未能在计划开工日期之日起7天内同意下达开工通知的；

（5）发包人未能按合同约定日期支付工程预付款、进度款或竣工结算款的；

（6）监理人未按合同约定发出指示、批准等文件的；

（7）专用合同条款中约定的其他情形。

因发包人原因未按计划开工日期开工的，发包人应按实际开工日期顺延竣工日期，确保实际工期不低于合同约定的工期总日历天数。因发包人原因导致工期延误需要修订施工进度计划的，按照第7.2.2项［施工进度计划的修订］执行。

7.5.2 因承包人原因导致工期延误。因承包人原因造成工期延误的，可以在专用合同条款中约定逾期竣工违约金的计算方法和逾期竣工违约金的上限。承包人支付逾期竣工违约金后，不免除承包人继续完成工程及修补缺陷的义务。

7.6 不利物质条件

不利物质条件是指有经验的承包人在施工现场遇到的不可预见的自然物质条件、非自然的物质障碍和污染物，包括地表以下物质条件和水文条件以及专用合同条款约定的其他情形，但不包括气候条件。

承包人遇到不利物质条件时，应采取克服不利物质条件的合理措施继续施工，并及时通知发包人和监理人。通知应载明不利物质条件的内容以及承包人认为不可预见的理由。监理人经发包人同意后应当及时发出指示，指示构成变更的，按第10条［变更］约定执行。承包人因采取合理措施而增加的费用和（或）延误的工期由发包人承担。

7.7 异常恶劣的气候条件

异常恶劣的气候条件是指在施工过程中遇到的，有经验的承包人在签订合同时不可预见的，对合同履行造成实质性影响的，但尚未构成不可抗力事件的恶劣气候条件。合同当事人可以在专用合同条款中约定异常恶劣的气候条件的具体情形。

承包人应采取克服异常恶劣的气候条件的合理措施继续施工，并及时通知发包人和监理人。监理人经发包人同意后应当及时发出指示，指示构成变更的，按第10条［变更］约定办理。承包人因采取合理措施而增加的费用和（或）延误的工期由发包人承担。

7.8 暂停施工

7.8.1 发包人原因引起的暂停施工。因发包人原因引起暂停施工的，监理人经发包人同意后，应及时下达暂停施工指示。情况紧急且监理人未及时下达暂停施工指示的，按照第7.8.4项［紧急情况下的暂停施工］执行。

因发包人原因引起的暂停施工，发包人应承担由此增加的费用和（或）延误的工期，并支付承包人合理的利润。

7.8.2 承包人原因引起的暂停施工。因承包人原因引起的暂停施工，承包人应承担由此增加的费用和（或）延误的工期，且承包人在收到监理人复工指示后84天内仍未复工的，视为第16.2.1项［承包人违约的情形］第（7）目约定的承包人无法继续履行合同的情形。

7.8.3 指示暂停施工。监理人认为有必要时，并经发包人批准后，可向承包人作出暂停施工的指示，承包人应按监理人指示暂停施工。

7.8.4 紧急情况下的暂停施工。因紧急情况需暂停施工，且监理人未及时下达暂停施工指示的，承包人可先暂停施工，并及时通知监理人。监理人应在接到通知后24小时内发出指示，逾期未发出指示，视为同意承包人暂停施工。监理人不同意承包人暂停施工的，应说明理由，承包人对监理人的答复有异议，按照第20条［争议解决］约定处理。

7.8.5 暂停施工后的复工。暂停施工后，发包人和承包人应采取有效措施积极消除暂停施工的影响。在工程复工前，监理人会同发包人和承包人确定因暂停施工造成的损失，并确定工程复工条件。当工程具备复工条件时，监理人应经发包人批准后向承包人发出复工通知，承包人应按照复工通知要求复工。

承包人无故拖延和拒绝复工的，承包人承担由此增加的费用和（或）延误的工期；因发包人原因无法按时复工的，按照第7.5.1项［因发包人原因导致工期延误］约定办理。

7.8.6 暂停施工持续56天以上。监理人发出暂停施工指示后56天内未向承包人发出复工通知，除该项停工属于第7.8.2项［承包人原因引起的暂停施工］及第17条［不可抗力］约定的情形外，承包人可向发包人提交书面通知，要求发包人在收到书面通知后28天内准许已暂停施工的部分或全部工程继续施工。发包人逾期不予批准的，则承包人可以通知发包人，将工程受影响的部分视为按第10.1款［变更的范围］第（2）项的可取消工作。

暂停施工持续84天以上不复工的，且不属于第7.8.2项［承包人原因引起的暂停施工］及第17条［不可抗力］约定的情形，并影响到整个工程以及合同目的实现的，承包人有权提出价格调整要求，或者解除合同。解除合同的，按照第16.1.3项［因发包人违约解除合同］执行。

7.8.7 暂停施工期间的工程照管。暂停施工期间，承包人应负责妥善照管工程并提供安全保障，由此增加的费用由责任方承担。

7.8.8 暂停施工的措施。暂停施工期间，发包人和承包人均应采取必要的措施确保工程质量及安全，防止因暂停施工扩大损失。

7.9 提前竣工

7.9.1 发包人要求承包人提前竣工的，发包人应通过监理人向承包人下达提前竣工指示，承包人应向发包人和监理人提交提前竣工建议书，提前竣工建议书应包括实施的方案、缩短的时间、增加的合同价格等内容。发包人接受该提前竣工建议书的，监理人应与发包人和承包人协商采取加快工程进度的措施，并修订施工进度计划，由此增加的费用由发包人承担。承包人认为提前竣工指示无法执行的，应向监理人和发包人提出书面异议，发包人和监理人应在收到异议后7天内予以答复。任何情况下，发包人不得压缩合理工期。

7.9.2 发包人要求承包人提前竣工，或承包人提出提前竣工的建议能够给发包人带来效益的，合同当事人可以在专用合同条款中约定提前竣工的奖励。

8. 材料与设备

8.1 发包人供应材料与工程设备

发包人自行供应材料、工程设备的，应在签订合同时在专用合同条款的附件《发包人供应材料设备一览表》中明确材料、工程设备的品种、规格、型号、数量、单价、质量等级和送达地点。

承包人应提前30天通过监理人以书面形式通知发包人供应材料与工程设备进场。承包人按照第7.2.2项［施工进度计划的修订］约定修订施工进度计划时，需同时提交经修订后的发包人供应材料与工程设备的进场计划。

8.2 承包人采购材料与工程设备

承包人负责采购材料、工程设备的，应按照设计和有关标准要求采购，并提供产品合格证明及出厂证明，对材料、工程设备质量负责。合同约定由承包人采购的材料、工程设备，发包人不得指定生产厂家或供应商，发包人违反本款约定指定生产厂家或供应商的，承包人有权拒绝，并由发包人承担相应责任。

8.3 材料与工程设备的接收与拒收

8.3.1 发包人应按《发包人供应材料设备一览表》约定的内容提供材料和工程设备，并向承包人提供产品合格证明及出厂证明，对其质量负责。发包人应提前24小时以书面形式通知承包人、监理人材料和工程设备到货时间，承包人负责材料和工程设备的清点、检验和接收。

发包人提供的材料和工程设备的规格、数量或质量不符合合同约定的，或因发包人原因导致交货日期延误或交货地点变更等情况的，按照第16.1款[发包人违约] 约定办理。

8.3.2 承包人采购的材料和工程设备，应保证产品质量合格，承包人应在材料和工程设备到货前24小时通知监理人检验。承包人进行永久设备、材料的制造和生产的，应符合相关质量标准，并向监理人提交材料的样本以及有关资料，并应在使用该材料或工程设备之前获得监理人同意。

承包人采购的材料和工程设备不符合设计或有关标准要求时，承包人应在监理人要求的合理期限内将不符合设计或有关标准要求的材料、工程设备运出施工现场，并重新采购符合要求的材料、工程设备，由此增加的费用和（或）延误的工期，由承包人承担。

8.4 材料与工程设备的保管与使用

8.4.1 发包人供应材料与工程设备的保管与使用。发包人供应的材料和工程设备，承包人清点后由承包人妥善保管，保管费用由发包人承担，但已标价工程量清单或预算书已经列支或专用合同条款另有约定除外。因承包人原因发生丢失毁损的，由承包人负责赔偿；监理人未通知承包人清点的，承包人不负责材料和工程设备的保管，由此导致丢失毁损的由发包人负责。

发包人供应的材料和工程设备使用前，由承包人负责检验，检验费用由发包人承担，不合格的不得使用。

8.4.2 承包人采购材料与工程设备的保管与使用。承包人采购的材料和工程设备由承包人妥善保管，保管费用由承包人承担。法律规定材料和工程设备使用前必须进行检验或试验的，承包人应按监理人的要求进行检验或试验，检验或试验费用由承包人承担，不合格的不得使用。

发包人或监理人发现承包人使用不符合设计或有关标准要求的材料和工程设备时，有权要求承包人进行修复、拆除或重新采购，由此增加的费用和（或）延误的工期，由承包人承担。

8.5 禁止使用不合格的材料和工程设备

8.5.1 监理人有权拒绝承包人提供的不合格材料或工程设备，并要求承包人立即进行更换。监理人应在更换后再次进行检查和检验，由此增加的费用和（或）延误的工期由承包人承担。

8.5.2 监理人发现承包人使用了不合格的材料和工程设备，承包人应按照监理人的指示立即改正，并禁止在工程中继续使用不合格的材料和工程设备。

8.5.3 发包人提供的材料或工程设备不符合合同要求的，承包人有权拒绝，并可要求发包人更换，由此增加的费用和（或）延误的工期由发包人承担，并支付承包人合理的利润。

8.6 样品

8.6.1 样品的报送与封存。需要承包人报送样品的材料或工程设备，样品的种类、名称、规格、数量等要求均应在专用合同条款中约定。样品的报送程序如下：

（1）承包人应在计划采购前28天向监理人报送样品。承包人报送的样品均应来自供应材料的实际生产地，且提供的样品的规格、数量足以表明材料或工程设备的质量、型号、颜色、表面处理、质地、误差和其他要求的特征。

（2）承包人每次报送样品时应随附申报单，申报单应载明报送样品的相关数据和资料，并标明每件样品对应的图纸号，预留监理人批复意见栏。监理人应在收到承包人报送的样品后7天向承包人回复经发包人签认的样品审批意见。

（3）经发包人和监理人审批确认的样品应按约定的方法封样，封存的样品作为检验工程相关部分的标准之一。承包人在施工过程中不得使用与样品不符的材料或工程设备。

（4）发包人和监理人对样品的审批确认仅为确认相关材料或工程设备的特征或用途，不得被理解为对合同的修改或改变，也并不减轻或免除承包人任何的责任和义务。如果封存的样品修改或改变了合同约定，合同当事人应当以书面协议予以确认。

8.6.2 样品的保管。经批准的样品应由监理人负责封存于现场，承包人应在现场为保存样品提供适当和固定的场所并保持适当和良好的存储环境条件。

8.7 材料与工程设备的替代

8.7.1 出现下列情况需要使用替代材料和工程设备的，承包人应按照第8.7.2 项约定的程序执行：

（1）基准日期后生效的法律规定禁止使用的；

（2）发包人要求使用替代品的；

（3）因其他原因必须使用替代品的。

8.7.2 承包人应在使用替代材料和工程设备 28 天前书面通知监理人，并附下列文件：

（1）被替代的材料和工程设备的名称、数量、规格、型号、品牌、性能、价格及其他相关资料；

（2）替代品的名称、数量、规格、型号、品牌、性能、价格及其他相关资料；

（3）替代品与被替代产品之间的差异以及使用替代品可能对工程产生的影响；

（4）替代品与被替代产品的价格差异；

（5）使用替代品的理由和原因说明；

（6）监理人要求的其他文件。

监理人应在收到通知后 14 天内向承包人发出经发包人签认的书面指示；监理人逾期发出书面指示的，视为发包人和监理人同意使用替代品。

8.7.3 发包人认可使用替代材料和工程设备的，替代材料和工程设备的价格，按照已标价工程量清单或预算书相同项目的价格认定；无相同项目的，参考相似项目价格认定；既无相同项目也无相似项目的，按照合理的成本与利润构成的原则，由合同当事人按照第4.4 款［商定或确定］确定价格。

8.8 施工设备和临时设施

8.8.1 承包人提供的施工设备和临时设施。承包人应按合同进度计划的要求，及时配置施工设备和修建临时设施。进入施工场地的承包人设备需经监理人核查后才能投入使用。承包人更换合同约定的承包人设备的，应报监理人批准。

除专用合同条款另有约定外，承包人应自行承担修建临时设施的费用，需要临时占地的，应由发包人办理申请手续并承担相应费用。

8.8.2 发包人提供的施工设备和临时设施。发包人提供的施工设备或临时设施在专用合同条款中约定。

8.8.3 要求承包人增加或更换施工设备。承包人使用的施工设备不能满足合同进度计划和（或）质量要求时，监理人有权要求承包人增加或更换施工设备，承包人应及时增加或更换，由此增加的费用和（或）延误的工期由承包人承担。

8.9 材料与设备专用要求

承包人运入施工现场的材料、工程设备、施工设备以及在施工场地建设的临时设施，包括备品备件、安装工具与资料，必须专用于工程。未经发包人批准，承包人不得运出施工现场或挪作他用；经发包人批准，承包人可以根据施工进度计划撤走闲置的施工设备和其他物品。

9. 试验与检验

9.1 试验设备与试验人员

9.1.1 承包人根据合同约定或监理人指示进行的现场材料试验，应由承包人提供试验场所、试验人员、试验设备以及其他必要的试验条件。监理人在必要时可以使用承包人提供的试验场所、试验设备以及其他试验条件，进行以工程质量检查为目的的材料复核试验，承包人应予以协助。

9.1.2 承包人应按专用合同条款的约定提供试验设备、取样装置、试验场所和试验条件，并向监理人提交相应进场计划表。

承包人配置的试验设备要符合相应试验规程的要求并经过具有资质的检测单位检测，且在正式使用该试验设备前，需要经过监理人与承包人共同校定。

9.1.3 承包人应向监理人提交试验人员的名单及其岗位、资格等证明资料，试验人员必须能够熟练进行相应的检测试验，承包人对试验人员的试验程序和试验结果的正确性负责。

9.2 取样

试验属于自检性质的，承包人可以单独取样。试验属于监理人抽检性质的，可由监理人取样，也可由承包人的试验人员在监理人的监督下取样。

9.3 材料、工程设备和工程的试验和检验

9.3.1 承包人应按合同约定进行材料、工程设备和工程的试验和检验,并为监理人对上述材料、工程设备和工程的质量检查提供必要的试验资料和原始记录。按合同约定应由监理人与承包人共同进行试验和检验的,由承包人负责提供必要的试验资料和原始记录。

9.3.2 试验属于自检性质的,承包人可以单独进行试验。试验属于监理人抽检性质的,监理人可以单独进行试验,也可由承包人与监理人共同进行。承包人对由监理人单独进行的试验结果有异议的,可以申请重新共同进行试验。约定共同进行试验的,监理人未按照约定参加试验的,承包人可自行试验,并将试验结果报送监理人,监理人应承认该试验结果。

9.3.3 监理人对承包人的试验和检验结果有异议的,或为查清承包人试验和检验成果的可靠性要求承包人重新试验和检验的,可由监理人与承包人共同进行。重新试验和检验的结果证明该项材料、工程设备或工程的质量不符合合同要求的,由此增加的费用和(或)延误的工期由承包人承担;重新试验和检验结果证明该项材料、工程设备和工程符合合同要求的,由此增加的费用和(或)延误的工期由发包人承担。

9.4 现场工艺试验

承包人应按合同约定或监理人指示进行现场工艺试验。对大型的现场工艺试验,监理人认为必要时,承包人应根据监理人提出的工艺试验要求,编制工艺试验措施计划,报送监理人审查。

10. 变更

10.1 变更的范围

除专用合同条款另有约定外,合同履行过程中发生以下情形的,应按照本条约定进行变更:

(1) 增加或减少合同中任何工作,或追加额外的工作;
(2) 取消合同中任何工作,但转由他人实施的工作除外;
(3) 改变合同中任何工作的质量标准或其他特性;
(4) 改变工程的基线、标高、位置和尺寸;
(5) 改变工程的时间安排或实施顺序。

10.2 变更权

发包人和监理人均可以提出变更。变更指示均通过监理人发出,监理人

发出变更指示前应征得发包人同意。承包人收到经发包人签认的变更指示后，方可实施变更。未经许可，承包人不得擅自对工程的任何部分进行变更。

涉及设计变更的，应由设计人提供变更后的图纸和说明。如变更超过原设计标准或批准的建设规模时，发包人应及时办理规划、设计变更等审批手续。

10.3 变更程序

10.3.1 发包人提出变更。发包人提出变更的，应通过监理人向承包人发出变更指示，变更指示应说明计划变更的工程范围和变更的内容。

10.3.2 监理人提出变更建议。监理人提出变更建议的，需要向发包人以书面形式提出变更计划，说明计划变更工程范围和变更的内容、理由，以及实施该变更对合同价格和工期的影响。发包人同意变更的，由监理人向承包人发出变更指示。发包人不同意变更的，监理人无权擅自发出变更指示。

10.3.3 变更执行。承包人收到监理人下达的变更指示后，认为不能执行，应立即提出不能执行该变更指示的理由。承包人认为可以执行变更的，应当书面说明实施该变更指示对合同价格和工期的影响，且合同当事人应当按照第10.4款［变更估价］约定确定变更估价。

10.4 变更估价

10.4.1 变更估价原则。除专用合同条款另有约定外，变更估价按照本款约定处理：

（1）已标价工程量清单或预算书有相同项目的，按照相同项目单价认定；

（2）已标价工程量清单或预算书中无相同项目，但有类似项目的，参照类似项目的单价认定；

（3）变更导致实际完成的变更工程量与已标价工程量清单或预算书中列明的该项目工程量的变化幅度超过15%的，或已标价工程量清单或预算书中无相同项目及类似项目单价的，按照合理的成本与利润构成的原则，由合同当事人按照第4.4款［商定或确定］确定变更工作的单价。

10.4.2 变更估价程序。承包人应在收到变更指示后14天内，向监理人提交变更估价申请。监理人应在收到承包人提交的变更估价申请后7天内审查完毕并报送发包人，监理人对变更估价申请有异议，通知承包人修改后重新提交。发包人应在承包人提交变更估价申请后14天内审批完毕。发包人逾期未完成审批或未提出异议的，视为认可承包人提交的变更估价申请。

因变更引起的价格调整应计入最近一期的进度款中支付。

10.5 承包人的合理化建议

承包人提出合理化建议的，应向监理人提交合理化建议说明，说明建议的内容和理由，以及实施该建议对合同价格和工期的影响。

除专用合同条款另有约定外，监理人应在收到承包人提交的合理化建议后7天内审查完毕并报送发包人，发现其中存在技术上的缺陷，应通知承包人修改。发包人应在收到监理人报送的合理化建议后7天内审批完毕。合理化建议经发包人批准的，监理人应及时发出变更指示，由此引起的合同价格调整按照第10.4款［变更估价］约定执行。发包人不同意变更的，监理人应书面通知承包人。

合理化建议降低了合同价格或者提高了工程经济效益的，发包人可对承包人给予奖励，奖励的方法和金额在专用合同条款中约定。

10.6 变更引起的工期调整

因变更引起工期变化的，合同当事人均可要求调整合同工期，由合同当事人按照第4.4款［商定或确定］并参考工程所在地的工期定额标准确定增减工期天数。

10.7 暂估价

暂估价专业分包工程、服务、材料和工程设备的明细由合同当事人在专用合同条款中约定。

10.7.1 依法必须招标的暂估价项目。对于依法必须招标的暂估价项目，采取以下第1种方式确定。合同当事人也可以在专用合同条款中选择其他招标方式。

第1种方式：对于依法必须招标的暂估价项目，由承包人招标，对该暂估价项目的确认和批准按照以下约定执行：

（1）承包人应当根据施工进度计划，在招标工作启动前14天将招标方案通过监理人报送发包人审查，发包人应当在收到承包人报送的招标方案后7天内批准或提出修改意见。承包人应当按照经过发包人批准的招标方案开展招标工作；

（2）承包人应当根据施工进度计划，提前14天将招标文件通过监理人报送发包人审批，发包人应当在收到承包人报送的相关文件后7天内完成审批或提出修改意见；发包人有权确定招标控制价并按照法律规定参加评标；

（3）承包人与供应商、分包人在签订暂估价合同前，应当提前 7 天将确定的中标候选供应商或中标候选分包人的资料报送发包人，发包人应在收到资料后 3 天内与承包人共同确定中标人；承包人应当在签订合同后 7 天内，将暂估价合同副本报送发包人留存。

第 2 种方式：对于依法必须招标的暂估价项目，由发包人和承包人共同招标确定暂估价供应商或分包人的，承包人应按照施工进度计划，在招标工作启动前 14 天通知发包人，并提交暂估价招标方案和工作分工。发包人应在收到后 7 天内确认。确定中标人后，由发包人、承包人与中标人共同签订暂估价合同。

10.7.2 不属于依法必须招标的暂估价项目。除专用合同条款另有约定外，对于不属于依法必须招标的暂估价项目，采取以下第 1 种方式确定：

第 1 种方式：对于不属于依法必须招标的暂估价项目，按本项约定确认和批准：

（1）承包人应根据施工进度计划，在签订暂估价项目的采购合同、分包合同前 28 天向监理人提出书面申请。监理人应当在收到申请后 3 天内报送发包人，发包人应当在收到申请后 14 天内给予批准或提出修改意见，发包人逾期未予批准或提出修改意见的，视为该书面申请已获得同意；

（2）发包人认为承包人确定的供应商、分包人无法满足工程质量或合同要求的，发包人可以要求承包人重新确定暂估价项目的供应商、分包人；

（3）承包人应当在签订暂估价合同后 7 天内，将暂估价合同副本报送发包人留存。

第 2 种方式：承包人按照第 10.7.1 项［依法必须招标的暂估价项目］约定的第 1 种方式确定暂估价项目。

第 3 种方式：承包人直接实施的暂估价项目

承包人具备实施暂估价项目的资格和条件的，经发包人和承包人协商一致后，可由承包人自行实施暂估价项目，合同当事人可以在专用合同条款约定具体事项。

10.7.3 因发包人原因导致暂估价合同订立和履行迟延的，由此增加的费用和（或）延误的工期由发包人承担，并支付承包人合理的利润。因承包人原因导致暂估价合同订立和履行迟延的，由此增加的费用和（或）延误的工期由承包人承担。

10.8 暂列金额

暂列金额应按照发包人的要求使用,发包人的要求应通过监理人发出。合同当事人可以在专用合同条款中协商确定有关事项。

10.9 计日工

需要采用计日工方式的,经发包人同意后,由监理人通知承包人以计日工计价方式实施相应的工作,其价款按列入已标价工程量清单或预算书中的计日工计价项目及其单价进行计算;已标价工程量清单或预算书中无相应的计日工单价的,按照合理的成本与利润构成的原则,由合同当事人按照第4.4款〔商定或确定〕确定计日工的单价。

采用计日工计价的任何一项工作,承包人应在该项工作实施过程中,每天提交以下报表和有关凭证报送监理人审查:

(1) 工作名称、内容和数量;

(2) 投入该工作的所有人员的姓名、专业、工种、级别和耗用工时;

(3) 投入该工作的材料类别和数量;

(4) 投入该工作的施工设备型号、台数和耗用台时;

(5) 其他有关资料和凭证。

计日工由承包人汇总后,列入最近一期进度付款申请单,由监理人审查并经发包人批准后列入进度付款。

11. 价格调整

11.1 市场价格波动引起的调整

除专用合同条款另有约定外,市场价格波动超过合同当事人约定的范围,合同价格应当调整。合同当事人可以在专用合同条款中约定选择以下一种方式对合同价格进行调整:

第1种方式:采用价格指数进行价格调整。

(1) 价格调整公式。因人工、材料和设备等价格波动影响合同价格时,根据专用合同条款中约定的数据,按以下公式计算差额并调整合同价格:

$$\Delta P = P_0 \left[A + \left(B_1 \times \frac{F_{t1}}{F_{01}} + B_2 \times \frac{F_{t2}}{F_{02}} + B_3 \times \frac{F_{t3}}{F_{03}} + B_n \times \frac{F_{tn}}{F_{0n}} \right) - 1 \right]$$

公式中:ΔP——需调整的价格差额;

P_0——约定的付款证书中承包人应得到的已完成工程量的金额。此项金额应不包括价格调整、不计质量保证金的扣留和支付、预付款的支付和扣回。

约定的变更及其他金额已按现行价格计价的,也不计在内;

A——定值权重(即不调部分的权重);

B_1;B_2;B_3……B_n——各可调因子的变值权重(即可调部分的权重),为各可调因子在签约合同价中所占的比例;

F_{t1};F_{t2};F_{t3}……F_{tn}——各可调因子的现行价格指数,指约定的付款证书相关周期最后一天的前42天的各可调因子的价格指数;

F_{t01};F_{t02};F_{t03}……F_{t0n}——各可调因子的基本价格指数,指基准日期的各可调因子的价格指数。

以上价格调整公式中的各可调因子、定值和变值权重,以及基本价格指数及其来源在投标函附录价格指数和权重表中约定,非招标订立的合同,由合同当事人在专用合同条款中约定。价格指数应首先采用工程造价管理机构发布的价格指数,无前述价格指数时,可采用工程造价管理机构发布的价格代替。

(2)暂时确定调整差额。在计算调整差额时无现行价格指数的,合同当事人同意暂用前次价格指数计算。实际价格指数有调整的,合同当事人进行相应调整。

(3)权重的调整。因变更导致合同约定的权重不合理时,按照第4.4款[商定或确定]执行。

(4)因承包人原因工期延误后的价格调整。因承包人原因未按期竣工的,对合同约定的竣工日期后继续施工的工程,在使用价格调整公式时,应采用计划竣工日期与实际竣工日期的两个价格指数中较低的一个作为现行价格指数。

第2种方式:采用造价信息进行价格调整。

合同履行期间,因人工、材料、工程设备和机械台班价格波动影响合同价格时,人工、机械使用费按照国家或省、自治区、直辖市建设行政管理部门、行业建设管理部门或其授权的工程造价管理机构发布的人工、机械使用费系数进行调整;需要进行价格调整的材料,其单价和采购数量应由发包人审批,发包人确认需调整的材料单价及数量,作为调整合同价格的依据。

(1)人工单价发生变化且符合省级或行业建设主管部门发布的人工费调整规定,合同当事人应按省级或行业建设主管部门或其授权的工程造价管理机构发布的人工费等文件调整合同价格,但承包人对人工费或人工单价的报价高于发布价格的除外。

（2）材料、工程设备价格变化的价款调整按照发包人提供的基准价格，按以下风险范围规定执行：

①承包人在已标价工程量清单或预算书中载明材料单价低于基准价格的：除专用合同条款另有约定外，合同履行期间材料单价涨幅以基准价格为基础超过5%时，或材料单价跌幅以在已标价工程量清单或预算书中载明材料单价为基础超过5%时，其超过部分据实调整。

②承包人在已标价工程量清单或预算书中载明材料单价高于基准价格的：除专用合同条款另有约定外，合同履行期间材料单价跌幅以基准价格为基础超过5%时，材料单价涨幅以在已标价工程量清单或预算书中载明材料单价为基础超过5%时，其超过部分据实调整。

③承包人在已标价工程量清单或预算书中载明材料单价等于基准价格的：除专用合同条款另有约定外，合同履行期间材料单价涨跌幅以基准价格为基础超过±5%时，其超过部分据实调整。

④承包人应在采购材料前将采购数量和新的材料单价报发包人核对，发包人确认用于工程时，发包人应确认采购材料的数量和单价。发包人在收到承包人报送的确认资料后5天内不予答复的视为认可，作为调整合同价格的依据。未经发包人事先核对，承包人自行采购材料的，发包人有权不予调整合同价格。发包人同意的，可以调整合同价格。

前述基准价格是指由发包人在招标文件或专用合同条款中给定的材料、工程设备的价格，该价格原则上应当按照省级或行业建设主管部门或其授权的工程造价管理机构发布的信息价编制。

（3）施工机械台班单价或施工机械使用费发生变化超过省级或行业建设主管部门或其授权的工程造价管理机构规定的范围时，按规定调整合同价格。

第3种方式：专用合同条款约定的其他方式。

11.2 法律变化引起的调整

基准日期后，法律变化导致承包人在合同履行过程中所需要的费用发生除第11.1款［市场价格波动引起的调整］约定以外的增加时，由发包人承担由此增加的费用；减少时，应从合同价格中予以扣减。基准日期后，因法律变化造成工期延误时，工期应予以顺延。

因法律变化引起的合同价格和工期调整，合同当事人无法达成一致的，由总监理工程师按第4.4款［商定或确定］的约定处理。

因承包人原因造成工期延误，在工期延误期间出现法律变化的，由此增加的费用和（或）延误的工期由承包人承担。

12. 合同价格、计量与支付

12.1 合同价格形式

发包人和承包人应在合同协议书中选择下列一种合同价格形式：

（1）单价合同。单价合同是指合同当事人约定以工程量清单及其综合单价进行合同价格计算、调整和确认的建设工程施工合同，在约定的范围内合同单价不作调整。合同当事人应在专用合同条款中约定综合单价包含的风险范围和风险费用的计算方法，并约定风险范围以外的合同价格的调整方法，其中因市场价格波动引起的调整按第 11.1 款 [市场价格波动引起的调整] 约定执行。

（2）总价合同。总价合同是指合同当事人约定以施工图、已标价工程量清单或预算书及有关条件进行合同价格计算、调整和确认的建设工程施工合同，在约定的范围内合同总价不作调整。合同当事人应在专用合同条款中约定总价包含的风险范围和风险费用的计算方法，并约定风险范围以外的合同价格的调整方法，其中因市场价格波动引起的调整按第 11.1 款 [市场价格波动引起的调整]、因法律变化引起的调整按第 11.2 款 [法律变化引起的调整] 约定执行。

（3）其他价格形式。合同当事人可在专用合同条款中约定其他合同价格形式。

12.2 预付款

12.2.1 预付款的支付。预付款的支付按照专用合同条款约定执行，但至迟应在开工通知载明的开工日期 7 天前支付。预付款应当用于材料、工程设备、施工设备的采购及修建临时工程、组织施工队伍进场等。

除专用合同条款另有约定外，预付款在进度付款中同比例扣回。在颁发工程接收证书前，提前解除合同的，尚未扣完的预付款应与合同价款一并结算。

发包人逾期支付预付款超过 7 天的，承包人有权向发包人发出要求预付的催告通知，发包人收到通知后 7 天内仍未支付的，承包人有权暂停施工，并按第 16.1.1 项 [发包人违约的情形] 执行。

12.2.2 预付款担保。发包人要求承包人提供预付款担保的，承包人应在发包人支付预付款 7 天前提供预付款担保，专用合同条款另有约定除外。预付款担保可采用银行保函、担保公司担保等形式，具体由合同当事人在专用合同条款中约定。在预付款完全扣回之前，承包人应保证预付款担保持续有效。

发包人在工程款中逐期扣回预付款后，预付款担保额度应相应减少，但剩余的预付款担保金额不得低于未被扣回的预付款金额。

12.3 计量

12.3.1 计量原则。工程量计量按照合同约定的工程量计算规则、图纸及变更指示等进行计量。工程量计算规则应以相关的国家标准、行业标准等为依据，由合同当事人在专用合同条款中约定。

12.3.2 计量周期。除专用合同条款另有约定外，工程量的计量按月进行。

12.3.3 单价合同的计量。除专用合同条款另有约定外，单价合同的计量按照本项约定执行：

（1）承包人应于每月 25 日向监理人报送上月 20 日至当月 19 日已完成的工程量报告，并附具进度付款申请单、已完成工程量报表和有关资料。

（2）监理人应在收到承包人提交的工程量报告后 7 天内完成对承包人提交的工程量报表的审核并报送发包人，以确定当月实际完成的工程量。监理人对工程量有异议的，有权要求承包人进行共同复核或抽样复测。承包人应协助监理人进行复核或抽样复测，并按监理人要求提供补充计量资料。承包人未按监理人要求参加复核或抽样复测的，监理人复核或修正的工程量视为承包人实际完成的工程量。

（3）监理人未在收到承包人提交的工程量报表后的 7 天内完成审核的，承包人报送的工程量报告中的工程量视为承包人实际完成的工程量，据此计算工程价款。

12.3.4 总价合同的计量。除专用合同条款另有约定外，按月计量支付的总价合同，按照本项约定执行：

（1）承包人应于每月 25 日向监理人报送上月 20 日至当月 19 日已完成的工程量报告，并附具进度付款申请单、已完成工程量报表和有关资料。

（2）监理人应在收到承包人提交的工程量报告后 7 天内完成对承包人提交的工程量报表的审核并报送发包人，以确定当月实际完成的工程量。监理人对工程量有异议的，有权要求承包人进行共同复核或抽样复测。承包人应协助监理人进行复核或抽样复测并按监理人要求提供补充计量资料。承包人未按监理人要求参加复核或抽样复测的,监理人审核或修正的工程量视为承包人实际完成的工程量。

(3) 监理人未在收到承包人提交的工程量报表后的 7 天内完成复核的,承包人提交的工程量报告中的工程量视为承包人实际完成的工程量。

12.3.5 总价合同采用支付分解表计量支付的,可以按照第 12.3.4 项[总价合同的计量]约定进行计量,但合同价款按照支付分解表进行支付。

12.3.6 其他价格形式合同的计量。合同当事人可在专用合同条款中约定其他价格形式合同的计量方式和程序。

12.4 工程进度款支付

12.4.1 付款周期。除专用合同条款另有约定外,付款周期应按照第 12.3.2 项[计量周期]的约定与计量周期保持一致。

12.4.2 进度付款申请单的编制。除专用合同条款另有约定外,进度付款申请单应包括下列内容:

(1) 截至本次付款周期已完成工作对应的金额;

(2) 根据第 10 条[变更]应增加和扣减的变更金额;

(3) 根据第 12.2 款[预付款]约定应支付的预付款和扣减的返还预付款;

(4) 根据第 15.3 款[质量保证金]约定应扣减的质量保证金;

(5) 根据第 19 条[索赔]应增加和扣减的索赔金额;

(6) 对已签发的进度款支付证书中出现错误的修正,应在本次进度付款中支付或扣除的金额;

(7) 根据合同约定应增加和扣减的其他金额。

12.4.3 进度付款申请单的提交:

(1) 单价合同进度付款申请单的提交。单价合同的进度付款申请单,按照第 12.3.3 项[单价合同的计量]约定的时间按月向监理人提交,并附上已完成工程量报表和有关资料。单价合同中的总价项目按月进行支付分解,并汇总列入当期进度付款申请单。

(2) 总价合同进度付款申请单的提交。总价合同按月计量支付的,承包人按照第 12.3.4 项[总价合同的计量]约定的时间按月向监理人提交进度付款申请单,并附上已完成工程量报表和有关资料。总价合同按支付分解表支付的,承包人应按照第 12.4.6 项[支付分解表]及第 12.4.2 项[进度付款申请单的编制]的约定向监理人提交进度付款申请单。

(3) 其他价格形式合同的进度付款申请单的提交。合同当事人可在专用合同条款中约定其他价格形式合同的进度付款申请单的编制和提交程序。

12.4.4 进度款审核和支付：

(1) 除专用合同条款另有约定外，监理人应在收到承包人进度付款申请单以及相关资料后7天内完成审查并报送发包人，发包人应在收到后7天内完成审批并签发进度款支付证书。发包人逾期未完成审批且未提出异议的，视为已签发进度款支付证书。

发包人和监理人对承包人的进度付款申请单有异议的，有权要求承包人修正和提供补充资料，承包人应提交修正后的进度付款申请单。监理人应在收到承包人修正后的进度付款申请单及相关资料后7天内完成审查并报送发包人，发包人应在收到监理人报送的进度付款申请单及相关资料后7天内，向承包人签发无异议部分的临时进度款支付证书。存在争议的部分，按照第20条［争议解决］的约定处理。

(2) 除专用合同条款另有约定外，发包人应在进度款支付证书或临时进度款支付证书签发后14天内完成支付，发包人逾期支付进度款的，应按照中国人民银行发布的同期同类贷款基准利率支付违约金。

(3) 发包人签发进度款支付证书或临时进度款支付证书，不表明发包人已同意、批准或接受了承包人完成的相应部分的工作。

12.4.5 进度付款的修正。在对已签发的进度款支付证书进行阶段汇总和复核中发现错误、遗漏或重复的，发包人和承包人均有权提出修正申请。经发包人和承包人同意的修正，应在下期进度付款中支付或扣除。

12.4.6 支付分解表：

12.4.6.1. 支付分解表的编制要求：

(1) 支付分解表中所列的每期付款金额，应为第12.4.2项［进度付款申请单的编制］第（1）目的估算金额；

(2) 实际进度与施工进度计划不一致的，合同当事人可按照第4.4款［商定或确定］修改支付分解表；

(3) 不采用支付分解表的，承包人应向发包人和监理人提交按季度编制的支付估算分解表，用于支付参考。

12.4.6.2. 总价合同支付分解表的编制与审批：

(1) 除专用合同条款另有约定外，承包人应根据第7.2款［施工进度计划]约定的施工进度计划、签约合同价和工程量等因素对总价合同按月进行分解，编制支付分解表。承包人应当在收到监理人和发包人批准的施工进度计划后7天内，将支付分解表及编制支付分解表的支持性资料报送监理人。

（2）监理人应在收到支付分解表后7天内完成审核并报送发包人。发包人应在收到经监理人审核的支付分解表后7天内完成审批，经发包人批准的支付分解表为有约束力的支付分解表。

（3）发包人逾期未完成支付分解表审批的，也未及时要求承包人进行修正和提供补充资料的，则承包人提交的支付分解表视为已经获得发包人批准。

12.4.6.3. 单价合同的总价项目支付分解表的编制与审批。除专用合同条款另有约定外，单价合同的总价项目，由承包人根据施工进度计划和总价项目的总价构成、费用性质、计划发生时间和相应工程量等因素按月进行分解，形成支付分解表，其编制与审批参照总价合同支付分解表的编制与审批执行。

12.5 支付账户

发包人应将合同价款支付至合同协议书中约定的承包人账户。

13. 验收和工程试车

13.1 分部分项工程验收

13.1.1 分部分项工程质量应符合国家有关工程施工验收规范、标准及合同约定，承包人应按照施工组织设计的要求完成分部分项工程施工。

13.1.2 除专用合同条款另有约定外，分部分项工程经承包人自检合格并具备验收条件的，承包人应提前48小时通知监理人进行验收。监理人不能按时进行验收的，应在验收前24小时向承包人提交书面延期要求，但延期不能超过48小时。监理人未按时进行验收，也未提出延期要求的，承包人有权自行验收，监理人应认可验收结果。分部分项工程未经验收的，不得进入下一道工序施工。

分部分项工程的验收资料应当作为竣工资料的组成部分。

13.2 竣工验收

13.2.1 竣工验收条件。工程具备以下条件的，承包人可以申请竣工验收：

（1）除发包人同意的甩项工作和缺陷修补工作外，合同范围内的全部工程以及有关工作，包括合同要求的试验、试运行以及检验均已完成，并符合合同要求；

（2）已按合同约定编制了甩项工作和缺陷修补工作清单以及相应的施工

计划；

（3）已按合同约定的内容和份数备齐竣工资料。

13.2.2 竣工验收程序。除专用合同条款另有约定外，承包人申请竣工验收的，应当按照以下程序进行：

（1）承包人向监理人报送竣工验收申请报告，监理人应在收到竣工验收申请报告后14天内完成审查并报送发包人。监理人审查后认为尚不具备验收条件的，应通知承包人在竣工验收前承包人还需完成的工作内容，承包人应在完成监理人通知的全部工作内容后，再次提交竣工验收申请报告。

（2）监理人审查后认为已具备竣工验收条件的，应将竣工验收申请报告提交发包人，发包人应在收到经监理人审核的竣工验收申请报告后28天内审批完毕并组织监理人、承包人、设计人等相关单位完成竣工验收。

（3）竣工验收合格的，发包人应在验收合格后14天内向承包人签发工程接收证书。发包人无正当理由逾期不颁发工程接收证书的，自验收合格后第15天起视为已颁发工程接收证书。

（4）竣工验收不合格的，监理人应按照验收意见发出指示，要求承包人对不合格工程返工、修复或采取其他补救措施，由此增加的费用和（或）延误的工期由承包人承担。承包人在完成不合格工程的返工、修复或采取其他补救措施后，应重新提交竣工验收申请报告，并按本项约定的程序重新进行验收。

（5）工程未经验收或验收不合格，发包人擅自使用的，应在转移占有工程后7天内向承包人颁发工程接收证书；发包人无正当理由逾期不颁发工程接收证书的，自转移占有后第15天起视为已颁发工程接收证书。

除专用合同条款另有约定外，发包人不按照本项约定组织竣工验收、颁发工程接收证书的，每逾期一天，应以签约合同价为基数，按照中国人民银行发布的同期同类贷款基准利率支付违约金。

13.2.3 竣工日期。工程经竣工验收合格的，以承包人提交竣工验收申请报告之日为实际竣工日期，并在工程接收证书中载明；因发包人原因，未在监理人收到承包人提交的竣工验收申请报告42天内完成竣工验收，或完成竣工验收不予签发工程接收证书的，以提交竣工验收申请报告的日期为实际竣工日期；工程未经竣工验收，发包人擅自使用的，以转移占有工程之日为实际竣工日期。

13.2.4 拒绝接收全部或部分工程。对于竣工验收不合格的工程，承包人完成整改后，应当重新进行竣工验收，经重新组织验收仍不合格的且无法采取措施补救的，则发包人可以拒绝接收不合格工程，因不合格工程导致其他工程不能正常使用的，承包人应采取措施确保相关工程的正常使用，由此增加的费用和（或）延误的工期由承包人承担。

13.2.5 移交、接收全部与部分工程。除专用合同条款另有约定外，合同当事人应当在颁发工程接收证书后 7 天内完成工程的移交。

发包人无正当理由不接收工程的，发包人自应当接收工程之日起，承担工程照管、成品保护、保管等与工程有关的各项费用，合同当事人可以在专用合同条款中另行约定发包人逾期接收工程的违约责任。

承包人无正当理由不移交工程的，承包人应承担工程照管、成品保护、保管等与工程有关的各项费用，合同当事人可以在专用合同条款中另行约定承包人无正当理由不移交工程的违约责任。

13.3 工程试车

13.3.1 试车程序。工程需要试车的，除专用合同条款另有约定外，试车内容应与承包人承包范围相一致，试车费用由承包人承担。工程试车应按如下程序进行：

（1）具备单机无负荷试车条件，承包人组织试车，并在试车前 48 小时书面通知监理人，通知中应载明试车内容、时间、地点。承包人准备试车记录，发包人根据承包人要求为试车提供必要条件。试车合格的，监理人在试车记录上签字。监理人在试车合格后不在试车记录上签字，自试车结束满 24 小时后视为监理人已经认可试车记录，承包人可继续施工或办理竣工验收手续。

监理人不能按时参加试车，应在试车前 24 小时以书面形式向承包人提出延期要求，但延期不能超过 48 小时，由此导致工期延误的，工期应予以顺延。监理人未能在前述期限内提出延期要求，又不参加试车的，视为认可试车记录。

（2）具备无负荷联动试车条件，发包人组织试车，并在试车前 48 小时以书面形式通知承包人。通知中应载明试车内容、时间、地点和对承包人的要求，承包人按要求做好准备工作。试车合格，合同当事人在试车记录上签字。承包人无正当理由不参加试车的，视为认可试车记录。

13.3.2 试车中的责任。因设计原因导致试车达不到验收要求，发包人应要求设计人修改设计,承包人按修改后的设计重新安装。发包人承担修改设计、拆除及重新安装的全部费用,工期相应顺延。因承包人原因导致试车达不到验收要求,承包人按监理人要求重新安装和试车,并承担重新安装和试车的费用,工期不予顺延。

因工程设备制造原因导致试车达不到验收要求的,由采购该工程设备的合同当事人负责重新购置或修理,承包人负责拆除和重新安装,由此增加的修理、重新购置、拆除及重新安装的费用及延误的工期由采购该工程设备的合同当事人承担。

13.3.3 投料试车。如需进行投料试车的,发包人应在工程竣工验收后组织投料试车。发包人要求在工程竣工验收前进行或需要承包人配合时,应征得承包人同意,并在专用合同条款中约定有关事项。

投料试车合格的,费用由发包人承担;因承包人原因造成投料试车不合格的,承包人应按照发包人要求进行整改,由此产生的整改费用由承包人承担;非因承包人原因导致投料试车不合格的,如发包人要求承包人进行整改的,由此产生的费用由发包人承担。

13.4 提前交付单位工程的验收

13.4.1 发包人需要在工程竣工前使用单位工程的,或承包人提出提前交付已经竣工的单位工程且经发包人同意的,可进行单位工程验收,验收的程序按照第13.2款［竣工验收］的约定进行。

验收合格后,由监理人向承包人出具经发包人签认的单位工程接收证书。已签发单位工程接收证书的单位工程由发包人负责照管。单位工程的验收成果和结论作为整体工程竣工验收申请报告的附件。

13.4.2 发包人要求在工程竣工前交付单位工程,由此导致承包人费用增加和（或）工期延误的,由发包人承担由此增加的费用和（或）延误的工期,并支付承包人合理的利润。

13.5 施工期运行

13.5.1 施工期运行是指合同工程尚未全部竣工,其中某项或某几项单位工程或工程设备安装已竣工,根据专用合同条款约定,需要投入施工期运行的,经发包人按第13.4款［提前交付单位工程的验收］的约定验收合格,证明能确保安全后,才能在施工期投入运行。

13.5.2 在施工期运行中发现工程或工程设备损坏或存在缺陷的,由承包人按第 15.2 款［缺陷责任期］约定进行修复。

13.6 竣工退场

13.6.1 竣工退场。颁发工程接收证书后，承包人应按以下要求对施工现场进行清理：

（1）施工现场内残留的垃圾已全部清除出场；

（2）临时工程已拆除，场地已进行清理、平整或复原；

（3）按合同约定应撤离的人员、承包人施工设备和剩余的材料，包括废弃的施工设备和材料，已按计划撤离施工现场；

（4）施工现场周边及其附近道路、河道的施工堆积物，已全部清理；

（5）施工现场其他场地清理工作已全部完成。

施工现场的竣工退场费用由承包人承担。承包人应在专用合同条款约定的期限内完成竣工退场，逾期未完成的，发包人有权出售或另行处理承包人遗留的物品，由此支出的费用由承包人承担，发包人出售承包人遗留物品所得款项在扣除必要费用后应返还承包人。

13.6.2 地表还原。承包人应按发包人要求恢复临时占地及清理场地，承包人未按发包人的要求恢复临时占地，或者场地清理未达到合同约定要求的，发包人有权委托其他人恢复或清理，所发生的费用由承包人承担。

14. 竣工结算

14.1 竣工结算申请

除专用合同条款另有约定外，承包人应在工程竣工验收合格后 28 天内向发包人和监理人提交竣工结算申请单，并提交完整的结算资料，有关竣工结算申请单的资料清单和份数等要求由合同当事人在专用合同条款中约定。

除专用合同条款另有约定外，竣工结算申请单应包括以下内容：

（1）竣工结算合同价格；

（2）发包人已支付承包人的款项；

（3）应扣留的质量保证金。已缴纳履约保证金的或提供其他工程质量担保方式的除外；

（4）发包人应支付承包人的合同价款。

14.2 竣工结算审核

（1）除专用合同条款另有约定外，监理人应在收到竣工结算申请单后 14 天内完成核查并报送发包人。发包人应在收到监理人提交的经审核的竣工结算申请单后 14 天内完成审批，并由监理人向承包人签发经发包人签认的竣工付款证书。监理人或发包人对竣工结算申请单有异议的，有权要求承包人进行修正和提供补充资料，承包人应提交修正后的竣工结算申请单。

发包人在收到承包人提交竣工结算申请书后 28 天内未完成审批且未提出异议的，视为发包人认可承包人提交的竣工结算申请单，并自发包人收到承包人提交的竣工结算申请单后第 29 天起视为已签发竣工付款证书。

（2）除专用合同条款另有约定外，发包人应在签发竣工付款证书后的 14 天内，完成对承包人的竣工付款。发包人逾期支付的，按照中国人民银行发布的同期同类贷款基准利率支付违约金；逾期支付超过 56 天的，按照中国人民银行发布的同期同类贷款基准利率的两倍支付违约金。

（3）承包人对发包人签认的竣工付款证书有异议的，对于有异议部分应在收到发包人签认的竣工付款证书后 7 天内提出异议，并由合同当事人按照专用合同条款约定的方式和程序进行复核，或按照第 20 条［争议解决］约定处理。对于无异议部分，发包人应签发临时竣工付款证书，并按本款第（2）项完成付款。承包人逾期未提出异议的，视为认可发包人的审批结果。

14.3 甩项竣工协议

发包人要求甩项竣工的，合同当事人应签订甩项竣工协议。在甩项竣工协议中应明确，合同当事人按照第 14.1 款［竣工结算申请］及 14.2 款［竣工结算审核］的约定，对已完合格工程进行结算，并支付相应合同价款。

14.4 最终结清

14.4.1 最终结清申请单：

（1）除专用合同条款另有约定外，承包人应在缺陷责任期终止证书颁发后 7 天内，按专用合同条款约定的份数向发包人提交最终结清申请单，并提供相关证明材料。

除专用合同条款另有约定外，最终结清申请单应列明质量保证金、应扣除的质量保证金、缺陷责任期内发生的增减费用。

（2）发包人对最终结清申请单内容有异议的，有权要求承包人进行修正和提供补充资料，承包人应向发包人提交修正后的最终结清申请单。

14.4.2 最终结清证书和支付：

（1）除专用合同条款另有约定外，发包人应在收到承包人提交的最终结清申请单后 14 天内完成审批并向承包人颁发最终结清证书。发包人逾期未完成审批，又未提出修改意见的，视为发包人同意承包人提交的最终结清申请单，且自发包人收到承包人提交的最终结清申请单后15天起视为已颁发最终结清证书。

（2）除专用合同条款另有约定外，发包人应在颁发最终结清证书后7天内完成支付。发包人逾期支付的，按照中国人民银行发布的同期同类贷款基准利率支付违约金；逾期支付超过56天的，按照中国人民银行发布的同期同类贷款基准利率的两倍支付违约金。

（3）承包人对发包人颁发的最终结清证书有异议的，按第20条［争议解决］的约定办理。

15. 缺陷责任与保修

15.1 工程保修的原则

在工程移交发包人后，因承包人原因产生的质量缺陷，承包人应承担质量缺陷责任和保修义务。缺陷责任期届满，承包人仍应按合同约定的工程各部位保修年限承担保修义务。

15.2 缺陷责任期

15.2.1 缺陷责任期从工程通过竣工验收之日起计算，合同当事人应在专用合同条款约定缺陷责任期的具体期限，但该期限最长不超过24个月。

单位工程先于全部工程进行验收，经验收合格并交付使用的，该单位工程缺陷责任期自单位工程验收合格之日起算。因承包人原因导致工程无法按合同约定期限进行竣工验收的，缺陷责任期从实际通过竣工验收之日起计算。因发包人原因导致工程无法按合同约定期限进行竣工验收的，在承包人提交竣工验收报告90天后，工程自动进入缺陷责任期；发包人未经竣工验收擅自使用工程的，缺陷责任期自工程转移占有之日起开始计算。

15.2.2 缺陷责任期内，由承包人原因造成的缺陷，承包人应负责维修，并承担鉴定及维修费用。如承包人不维修也不承担费用，发包人可按合同约定从保证金或银行保函中扣除，费用超出保证金额的，发包人可按合同约定向承包人进行索赔。承包人维修并承担相应费用后，不免除对工程的损失赔偿责任。发包人有权要求承包人延长缺陷责任期，并应在原缺陷责任期届满前发出延长通知。但缺陷责任期（含延长部分）最长不能超过24个月。

由他人原因造成的缺陷，发包人负责组织维修，承包人不承担费用，且发包人不得从保证金中扣除费用。

15.2.3 任何一项缺陷或损坏修复后，经检查证明其影响了工程或工程设备的使用性能，承包人应重新进行合同约定的试验和试运行，试验和试运行的全部费用应由责任方承担。

15.2.4 除专用合同条款另有约定外，承包人应于缺陷责任期届满后7天内向发包人发出缺陷责任期届满通知，发包人应在收到缺陷责任期届满通知后14天内核实承包人是否履行缺陷修复义务，承包人未能履行缺陷修复义务的，发包人有权扣除相应金额的维修费用。发包人应在收到缺陷责任期届满通知后14天内，向承包人颁发缺陷责任期终止证书。

15.3 质量保证金

经合同当事人协商一致扣留质量保证金的，应在专用合同条款中予以明确。

在工程项目竣工前，承包人已经提供履约担保的，发包人不得同时预留工程质量保证金。

15.3.1 承包人提供质量保证金的方式。承包人提供质量保证金有以下三种方式：

（1）质量保证金保函；

（2）相应比例的工程款；

（3）双方约定的其他方式。

除专用合同条款另有约定外，质量保证金原则上采用上述第（1）种方式。

15.3.2 质量保证金的扣留。质量保证金的扣留有以下三种方式：

（1）在支付工程进度款时逐次扣留，在此情形下，质量保证金的计算基数不包括预付款的支付、扣回以及价格调整的金额；

（2）工程竣工结算时一次性扣留质量保证金；

（3）双方约定的其他扣留方式。

除专用合同条款另有约定外，质量保证金的扣留原则上采用上述第（1）种方式。

发包人累计扣留的质量保证金不得超过工程价款结算总额的3%。如承包人在发包人签发竣工付款证书后28天内提交质量保证金保函，发包人应同时退还扣留的作为质量保证金的工程价款；保函金额不得超过工程价款结算总额的3%。

发包人在退还质量保证金的同时按照中国人民银行发布的同期同类贷款基准利率支付利息。

15.3.3 质量保证金的退还。缺陷责任期内，承包人认真履行合同约定的责任，到期后，承包人可向发包人申请返还保证金。

发包人在接到承包人返还保证金申请后，应于14天内会同承包人按照合同约定的内容进行核实。如无异议，发包人应当按照约定将保证金返还给承包人。对返还期限没有约定或者约定不明确的，发包人应当在核实后14天内将保证金返还承包人，逾期未返还的，依法承担违约责任。发包人在接到承包人返还保证金申请后14天内不予答复，经催告后14天内仍不予答复，视同认可承包人的返还保证金申请。

发包人和承包人对保证金预留、返还以及工程维修质量、费用有争议的，按本合同第20条约定的争议和纠纷解决程序处理。

15.4 保修

15.4.1 保修责任。工程保修期从工程竣工验收合格之日起算，具体分部分项工程的保修期由合同当事人在专用合同条款中约定，但不得低于法定最低保修年限。在工程保修期内，承包人应当根据有关法律规定以及合同约定承担保修责任。

发包人未经竣工验收擅自使用工程的，保修期自转移占有之日起算。

15.4.2 修复费用。保修期内，修复的费用按照以下约定处理：

（1）保修期内，因承包人原因造成工程的缺陷、损坏，承包人应负责修复，并承担修复的费用以及因工程的缺陷、损坏造成的人身伤害和财产损失；

（2）保修期内，因发包人使用不当造成工程的缺陷、损坏，可以委托承包人修复，但发包人应承担修复的费用，并支付承包人合理利润；

（3）因其他原因造成工程的缺陷、损坏，可以委托承包人修复，发包人应承担修复的费用，并支付承包人合理的利润，因工程的缺陷、损坏造成的人身伤害和财产损失由责任方承担。

15.4.3 修复通知。在保修期内，发包人在使用过程中，发现已接收的工程存在缺陷或损坏的，应书面通知承包人予以修复，但情况紧急必须立即修复缺陷或损坏的，发包人可以口头通知承包人并在口头通知后48小时内书面确认，承包人应在专用合同条款约定的合理期限内到达工程现场并修复缺陷或损坏。

15.4.4 未能修复。因承包人原因造成工程的缺陷或损坏，承包人拒绝维修或未能在合理期限内修复缺陷或损坏，且经发包人书面催告后仍未修复的，发包人有权自行修复或委托第三方修复，所需费用由承包人承担。但修复范围超出缺陷或损坏范围的，超出范围部分的修复费用由发包人承担。

15.4.5 承包人出入权。在保修期内，为了修复缺陷或损坏，承包人有权出入工程现场，除情况紧急必须立即修复缺陷或损坏外，承包人应提前24小时通知发包人进场修复的时间。承包人进入工程现场前应获得发包人同意，且不应影响发包人正常的生产经营，并应遵守发包人有关保安和保密等规定。

16. 违约

16.1 发包人违约

16.1.1 发包人违约的情形。在合同履行过程中发生的下列情形，属于发包人违约：

（1）因发包人原因未能在计划开工日期前7天内下达开工通知的；

（2）因发包人原因未能按合同约定支付合同价款的；

（3）发包人违反第10.1款［变更的范围］第（2）项约定，自行实施被取消的工作或转由他人实施的；

（4）发包人提供的材料、工程设备的规格、数量或质量不符合合同约定，或因发包人原因导致交货日期延误或交货地点变更等情况的；

（5）因发包人违反合同约定造成暂停施工的；

（6）发包人无正当理由没有在约定期限内发出复工指示，导致承包人无法复工的；

（7）发包人明确表示或者以其行为表明不履行合同主要义务的；

（8）发包人未能按照合同约定履行其他义务的。

发包人发生除本项第（7）目以外的违约情况时，承包人可向发包人发出通知，要求发包人采取有效措施纠正违约行为。发包人收到承包人通知后28天内仍不纠正违约行为的，承包人有权暂停相应部位工程施工，并通知监理人。

16.1.2 发包人违约的责任。发包人应承担因其违约给承包人增加的费用和（或）延误的工期，并支付承包人合理的利润。此外，合同当事人可在专用合同条款中另行约定发包人违约责任的承担方式和计算方法。

16.1.3 因发包人违约解除合同。除专用合同条款另有约定外，承包人按第 16.1.1 项 [发包人违约的情形] 约定暂停施工满 28 天后，发包人仍不纠正其违约行为并致使合同目的不能实现的，或出现第 16.1.1 项 [发包人违约的情形] 第（7）目约定的违约情况，承包人有权解除合同，发包人应承担由此增加的费用，并支付承包人合理的利润。

16.1.4 因发包人违约解除合同后的付款。承包人按照本款约定解除合同的，发包人应在解除合同后 28 天内支付下列款项，并解除履约担保：

（1）合同解除前所完成工作的价款；
（2）承包人为工程施工订购并已付款的材料、工程设备和其他物品的价款；
（3）承包人撤离施工现场以及遣散承包人人员的款项；
（4）按照合同约定在合同解除前应支付的违约金；
（5）按照合同约定应当支付给承包人的其他款项；
（6）按照合同约定应退还的质量保证金；
（7）因解除合同给承包人造成的损失。

合同当事人未能就解除合同后的结清达成一致的，按照第 20 条 [争议解决] 的约定处理。

承包人应妥善做好已完工程和与工程有关的已购材料、工程设备的保护和移交工作，并将施工设备和人员撤出施工现场，发包人应为承包人撤出提供必要条件。

16.2 承包人违约

16.2.1 承包人违约的情形。在合同履行过程中发生的下列情形，属于承包人违约：

（1）承包人违反合同约定进行转包或违法分包的；
（2）承包人违反合同约定采购和使用不合格的材料和工程设备的；
（3）因承包人原因导致工程质量不符合合同要求的；
（4）承包人违反第 8.9 款 [材料与设备专用要求] 的约定，未经批准，私自将已按照合同约定进入施工现场的材料或设备撤离施工现场的；
（5）承包人未能按施工进度计划及时完成合同约定的工作，造成工期延误的；
（6）承包人在缺陷责任期及保修期内，未能在合理期限对工程缺陷进行修复，或拒绝按发包人要求进行修复的；
（7）承包人明确表示或者以其行为表明不履行合同主要义务的；

（8）承包人未能按照合同约定履行其他义务的。

承包人发生除本项第（7）目约定以外的其他违约情况时，监理人可向承包人发出整改通知，要求其在指定的期限内改正。

16.2.2 承包人违约的责任。承包人应承担因其违约行为而增加的费用和（或）延误的工期。此外，合同当事人可在专用合同条款中另行约定承包人违约责任的承担方式和计算方法。

16.2.3 因承包人违约解除合同。除专用合同条款另有约定外，出现第16.2.1 项［承包人违约的情形］第（7）目约定的违约情况时，或监理人发出整改通知后，承包人在指定的合理期限内仍不纠正违约行为并致使合同目的不能实现的，发包人有权解除合同。合同解除后，因继续完成工程的需要，发包人有权使用承包人在施工现场的材料、设备、临时工程、承包人文件和由承包人或以其名义编制的其他文件，合同当事人应在专用合同条款约定相应费用的承担方式。发包人继续使用的行为不免除或减轻承包人应承担的违约责任。

16.2.4 因承包人违约解除合同后的处理。因承包人原因导致合同解除的，则合同当事人应在合同解除后28天内完成估价、付款和清算，并按以下约定执行：

（1）合同解除后，按第4.4款［商定或确定］商定或确定承包人实际完成工作对应的合同价款，以及承包人已提供的材料、工程设备、施工设备和临时工程等的价值；

（2）合同解除后，承包人应支付的违约金；

（3）合同解除后，因解除合同给发包人造成的损失；

（4）合同解除后，承包人应按照发包人要求和监理人的指示完成现场的清理和撤离；

（5）发包人和承包人应在合同解除后进行清算，出具最终结清付款证书，结清全部款项。

因承包人违约解除合同的，发包人有权暂停对承包人的付款，查清各项付款和已扣款项。发包人和承包人未能就合同解除后的清算和款项支付达成一致的，按照第20条［争议解决］的约定处理。

16.2.5 采购合同权益转让。因承包人违约解除合同的，发包人有权要求承包人将其为实施合同而签订的材料和设备的采购合同的权益转让给发包人，承包人应在收到解除合同通知后 14 天内,协助发包人与采购合同的供应商达成相关的转让协议。

16.3 第三人造成的违约

在履行合同过程中,一方当事人因第三人的原因造成违约的,应当向对方当事人承担违约责任。一方当事人和第三人之间的纠纷,依照法律规定或者按照约定解决。

17. 不可抗力

17.1 不可抗力的确认

不可抗力是指合同当事人在签订合同时不可预见,在合同履行过程中不可避免且不能克服的自然灾害和社会性突发事件,如地震、海啸、瘟疫、骚乱、戒严、暴动、战争和专用合同条款中约定的其他情形。

不可抗力发生后,发包人和承包人应收集证明不可抗力发生及不可抗力造成损失的证据,并及时认真统计所造成的损失。合同当事人对是否属于不可抗力或其损失的意见不一致的,由监理人按第 4.4 款 [商定或确定] 的约定处理。发生争议时,按第 20 条 [争议解决] 的约定处理。

17.2 不可抗力的通知

合同一方当事人遇到不可抗力事件,使其履行合同义务受到阻碍时,应立即通知合同另一方当事人和监理人,书面说明不可抗力和受阻碍的详细情况,并提供必要的证明。

不可抗力持续发生的,合同一方当事人应及时向合同另一方当事人和监理人提交中间报告,说明不可抗力和履行合同受阻的情况,并于不可抗力事件结束后 28 天内提交最终报告及有关资料。

17.3 不可抗力后果的承担

17.3.1 不可抗力引起的后果及造成的损失由合同当事人按照法律规定及合同约定各自承担。不可抗力发生前已完成的工程应当按照合同约定进行计量支付。

17.3.2 不可抗力导致的人员伤亡、财产损失、费用增加和(或)工期延误等后果,由合同当事人按以下原则承担:

(1) 永久工程、已运至施工现场的材料和工程设备的损坏,以及因工程损坏造成的第三人人员伤亡和财产损失由发包人承担;

(2) 承包人施工设备的损坏由承包人承担;

（3）发包人和承包人承担各自人员伤亡和财产的损失；

（4）因不可抗力影响承包人履行合同约定的义务，已经引起或将引起工期延误的，应当顺延工期，由此导致承包人停工的费用损失由发包人和承包人合理分担，停工期间必须支付的工人工资由发包人承担；

（5）因不可抗力引起或将引起工期延误，发包人要求赶工的，由此增加的赶工费用由发包人承担；

（6）承包人在停工期间按照发包人要求照管、清理和修复工程的费用由发包人承担。

不可抗力发生后，合同当事人均应采取措施尽量避免和减少损失的扩大，任何一方当事人没有采取有效措施导致损失扩大的，应对扩大的损失承担责任。

因合同一方迟延履行合同义务，在迟延履行期间遭遇不可抗力的，不免除其违约责任。

17.4 因不可抗力解除合同

因不可抗力导致合同无法履行连续超过 84 天或累计超过 140 天的，发包人和承包人均有权解除合同。合同解除后，由双方当事人按照第 4.4 款［商定或确定］商定或确定发包人应支付的款项，该款项包括：

（1）合同解除前承包人已完成工作的价款；

（2）承包人为工程订购的并已交付给承包人，或承包人有责任接受交付的材料、工程设备和其他物品的价款；

（3）发包人要求承包人退货或解除订货合同而产生的费用，或因不能退货或解除合同而产生的损失；

（4）承包人撤离施工现场以及遣散承包人人员的费用；

（5）按照合同约定在合同解除前应支付给承包人的其他款项；

（6）扣减承包人按照合同约定应向发包人支付的款项；

（7）双方商定或确定的其他款项。

除专用合同条款另有约定外，合同解除后，发包人应在商定或确定上述款项后 28 天内完成上述款项的支付。

18. 保险

18.1 工程保险

除专用合同条款另有约定外，发包人应投保建筑工程一切险或安装工程一切险；发包人委托承包人投保的，因投保产生的保险费和其他相关费用由发包人承担。

18.2 工伤保险

18.2.1 发包人应依照法律规定参加工伤保险，并为在施工现场的全部员工办理工伤保险，缴纳工伤保险费，并要求监理人及由发包人为履行合同聘请的第三方依法参加工伤保险。

18.2.2 承包人应依照法律规定参加工伤保险，并为其履行合同的全部员工办理工伤保险，缴纳工伤保险费，并要求分包人及由承包人为履行合同聘请的第三方依法参加工伤保险。

18.3 其他保险

发包人和承包人可以为其施工现场的全部人员办理意外伤害保险并支付保险费，包括其员工及为履行合同聘请的第三方的人员，具体事项由合同当事人在专用合同条款约定。

除专用合同条款另有约定外，承包人应为其施工设备等办理财产保险。

18.4 持续保险

合同当事人应与保险人保持联系，使保险人能够随时了解工程实施中的变动，并确保按保险合同条款要求持续保险。

18.5 保险凭证

合同当事人应及时向另一方当事人提交其已投保的各项保险的凭证和保险单复印件。

18.6 未按约定投保的补救

18.6.1 发包人未按合同约定办理保险，或未能使保险持续有效的，则承包人可代为办理，所需费用由发包人承担。发包人未按合同约定办理保险，导致未能得到足额赔偿的，由发包人负责补足。

18.6.2 承包人未按合同约定办理保险，或未能使保险持续有效的，则发包人可代为办理，所需费用由承包人承担。承包人未按合同约定办理保险，导致未能得到足额赔偿的，由承包人负责补足。

18.7 通知义务

除专用合同条款另有约定外，发包人变更除工伤保险之外的保险合同时，应事先征得承包人同意，并通知监理人；承包人变更除工伤保险之外的保险合同时，应事先征得发包人同意，并通知监理人。

保险事故发生时，投保人应按照保险合同规定的条件和期限及时向保险人报告。发包人和承包人应当在知道保险事故发生后及时通知对方。

19. 索赔

19.1 承包人的索赔

根据合同约定，承包人认为有权得到追加付款和（或）延长工期的，应按以下程序向发包人提出索赔：

（1）承包人应在知道或应当知道索赔事件发生后28天内，向监理人递交索赔意向通知书，并说明发生索赔事件的事由；承包人未在前述28天内发出索赔意向通知书的，丧失要求追加付款和（或）延长工期的权利；

（2）承包人应在发出索赔意向通知书后28天内，向监理人正式递交索赔报告；索赔报告应详细说明索赔理由以及要求追加的付款金额和（或）延长的工期，并附必要的记录和证明材料；

（3）索赔事件具有持续影响的，承包人应按合理时间间隔继续递交延续索赔通知，说明持续影响的实际情况和记录，列出累计的追加付款金额和（或）工期延长天数；

（4）在索赔事件影响结束后28天内，承包人应向监理人递交最终索赔报告，说明最终要求索赔的追加付款金额和（或）延长的工期，并附必要的记录和证明材料。

19.2 对承包人索赔的处理

对承包人索赔的处理如下：

（1）监理人应在收到索赔报告后14天内完成审查并报送发包人。监理人对索赔报告存在异议的，有权要求承包人提交全部原始记录副本；

（2）发包人应在监理人收到索赔报告或有关索赔的进一步证明材料后的28天内，由监理人向承包人出具经发包人签认的索赔处理结果。发包人逾期答复的，则视为认可承包人的索赔要求；

（3）承包人接受索赔处理结果的，索赔款项在当期进度款中进行支付；承包人不接受索赔处理结果的，按照第20条［争议解决］约定处理。

19.3 发包人的索赔

根据合同约定，发包人认为有权得到赔付金额和（或）延长缺陷责任期的，监理人应向承包人发出通知并附有详细的证明。

发包人应在知道或应当知道索赔事件发生后28天内通过监理人向承包人

提出索赔意向通知书，发包人未在前述 28 天内发出索赔意向通知书的，丧失要求赔付金额和（或）延长缺陷责任期的权利。发包人应在发出索赔意向通知书后 28 天内，通过监理人向承包人正式递交索赔报告。

19.4 对发包人索赔的处理

对发包人索赔的处理如下：

（1）承包人收到发包人提交的索赔报告后，应及时审查索赔报告的内容、查验发包人证明材料；

（2）承包人应在收到索赔报告或有关索赔的进一步证明材料后 28 天内，将索赔处理结果答复发包人。如果承包人未在上述期限内作出答复的，则视为对发包人索赔要求的认可；

（3）承包人接受索赔处理结果的，发包人可从应支付给承包人的合同价款中扣除赔付的金额或延长缺陷责任期；发包人不接受索赔处理结果的，按第 20 条［争议解决］约定处理。

19.5 提出索赔的期限

（1）承包人按第 14.2 款［竣工结算审核］约定接收竣工付款证书后，应被视为已无权再提出在工程接收证书颁发前所发生的任何索赔。

（2）承包人按第 14.4 款［最终结清］提交的最终结清申请单中，只限于提出工程接收证书颁发后发生的索赔。提出索赔的期限自接受最终结清证书时终止。

20. 争议解决

20.1 和解

合同当事人可以就争议自行和解，自行和解达成协议的经双方签字并盖章后作为合同补充文件，双方均应遵照执行。

20.2 调解

合同当事人可以就争议请求建设行政主管部门、行业协会或其他第三方进行调解，调解达成协议的，经双方签字并盖章后作为合同补充文件，双方均应遵照执行。

20.3 争议评审

合同当事人在专用合同条款中约定采取争议评审方式解决争议以及评审规则，并按下列约定执行：

20.3.1 争议评审小组的确定。合同当事人可以共同选择一名或三名争议评审员，组成争议评审小组。除专用合同条款另有约定外，合同当事人应当自合同签订后 28 天内，或者争议发生后 14 天内，选定争议评审员。

选择一名争议评审员的，由合同当事人共同确定；选择三名争议评审员的，各自选定一名，第三名成员为首席争议评审员，由合同当事人共同确定或由合同当事人委托已选定的争议评审员共同确定，或由专用合同条款约定的评审机构指定第三名首席争议评审员。

除专用合同条款另有约定外，评审员报酬由发包人和承包人各承担一半。

20.3.2 争议评审小组的决定。合同当事人可在任何时间将与合同有关的任何争议共同提请争议评审小组进行评审。争议评审小组应秉持客观、公正原则，充分听取合同当事人的意见，依据相关法律、规范、标准、案例经验及商业惯例等，自收到争议评审申请报告后 14 天内作出书面决定，并说明理由。合同当事人可以在专用合同条款中对本项事项另行约定。

20.3.3 争议评审小组决定的效力。争议评审小组作出的书面决定经合同当事人签字确认后，对双方具有约束力，双方应遵照执行。

任何一方当事人不接受争议评审小组决定或不履行争议评审小组决定的，双方可选择采用其他争议解决方式。

20.4 仲裁或诉讼

因合同及合同有关事项产生的争议，合同当事人可以在专用合同条款中约定以下一种方式解决争议：

（1）向约定的仲裁委员会申请仲裁；

（2）向有管辖权的人民法院起诉。

20.5 争议解决条款效力

合同有关争议解决的条款独立存在，合同的变更、解除、终止、无效或者被撤销均不影响其效力。

第三部分　专用合同条款

1. 一般约定

1.1 词语定义

1.1.1 合同

1.1.1.10 其他合同文件包括：双方可以根据需要将如下文件列入合同：补充协议、招标文件、有发承包双方指定代表参加的会议纪要、洽商变更记录、工地例会、工程变更指令、监理师发布的工程指令等。建议发包人将招标文件作为合同的组成部分。

1.1.2 合同当事人及其他相关方

1.1.2.4 监理人：

名　　称：填写全称，与公章名称相一致；

资质类别和等级：按照《工程监理企业资质管理规定》《工程监理企业资质标准》填写［现已失效］；

联系电话：　　　　　　　　　　　；

电子信箱：　　　　　　　　　　　；

通信地址：　　　　　　　　　　　。

此处填写参照《协议书》相关内容。

1.1.2.5 设计人：

名　　称：填写全称，与公章名称相一致；

资质类别和等级：按照《工程监理企业资质管理规定》《工程监理企业资质标准》填写［现已失效］；

联系电话：　　　　　　　　　　　　　　　　　　　　；

电子信箱：　　　　　　　　　　　　　　　　　　　　；

通信地址：　　　　　　　　　　　　　　　　　　　　。

此处填写参照《协议书》相关内容。

1.1.3 工程和设备

1.1.3.7 作为施工现场组成部分的其他场所包括：例如混凝土搅拌站

1.1.3.9 永久占地包括：详见《建设用地规划许可证》。

1.1.3.10 临时占地包括：详见《建设用地规划许可证》。

1.3 法律

适用于合同的其他规范性文件：

1.4 标准和规范

1.4.1 适用于工程的标准规范包括：建设工程依据的很多文件都是国家发展改革委员会、财政部、住房和城乡建设部的部门规章。而人民法院在诉讼中并不以部委规章为裁判依据。因此，发包人根据工程需要应当将某些对自己有利的部委规章、地方性规章写入合同。一旦写入合同，就对双方当事人产生约束力，就成为司法裁判的依据，如《某市人民政府关于进一步加强建设工程质量与安全管理工作的意见》等。

1.4.2 发包人提供国外标准、规范的名称：　　　　　　　；

发包人提供国外标准、规范的份数：　　　　　　　；

发包人提供国外标准、规范的名称：　　　　　　　。

1.4.3 发包人对工程的技术标准和功能要求的特殊要求：

1.5 合同文件的优先顺序

合同文件组成及优先顺序为：

本条款是施工合同重点条款。

首先，应当按照文件名称用列举法排列合同文件的优先顺序。笔者建议发包人按照如下顺序安排合同文件的优先顺序：招标文件、补充协议、监理师签署的发包人工程变更指令、中标通知书、协议书、投标函及其附录、专用合同条款及其附件、通用合同条款、技术标准和要求、图纸、已标价工程量清单或者预算书等。

其次，本条款应当约定文件冲突时的处理规则。例如，不同文件以顺位在前者优先；同一性质数份文件以签订在后者优先；签章不全者与签章完整者冲突时后者优先；法定代表人签字文件优先于授权代理人签字文件；有监理师签字的文件优先于没有监理师签字的文件；有规范性文件依据的优先于没有规范性依据的；手写的优先于打印的；打印格式统一的优先于不统一的；有其他文件印证的优先于孤证等。例如某高速公路项目中，承包方按照发包方指令建设了两口机井、两个变电箱，这些内容规定不在施工合同示范文本里。补充协议中，发包方会议纪要记载承包方免费为发包方建设两眼机井、两个变电箱。而承包人的相应补充协议中没有这个内容。仔细阅读发现发包方会议纪要记载承包方免费为发包方建设两眼机井、两个变电箱部分共三行，而其后连续3张书页各自多出了一行，为23行，而之前之后书页均为每页22行。显然发包方的打印方式不正常。而会议纪要没有加盖骑缝章，也为换页留下了隐患。这种情形就应当认定打印格式统一的优先于不统一的。例如工程专用合同条款关于外网管沟约定为砖混结构，而施工图纸以及说明均为国家标准，而国家标准是混凝土结构。后来施工单位按照砖混结构施工，结果交付使用后，外网管沟塌了300多米。发包方要求承包方修理，承包方拒绝。发包方雇用其他施工单位重新建设，完毕后要求施工方承担修复费用，施工单位认为自己没有责任，要求发包方依约支付工程款。双方各执一词。这就涉及专用条款和图纸哪个优先的问题以及国家强制性标准与当事人约定的顺序优先性问题。

1.6 图纸和承包人文件

1.6.1 图纸的提供

发包人向承包人提供图纸的期限：一般为开工前14天，提供图纸几乎是合同签订后发包人需要履行的第一个义务，如果发包人做不到提前14天，一定要考虑自己的实际情况，否则将构成违约在先，对整个合同的履行造成不好的影响。当然也不能因为担心违约在先而过迟交付施工图，否则承包人没有足够时间熟悉施工图，最终受损害的还是发包人自己。

发包人向承包人提供图纸的数量：一般为4套。

发包人向承包人提供图纸的内容：一般为总平面图、建筑图、结构图以及水、电、暖通等施工图。

1.6.4 承包人文件

需要由承包人提供的文件，包括：例如施工方案、施工组织设计、大样图、加工图、工程竣工需要的经济、管理、技术资料以及质量保证书等。

承包人提供的文件的期限为：该文件使用前14天。

承包人提供的文件的数量为：一式六份。

承包人提供的文件的形式为：五份纸质，一份电子版。

发包人审批承包人文件的期限：委托建立人7天内审查完承包人提供的文件。

1.6.5 现场图纸准备

关于现场图纸准备的约定：无特殊情况就约定"执行通用条款"。

1.7 联络

1.7.1 发包人和承包人应当在　　　　天内将与合同有关的通知、批准、证明、证书、指示、指令、要求、请求、同意、意见、确定和决定等书面函件送达对方当事人。

一般为1~3天。

1.7.2 发包人接收文件的地点：地点应是发包人的注册地址或者项目所在地的主要办事机构所在地。

发包人指定的接收人为：应设专职或者兼职收发员以与项目经理分权制衡。接受的文件包括纸质版和电子版、原件和复印件。原件签章完整后交公司办公室存档，复印件由项目经理、资料员、收发员留存。

承包人接收文件的地点：地点应是承包人的注册地址或者项目所在地的主要办事机构所在地。

承包人指定的接收人为：应设专职或者兼职收发员以与项目经理分权制衡。接受的文件包括纸质版和电子版、原件和复印件。原件签章完整后交公司办公室存档，复印件由项目经理、资料员、收发员留存。

监理人接收文件的地点：地点应是承包人的注册地址或者项目所在地的主要办事机构所在地。

监理人指定的接收人为：应设专职或者兼职收发员以与项目经理分权制衡。接受的文件包括纸质版和电子版、原件和复印件。原件签章完整后交公司办公室存档，复印件由项目经理、资料员、收发员留存。

1.7 这个部分应通过补充协议签订联系方式确认书，明确联系人、职务、联系电话、双方接收文件地址、电子邮箱、传真号、银行账号等。并且约定一方上述内容发生改变时应当立即通知对方，否则对方送达到约定地址即为有效送达，由此引起的不利后果由怠于通知一方承担。

1.10 交通运输

1.10.1 出入现场的权利

关于出入现场的权利的约定：如无特别约定，填写"执行通用条款"。

1.10.3 场内交通

关于场外交通和场内交通的边界的约定：一般以围栏为界。

关于发包人向承包人免费提供满足工程施工需要的场内道路和交通设施的约定：如无特别约定，填写"执行通用条款"。

1.10.4 超大件和超重件的运输

运输超大件或超重件所需的道路和桥梁临时加固改造费用和其他有关费用由承包人承担。

1.11 知识产权

1.11.1 关于发包人提供给承包人的图纸、发包人为实施工程自行编制或委托编制的技术规范以及反映发包人关于合同要求或其他类似性质的文件的著作权的归属：填写"执行通用条款"。

关于发包人提供的上述文件的使用限制的要求：填写"执行通用条款"。

1.11.2 关于承包人为实施工程所编制文件的著作权的归属：填写"执行

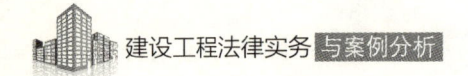

通用条款"。

关于承包人提供的上述文件的使用限制的要求：填写"执行通用条款"。

1.11.4 承包人在施工过程中所采用的专利、专有技术、技术秘密的使用费的承担方式：填写"执行通用条款"。

1.13 工程量清单错误的修正

出现工程量清单错误时，是否调整合同价格：如果是定额计价，工程量变化的风险由承包人承担。如是工程量清单计价，工程量变化的风险由发包人承担；如为固定总价合同，没有识别工程量的漏项等错误，也是承包人的风险范围。

允许调整合同价格的工程量偏差范围：通用条款为大于包括等于15%的，双方也可以另行约定。

2. 发包人

2.2 发包人代表

发包人代表：填写"执行通用条款"；

姓　　　名：填写"执行通用条款"；

身份证号：填写"执行通用条款"；

职　　　务：填写"执行通用条款"；

联系电话：填写"执行通用条款"；

电子信箱：填写"执行通用条款"；

通信地址：填写"执行通用条款"；

发包人对发包人代表的授权范围如下：这一款对于发包人非常重要。首先，应当列出发包人代表被授予的具体权限；其次，每种权限都应加以时间或者金额限制，时间或者金额限制既要有单笔限制，也要有总体的限制，同时要对超越发包人代表的权限的救济手段作出规定；再次，授权应有阶段限制；最后，应对发包人代表更换的程序和前后衔接作出规定。例如①顺延工期（单次3天，总计60天）；②质量监督；③签认预付款、进度款（单笔20万元以下，否则需要有发包人法定代表人签字）；④发布暂停施工令（单次10天以下，总计90天以下）；⑤工程变更或者其他签证（单笔10万元以下，总计100万元以下）；⑥组织竣工验收；⑦签发复工令；⑧签认竣工报告。

超越发包方代表授权范围的签证由发包方法定代表人签字、加盖公章方才有效。

2.4 施工现场、施工条件和基础资料的提供

2.4.1 提供施工现场

关于发包人移交施工现场的期限要求：本条对于发包方特别重要。首先，条一般执行通用条款，即开工前7天。但是本条最重要的是要通过《补充协议》确定施工现场的面积以及"四至"，严格限制承包人施工现场的范围，尤其要限制承包人对相邻楼座、其他标段、后期开盘等场地的限制。其次，约定施工场地的占用时间，当约定的占用时间内工程没有完工并交付使用的，双方书面展延施工场地的使用期限。最后，要约定超越约定时间占用施工场地的违约责任，若合同解除或者合同终止后，拒不撤出施工现场的，每日支付违约金2000元。

此外，双方还应当通过《补充协议》，约定现场统一管理协议，明确施工现场各方主体的权利和义务。

2.4.2 提供施工条件

关于发包人应负责提供施工所需要的条件，包括：一般为"三通一平"。

2.5 资金来源证明及支付担保

发包人提供资金来源证明的期限要求：填写"无"，不要填写"执行通用条款"。

发包人是否提供支付担保：填写"无"，不要填写"执行通用条款"。

发包人提供支付担保的形式：填写"无"，不要填写"执行通用条款"。

3. 承包人

3.1 承包人的一般义务

（1）承包人提交的竣工资料的内容：见当地建筑档案馆《某市建筑工程档案移交目录》。

承包人需要提交的竣工资料套数：一般为5套。

承包人提交的竣工资料的费用承担：承包方承担。

承包人提交的竣工资料移交时间：提交《竣工报告》前备齐，监理师检查无误后签字确认。观感验收前提交建筑档案馆验收。建筑档案馆验收合格后进行竣工验收，竣工验收合格后7天内提交。

承包人提交的竣工资料形式要求：纸质4套，电子版1套。

（2）承包人应履行的其他义务：严格执行建筑节能等法律规定，在施工过程中控制噪音、扬尘、注意环保、节约能源、杜绝浪费。

3.2 项目经理

3.2.1 项目经理：

姓　　名：_____；

身份证号：_____；

建造师执业资格等级：_____；

建造师注册证书号：_____；

建造师执业印章号：_____；

安全生产考核合格证书号：_____；

联系电话：_____；

电子信箱：_____；

通信地址：_____。

承包人对项目经理的授权范围如下：本条对于发包人特别重要，一般应作如下规定：执行通用条款。补充约定如下：①代表承包人履行施工合同；②收、发工程联系单，与本工程相关的分包、采购、聘任合同的签订；③提交竣工验收申请；④签署最终结清证书。

关于项目经理每月在施工现场的时间要求：一般约定 25 天。

承包人未提交劳动合同，以及没有为项目经理缴纳社会保险证明的违约责任：限期 3 日内补交，并承担违约金 1 万元；3 日内未能补交的，承担违约金 5 万元，发包人有权要求更换项目经理；15 日内仍不能补交的，发包人有权解除合同，承包人承担拒绝履约的违约责任。

项目经理未经批准，擅自离开施工现场的违约责任：擅离 3 日内的，承担违约金 1 万元；5 日内未能返岗的，承担违约金 5 万元，发包人有权要求更换项目经理；15 日内仍不能返岗的，发包人有权解除合同，承包人承担拒绝履约的违约责任。

3.2.3 承包人擅自更换项目经理的违约责任：发包人可以认可承包人更换的项目经理，但是承包人需承担违约金 5 万元，并承担因此导致的其他违约责任；发包人不认可承包人更换的项目经理，承包人坚持更换的，发包人有权解除合同，承包人需承担违约金 20 万元，并承担因此导致的其他违约责任。

3.2.4 承包人无正当理由拒绝更换项目经理的违约责任：发包人有权解除合同，承包人需承担违约金 20 万元，并承担因此导致的其他违约责任。

3.3 承包人人员

3.3.1 承包人提交项目管理机构及施工现场管理人员安排报告的期限：一般为进场前7日，且与投标文件一致。否则承包人承担合同价5%的违约金，同时发包人有权解除合同。

3.3.3 承包人无正当理由拒绝撤换主要施工管理人员的违约责任：发包人有权解除合同，承包人需承担违约金10万元，并承担因此导致的其他违约责任。

3.3.4 承包人主要施工管理人员离开施工现场的批准要求：发包人有权解除合同，承包人需承担违约金10万元，并承担因此导致的其他违约责任。

3.3.5 承包人擅自更换主要施工管理人员的违约责任：发包人有权解除合同，承包人需承担违约金10万元，并承担因此导致的其他违约责任。

承包人主要施工管理人员擅自离开施工现场的违约责任：发包人有权解除合同，承包人需承担违约金10万元，并承担因此导致的其他违约责任。

3.5 分包

3.5.1 分包的一般约定

禁止分包的工程包括：主体结构、关键性工作的范围。

主体结构、关键性工作的范围：主体结构包括地基、基础和主体的施工，具体包括钢结构、墙体、梁、板、柱、楼梯和屋面等；关键性工作的范围包括模板工程、钢筋工程、混凝土工程和砌体工程等。

3.5.2 分包的确定

允许分包的专业工程包括：除了禁止分包的工程以外均可分包。

其他关于分包的约定：本条十分重要。例如：①发包人有权指定分包商；②本工程混凝土、真石漆、玻璃幕墙由发包人提供，价款通过购物发票确定；③承包商将工程分包，必须经过发包人同意；④分包商的工程量必须经总监理师签署并加盖监理公司公章方才生效；⑤在发包人指定分包商、发包人提供建筑材料、承包商分包工程的情况下，承包人放弃主张工程配合费。⑥未经发包人同意，承包人将工程分包，发包人有权解除合同。承包人接到解除合同通知后于15日内撤出工程现场，同时承担100万元或者合同价30%的违约金。上述违约责任不足以弥补发包人损失的，承包人需承担赔偿经济损失的责任。

3.5.4 分包合同价款

关于分包合同价款支付的约定：通过承包商结算或者直接与分包商结算。

3.6 工程照管与成品、半成品保护

承包人负责照管工程及工程相关的材料、工程设备的起始时间：一般为发包人向承包人移交施工现场之日起到发包人签署工程移交证书之日为止。

3.7 履约担保

承包人是否提供履约担保：据实填写。

承包人提供履约担保的形式、金额及期限的：如有担保，应为合同价的10%，自发包人向承包人移交施工现场之日起到发包人签署工程移交证书之日为止。

4. 监理人

4.1 监理人的一般规定

关于监理人的监理内容：见《建设工程监理合同》。

关于监理人的监理权限：见《建设工程监理合同》。

关于监理人在施工现场的办公场所、生活场所的提供和费用承担的约定：执行通用条款。

4.2 监理人员

总监理工程师：

姓　　名：_____；

职　　务：_____；

监理工程师执业资格证书号：_____；

联系电话：_____；

电子信箱：_____；

通信地址：_____；

关于监理人的其他约定：_____。

4.4 商定或确定

发包人和承包人不能通过协商达成一致意见时，发包人授权监理人对以下事项进行确定：

(1) 确定替代材料或者工程设备的价格；

(2) 变更工程量的价格；

(3) 确定工程变更的工期调整。

5. 工程质量

5.1 质量要求

5.1.1 特殊质量标准和要求：无特别约定时，执行通用条款。

关于工程奖项的约定：例如：发包人拟报鲁班奖，如果获奖，发包人一次性奖励承包人 20 万元。

5.3 隐蔽工程检查

5.3.2 承包人提前通知监理人隐蔽工程检查的期限的约定：执行通用条款。

监理人不能按时进行检查时，应提前_____小时提交书面延期要求执行通用条款。

关于延期最长不得超过：执行通用条款小时执行通用条款。

6. 安全文明施工与环境保护

6.1 安全文明施工

6.1.1 项目安全生产的达标目标及相应事项的约定：执行通用条款和承包人的投标文件。

6.1.4 关于治安保卫的特别约定：执行通用条款和承包人的投标文件。

关于编制施工场地治安管理计划的约定：执行通用条款和承包人的投标文件。

6.1.5 文明施工

合同当事人对文明施工的要求：执行通用条款和承包人的投标文件。

6.1.6 关于安全文明施工费支付比例和支付期限的约定：执行通用条款和承包人的投标文件。

7. 工期和进度

7.1 施工组织设计

7.1.1 合同当事人约定的施工组织设计应包括的其他内容：执行通用条款和承包人的投标文件。

7.1.2 施工组织设计的提交和修改

承包人提交详细施工组织设计的期限的约定：开工日期前 7 天。

发包人和监理人在收到详细的施工组织设计后确认或提出修改意见的期限：收到后 7 日之内。

7.2 施工进度计划

7.2.2 施工进度计划的修订

发包人和监理人在收到修订的施工进度计划后确认或提出修改意见的期限：收到后 7 日之内。

7.3 开工

7.3.1 开工准备

关于承包人提交工程开工报审表的期限：开工日期前 7 天。

关于发包人应完成的其他开工准备工作及期限：开工日期前 7 天。

关于承包人应完成的其他开工准备工作及期限：开工日期前 7 天。

7.3.2 开工通知

因发包人原因造成监理人未能在计划开工日期之日起 90 天内发出开工通知的，承包人有权提出价格调整要求，或者解除合同。

7.4 测量放线

7.4.1 发包人通过监理人向承包人提供测量基准点、基准线和水准点及其书面资料的期限：开工日期前 7 天。

7.5 工期延误

7.5.1 因发包人原因导致工期延误

（7）因发包人原因导致工期延误的其他情形：执行通用条款。

7.5.2 因承包人原因导致工期延误

因承包人原因造成工期延误，逾期竣工违约金的计算方法为：每日按合同价款的 0.05% 支付违约金。

因承包人原因造成工期延误，逾期竣工违约金的上限：无。

7.6 不利物质条件

不利物质条件的其他情形和有关约定：执行通用条款。

7.7 异常恶劣的气候条件

发包人和承包人同意以下情形视为异常恶劣的气候条件：

（1）每十年一遇的强降水；

（2）8 级以上的大风；

（3）连续三天 40 度以上的高温。

7.9 提前竣工的奖励

7.9.2 提前竣工的奖励：每提前一天，按合同价款的 0.05% 支付奖励。

8. 材料与设备

8.4 材料与工程设备的保管与使用

8.4.1 发包人供应的材料设备的保管费用的承担：<u>承包人不主张保管费</u>。

8.6 样品

8.6.1 样品的报送与封存

需要承包人报送样品的材料或工程设备，样品的种类、名称、规格、数量要求：<u>见《样品报送表》</u>。

8.8 施工设备和临时设施

8.8.1 承包人提供的施工设备和临时设施

关于修建临时设施费用承担的约定：<u>据实签订，没有特别约定的，执行用用条款</u>。

9. 试验与检验

9.1 试验设备与试验人员

9.1.2 试验设备

施工现场需要配置的试验场所：<u>例如工地实验室</u>。

施工现场需要配备的试验设备：<u>例如《拟配备本工程的实验和检测仪器设备表》</u>。

施工现场需要具备的其他试验条件：<u>据实签订</u>。

9.4 现场工艺试验

现场工艺试验的有关约定：<u>据实签订</u>。

10. 变更

10.1 变更的范围

关于变更的范围的约定：<u>执行通用条款</u>。

10.4 变更估价

10.4.1 变更估价原则

关于变更估价的约定：<u>执行通用条款</u>。

10.5 承包人的合理化建议

监理人审查承包人合理化建议的期限：<u>收到后 7 日内</u>。

发包人审批承包人合理化建议的期限：<u>收到后 7 日内</u>。

承包人提出的合理化建议降低了合同价格或者提高了工程经济效益的奖励的方法和金额为：<u>据实签订</u>。

10.7 暂估价

暂估价材料和工程设备的明细详见附件 11：《暂估价一览表》。

10.7.1 依法必须招标的暂估价项目

对于依法必须招标的暂估价项目的确认和批准采取第 1 或者 2 种方式确定。

10.7.2 不属于依法必须招标的暂估价项目

对于不属于依法必须招标的暂估价项目的确认和批准采取<u>第 1 或者 2 种方式确定</u>。

第 3 种方式：承包人直接实施的暂估价项目

承包人直接实施的暂估价项目的约定：<u>据实签订</u>。

10.8 暂列金额

合同当事人关于暂列金额使用的约定：<u>由发包人确定并按照发包人指令使用</u>。

11. 价格调整

11.1 市场价格波动引起的调整

市场价格波动是否调整合同价格的约定：　　　。

因市场价格波动调整合同价格，采用以下第＿＿＿种方式对合同价格进行调整：

第 1 种方式：采用价格指数进行价格调整。

关于各可调因子、定值和变值权重，以及基本价格指数及其来源的约定：<u>不适用</u>；

第 2 种方式：采用造价信息进行价格调整。

（2）关于基准价格的约定：　　　　　　　　。

专用合同条款①承包人在已标价工程量清单或预算书中载明的材料单价低于基准价格的：专用合同条款合同履行期间材料单价涨幅以基准价格为基础超过<u>不适用</u>%时，或材料单价跌幅以已标价工程量清单或预算书中载明材料单价为基础超过<u>不适用</u>%时，其超过部分据实调整。

②承包人在已标价工程量清单或预算书中载明的材料单价高于基准价格的：专用合同条款合同履行期间材料单价跌幅以基准价格为基础超过<u>不适用</u>%时，材料单价涨幅以已标价工程量清单或预算书中载明材料单价为基础超过<u>不适用</u>%时，其超过部分据实调整。

③承包人在已标价工程量清单或预算书中载明的材料单价等于基准单价

的：专用合同条款合同履行期间材料单价涨跌幅以基准单价为基础超过±<u>不适用</u>%时，其超过部分据实调整。

第3种方式：其他价格调整方式：<u>不适用</u>。

12. 合同价格、计量与支付

12.1 合同价格形式

1. 单价合同

综合单价包含的风险范围：<u>建筑材料价格在上下15%范围内的波动、政府主管部门定额和信息价的调整、建筑设备租金的上涨、运输费用增加等</u>。

风险费用的计算方法：<u>风险费用为清单综合单价的5%</u>。

风险范围以外合同价格的调整方法：<u>①风险范围以外的合同价格，本合同条款有约定的，按照约定调整；②风险范围以外的合同价格，本合同条款没有约定的，根据工程所在地设区市政府主管部门或者其授权的部门发布的最新信息价格进行调整；③没有可以依据的价格信息的，按照合理的成本与利润构成的原则，由双方按照4.4确定价格</u>。

2. 总价合同

总价包含的风险范围：<u>除了工程变更，其他情形均不予以调价</u>。

风险费用的计算方法：<u>不适用</u>。

风险范围以外合同价格的调整方法：<u>不适用</u>。

3. 其他价格方式

12.2 预付款

12.2.1 预付款的支付

预付款支付比例或金额：<u>不适用</u>。

预付款支付期限：<u>不适用</u>。

预付款扣回的方式：<u>不适用</u>。

12.2.2 预付款担保

承包人提交预付款担保的期限：<u>不适用</u>。

预付款担保的形式为：<u>不适用</u>。

12.3 计量

12.3.1 计量原则

工程量计算规则：<u>《全国统一建筑工程预算工程量计算规则》</u>。

12.3.2 计量周期

关于计量周期的约定：按月计算。

12.3.3 单价合同的计量

关于单价合同计量的约定：执行通用条款。

12.3.4 总价合同的计量

关于总价合同计量的约定：执行通用条款。

12.3.5 总价合同采用支付分解表计量支付的，是否适用第12.3.4项［总价合同的计量］约定进行计量：适用。

12.3.6 其他价格形式合同的计量

其他价格形式的计量方式和程序：＿＿＿。

12.4 工程进度款支付

12.4.1 付款周期

关于付款周期的约定：工程进行到地上三层支付合同价款的30%；主体封顶后支付至合同价款的50%；工程竣工验收合格后支付到合同价款的95%；缺陷责任期满后支付到合同价款的100%（注意这里不能填写"执行通用条款"）。

12.4.2 进度付款申请单的编制

关于进度付款申请单编制的约定：执行通用条款。

12.4.3 进度付款申请单的提交

（1）单价合同进度付款申请单提交的约定：执行通用条款。

（2）总价合同进度付款申请单提交的约定：执行通用条款。

（3）其他价格形式合同进度付款申请单提交的约定：执行通用条款。

12.4.4 进度款审核和支付

（1）监理人审查并报送发包人的期限：执行通用条款。

发包人完成审批并签发进度款支付证书的期限：执行通用条款。

（2）发包人支付进度款的期限：执行通用条款。

发包人逾期支付进度款的违约金的计算方式：执行通用条款。

12.4.6 支付分解表的编制

2、总价合同支付分解表的编制与审批：空白。

3、单价合同的总价项目支付分解表的编制与审批：空白。

13. 验收和工程试车

13.1 分部分项工程验收

13.1.2 监理人不能按时进行验收时，应提前 48 小时提交书面延期要求。关于延期最长不得超过：96 小时。

13.2 竣工验收

13.2.2 竣工验收程序

关于竣工验收程序的约定：工程是否已经竣工由监理机构书面作出决定。发包人不按照本项约定组织竣工验收、颁发工程接收证书的违约金的计算方法：执行通用条款。

13.2.5 移交、接收全部与部分工程

承包人向发包人移交工程的期限：执行通用条款。

发包人未按本合同约定接收全部或部分工程的，违约金的计算方法为：空白。

承包人未按时移交工程的，违约金的计算方法为：每拖延一日，按照 5000 元/天承担违约金。

13.3 工程试车

13.3.1 试车程序

工程试车内容：与承包人承保范围一致。

（1）单机无负荷试车费用由执行通用条款承担；

（2）无负荷联动试车费用由执行通用条款承担。

13.3.3 投料试车

关于投料试车相关事项的约定：执行通用条款。

13.6 竣工退场

13.6.1 竣工退场

承包人完成竣工退场的期限：竣工验收合格之日起 28 天之内或者实际竣工后 28 天之内。

14. 竣工结算

14.1 竣工结算申请

承包人提交竣工结算申请单的期限：执行通用条款。

竣工结算申请单应包括的内容：《竣工结算报告》、竣工图、《施工合同》、有发包方、监理师签字的工程洽商变更单以及其他签证单、投标文件等

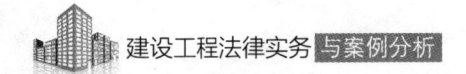

结算需要的文件（此处不可填写"执行通用条款"）。

14.2 竣工结算审核

发包人审批竣工付款申请单的期限：发包人对承包人的结算报告应当在 28 天之内完成审核；审核期间发包人对承包人的结算报告有异议的，发包人应当书面提出异议并说明理由；承包人应当在收到书面异议之日起 28 天之内作出书面回复并提供相应作证资料；双方经过 3 轮申请和审核仍然不能协商一致的，提交约定的造价机构进行审核，双方有义务对造价机构审核结果签章确认。发包人审批竣工付款申请单的期限和承包人审核发包人书面异议的期限均不适用《通用条款》中的默示条款。

发包人完成竣工付款的期限：执行通用条款。

关于竣工付款证书异议部分复核的方式和程序：执行通用条款。

14.4 最终结清

14.4.1 最终结清申请单

承包人提交最终结清申请单的份数：8 份。

承包人提交最终结算申请单的期限：执行通用条款。

14.4.2 最终结清证书和支付

（1）发包人完成最终结清申请单的审批并颁发最终结清证书的期限：执行通用条款。

（2）发包人完成支付的期限：执行通用条款。

15. 缺陷责任期与保修

15.2 缺陷责任期

缺陷责任期的具体期限：24 个月。

15.3 质量保证金

关于是否扣留质量保证金的约定：工程质量保证金。

在工程项目竣工前，承包人按专用合同条款第 3.7 条提供履约担保的，发包人不得同时预留工程质量保证金。

15.3.1 承包人提供质量保证金的方式

质量保证金采用以下第（2）种方式：

（1）质量保证金保函，保证金额为：空白；

（2）5%的工程款；

（3）其他方式：空白。

15.3.2 质量保证金的扣留

质量保证金的扣留采取以下第 (2) 种方式：

（1）在支付工程进度款时逐次扣留，在此情形下，质量保证金的计算基数不包括预付款的支付、扣回以及价格调整的金额；

（2）工程竣工结算时一次性扣留质量保证金；

（3）其他扣留方式：空白。

关于质量保证金的补充约定：空白。

15.4 保修

15.4.1 保修责任

工程保修期为：执行通用条款。

15.4.3 修复通知

承包人收到保修通知并到达工程现场的合理时间：①承包方的联系人为张三，电话为：   李四电话为：   ；②承包方的通讯地址为：与《协议书》一致；③合理时间一般为收到书面通知的48小时内；④紧急情况下可口头通知，承包方应立即到场，发包人在24小时内书面予以确认。⑤承包方应将修复工程产生的工程量、材料、费用及时提交发包方，发包方收到后28天内审核完毕。双方对工程量和产生的费用无法达成一致的，由双方约定的审价机构进行审核，双方有义务对审价机构审核的结果签章确认。

16. 违约

16.1 发包人违约

16.1.1 发包人违约的情形

发包人违约的其他情形：_____。

16.1.2 发包人违约的责任

发包人违约责任的承担方式和计算方法：

（1）因发包人原因未能在计划开工日期前7天内下达开工通知的违约责任：执行通用条款。

（2）因发包人原因未能按合同约定支付合同价款的违约责任：执行通用条款。

（3）发包人违反第10.1款［变更的范围］第（2）项约定，自行实施被取消的工作或转由他人实施的违约责任：执行通用条款。

（4）发包人提供的材料、工程设备的规格、数量或质量不符合合同约定，或因发包人原因导致交货日期延误或交货地点变更等情况的违约责任；执行通用条款。

（5）因发包人违反合同约定造成暂停施工的违约责任：执行通用条款。

（6）发包人无正当理由没有在约定期限内发出复工指示，导致承包人无法复工的违约责任：执行通用条款。

（7）其他：执行通用条款。

16.1.3 因发包人违约解除合同

承包人按 16.1.1 项［发包人违约的情形］约定暂停施工满执行通用条款天后发包人仍不纠正其违约行为并致使合同目的不能实现的，承包人有权解除合同。

16.2 承包人违约

16.2.1 承包人违约的情形

承包人违约的其他情形：承包方应当保证所雇佣的人员的工资按时发放，因为欠薪问题导致工人找发包人讨要甚至到政府部门集会、上访、游行示威的，视同承包方根本违约，发包方有权解除合同，承包方承担合同价款 30% 的违约金。

16.2.2 承包人违约的责任

承包人违约责任的承担方式和计算方法：

（1）非法转包或者违法分包工程，除解除合同外，承包方承担合同价款 30% 的违约金；

（2）违反 16.2.1 中第（2）项约定的，承包人承诺，除按照监理师通知整改合格外，应承担相应材料、设备 30% 的违约金；

（3）违反 16.2.1 中第（3）项约定的，承包人承诺，除按照监理师通知整改合格外，因此多支出的费用由承包人承担，造成工期延误的，执行关于工期延误的违约金条款；

（4）违反 16.2.1 中第（4）项约定的，承包人承诺，除按照监理师通知整改合格外，应承担相应材料、设备 30% 的违约金；

（5）导致工期违约，承包方承诺，每延误一天，按照 5000 元/天承担违约金；工期延误超过 56 天的，发包方有权解除合同；

（6）违反 16.2.1 中第（6）项约定的，承包人承诺，除按照发包方通知履行维修义务以外，无权要求返还质量保证金或者履约保证金；

（7）违反 16.2.1 中第（7）项约定的，承包人承诺承担相应合同价款 30%的违约金，同时发包人有权要求继续履行；

（8）违反 16.2.1 中第（8）项约定的，承包人承诺，承担合同价款 10%的违约金。

承包人违约，按照上述违约责任仍然无法弥补发包人损失的，承包人还应当赔偿承包人的其他实际损失和预期利益。

16.2.3 因承包人违约解除合同

关于承包人违约解除合同的特别约定：

（1）合同自解除合同的通知送达时生效。解除合同的通知须有发包人加盖公司公章并由法定代表人签字。解除合同的通知邮寄到本合同《协议书》确定的地址即为送达。《协议书》约定地址变更的，应及时书面通知发包人，没有按照约定履行通知义务的，发包人将解除通知邮寄到《协议书》确定的地址即为送达。

（2）合同自解除合同的通知送达后 14 天内，除发包方需要继续使用的材料、设备、临时工程、承包人文件和由承包人或以其名义编制的其他文件以外，承包方应当将人员机械材料等撤离施工现场。承包方承诺，每延误一天，按照 5000 元/天承担违约金。

合同自解除合同的通知送达后 28 天内，承包方应当将竣工后需要备案的工程资料完整地提交给发包方。承包方承诺，每延误一天，按照 1000 元/天承担违约金。

（3）自解除合同的通知送达后 7 天内，发包方与承包方开始核对工程量和工程款支付情况。双方将没有争议的部分签章确认，将有争议的部分提交共同选定的工程造价机构审核。工程造价机构审核后出具的报告双方应当认可。双方无法选定工程造价机构的，可以按照合同约定提起仲裁或者诉讼。

发包人继续使用承包人在施工现场的材料、设备、临时工程、承包人文件和由承包人或以其名义编制的其他文件的费用承担方式：

自解除合同的通知送达后 7 天内，双方协商相关材料、设备、临时工程的费用，协商不成，由造价机构审核或者有评估机构进行评估。

17. 不可抗力

17.1 不可抗力的确认

除通用合同条款约定的不可抗力事件之外，视为不可抗力的其他情形：

注意一定要将政府行为作为不可抗力，因为建设工程活动自始至终由政府监督管理，从项目前期的项目建议书、可行性研究报告、项目立项、建设用地规划、土地招拍挂、建设规划，到项目准备阶段的项目报建、招标投标、施工许可证，再到施工阶段，直到工程验收，以及其他园林、绿化、市政、人防、消防、防雷、防震等，几乎全程处于政府管理监督之下。由于某些主管部门办事效率低下，很多手续不能及时办理。有些工程竣工时也没有《施工许可证》，这些不可避免地要导致工期延误、建设资金周转困难。如果工程因为政府原因，导致手续办不下来，延误工期，这种情况就属于发包方责任。因此，作为发包方，一定要将政府行为作为不可抗力写进合同。

能够成为不可抗力的政府行为包括：政府对项目用地进行征收、政府叫停项目的建设活动、因重大政治活动、军事演习、体育赛事、雾霾天气导致工程停工、政府主管部门没有在规定时间内办理项目的批准手续、政府主管部门出台新规定对工程工期、工程款支付产生影响等。

由水电气热等自然垄断部门承担的配套工程建设进程也是发包人不能控制的，因此，因为水电气热等自然垄断部门导致的工期延误行为也应当写进不可抗力范围。

此外，应当设立不可抗力的兜底条款，即其他非发承包双方的原因，且发承包双方不能预见、不能避免和不能克服的事件，均为不可抗力。

还应当补充：发生不可抗力的情况下，双方各自承担各自的损失，双方互不承担责任。

17.4 因不可抗力解除合同

合同解除后，发包人应在商定或确定发包人应支付款项后_____天内完成款项的支付。

18. 保险

18.1 工程保险

关于工程保险的特别约定：工程师高危行业，工地安全事故屡见不鲜，往往施工方人员出现伤亡后，施工人员以及家属要求发包人承担损失。也有工地封闭不严，外来的儿童偷入工地玩耍工程设备受伤，或者捡垃圾的人员偷入工地，失足摔下或者被悬置物伤到的情形，此时的赔偿问题往往陷入争议，尤其是承包人又将工程转包给不具备施工资质的自然人，出现安全事故后往往无力承担、不愿承担甚至一跑了之。因此，此处应约定承包人没有为所属人员办理工伤保险的违约责任，督促承包人为所属人员、设备办理相应的保险。

18.3 其他保险

关于其他保险的约定：除了工程工伤以外的其他保险，例如意外伤害保险、大病医疗、人寿保险等。

承包人是否应为其施工设备等办理财产保险：执行通用条款（承包人义务）。

18.7 通知义务

关于变更保险合同时的通知义务的约定：执行通用条款。

20. 争议解决

20.3 争议评审

合同当事人是否同意将工程争议提交争议评审小组决定。

工程案件纷繁复杂，因此近年来工程领域启动多元化纠纷解决模式，例如 2016 年中国建筑业协会调解中心成立，2017 年北京建设工程造价管理协会经济纠纷调解中心成立，同年，中国建设工程造价管理协会经济纠纷调解中心成立，等等。截至目前，全国已经有 45 家行业性、专业性的调解组织，这些纠纷调解中心的成立有利于案件多元化解决。2017 年，全国工程案件多元调解成功 63 812 件，多元加速裁模式取得初步成功。

此外，当事人也可以通过约定来选择解决纠纷的专家，以兹将来出现纠纷时，不至于陷入旷日持久的争吵当中。

当事人选择争议评审人员后，一定要确定评审规则，否则不仅纠纷得不到解决，而且评审人员也会陷入争议。双方可以约定参照当地仲裁委员会规则来处理纠纷，也可以作出特别约定。

20.3.1 争议评审小组的确定

争议评审小组成员的确定：①争议评审小组成员的确定执行通用条款；②双方如对工程造价无法协商一致，由某市某造价咨询机构审核确定，双方应当对审核确定的结果签章确认，否则视为违约；③如需要对材料设备等进行评估，双方一致确定由某某市某某评估机构审核确定，双方应当对评估结果签章确认，否则视为违约。

选定争议评审员的期限：建议合同签订时选定，否则出现纠纷时再选定就比较困难了。

争议评审小组成员的报酬承担方式：执行通用条款。

其他事项的约定：应当对解决争议的时间等作出约定。

20.3.2 争议评审小组的决定

合同当事人关于本项的约定：应当约定当事人在争议评审小组作出的决定或者签字确认的调解协议对双方具有约束力。如果一方不执行，又选择仲裁或者诉讼解决纠纷的，一旦败诉，应当承担争议评审小组成员的报酬以及另一方聘请律师、造价、工程质量或者司法鉴定机构的相应费用。

20.4 仲裁或诉讼

因合同及合同有关事项发生的争议，按下列第____种方式解决：

(1) 向_____仲裁委员会申请仲裁；

(2) 向_____人民法院起诉。

从理论上讲，仲裁的优点是更民主、更透明、更便捷，因为仲裁程序允许当事人双方按照自己的意愿选择自己信任的仲裁员，而且仲裁是一裁终局，不像诉讼那样还有二审、再审程序。但实践中，也有很多案件久拖不决，甚至一个案子审理七、八年，远远超过了审限。因此，实践层面上，仲裁不一定比诉讼更及时、快捷。

因此出现纠纷时，选择仲裁还是诉讼，还是要看当事人的具体情况，如果当事人所在地在北上广深等一线城市，笔者建议工程当事人首选仲裁，中国国际经济贸易仲裁委于2017年受理案件2298个，个案标的过亿的117件，案件总标的719亿，北京市仲裁委员会于2017年受理案件3550个，个案标的过亿的94件，案件总标的448亿。其他广州、上海、华南、深圳、武汉、重庆、湛江、厦门也都是全年受案百亿的仲裁委员会。中国国际经济贸易仲裁委不仅是世界受案标的排名第一的仲裁委员会，而且在世界享有很高声誉。因此，如果当事人所在地在北上广深等一线城市，笔者建议工程当事人首选仲裁。

但是如果案件纠纷出现在经济不发达地区，那么笔者还是建议选择诉讼。因为法官比仲裁委员会成员审判经验更丰富，而且法院审理的案件更有利于案件的执行。

附件

协议书附件：

附件1：承包人承揽工程项目一览表
专用合同条款附件：
附件2：发包人供应材料设备一览表
附件3：工程质量保修书
附件4：主要建设工程文件目录
附件5：承包人用于本工程施工的机械设备表
附件6：承包人主要施工管理人员表
附件7：分包人主要施工管理人员表
附件8：履约担保格式
附件9：预付款担保格式
附件10：支付担保格式
附件11：暂估价一览表

附件3：工程质量保修书

发包人（全称）：

承包人（全称）：

发包人和承包人根据《中华人民共和国建筑法》和《建设工程质量管理条例》，经协商一致就_____（工程全称）签订工程质量保修书。

一、工程质量保修范围和内容

承包人在质量保修期内，按照有关法律规定和合同约定，承担工程质量保修责任。

质量保修范围包括地基基础工程、主体结构工程，屋面防水工程、有防水要求的卫生间、房间和外墙面的防渗漏，供热与供冷系统，电气管线、给排水管道、设备安装和装修工程，以及双方约定的其他项目。具体保修的内容，双方约定如下：_____。

二、质量保修期

根据《建设工程质量管理条例》及有关规定，工程的质量保修期如下：

1. 地基基础工程和主体结构工程为设计文件规定的工程合理使用年限；
2. 屋面防水工程、有防水要求的卫生间、房间和外墙面的防渗____为_____年；

3. 装修工程为＿＿＿＿年；

4. 电气管线、给排水管道、设备安装工程为＿＿＿＿年；

5. 供热与供冷系统为＿＿＿＿个采暖期、供冷期；

6. 住宅小区内的给排水设施、道路等配套工程为＿＿＿＿年；

7. 其他项目保修期限约定如下：＿＿＿。

质量保修期自工程竣工验收合格之日起计算。

三、缺陷责任期

工程缺陷责任期为＿＿＿＿个月，缺陷责任期自工程通过竣工验收之日起计算。单位工程先于全部工程进行验收，单位工程缺陷责任期自单位工程验收合格之日起算。

缺陷责任期终止后，发包人应退还剩余的质量保证金。

四、质量保修责任

1. 属于保修范围、内容的项目，承包人应当在接到保修通知之日起 7 天内派人保修。承包人不在约定期限内派人保修的，发包人可以委托他人修理。

2. 发生紧急事故需抢修的，承包人在接到事故通知后，应当立即到达事故现场抢修。

3. 对于涉及结构安全的质量问题，应当按照《建设工程质量管理条例》的规定，立即向当地建设行政主管部门和有关部门报告，采取安全防范措施，并由原设计人或者具有相应资质等级的设计人提出保修方案，承包人实施保修。

4. 质量保修完成后，由发包人组织验收。

五、保修费用

保修费用由造成质量缺陷的责任方承担。

六、双方约定的其他工程质量保修事项

工程质量保修书由发包人、承包人在工程竣工验收前共同签署，作为施工合同附件，其有效期限至保修期满。

发包人（公章）：＿＿＿＿＿＿＿＿　　承包人（公章）：＿＿＿＿＿

地　　址：＿＿＿＿＿　　　　　　　地　　址：＿＿＿＿＿

法定代表人（签字）：＿＿＿＿　　　　法定代表人（签字）：＿＿＿＿
委托代理人（签字）：＿＿＿＿　　　　委托代理人（签字）：＿＿＿＿
电　　话：＿＿＿＿　　　　　　　　　电　　话：＿＿＿＿
传　　真：＿＿＿＿　　　　　　　　　传　　真：＿＿＿＿
开户银行：＿＿＿＿　　　　　　　　　开户银行：＿＿＿＿
账　　号：＿＿＿＿　　　　　　　　　账　　号：＿＿＿＿
邮政编码＿＿＿＿：　　　　　　　　　邮政编码：＿＿＿＿

附件8：履约担保

＿＿＿＿（发包人名称）：

鉴于＿＿＿＿（发包人名称，以下简称"发包人"）与＿＿（承包人名称）（以下称"承包人"）于＿＿年＿月＿日就＿＿＿＿（工程名称）施工及有关事项协商一致共同签订《建设工程施工合同》。我方愿意无条件地、不可撤销地就承包人履行与你方签订的合同，向你方提供连带责任担保。

1. 担保金额人民币（大写）＿＿＿＿元（¥＿＿＿＿）。

2. 担保有效期自你方与承包人签订的合同生效之日起至你方签发或应签发工程接收证书之日止。

3. 在本担保有效期内，因承包人违反合同约定的义务给你方造成经济损失时，我方在收到你方以书面形式提出的在担保金额内的赔偿要求后，在7天内无条件支付。

4. 你方和承包人按合同约定变更合同时，我方承担本担保规定的义务不变。

5. 因本保函发生的纠纷，可由双方协商解决，协商不成的，任何一方均可提请＿＿＿＿仲裁委员会仲裁。

6. 本保函自我方法定代表人（或其授权代理人）签字并加盖公章之日起生效。

担保人：＿＿＿＿＿＿＿＿＿＿＿＿＿＿＿（盖单位章）
法定代表人或其委托代理人：＿＿＿＿＿＿（签字）
地　　址：＿＿＿＿＿＿＿＿＿＿＿＿＿＿＿
邮政编码：＿＿＿＿＿＿＿＿＿＿＿＿＿＿＿
电　　话：＿＿＿＿＿＿＿＿＿＿＿＿＿＿＿

传　　真：_____
____年__月__日

附件9：预付款担保

____（发包人名称）：

根据_____（承包人名称）（以下称"承包人"）与__（发包人名称）（以下简称"发包人"）于__年__月__日签订的_____（工程名称）《建设工程施工合同》，承包人按约定的金额向你方提交一份预付款担保，即有权得到你方支付相等金额的预付款。我方愿意就你方提供给承包人的预付款为承包人提供连带责任担保。

1. 担保金额人民币（大写）_____元（¥_____）。

2. 担保有效期自预付款支付给承包人起生效，至你方签发的进度款支付证书说明已完全扣清止。

3. 在本保函有效期内，因承包人违反合同约定的义务而要求收回预付款时，我方在收到你方的书面通知后，在7天内无条件支付。但本保函的担保金额，在任何时候不应超过预付款金额减去你方按合同约定在向承包人签发的进度款支付证书中扣除的金额。

4. 你方和承包人按合同约定变更合同时，我方承担本保函规定的义务不变。

5. 因本保函发生的纠纷，可由双方协商解决，协商不成的，任何一方均可提请_____仲裁委员会仲裁。

6. 本保函自我方法定代表人（或其授权代理人）签字并加盖公章之日起生效。

担保人：_____（盖单位章）
法定代表人或其委托代理人：_____（签字）
地　　址：_____
邮政编码：_____
电　　话：_____
传　　真：_____
_____年__月__日

附件 10： 支付担保

____（承包人）：

鉴于你方作为承包人已经与_____（发包人名称）（以下称"发包人"）于_年_月___日签订了_____（工程名称）《建设工程施工合同》（以下称"主合同"），应发包人的申请，我方愿就发包人履行主合同约定的工程款支付义务以保证的方式向你方提供如下担保：

一、保证的范围及保证金额

1. 我方的保证范围是主合同约定的工程款。

2. 本保函所称主合同约定的工程款是指主合同约定的除工程质量保证金以外的合同价款。

3. 我方保证的金额是主合同约定的工程款的_____%，数额最高不超过人民币元（大写：_____）。

二、保证的方式及保证期间

1. 我方保证的方式为：连带责任保证。

2. 我方保证的期间为：自本合同生效之日起至主合同约定的工程款支付完毕之日后____日内。

3. 你方与发包人协议变更工程款支付日期的，经我方书面同意后，保证期间按照变更后的支付日期做相应调整。

三、承担保证责任的形式

我方承担保证责任的形式是代为支付。发包人未按主合同约定向你方支付工程款的，由我方在保证金额内代为支付。

四、代偿的安排

1. 你方要求我方承担保证责任的，应向我方发出书面索赔通知及发包人未支付主合同约定工程款的证明材料。索赔通知应写明要求索赔的金额，支付款项应到达的账号。

2. 在出现你方与发包人因工程质量发生争议，发包人拒绝向你方支付工程款的情形时，你方要求我方履行保证责任代为支付的，需提供符合相应条件要求的工程质量检测机构出具的质量说明材料。

3. 我方收到你方的书面索赔通知及相应的证明材料后 7 天内无条件支付。

五、保证责任的解除

1. 在本保函承诺的保证期间内，你方未书面向我方主张保证责任的，自保证期间届满次日起，我方保证责任解除。

2. 发包人按主合同约定履行了工程款的全部支付义务的，自本保函承诺的保证期间届满次日起，我方保证责任解除。

3. 我方按照本保函向你方履行保证责任所支付金额达到本保函保证金额时，自我方向你方支付（支付款项从我方账户划出）之日起，保证责任即解除。

4. 按照法律法规的规定或出现应解除我方保证责任的其他情形的，我方在本保函项下的保证责任亦解除。

5. 我方解除保证责任后，你方应自我方保证责任解除之日起__个工作日内，将本保函原件返还我方。

六、免责条款

1. 因你方违约致使发包人不能履行义务的，我方不承担保证责任。

2. 依照法律法规的规定或你方与发包人的另行约定，免除发包人部分或全部义务的，我方亦免除其相应的保证责任。

3. 你方与发包人协议变更主合同的，如加重发包人责任致使我方保证责任加重的，需征得我方书面同意，否则我方不再承担因此而加重部分的保证责任，但主合同第 10 条［变更］约定的变更不受本款限制。

4. 因不可抗力造成发包人不能履行义务的，我方不承担保证责任。

七、争议解决

因本保函或本保函相关事项发生的纠纷，可由双方协商解决，协商不成的，按下列第____种方式解决：

(1) 向_____仲裁委员会申请仲裁；

(2) 向_____人民法院起诉。

八、保函的生效

本保函自我方法定代表人（或其授权代理人）签字并加盖公章之日起生效。

担保人：_____（盖章）
法定代表人或委托代理人：_____（签字）
地　　址：_____
邮政编码：_____
传　　真：_____
年____月____日

第二节　承包人如何签订施工合同

第三部分　专用合同条款

　　建筑市场属于发包方市场，因此签约阶段发包人占有主动权。在这种情况下，斤斤计较是不明智的。承包方应当实事求是，在签约阶段采用守势，只在重点条款上据理力争，签约阶段无法争取到的东西，还可以在履行阶段利用自己的专业优势收复失地。

　　此外，新版《示范文本》总体倾向于施工人，因此承包方应当积极采用《示范文本》。只要双方依据《示范文本》签订合同，承包人的利益基本上是有保障的。

　　签订合同前，施工单位也应当刻一些"执行通用条款""不适用""此处空白""以下无内容"等长方形印章。因为在建设工程系列合同中，要多次填写施工单位名称、地址、法定代表人、联系电话等，而且在其他合同中也要大量应用，因此这些也应当刻成方章，以提高工作效率。

1. 一般约定

1.1 词语定义

1.1.1 合同

　　1.1.1.10 其他合同文件包括：双方可以根据需要将如下文件列入合同：补充协议、招标文件、有发承包双方指定代表参加的会议纪要、洽商变更记录、工地例会、工程变更指令、监理师发布的工程指令等。建议承包人不要将招标文件作为合同的组成部分，因为招标文件仅是要约邀请，是发包方拟定的，与投标文件、施工合同不尽一致，有些内容不能体现发、承包双方协商的结果，实质性内容还是应以施工合同为准否则容易产生歧义。

1.1.2 合同当事人及其他相关方

1.1.2.4 监理人：

名　　称：填写全称，与公章名称相一致；

资质类别和等级：按照《工程监理企业资质管理规定》《工程监理企业资质等级标准填写》；

联系电话：监理机构和总监理工程师电话；

电子信箱：监理机构的官方信箱或者业务往来信箱；

通信地址：监理机构的官方信箱。

此处填写参照《协议书》相关内容。

1.1.2.5 设计人：

名　　称：填写全称，与公章名称相一致；

资质类别和等级：按照《工程设计企业资质管理规定》、《工程设计企业资质等级标准填写》；

联系电话：设计机构和总设计工程师电话；

电子信箱：设计机构的官方信箱或者业务往来信箱；

通信地址：设计机构的官方信箱。

此处填写参照《协议书》相关内容。

1.1.3 工程和设备

1.1.3.7 作为施工现场组成部分的其他场所包括：例如混凝土搅拌站。

1.1.3.9 永久占地包括：详见《建设用地规划许可证》。

1.1.3.10 临时占地包括：详见《建设用地规划许可证》。

1.3 法律

适用于合同的其他规范性文件：_____。

1.4 标准和规范

1.4.1 适用于工程的标准规范包括：建设工程依据的很多文件都是国家发展改革委员会、财政部、住房和城市建设部的部门规章。而人民法院诉讼中并不以部委规章为裁判依据。因此承包人根据工程需要应当将某些对自己有利的部委规章、地方性规章写入合同。一旦写入合同，就对双方当事人产生约束力，成为司法，裁判的依据如《某市人民政府关于进一步加强建设工程质量与安全管理工作的意见》等。

1.4.2 发包人提供国外标准、规范的名称：不适用；

发包人提供国外标准、规范的份数：<u>不适用</u>；

发包人提供国外标准、规范的名称：<u>不适用</u>。

承包人应当刻有"不适用""此处空白"等长方形章，遇到不适用《通用条款》或者不需要填写的空格处，就加盖长方形章，以提高工作效率。

1.4.3 发包人对工程的技术标准和功能要求的特殊要求：<u>此处空白</u>。

1.5 合同文件的优先顺序

合同文件组成及优先顺序为：

本条款是施工合同重点条款。

首先，应当按照文件名称用列举法排列合同文件的优先顺序。笔者建议承包人按照如下顺序安排合同文件的优先顺序：补充协议、监理师签署的发包人工程变更指令、中标通知书、协议书、投标函及其附录、专用合同条款及其附件、通用合同条款、技术标准和要求、图纸、已标价工程量清单或者预算书等。

其次，本条款应当约定文件冲突时的处理规则。例如，不同文件以顺位在前者优先；同一性质数份文件以签订在后者优先；签章不全者与签章完整者冲突时后者优先；法定代表人签字文件优先于授权代理人签字文件；有监理师签字的文件优先于没有监理师签字的文件；有规范性文件依据的优先于没有规范性依据的；手写的优先于打印的；打印格式统一的优先于不统一的；有其他文件印证的优先于孤证等。

1.6 图纸和承包人文件

1.6.1 图纸的提供

发包人向承包人提供图纸的期限：一般为开工前14天，提供图纸几乎是合同签订后发包人需要履行的第一个义务，如果发包人没有按期提供，发包人就构成违约在先，首先违约会导致其后工作的被动。作为承包方，应当建立收发工程文件的联系单，如实记录收到图纸的时间，既可以以此印证实际开工时间，也可以据此向发包方提出工期索赔。这是承包方订立施工合同需要把控的一个重要节点。

发包人向承包人提供图纸的数量：<u>一般为4套</u>；

发包人向承包人提供图纸的内容：<u>一般为总平面图、建筑图、结构图以及水、电、暖通等施工图</u>。

1.6.4 承包人文件

需要由承包人提供的文件，包括：例如施工方案、施工组织设计、大样图、加工图、工程竣工需要的经济、管理、技术资料以及质量保证书等；

承包人提供的文件的期限为：该文件使用前14天；

承包人提供的文件的数量为：一式6份；

承包人提供的文件的形式为：5份纸质，1份电子版；

发包人审批承包人文件的期限：委托建立人7天内审查完承包人提供的文件。

1.6.5 现场图纸准备

关于现场图纸准备的约定：无特殊情况就约定"执行通用条款"。

1.7 联络

1.7.1
发包人和承包人应当在一般为1～3天天内将与合同有关的通知、批准、证明、证书、指示、指令、要求、请求、同意、意见、确定和决定等书面函件送达对方当事人。

1.7.2
发包人接收文件的地点：地点应是发包人的注册地址或者项目所在地的主要办事机构所在地。

如果发包人注册地不在本地或者与承包人打交道的只是发包人的项目部或者其他职能部门，为了避免送达上的不方便，双方应当另外签订联络地址、通讯方式，《确认书》内容有变必须书面告知对方，文件送达上述地址即为送达。

发包人指定的接收人为：一般为项目经理。

承包人接收文件的地点：地点应是承包人的注册地址或者项目所在地的主要办事机构所在地。

承包人指定的接收人为：应设专职或者兼职收发员以与项目经理分权制衡。

接受的文件包括纸质版和电子版、原件和复印件。原件签章完整后交公司办公室存档，复印件由项目经理、资料员、收发员留存。

承包人应建立收发文件的《工程联系单》，双方沟通尽量使用《工程联系单》，收到对方文件要向对方出具回执；发给对方的文件也要及时索取回执。

承包人应建立收发文件记录簿或者台账，详细登记收发件单位、时间、收发人名字等。

监理人接收文件的地点：地点应是承包人的注册地址或者项目所在地的主要办事机构所在地；

监理人指定的接收人为：一般为监理机构就本项目派出的总监理师。

这个部分应通过补充协议签订联系方式确认书，明确联系人、职务、联系电话、双方接收文件地址、电子邮箱、传真号、银行账号等。并且约定一方上述内容发生改变应当立即通知对方，否则对方送达到约定地址即为有效送达，由此引起的不利后果由怠于通知一方承担。

1.10 交通运输

1.10.1 出入现场的权利

关于出入现场的权利的约定：如无特别约定，填写"执行通用条款"。

1.10.3 场内交通

关于场外交通和场内交通的边界的约定：一般以围栏为界。

关于发包人向承包人免费提供满足工程施工需要的场内道路和交通设施的约定：如无特别约定，填写"执行通用条款"。

1.10.4 超大件和超重件的运输

运输超大件或超重件所需的道路和桥梁临时加固改造费用和其他有关费用由承包人承担。

1.11 知识产权

1.11.1 关于发包人提供给承包人的图纸、发包人为实施工程自行编制或委托编制的技术规范以及反映发包人关于合同要求或其他类似性质的文件的著作权的归属：填写"执行通用条款"。

关于发包人提供的上述文件的使用限制的要求："执行通用条款"。

1.11.2 关于承包人为实施工程所编制文件的著作权的归属：执行通用条款。

关于承包人提供的上述文件的使用限制的要求：执行通用条款。

1.11.4 承包人在施工过程中所采用的专利、专有技术、技术秘密的使用费的承担方式：执行通用条款。

1.13 工程量清单错误的修正

出现工程量清单错误时，是否调整合同价格：如果是定额计价，工程量变化的风险由承包人承担。如是工程量清单计价，工程量变化的风险由发包人承担；本条也可以模糊处理。

允许调整合同价格的工程量偏差范围：通用条款为大于包括等于15%，双方也可以另行约定。

2. 发包人

2.2 发包人代表

发包人代表：执行通用条款；

姓　　名：执行通用条款；

身份证号：执行通用条款；

职　　务：执行通用条款；

联系电话：执行通用条款；

电子信箱：执行通用条款；

通信地址：执行通用条款；

一定要明确发包方代表的授权范围。例如，发包方代表的授权范围是"工程工期、工程质量、现场协调"，这表明发包方代表不具备工程款调整的权利。如果出现工程变更，如土方运距由5公里变为15公里，这将要涉及很大数额的工程款调整。这种情况下，承包方应要求发包方法定代表人签字并加盖公司公章。如果是发包方代表签字，一定要加盖公司公章，否则所签证的内容无效。

2.4 施工现场、施工条件和基础资料的提供

2.4.1 提供施工现场

关于发包人移交施工现场的期限要求：首先本条一般执行通用条款，即开工前7天。

本条对于承包方特别重要。对施工现场、施工资料的占有是施工方制约发包方的重要手段，因此承包方应尽量多地占用施工场地，在征得发包方同意后，也可以占用其他未开工楼座的土地以及二期三期的用地。这样无论对于施工的便利还是土方堆放，甚至工期的控制都具有重要意义。

2.4.2 提供施工条件

关于发包人应负责提供施工所需要的条件，包括：一般为"三通一平"。

近年来增加了供暖、通讯、广播等施工条件，如果因为工程所在地市在工程附近实行交通管制，例如白天工程车不许进市区，晚上十点半后不许产生工程噪音，那么发包方应当出面协调，否则产生的工期延误承包方不负责任。

此外，还有施工场地以及毗连区地下管网资料、水文观测资料以及附近建筑物、构筑物的有关资料。还应当约定工程用水、供暖、用电等费用的承担问题，以免以后产生争议。

2.5 资金来源证明及支付担保

发包人提供资金来源证明的期限要求：填写"执行通用条款"。

发包人是否提供支付担保：填写"执行通用条款"。

发包人提供支付担保的形式：填写"执行通用条款"。

执行通用条款的前提条件是承包人向发包人提出提供资金来源申请以及提供支付担保申请。

3. 承包人

3.1 承包人的一般义务

（1）承包人提交的竣工资料的内容：见当地建筑档案馆《某市建筑工程档案移交目录》。

承包人需要提交的竣工资料套数：一般为5套。

承包人提交的竣工资料的费用承担：承包方承担。

承包人提交的竣工资料移交时间：提交《竣工报告》前备齐，监理师检查无误后签字确认。观感验收前提交建筑档案馆验收。建筑档案馆验收合格后进行竣工验收，竣工验收合格后7天内提交。

承包人提交的竣工资料形式要求：纸质4套，电子版1套。

（2）承包人应履行的其他义务：严格执行建筑节能等法律规定，在施工过程中控制噪音、扬尘、注意环保、节约能源、杜绝浪费。

3.2 项目经理

3.2.1 项目经理：

姓　　名：_____;

身份证号：_____;

建造师执业资格等级：_____;

建造师注册证书号：_____;

建造师执业印章号：_____;

安全生产考核合格证书号：_____;

联系电话：_____;

电子信箱：_____;

通信地址：_____；

承包人对项目经理的授权范围如下：一般应作如下规定：执行通用条款。补充约定如下：①代表承包人履行施工合同；②收、发工程联系单，与本工程相关的分包、采购、聘任合同的签订；③提交竣工验收申请；④签署最终结清证书。

关于项目经理每月在施工现场的时间要求：一般约定25天。

承包人未提交劳动合同，以及没有为项目经理缴纳社会保险证明的违约责任：执行通用条款。

项目经理未经批准，擅自离开施工现场的违约责任：执行通用条款。

3.2.3 承包人擅自更换项目经理的违约责任：执行通用条款。

3.2.4 承包人无正当理由拒绝更换项目经理的违约责任：执行通用条款。

3.3 承包人人员

3.3.1 承包人提交项目管理机构及施工现场管理人员安排报告的期限：执行通用条款。

3.3.3 承包人无正当理由拒绝撤换主要施工管理人员的违约责任：执行通用条款。

3.3.4 承包人主要施工管理人员离开施工现场的批准要求：执行通用条款。

3.3.5 承包人擅自更换主要施工管理人员的违约责任：执行通用条款。

承包人主要施工管理人员擅自离开施工现场的违约责任：执行通用条款。

3.5 分包

3.5.1 分包的一般约定

禁止分包的工程包括：主体结构、关键性工作的范围。

主体结构、关键性工作的范围：主体结构包括地基、基础和主体的施工，具体包括钢结构、墙体、梁、板、柱、楼梯和屋面等；关键性工作的范围包括模板工程、钢筋工程、混凝土工程和砌体工程等。

3.5.2 分包的确定

允许分包的专业工程包括：除了禁止分包的工程以外均可分包。

其他关于分包的约定：在发包方指定分包商情况下，①发包方按照分包工程的价款支付承包商3%的配合费；②如果发包方要求承包商在工程结算时给予发包方降点，那么发包方指定分包部分也应降点，降点幅度与合同价款将点的幅度相同，即用约定的降点比例乘以发包方指定分包部分的工程价款；③发包方直接与指定分包商进行工程结算，指定分包商施工的部分工程质量由指定分包商负责。

在承包人将部分工程分包给分包商的情况下，发包人直接与承包人结算，其他关于工程分包的情况，执行通用条款的约定。

注意固定总价合同与据实结算情况下发包方指定分包商或者甲供材的不同。在固定总价情况下，结算时甲供材或者指定分包的部分工程款要从固定总价中扣除，发包方仅支付扣除后的其余部分。然而在据实结算情况下，由于事先没有约定工程总造价，因此结算时甲供材或者指定分包的部分工程款不从固定总价中扣除。因此比较而言，在存在甲供材或者发包方指定分包的情况下，合同价款采用据实结算方式对承包方更为有利。

3.5.4 分包合同价款

关于分包合同价款支付的约定：通过承包商结算或者直接与分包商结算。

3.6 工程照管与成品、半成品保护

承包人负责照管工程及工程相关的材料、工程设备的起始时间：一般为发包人向承包人移交施工现场之日起到发包人签署工程移交证书之日为止。

3.7 履约担保

承包人是否提供履约担保：执行通用条款。

4. 监理人

4.1 监理人的一般规定

关于监理人的监理内容：见《建设工程监理合同》。

关于监理人的监理权限：见《建设工程监理合同》。

关于监理人在施工现场的办公场所、生活场所的提供和费用承担的约定：执行通用条款。

4.2 监理人员

总监理工程师：

姓　　名：＿＿＿＿＿；

职　　务：＿＿＿＿＿；

监理工程师执业资格证书号：＿＿＿＿＿；

联系电话：＿＿＿＿＿；

电子信箱：＿＿＿＿＿；

通信地址：_____；

关于监理人的其他约定：此处空白。

4.4 商定或确定

在发包人和承包人不能通过协商达成一致意见时，发包人授权监理人对以下事项进行确定：执行通用条款。

5. 工程质量

5.1 质量要求

5.1.1 特殊质量标准和要求：无特别约定时，执行通用条款。

关于工程奖项的约定：此处空白

5.3 隐蔽工程检查

5.3.2 承包人提前通知监理人隐蔽工程检查的期限的约定：执行通用条款。监理人不能按时进行检查时，应提前执行通用条款小时提交书面延期要求。关于延期最长不得超过：____小时执行通用条款。

6. 安全文明施工与环境保护

6.1 安全文明施工

6.1.1 项目安全生产的达标目标及相应事项的约定：执行通用条款和承包人的投标文件。

6.1.4 关于治安保卫的特别约定：执行通用条款和承包人的投标文件。

关于编制施工场地治安管理计划的约定：执行通用条款和承包人的投标文件。

6.1.5 文明施工

合同当事人对文明施工的要求：执行通用条款和承包人的投标文件。

6.1.6 关于安全文明施工费支付比例和支付期限的约定：执行通用条款和承包人的投标文件。

7. 工期和进度

7.1 施工组织设计

7.1.1 合同当事人约定的施工组织设计应包括的其他内容：执行通用条款和承包人的投标文件。

7.1.2 施工组织设计的提交和修改

承包人提交详细施工组织设计的期限的约定：开工日期前7天。

发包人和监理人在收到详细的施工组织设计后确认或提出修改意见的期

限：收到后 7 日之内。

7.2 施工进度计划

7.2.2 施工进度计划的修订

发包人和监理人在收到修订的施工进度计划后确认或提出修改意见的期限：收到后 7 日之内。

7.3 开工

7.3.1 开工准备

关于承包人提交工程开工报审表的期限：开工日期前 7 天。

关于发包人应完成的其他开工准备工作及期限：开工日期前 7 天。

关于承包人应完成的其他开工准备工作及期限：开工日期前 7 天。

7.3.2 开工通知

因发包人原因造成监理人未能在计划开工日期之日起 30 天内发出开工通知的，承包人有权提出价格调整要求，或者解除合同。

7.4 测量放线

7.4.1 发包人通过监理人向承包人提供测量基准点、基准线和水准点及其书面资料的期限：开工日期前 7 天。

7.5 工期延误

7.5.1 因发包人原因导致工期延误

（7）因发包人原因导致工期延误的其他情形：每日按合同价款的 0.05% 支付违约金。

7.5.2 因承包人原因导致工期延误

因承包人原因造成工期延误，逾期竣工违约金的计算方法为：每日按合同价款的 0.05% 支付违约金。

因承包人原因造成工期延误，逾期竣工违约金的上限：工程总价款的 10%。

7.6 不利物质条件

不利物质条件的其他情形和有关约定：执行通用条款。

《通用条款》规定不利物质条件属于发包方风险，因此本条填写"执行通用条款"。

7.7 异常恶劣的气候条件

发包人和承包人同意以下情形视为异常恶劣的气候条件：

(1) 每五年一遇的强降水；
(2) 7级以上的大风；
(3) 40度以上的高温。

7.9 提前竣工的奖励

7.9.2 提前竣工的奖励：每提前一天，按合同价款的0.05%支付奖励。

按照工期定额，工期增减幅度不能超过15%。《建筑法》《建设工程质量管理条例》均规定发包人不得任意压缩工期，此外如果发包方要求承包人提前竣工，也势必增加承包人的费用。因此在发包方要求提前竣工的情况下，发包人应当给予承包人奖励。奖励的办法双方再行具体约定。

8. 材料与设备

8.4 材料与工程设备的保管与使用

8.4.1 发包人供应的材料设备的保管费用的承担：发包人应承担保管费。

具体数额双方另行作出具体约定。

8.6 样品

8.6.1 样品的报送与封存

需要承包人报送样品的材料或工程设备，样品的种类、名称、规格、数量要求：见《样品报送表》。

8.8 施工设备和临时设施

8.8.1 承包人提供的施工设备和临时设施

关于修建临时设施费用承担的约定：据实签订，没有特别约定的，执行通用条款。

9. 试验与检验

9.1 试验设备与试验人员

9.1.2 试验设备

施工现场需要配置的试验场所：例如工地实验室。

施工现场需要配备的试验设备：例如《拟配备本工程的实验和检测仪器设备表》。

施工现场需要具备的其他试验条件：据实签订。

9.4 现场工艺试验

现场工艺试验的有关约定：据实签订。

10. 变更

10.1 变更的范围

关于变更的范围的约定：执行通用条款。

10.4 变更估价

10.4.1 变更估价原则

关于变更估价的约定：执行通用条款。

工程变更是工程施工中的焦点问题，是施工合同产生纠纷的主要原因之一。然而《示范文本》对工程变更的规定过失简单，这个问题需要通过《补充协议》进一步作详细约定。

首先，应当对工程变更的形式作出规定，即工程变更必须用《工程联系函》或者《工程变更单》通知承包方，发包方和监理师必须在工程变更通知上签章，以免双方日后发生纠纷；如果发包方和监理师不在工程变更通知上签章，承包方有权拒绝施工，由此导致的工期和费用损失由发包方承担。

其次，工程变更单一式六份，发包人承包人各两份，设计方和监理方各一份。

变更程序执行通用条款。

变更部分的工程价格执行变更发生时工程所在地建设主管部门发布的定额和信息价。市场价明确的执行市场价。

承包方应对合同内工程量和变更工程量分别计算，双方对变更工程量的量、价无法协商一致的，按照通用条款10.4.1处理。

当变更的幅度超出原工程量15%时，承包方有权就额外支出的费用提出索赔。发包方应按照成本加合理利润的原则予以补偿。

10.5 承包人的合理化建议

监理人审查承包人合理化建议的期限：收到后7日内。

发包人审批承包人合理化建议的期限：收到后7日内。

承包人提出的合理化建议降低了合同价格或者提高了工程经济效益的奖励的方法和金额为：据实签订。

10.7 暂估价

暂估价材料和工程设备的明细详见附件11：《暂估价一览表》。

10.7.1 依法必须招标的暂估价项目

对于依法必须招标的暂估价项目的确认和批准采取第1或者第2种方式

确定。

10.7.2 不属于依法必须招标的暂估价项目

对于不属于依法必须招标的暂估价项目的确认和批准采取第 1 或者第 2 种方式确定。

第 3 种方式：承包人直接实施的暂估价项目

承包人直接实施的暂估价项目的约定：据实签订。

10.8 暂列金额

合同当事人关于暂列金额使用的约定：由发包人确定并按照发包人指令使用。

11. 价格调整

11.1 市场价格波动引起的调整

市场价格波动是否调整合同价格的约定：是。

因市场价格波动调整合同价格，采用以下第 2 种方式对合同价格进行调整：

第 1 种方式：采用价格指数进行价格调整。

关于各可调因子、定值和变值权重，以及基本价格指数及其来源的约定：不适用；

第 2 种方式：采用造价信息进行价格调整。

（2）关于基准价格的约定：_____。

专用合同条款①承包人在已标价工程量清单或预算书中载明的材料单价低于基准价格的：专用合同条款合同履行期间材料单价涨幅以基准价格为基础超过 15% 时，或材料单价跌幅以已标价工程量清单或预算书中载明材料单价为基础超过 15% 时，其超过部分据实调整。

②承包人在已标价工程量清单或预算书中载明的材料单价高于基准价格的：专用合同条款合同履行期间材料单价跌幅以基准价格为基础超过 15% 时，材料单价涨幅以已标价工程量清单或预算书中载明材料单价为基础超过 15% 时，其超过部分据实调整。

③承包人在已标价工程量清单或预算书中载明的材料单价等于基准单价的：专用合同条款合同履行期间材料单价涨跌幅以基准单价为基础超过 ±15% 时，其超过部分据实调整。

以上约定的 15% 仅是笔者推荐的数字，具体多少，承包人可以酌情决定。

第 3 种方式：其他价格调整方式：不适用。

12. 合同价格、计量与支付

12.1 合同价格形式

1. 单价合同

综合单价包含的风险范围：执行通用条款

风险费用的计算方法：风险费用为清单综合单价的 5%。

风险范围以外合同价格的调整方法：①风险范围以外的合同价格，本合同条款有约定的，按照约定调整；②风险范围以外的合同价格，本合同条款没有约定的，根据工程所在地设区市政府主管部门或者其授权的部门发布的最新信息价格进行调整；③没有可以依据的价格信息的，按照合理的成本与利润构成的原则，由双方按照 4.4 确定价格。

2. 总价合同

总价包含的风险范围：执行通用条款。

风险费用的计算方法：执行通用条款。

风险范围以外合同价格的调整方法：执行通用条款。

3. 其他价格方式：不适用。

12.2 预付款

12.2.1 预付款的支付

预付款支付比例或金额：签约合同价的 20%。

预付款支付期限：双方在施工合同上签字盖章后 7 个工作日内一次性支付。

预付款扣回的方式：自发包人支付进度款（扣除质量保证金）达到签约合同价 10% 的当月起扣，每月扣回承包人当月进度款（扣留质量保证金）的 25%。

12.2.2 预付款担保

承包人提交预付款担保的期限：不适用。

预付款担保的形式为：不适用。

12.3 计量

12.3.1 计量原则

工程量计算规则：《全国统一建筑工程预算工程量计算规则》。

12.3.2 计量周期

关于计量周期的约定：按月计算。

12.3.3 单价合同的计量
关于单价合同计量的约定：<u>执行通用条款</u>。

12.3.4 总价合同的计量
关于总价合同计量的约定：<u>执行通用条款</u>。

12.3.5
总价合同采用支付分解表计量支付的，是否适用第 12.3.4 项［总价合同的计量］约定进行计量：<u>适用</u>。

12.3.6 其他价格形式合同的计量
其他价格形式的计量方式和程序：<u>空白</u>。

12.4 工程进度款支付

12.4.1 付款周期
关于付款周期的约定：<u>双方在施工合同上签字盖章后 7 个工作日内一次性支付预付款；主体封顶后支付至合同价款的 50%；工程竣工验收合格后支付到合同价款的 95%；缺陷责任期满后支付到合同价款的 100%（注意这里不能填写"执行通用条款"）</u>。

12.4.2 进度付款申请单的编制
关于进度付款申请单编制的约定：<u>执行通用条款</u>。

12.4.3 进度付款申请单的提交
（1）单价合同进度付款申请单提交的约定：<u>执行通用条款</u>。
（2）总价合同进度付款申请单提交的约定：<u>执行通用条款</u>。
（3）其他价格形式合同进度付款申请单提交的约定：<u>执行通用条款</u>。

12.4.4 进度款审核和支付
（1）监理人审查并报送发包人的期限：<u>执行通用条款</u>。
发包人完成审批并签发进度款支付证书的期限：<u>执行通用条款</u>。
（2）发包人支付进度款的期限：<u>执行通用条款</u>。
发包人逾期支付进度款的违约金的计算方式：<u>执行通用条款</u>。

12.4.6 支付分解表的编制
2、总价合同支付分解表的编制与审批：<u>空白</u>。
3、单价合同的总价项目支付分解表的编制与审批：<u>空白</u>。

13. 验收和工程试车

13.1 分部分项工程验收
13.1.2 监理人不能按时进行验收时，应提前 <u>24</u> 小时提交书面延期要求。

关于延期最长不得超过：48 小时。

13.2 竣工验收

13.2.2 竣工验收程序

关于竣工验收程序的约定：工程是否已经竣工由监理机构书面作出决定。

发包人不按照本项约定组织竣工验收、颁发工程接收证书的违约金的计算方法：执行通用条款。

13.2.5 移交、接收全部与部分工程

承包人向发包人移交工程的期限：执行通用条款。

发包人未按本合同约定接收全部或部分工程的，违约金的计算方法为：每拖延一日，按照 5000 元/天承担违约金。

承包人未按时移交工程的，违约金的计算方法为：每拖延一日，按照 5000 元/天承担违约金。

13.3 工程试车

13.3.1 试车程序

工程试车内容：与承包人承保范围一致。

（1）单机无负荷试车费用由执行通用条款承担；

（2）无负荷联动试车费用由执行通用条款承担。

13.3.3 投料试车

关于投料试车相关事项的约定：执行通用条款。

13.6 竣工退场

13.6.1 竣工退场

承包人完成竣工退场的期限：竣工验收合格之日起 28 天之内或者实际竣工后 28 天之内。

14. 竣工结算

14.1 竣工结算申请

承包人提交竣工结算申请单的期限：执行通用条款。

竣工结算申请单应包括的内容：《竣工结算报告》、竣工图、《施工合同》、有发包方、监理师签字的工程洽商变更单以及其他签证单、投标文件等结算需要的文件（此处不可填写"执行通用条款"）。

14.2 竣工结算审核

发包人审批竣工付款申请单的期限：执行通用条款。

《通用条款》约定，发包人在收到承包人提交竣工结算申请书后28天未完成审核且未提出异议的，视为发包人认可承包人提交的竣工结算申请单，并自发包人受到承包人提交的竣工结算申请单后第29天起视为已签发竣工付款证书。所以本条以执行《通用条款》为宜。

应当注意的是，承包人提交竣工结算申请书的前提条件是工程已经竣工，否则提交竣工结算申请书无效。此外，承包人提交竣工结算证书一定要按照合同约定的程序向合同约定的工程联系人提交，并拿到书面回执，这样就可以适用《通用条款》对发包人设定的默示条款。

发包人完成竣工付款的期限：<u>执行通用条款</u>。

关于竣工付款证书异议部分复核的方式和程序：<u>执行通用条款</u>。

14.4 最终结清

14.4.1 最终结清申请单

承包人提交最终结清申请单的份数：<u>8份</u>。

承包人提交最终结算申请单的期限：<u>执行通用条款</u>。

14.4.2 最终结清证书和支付

(1) 发包人完成最终结清申请单的审批并颁发最终结清证书的期限：<u>执行通用条款</u>。

(2) 发包人完成支付的期限：<u>执行通用条款</u>。

15. 缺陷责任期与保修

15.2 缺陷责任期

缺陷责任期的具体期限：<u>24个月</u>。

15.3 质量保证金

关于是否扣留质量保证金的约定：<u>工程质量保证金</u>。

在工程项目竣工前，承包人按专用合同条款第3.7条提供履约担保的，发包人不得同时预留工程质量保证金。

15.3.1 承包人提供质量保证金的方式

质量保证金采用以下第 <u>(2)</u> 种方式：

(1) 质量保证金保函，保证金额为：<u>空白</u>；

(2) <u>5%的工程款</u>；

(3) 其他方式：<u>空白</u>。

15.3.2 质量保证金的扣留

质量保证金的扣留采取以下第（2）种方式：

（1）在支付工程进度款时逐次扣留，在此情形下，质量保证金的计算基数不包括预付款的支付、扣回以及价格调整的金额；

（2）工程竣工结算时一次性扣留质量保证金；

（3）其他扣留方式：空白。

关于质量保证金的补充约定：空白。

15.4 保修

15.4.1 保修责任

工程保修期为：执行通用条款。

15.4.3 修复通知

承包人收到保修通知并到达工程现场的合理时间：①承包方的联系人为张三，电话为：   李四电话为：   ；②承包方的通讯地址为：与《协议书》一致；③合理时间一般为收到书面通知的 48 小时内；④紧急情况下可口头通知，承包方应立即到场，发包人在 24 小时内书面予以确认。⑤承包方应将修复工程产生的工程量、材料、费用等及时提交发包方。

16. 违约

16.1 发包人违约

16.1.1 发包人违约的情形

发包人违约的其他情形：空白。

16.1.2 发包人违约的责任

发包人违约责任的承担方式和计算方法：

（1）因发包人原因未能在计划开工日期前 7 天内下达开工通知的违约责任：执行通用条款。

（2）因发包人原因未能按合同约定支付合同价款的违约责任：执行通用条款。

（3）发包人违反第 10.1 款［变更的范围］第（2）项约定，自行实施被取消的工作或转由他人实施的违约责任：执行通用条款。

（4）发包人提供的材料、工程设备的规格、数量或质量不符合合同约定，或因发包人原因导致交货日期延误或交货地点变更等情况的违约责任：执行通用条款。

(5) 因发包人违反合同约定造成暂停施工的违约责任：**执行通用条款**。

(6) 发包人无正当理由没有在约定期限内发出复工指示，导致承包人无法复工的违约责任：**执行通用条款**。

(7) 其他：**执行通用条款**。

16.1.3 因发包人违约解除合同

承包人按16.1.1项［发包人违约的情形］约定暂停施工满执行通用条款天后发包人仍不纠正其违约行为并致使合同目的不能实现的，承包人有权解除合同。

16.2 承包人违约

16.2.1 承包人违约的情形

承包人违约的其他情形：**空白**。

16.2.2 承包人违约的责任

承包人违约责任的承担方式和计算方法：**执行通用条款**。

16.2.3 因承包人违约解除合同

关于承包人违约解除合同的特别约定：**执行通用条款**。

发包人继续使用承包人在施工现场的材料、设备、临时工程、承包人文件和由承包人或以其名义编制的其他文件的费用承担方式：**执行通用条款**。

17. 不可抗力

17.1 不可抗力的确认

除通用合同条款约定的不可抗力事件之外，视为不可抗力的其他情形：因为建设工程活动自始至终由政府监督管理，因此，作为承包方一定要将政府行为作为不可抗力写进合同。

能够成为不可抗力的政府行为包括：政府对项目用地进行征收、政府叫停项目的建设活动、因重大政治活动、军事演习、体育赛事、雾霾天气导致工程停工、政府主管部门没有在规定时间内办理项目的批准手续、政府主管部门出台新规定对工程工期、工程款支付产生影响等。

由水电气热等自然垄断部门承担的配套工程建设进程也是发包人不能控制的，因此因为水电气热等自然垄断部门导致的工期延误行为也应当写进不可抗力范围。

此外，应当设立不可抗力的兜底条款，即其他非发承包双方的原因，且发承包双方不能预见、不能避免和不能克服的事件，均为不可抗力。

还应当补充：发生不可抗力的情况下，双方各自承担各自的损失，双方互不承担责任。

17.4 因不可抗力解除合同

合同解除后，发包人应在商定或确定发包人应支付款项后＿＿＿天内完成款项的支付。

18. 保险

18.1 工程保险

关于工程保险的特别约定：工程师高危行业，工地安全事故屡见不鲜，往往施工方人员出现伤亡后，施工人员以及家属要求发包人承担损失。也有工地封闭不严，外来的儿童偷入工地玩耍工程设备受伤，或者捡垃圾的人员偷入工地，失足摔下或者被悬置物伤到的情形，此时的赔偿问题往往陷入争议，尤其是承包人又将工程转包给不具备施工资质的自然人，出现安全事故后往往无力承担、不愿承担甚至一跑了之。因此，此处应约定承包人没有为所属人员办理工伤保险的违约责任，督促承包人为所属人员、设备办理相应的保险。

18.3 其他保险

关于其他保险的约定：即除了工程工伤以外的其他保险，例如意外伤害保险、大病医疗、人寿保险等。

承包人是否应为其施工设备等办理财产保险：<u>执行通用条款</u>（承包人义务）。

18.7 通知义务

关于变更保险合同时的通知义务的约定：<u>执行通用条款</u>。

20. 争议解决

20.3 争议评审

合同当事人是否同意将工程争议提交争议评审小组决定。

20.3.1 争议评审小组的确定

争议评审小组成员的确定。

选定争议评审员的期限：建议合同签订时选定，否则出现纠纷时再选定就比较困难了。

争议评审小组成员的报酬承担方式：执行通用条款。

其他事项的约定：应当对解决争议的时间等作出约定。

20.3.2 争议评审小组的决定

合同当事人关于本项的约定：应当约定当事人在争议评审小组作出的决定或者签字确认的调解协议对双方具有约束力。如果一方不执行，又选择仲裁或者诉讼解决纠纷的，如果败诉，应当承担争议评审小组成员的报酬以及另一方聘请律师、造价、工程质量或者司法鉴定机构的相应费用。

20.4 仲裁或诉讼

因合同及合同有关事项发生的争议，按下列第____种方式解决：

（1）向_____仲裁委员会申请仲裁；

（2）向_____人民法院起诉。

仲裁和诉讼的区别：第一，仲裁不能诉前财产保全，只有在仲裁委员会立案后，才能根据仲裁委员会的建议函到法院诉讼服务中心申请财产保全。而诉讼可以根据《民事诉讼法》的规定申请诉前财产保全并在一个月之内提起诉讼。第二，仲裁委员会对公司等团体不能公告送达，当被申请人地址、联系方式不明时，由于仲裁委员会不具备强制执行力，仲裁委员会会出现送达困难。而法院可以采用邮寄、留置、公告等多种方式送达。第三，仲裁委员会做出裁决后，当事人不服的，可以根据《仲裁法》《民事诉讼法》的规定到中级人民法院申请撤销仲裁委员会的裁决书。第四，仲裁委员会做出裁决后，当事人未按期执行的，申请人只能到法院执行局申请执行，仲裁委员会没有强制执行的权力。第五，仲裁费往往高于诉讼费，此外还有处理费。第六，法院有审判委员会，仲裁委员会主要根据仲裁庭的判断裁决案件，在双方各自选出自己仲裁员后，首席仲裁员对案件的裁决至关重要。

由于建设工程纠纷案件多为不动产纠纷，工程往往在发包人所在地或者工程所在地审理。承包人要将本方住所地作为纠纷解决地，只能通过仲裁条款约定，力争将纠纷解决地拉回自己住所地。

在发包人已经通过仲裁条款约定由发包人所在地仲裁委员会处理双方合同纠纷时，承包方应考虑通过补充协议变更为诉讼的方式，按照《合同法》规定，合同履行地约定不明时，收款人所在地可以作为合同履行地。在发包人拖欠工程款案件中，承包人所在地即收款人所在地。

此外，虽然合同无效时不影响争议解决条款的效力，但是在多份合同存在的情况下，发包人所在地在管辖方面不一定全无争议，这就要看各份合同的效力以及具体约定的内容。

第九章
《最高人民法院公报》建设工程案例及其裁判旨要

《最高人民法院关于案例指导工作的规定》（法发〔2010〕51号）第7条规定："最高人民法院发布的指导性案例，各级人民法院审判类似案例时应当参照。"2011年至2017年，最高人民法院已经发布了16批指导性案例，但是建设工程案例只有一起，即指导案例73号"通州建总集团有限公司诉安徽天宇化工有限公司别除权纠纷案"。其他还有一例施工合同纠纷案，但却是关于撤诉的合法性问题，不是建设工程适用法律问题的判例。由于指导性案例中的建设工程案例太少，司法实务中难以得到指导案例的指导，因此，司法实务中只能参考《最高人民法院公报》（以下简称《公报》）刊登的建设工程案例，《公报》案例虽然不是法定的参照案例，但是由于其具有典型意义，在实务中有一定的借鉴作用。

《公报》从1985年创刊，1985~2004年长达二十年没有刊登建设工程案例，直到2006年才开始出现建设工程案例。这说明几个问题：①建设工程领域当事人法律意识淡漠，工程的承揽和履行主要靠人际关系；②审理建设工程案件的法官对建设工程案件不熟悉；③缺乏审理建设工程案件的具体依据。

2004年，最高人民法院颁布《最高人民法院案关于审理建设工程施工合同纠纷件适用法律问题的解释（一）》，这成为各地法院审理工程案件不可或缺的依据。同时，它也是一道分水岭，从此，建设工程案例开始频频出现在《公报》当中。近年来，随着基建规模的扩大，我国建筑业在国民经济中所占比例越来越大。2017年，我国GDP总量为827 122亿元，比上年增长6.90%。同期建筑业总产值213 954亿元，比上年增长10.50%，高于GDP平均增长速度。2017年，对外承包工程113 839亿元，比上年增长7.50%。在这种情况下，最高人民法院审理的建设工程案件明显增多，总数大概占民商事案件的1/6。

年度	2013	2014	2015	2016	2017
最高人民法院审理民事案件总数	2564	3111	4290	4957	3763
最高人民法院审理建设工程案件数	461	483	690	730	585
所占百分比	17.97%	15.52%	16.08%	14.72%	15.54%

全国法院受理建设工程案件总数也逐年增多，2015年全年受理案件为1300件左右，2017年增长到2300件左右。

在民商事案件和建设工程案件均快速增长的情况下，于2004年制定的《最高人民法院关于审理建设工程施工合同纠纷案件适用法律问题的解释（二）》已经不能满足案件审理需要，建设工程指导性案例更是寥寥无几，该解释的修改版迟迟不能完成，在种种情况下，《公报》建设工程案例就弥显珍贵了。它虽然不具备指导性案例的效力，但是《公报》上的建设工程案例也是最高人民法院经过再三推敲才公布的，体现了最高人民法院审理建设工程案例的指导思想和立法精神，对于法官、律师了解和把握建设工程案件具有重要的借鉴意义。

鉴此，笔者将两例建设工程指导性案例和其他《公报》刊载的建设工程案例收集呈案，以飨读者。

第一节 最高人民法院建设工程指导性案例

指导案例73号

"通州建总集团有限公司诉安徽天宇化工有限公司别除权纠纷案"——关于建设工程价款优先受偿权

[裁判要点]

符合《企业破产法》第18条规定的情形，建设工程施工合同视为解除的，承包人行使优先受偿权的期限应自合同解除之日起计算。

指导案例7号

"牡丹江市宏阁建筑安装有限责任公司诉牡丹江市华隆房地产开发有限责任公司、张某增建设工程施工合同纠纷案"——关于撤诉的条件

第九章 《最高人民法院公报》建设工程案例及其裁判旨要

[裁判要点]

人民法院接到民事抗诉书后，经审查发现案件纠纷已经解决，当事人申请撤诉，且不损害国家利益、社会公共利益或第三人利益的，应当依法作出对抗诉案终结审查的裁定；如果已裁定再审，应当依法作出终结再审诉讼的裁定。

第二节 《最高人民法院公报》建设工程案例

2017年第9期："通州建总集团有限公司与内蒙古兴华房地产有限责任公司建设工程施工合同纠纷案"——建设工程中的以物抵债

[裁判摘要]

（1）对以物抵债协议的效力、履行等问题的认定，应当以尊重当事人的意思自治为基本原则。一般而言，除了当事人有明确约定外，当事人于债务清偿期限届满后签订的以物抵债的协议，并不以当事人现实的受领抵债物或者取得抵债物所有权、使用权等财产权利为成立或者生效要件。只要双方当事人的意思表示真实，合同内容不违反法律、行政法规的强制性规定，合同即为有效。

（2）当事人于债务清偿期限届满后达成的以物抵债协议，可能构成债的变更，即成立新债务，同时消灭旧债务；亦可能属于新债清偿，即成立新债务，与旧债务并存。基于保护债权的理念，债的更改一般需要当事人明确消灭旧债务的合意，否则，当事人于债务清偿期限届满后达成的以物抵债协议，在性质上一般属于新债清偿。

（3）在新债清偿的情况下，旧债务于新债务履行之前不消灭，旧债务和新债务处于衔接并存的状态；在新债务合法有效并且履行完毕的情况下，因完成了债务清偿义务，旧债务才归于消灭。

（4）在债权人与债务人达成以物抵债协议、新债务与旧债务并存时，确定债权是否得以实现，应以债权人是否按照约定全面完成自己的义务为依据。如果新债届期不履行，致使以物抵债协议目的不能实现的，债权人有权请求债务人履行旧债务，且该请求权的行使，并不以以物抵债协议无效、被撤销或者被解除为前提。

2017年第2期:"李某国与孟某生、长春圣祥建筑工程有限公司等案外人执行异议之诉案"——实际施工人身份的认定

[裁判摘要]

(1) 法律规则是立法机关综合衡量、取舍之后确立的价值评判标准,应当成为司法实践中具有普遍适用效力的规则。除非法律有特别规定,否则在适用时不应受到某些特殊情况或者既定事实的影响。

(2) 分公司的财产即为公司财产,分公司的民事责任由公司承担。这是《公司法》确立的基本规则。以分公司名义依法注册登记的,即应受到该规则调整。至于分公司与公司之间有关权利义务及责任划分的内部约定,因不足以对抗其依法注册登记的公示效力,因而不足以对抗第三人。

(3) 遵法守法依法行事者其合法权益,必将受到法律保护。不遵法守法甚至违反法律者,其因漠视甚至无视法律规则就应当承担不受法律保护,或者承担法律追究的风险。

(4)《最高人民法院关于人民法院执行工作若干问题的规定(试行)》第78条规定以及,保护的承包或者租赁经营,应当是法律所准许的承包、租赁形式。企业或者个人以承包、租赁之名行借用建筑施工企业资质之实的,因违反有关法律及司法解释规定,故不应包含在该条保护范围之内。

(5) 实际施工人是《最高人民法院关于审理建筑工程施工合同纠纷案件适用法律问题的解释(一)》所规定的概念,因其规范情形之特定性,亦应在该规范所涉之建设工程施工合同纠纷案件中,对实际施工人的身份作出认定。

2016年第9期:"大庆筑安建工集团有限公司、大庆筑安建工集团有限公司曲阜分公司与中煤第六十八工程有限公司施工合同纠纷案"——关于仲裁案件执行中执行法院的选择问题

[裁判摘要]

《民事诉讼法》第224条及《最高人民法院关于适用〈中华人民共和国仲裁法〉若干问题的解释》第29条对仲裁案件执行的级别管辖和地域管辖作出了明确规定具有强制约束力。关于仲裁裁决的执行,其确定管辖的连接点只有两个:一是被执行人住所地;二是被执行的财产所在地。《民事诉讼法》属于公法性质的法律规范,法律没有赋予权利即属禁止。虽然《民事诉讼法》

没有明文禁止当事人协商执行管辖法院，但对当事人就执行案件管辖权的选择被限定于上述两个连接点之间，当事人只能依法选择向其中一个有管辖权的法院提出执行申请。民事诉讼法有关应诉管辖的规定适用于诉讼程序，不适用于执行程序。因此，当事人通过协议方式选择，或通过不提管辖异议、放弃管辖异议等默认方式自行确定向无管辖权的法院申请执行的，不予支持。

2016年第4期："中铁二十二局集团第四工程有限公司与安徽瑞讯交通开发有限公司、安徽省高速公路控股集团有限公司建设工程施工合同纠纷案"——建设工程价款优先受偿权

[裁判摘要]

《最高人民法院关于建设工程价款优先受偿权问题的批复》第3条规定："建筑工程价款包括承包人为建设工程应当支付的工作人员报酬、材料款等实际支出的费用，不包括承包人因发包人违约所造成的损失。"承包人诉讼请求中所主张的因发包人违约造成的停窝工损失和材料价差损失，不属于建设工程价款优先受偿权的权利行使范围，承包人请求对上述两部分款项行使优先受偿权的，人民法院不予支持。

2016年第1期："海南海联工贸有限公司与海南天河旅业投资有限公司、三亚天阔置业有限公司等合作开发房地产合同纠纷案"——合作开发房地产各方权利义务的确定

[裁判摘要]

合作开发房地产关系中，当事人约定一方出地、一方出资并以成立房地产项目公司的方式进行合作开发，项目公司只是合作关系各方履行房地产合作开发协议的载体和平台。合作各方当事人在项目公司中是否享有股权不影响其在合作开发合同中所应享有的权益；合作各方当事人在合作项目中的权利义务应当按照合作开发房地产协议约定的内容予以确定。

2015年第12期："青海方升建筑安装工程责任公司与青海隆豪置业有限公司建设工程施工合同纠纷案"——固定总价建设工程合同解除时如何计算工程价款

[裁判摘要]

对于约定了固定价款的建设工程施工合同，双方如未能如约履行，致使

合同解除的，在确定争议合同的工程价款时，既不能简单地依据政府部门发布的定额计算工程价款，也不能直接以合同约定的总价与全部工程预算总价的比值作为下浮比例，再以比例乘以已经完工预算价格的方式计算工程价款，而应当综合考虑案件的实际履行情况，并特别注重双方当事人的过错程度和司法判决的价值取向等目标。

2015年第6期："海擎重工机械有限公司与江苏中兴建设有限公司、中国建设银行股份有限公司泰兴支行建设工程施工合同纠纷案"——建设单位未提前交付地质勘查报告、施工图设计文件未经过建设主管部门审查批准的，应对于因双方签约前未曾预见的特殊地质条件导致工程质量问题承担主要责任

[裁判摘要]

从事建设工程活动，必须严格执行基本建设程序，坚持"先勘察、后设计、再施工"的原则。建设单位未提前交付地质察查报告、施工图设计文件未经过建设主管部门审查批准的，应对因双方签约前未曾预见的特殊地质条件导致工程质量问题承担主要责任。施工单位应秉持诚实信用原则，采取合理施工方案，避免损失扩大。

人民法院应当根据合同约定、法律及行政法规规定的工程建设程序，依据诚实信用原则，合理确定建设单位与施工单位对于建设工程质量问题的责任承担。

2015年第5期："兰州滩尖子永昶商贸有限责任公司等与爱之泰房地产开发有限公司合作开发房地产合同纠纷案"——行使解除权的条件

[裁判摘要]

在双务合同中，双方均存在违约的情况下，应根据合同义务分配情况、合同履行程度以及各方违约大小等综合考虑合同当事人是否享有解除权。

2015年第2期："定安城东建筑装修工程公司与海南省定安县人民政府、第三人中国农业银行定安支行收回国有土地使用权及撤销土地证案"——行政行为违反正当程序原则

【裁判摘要】

行政机关作出对当事人不利的行政行为，未听取其陈述、申辩，违反正

当程序原则的，属于《行政诉讼法》第 70 条第 3 项"违反法定程序"的情形。行政机关根据《土地管理法》第 58 条第 1 款第 1、2 项的规定，依法收回国有土地使用权的，对土地使用权人应当按照作出收回土地使用权决定时的市场评估价给予补偿。因行政补偿决定违法造成逾期付补偿款的，人民法院可以根据当事人的实际损失等情况，判决其承担逾期支付补偿款期间的同期银行利息损失。

2014 年第 10 期："四川省聚丰房地产开发有限责任公司与达州广播电视大学合资、合作开发房地产合同纠纷案"——不动产物权应当依不动产登记簿的内容确定

[裁判摘要]

根据《物权法》的规定，不动产物权应当依不动产登记簿的内容确定，不动产权属证书只是权利人享有该不动产物权的证明。行政机关注销国有土地使用证但并未注销土地登记的，国有土地的使用权人仍然是土地登记档案中记载的权利人。国有土地使用权转让法律关系中的转让人以国有土地使用证被注销，其不再享有土地使用权为由主张解除合同的，人民法院不应支持。

2014 年第 8 期："江苏南通二建集团有限公司与吴江恒森房地产开发有限公司建设工程施工合同纠纷案"——建设工程质量的认定标准

[裁判摘要]

承包人交付的建设工程应符合合同约定的交付条件及相关工程验收标准。工程实际存在明显的质量问题，承包人以工程竣工验收合格证明等主张工程质量合格的，人民法院不予支持。

在双方当事人已失去合作信任的情况下，为解决双方矛盾，人民法院可以判决由发包人自行委托第三方参照修复设计方案对工程质量予以整改，所需费用由承包人承担。

2014 年第 4 期："重庆建工集团股份有限公司与中铁十九局集团有限公司建设工程合同纠纷案"——当事人结算协议与国家审计机关对工程建设单位进行审计的关系

[裁判摘要]

（1）根据《审计法》的规定，国家审计机关对工程建设单位进行审计是

一种行政监督行为，审计人与被审计人之间因国家审计发生的法律关系与本案当事人之间的民事法律关系性质不同。因此，在民事合同中，当事人对接受行政审计作为确定民事法律关系依据的约定，应当具体明确，而不能通过解释推定的方式，认为合同签订时，当事人已经同意接受国家机关的审计行为对民事法律关系的介入。

（2）在双方当事人已经通过结算协议确认了工程结算价款并已基本履行完毕的情况下，国家审计机关作出的审计报告不影响双方结算协议的效力。

2014年第3期："准格尔旗鼎峰商贸有限责任公司与中铁十局集团有限公司铁路修建合同纠纷管辖权异议案"——案件的管辖问题

[裁判摘要]

在确定铁路运输法院专门管辖案件的级别管辖时，一方当事人住所在地在铁路运输法院辖区，一方当事人住所地既不在铁路运输法院辖区，又不在铁路运输法院所在省份行政辖区的，属于"当事人一方住所地不在省高级人民法院辖区"的案件，即铁路运输法院辖区也是所属省高级人民法院辖区。

2013年第11期："莫志华、深圳市东深工程有限公司与东莞市长富广场房地产开发有限公司建设工程合同纠纷案"——合同无效情况下，承包人不应获得比合同有效时更多的利益

[裁判摘要]

鉴于建设工程的特殊性，虽然合同无效，但施工人的劳动和建筑材料已经物化在建筑工程中，依据《最高人民法院关于审理建设工程施工合同纠纷案件适用法律的解释（一）》第2条的规定，建设工程合同无效。但建设工程经竣工验收合格，承包人请求参照有效合同处理的，应当参照合同约定来计算涉案工程价款，承包人不应获得比合同有效时更多的利益。

2013年第8期："威海市鲸园建筑有限公司与威海市福利企业服务公司、威海市盛发贸易有限公司拖欠建筑工程款纠纷案"——竣工验收的主题问题

[裁判摘要]

依照《合同法》第279条、《建设工程质量管理条例》第16条的规定，建设工程竣工后，发包人应当按照相关施工验收规定对工程及时组织验收。该验收既是发包人的义务，亦是发包人的权利。承包人未经发包人的同意对

工程组织验收，单方向质量监督部门办理竣工验收手续的，侵害了发包人的工程验收权利。在此情况下，质检部门对该工程出具的验收报告及工程优良证书因不符合法定验收程序，而不能产生相应的法律效力。

2013 年第 6 期："河源市劳动服务建筑工程公司与龙川县人民政府建设工程施工合同纠纷案"——一事不再理

[裁判摘要]

原告提出诉讼请求并经人民法院作出生效裁判后，又以实际争议标的额超出原诉讼请求为由，就超出的数额另行提起诉讼的，系对同一争议事实再次起诉，违反一事不再理的民事诉讼原则，人民法院不应予以支持。

2013 年第 4 期："吉林省东润房地产开发有限公司与吉林佳垒房地集团有限公司、第三人大商股份有限公司合资、合作开发房地产合同纠纷案"——同时存在多份协议的认定问题

[裁判摘要]

双方当事人在签订合同后、履行合同过程中，因情况变化，又签订多份补充协议修改原合同约定的，只要补充协议是当事人的真实意思表示，协议内容符合法律规定，均应认定为有效。当事人对多份补充协议的履行内容存在争议的，应根据协议之间的内在联系以及协议中约定的权利义务分配的完整性，并结合补充协议签订和成立的时间顺序，根据民法的公平和诚实信用原则，确定协议的最终履行内容。

2013 年第 1 期："河南省偃师市鑫龙建安工程有限公司与洛阳理工学院、河南省第六建筑工程公司索赔及工程欠款纠纷案"——停工时间的认定

[裁判摘要]

因发包人提供错误的地质报告致使建设工程停工，当事人对停工时间未作约定或未达成协议的，承包人不应盲目等待而放任停工状态的持续以及停工损失的扩大。对于计算由此导致的停工损失所依据的停工时间的确定，也不能简单地以停工状态的自然持续时间为准，而是应根据案件事实综合确定一定的合理期间作为停工时间。

2013 年第 1 期："江西省南昌百货总公司、湖南赛福尔房地产开发公司与南昌新洪房地产综合开发有限公司合资、合作开发房地产合同纠纷案"——

房屋所有权的确权

[裁判摘要]

在审理合作开发房地产纠纷时，判断争议房屋产权的归属应当依据合作协议的约定以及房地产管理部门的登记情况全面分析。在没有证据证明双方变更了合作协议约定的情况下，一方当事人仅以为对方偿还部分债务或向对方出借款项、对争议房产享有优先受偿权以及"五证"登记在其名下等事实为由，主张确认全部房产归其所有的，人民法院不予支持。

2012年第9期："齐河环盾钢结构有限公司与济南永君物资有限责任公司建设工程施工合同纠纷案"——鉴定机构分别按照定额价和市场价作出鉴定结论的，在确定工程价款时，一般应以市场价确定工程价款

[裁判摘要]

鉴定机构分别按照定额价和市场价作出鉴定结论的，在确定工程价款时，一般应以市场价确定工程价款。这是因为，以定额为基础确定工程造价大多无法反映企业的施工、技术和管理水平，定额标准往往跟不上市场价格的变化，而建设行政主管部门发布的市场价格信息，更贴近市场价格，更接近建筑工程的实际造价成本，且符合《合同法》的有关规定，对双方当事人更公平。

2012年第5期："重庆雨田房地产开发有限公司与中国农业银行股份有限公司重庆市分行房屋联建纠纷案"——同时存在多份协议时的效力认定

[裁判摘要]

（1）双方当事人在平等自愿基础上达成的前后两份协议，符合法律规定，合法有效，两份协议所约定的内容均应对当事人产生约束力。当两份合同（协议）均属有效合同（协议），除当事人有特别约定外，如果前后两份合同（协议）对同一内容有不同约定产生冲突，基于意思表示最新、最近，且不违反合同（协议）目的，可根据合同（协议）成立的时间先后，确定以后一合同（协议）确定的内容为准。如果前后两份合同（协议）所约定的内容并不冲突，只是对合同（协议）的内容进行了不同的约定，便不能简单地认定后一协议是前一协议的变更，或后一协议是对前一协议的补充和完善。

（2）当事人在法律规定的范围内处分自己的民事诉讼权利和"不告不

理"是民事诉讼的重要原则，人民法院处理民商事纠纷时，只能对已诉至法院的民事权利义务关系作出判断，除涉及国家和公共利益外，其审理和判决应以当事人请求、主张的范围为限。

2011年第5期："深圳富山宝实业有限公司与深圳市福星股份合作公司、深圳市宝安区福永物业发展总公司、深圳市金安城投资发展有限公司等合作开发房地产合同纠纷案"——合同的解除

[裁判摘要]

合同一方当事人构成根本违约时，守约的一方当事人享有法定解除权。合同的解除在解除通知送达违约方时即发生法律效力。解除通知送达时间的拖延只能导致合同解除时间相应后延，而不能改变合同解除的法律后果。当事人没有约定合同解除异议期间，在解除通知送达之日起3个月以后才向人民法院起诉的，人民法院不予支持。

2010年第11期："北京公达房地产有限责任公司诉北京祥和三峡房地产开发公司房地产开发合同纠纷案"——法定代表人更换

[裁判摘要]

公司的法定代表人依法代表公司对外进行民事活动。法定代表人发生变更的，应当在工商管理部门办理变更登记。公司的法定代表人在对外签订合同时已经被上级单位决定停止职务，但未办理变更登记，公司以此主张合同无效的，人民法院不予支持。

2010年第10期："陈某、皮某勇诉重庆碧波房地产开发有限公司、夏某均、重庆奥康置业有限公司合同纠纷案"——合作开发房地产与土地使用权转让的关系、恶意串通的认定

[裁判摘要]

（1）根据《最高人民法院关于审理涉及国有土地使用权合同纠纷案件适用法律问题的解释》第24条的规定，合作开发房地产合同约定提供土地使用权的当事人不承担经营风险，只收取固定利益的，应当认定为土地使用权转让合同。当事人自行约定的合同名称不影响对合同性质的认定。

（2）《中华人民共和国合同法》第52条第2项规定恶意串通，损害国家、集体或者第三人利益的合同无效。根据前述规定，法人与他人恶意串通签订

合同，表面上损害法人自身利益，实质上损害第三人利益的，第三人有权提起确认合同无效之诉。

（3）对于前述条款中"恶意串通"行为的认定，应当分析合同双方当事人是否具有主观恶意，并全面分析订立合同时的具体情况、合同约定内容以及合同的履行情况，在此基础上加以综合判定。

2009年第4期："重庆索特盐化股份有限公司与重庆新万基房地产开发有限公司土地使用权转让合同纠纷案"——物权合同的效力

[裁判摘要]

（1）根据《物权法》第191条、《担保法》第49条的规定，抵押期间抵押人转让抵押物，应当通知抵押权人并经抵押权人同意，否则转让行为无效。但《物权法》第191条以及《最高人民法院关于适用〈中华人民共和国担保法〉若干问题的解释》第67条还同时规定，未经通知或者未经抵押权人同意转让抵押物的，如受让方代为清偿债务消灭抵押权，转让有效。即受让方通过行使涤除权涤除转让标的物上的抵押权负担的，转让行为有效。上述法律、司法解释的规定，旨在实现抵押权人、抵押人和受让人之间的利益平衡，既充分保障抵押权不受侵害，又不过分妨碍财产的自由流转，充分发挥物的效益。

（2）根据《物权法》第15条的规定，当事人之间订立有关设立、变更、转让和消灭不动产物权的合同，除法律另有规定或者合同另有约定外，自合同成立时生效；未办理物权登记的，不影响合同效力。该规定确定了不动产物权变动的原因与结果相区分的原则。物权转让行为不能成就，并不必然导致物权转让合同无效。

2008年第11期："大连渤海建筑工程总公司与大连金世纪房屋开发有限公司、大连宝玉房地产开发有限公司、大连宝玉集团有限公司建设工程施工合同纠纷案"——关于合同相对性和连带责任的适用

[裁判摘要]

债权属于相对权，相对性是债权的基础，故债权在法律性质上属于对人权。债是特定当事人之间的法律关系，债权人和债务人都是特定的。债权人只能向特定的债务人请求给付，债务人也只对特定的债权人负有给付义务。即使因合同当事人以外的第三人的行为致使债权不能实现，债权人也不能依

据债权的效力向第三人请求排除妨害，也不能在没有法律依据的情况下突破合同相对性原则要求第三人对债务承担连带责任。

2008年第8期："西安市临潼区建筑工程公司与陕西恒升房地产开发有限公司建设工程施工合同纠纷案"——备案合同与存档合同的区别

[裁判摘要]

《最高人民法院关于审理建设工程施工合同纠纷案件适用法律问题的解释》第21条关于"当事人就同一建设工程另行订立的建设工程施工合同与经过备案的中标合同实质性内容不一致的，应当以备案的中标合同作为结算工程价款的根据"的规定，是指当事人就同一建设工程签订两份不同版本的合同，发生争议时应当以备案的中标合同作为结算工程价款的根据，而不是指以存档合同文本作为结算工程价款的依据。

2008年第3期："山西嘉和泰房地产开发有限公司与太原重型机械（集团）有限公司土地使用权转让合同纠纷案"——国有土地使用权合同效力问题

[裁判摘要]

（1）根据《最高人民法院关于审理涉及国有土地使用权合同纠纷案件适用法律问题的解释》第9条的规定，转让方未取得出让土地使用权证书与受让方订立合同转让土地使用权，起诉前转让方已经取得出让土地使用权证书或者有批准权的人民政府同意转让的，应当认定合同有效。

（2）虽然我国税收管理方面的法律、法规对于各种税收的征收均明确规定了纳税义务人，但是，并未禁止纳税义务人与合同相对人约定由合同相对人或者第三人缴纳税款，即对于实际由谁缴纳税款并未作出强制性或禁止性规定。因此，当事人在合同中约定由纳税义务人以外的人承担转让土地使用权税费的，并不违反相关法律、法规的强制性规定，应认定为合法有效。

（3）根据《合同法》第114条的规定，对于当事人在合同中约定的违约金数额，只有在当事人请求调整，且合同约定的违约金数额确实低于或者过分高于违约行为给当事人造成的损失时，人民法院才能进行调整。

2007年第12期："陕西西岳山庄有限公司与中建三局建发工程有限公司、中建三局第三建设工程有限责任公司建设工程施工合同纠纷案"——建设工程施工合同项下的债权转让

[裁判摘要]

根据《合同法》第79条的规定，债权人可以将合同的权利全部或者部分转让给第三人，但根据合同性质不得转让的、按照当事人约定不得转让的和依照法律规定不得转让的除外。法律、法规并不禁止建设工程施工合同项下的债权转让，只要建设工程施工合同的当事人没有约定合同项下的债权不得转让，债权人向第三人转让债权并通知债务人的，债权转让合法有效，债权人无须就债权转让事项征得债务人同意。

2007年第8期："长治市华茂副食果品有限公司与长治市杰昌房地产开发有限公司合作开发房地产合同纠纷案"——合作开发房地产合同还是土地使用权转让合同的判断

[裁判摘要]

合作开发房地产合同，是指当事人之间订立的以提供土地使用权、资金等方式共同出资，共享利润、共担风险。合作开发房地产项目的合同。土地使用权投入方将其土地使用权变更为合作各方共有或者归于项目公司名下，通常是这类合同的重要内容。确认某合同是以土地使用权作价出资的合作开发房地产合同，还是单一的土地使用权转让合同，应根据合同各方是否对房地产开发项目共享利润、共担风险等情形进行判断。

2007年第6期："江西圳业房地产开发有限公司与江西省国利建筑工程有限公司建设工程施工合同纠纷案"——被视为放弃举证权利的一方当事人依法仍享有抗辩权

[裁判摘要]

根据《最高人民法院关于民事诉讼证据的若干规定》第34条的规定，当事人应当在举证期限内向人民法院提交证据材料，当事人在举证期限内不提交的，视为放弃举证权利，人民法院可以根据对方当事人提供的证据认定案件事实。但是，被视为放弃举证权利的一方当事人依法仍享有抗辩权，人民法院对其抗辩应当依法审查，抗辩有理的应当予以采纳、支持。

2007年第7期："金坛市建筑安装工程公司与大庆市庆龙房地产开发有限公司建设工程结算纠纷案"——鉴定结论的认定

第九章 《最高人民法院公报》建设工程案例及其裁判旨要

[裁判摘要]

在审理建设工程施工合同纠纷案件中,一审法院针对发包人和承包人就已完工程总造价、材料分析退价、不合格工程返修费用等事项产生的争议,基于当事人申请,分别委托鉴定机构就上述事项进行鉴定,经一审法院组织质证后,当事人对上述鉴定结论仍有异议提起上诉;经二审庭审补充质证,当事人对上述鉴定结论没有提出充分的相反证据和反驳理由的,可以认定上述鉴定结论的证明力。

2006年第6期:"徐州市路保交通设施制造有限公司与徐州市华建房地产开发有限公司、第三人尤安庆房屋买卖合同纠纷案"——审判监督程序

[裁判摘要]

当事人对已经发生法律效力的判决不服或者人民法院发现已经发生法律效力的判决确有错误,只有通过依法启动审判监督程序撤销原审判决才能对案件进行重新审判,否则均应受该已经发生法律效力的判决的拘束,即当事人不得在以后的诉讼中主张与该判决相反的内容,人民法院也不得在以后的判决中作出与该判决相冲突的认定和处理。

2006年第5期:"威海鲲鹏投资有限公司与威海西港房地产开发有限公司、山东省重点建设实业有限公司土地使用权纠纷管辖权异议案"

[裁判摘要]

判断基于同一纠纷而提起的两次起诉是否属于重复起诉,应当结合当事人的具体诉讼请求及其依据,以及行使处分权的具体情况进行综合分析。如果两次起诉的当事人不同,具体诉讼请求等也不同,相互不能替代或涵盖,则人民法院不能简单地因两次起诉基于同一纠纷而认定为重复起诉,并依照"一事不再理"的原则对后一起诉予以驳回。

2006年第5期:"福建三木集团股份有限公司与福建省泉州市煌星房地产发展有限公司商品房预售合同纠纷案"——主张对方证据原件不真实时的认定规则

[裁判摘要]

根据《最高人民法院关于民事诉讼证据的若干规定》第2、10、34条的

规定，当事人对自己提出的诉讼请求所依据的事实或反驳对方诉讼请求所依据的事实有责任提供证据加以证明。当事人向人民法院提供书证的应当提供原件，并在人民法院指定的举证期限内积极、全面、正确地完成举证义务。因此，签订合同的一方当事人主张对方向法院提供的合同文本原件不真实，即应当向法院提供自己持有的合同文本原件及其他相关证据；如果不能向法院提供合同文本原件，亦不能提供其他确有证明力的证据以否定对方当事人提供的合同文本原件的真实性，人民法院应当依据优势证据原则，认定对方当事人提供的合同文本原件真实。

2006年第1期："最高人民检察院按照审判监督程序提出抗诉的包头市方通物资有限责任公司诉包钢建筑安装工程公司拖欠建筑安装工程款纠纷案"——举证责任的分配

[裁判摘要]

根据《中华人民共和国民法通则》第84条的规定，债是按照合同的约定或者依照法律的规定，在当事人之间产生的特定的权利和义务关系。享有权利的人是债权人，负有义务的人是债务人。债权人有权要求债务人按照合同的约定或者依照法律的规定履行义务。承包方在施工过程中垫付了部分施工材料的货款，双方结算时，发包方也对此予以认可，双方即产生债务关系，承包方有权要求发包方清偿其在施工过程中所垫付的部分施工材料的货款。发包方认为承包方不能提供购货发票所以不应主张权利，该理由有违诚信原则，因为发包方已经在订立结算协议时对承包方垫付货款这一事实予以了认可。如果其否认经双方共同实施并最终确认的事实，根据《最高人民法院关于民事诉讼证据的若干规定》第2、76条的规定，当事人对自己提出的诉讼请求所依据的事实或者反驳对方诉讼请求所依据的事实有责任提供证据加以证明。没有证据或者证据不足以证明当事人的事实主张的，由负有举证责任的当事人承担不利后果。当事人对自己的主张，只有本人陈述而不能提出其他相关证据的，其主张不予支持，但对方当事人认可的除外。由此可见，发包方对此负有举证的义务，否则应承担举证不能的法律后果。

2005年第10期："李某志诉长春建工集团界定产权、返还财产纠纷案"——法人财产的界定

[裁判摘要]

（1）法人内设部门因不具备法人资格，没有独立的法人财产，其设立不以是否有财产投入为前提。

（2）法人内设部门成立后采取何种性质的经营方式以及他人是否对其投入资产等均不能改变其法人内设部门的法律属性。

（3）出资者对法人出资后，仅能对其所持股份主张相应的股份权益，其出资为法人财产不可分割的部分。

2005年第3期："沈阳化工总公司诉本溪热电厂等建设工程施工合同纠纷案"

[裁判摘要]

在诉讼调解中，案外人同意为当事人担保履行调解协议的，人民法院应当准许，并在调解书中予以列明。

2005年第3期："万顺公司诉永新公司等合作开发协议纠纷案"——处于违约状态的当事人不享有基于催告对方仍不履行而产生的合同解除权

[裁判摘要]

（1）催告对方履行的当事人应当是守约方，处于违约状态的当事人不享有基于催告对方仍不履行而产生的合同解除权。

（2）合同解除权的行使须以解除权成就为前提，解除行为应当符合法律规定的程序，否则不能引起合同解除的法律效果。

2004年第3期："沈希贤等182人诉北京市规划委员会颁发建设工程规划许可证纠纷案"——建设工程规划许可证颁发的条件

[裁判摘要]

根据1989年《环境保护法》第13条的规定，规划部门审批建设污染环境项目时，在申请方没有提供有关环境保护影响报告书，且建设项目不符合有关国家标准的情况下，即颁发建设许可证的行为，构成违法，应予撤销。

第三节 最高人民法院建设工程典型案例以及裁判要旨

1. "中国建筑第八工程局第二建筑公司鲁东公司与青岛创新置业有限公

司、张某、王某、青岛齐元建设工程公司、淄博大安建筑安装工程有限公司建设工程款纠纷抗诉案"（最高人民法院［2010］民抗字第16号判决书）

[裁判要旨]

合同无效但验收合格，本院酌定合同的工程量在合同约定的价格基础上，降10%计取工程价款；对设计变更本院参照佳恒公司的审查报告结果，酌定该部分工程应计取的价款为佳恒公司审查核定价款的60%；对本案工程的造价，佳恒公司的审计完全按照合同约定而未考虑合同无效的因素，颐和公司的鉴定仅根据建筑工程造价定额且仅计取定额直接费，未考虑合同的约定，均不能作为确定工程造价的依据。

2."济南市历城区建筑安装公司、济南市历下区城乡基础建设工程处与济南市历城区建筑安装工程第十分公司、济南市历城区城市建设综合开发公司建设工程施工合同纠纷案"（最高人民法院［2013］民提字第59号判决书）

[裁判要旨]

合同无效但验收合格的情况下，如果采取据实结算的结算办法，会造成无效合同比有效合同的工程价款还高，这不仅超出当事人签订合同时的预期，也会导致合同当事人反而因无效合同而获得额外利益。因此，除非当事人双方协商一致达成新的结算合意，否则，均应当参照合同约定进行结算。

3."天娱公司和飞翔公司建设工程款纠纷抗诉案"（最高人民法院［2010］民抗字第16号判决书）

[裁判要旨]

当事人约定取费标准按照二类工程取费，工程款下浮2.29%；鉴定机构按照综合定额标准取费，而按照综合取费标准计算工程造价工程款大幅减少。在工程造价标准发生变化时，原合同中的下浮率已经失去计价基础，因此不再适用原合同中约定的下浮率。

4."湛江市霞山金星房地产开发总公司与湛江市霞山华影装饰工程公司合同纠纷案"（最高人民法院［2007］民一终字第7号判决书）

[裁判要旨]

鉴定机构超出当事人约定的鉴定范围进行鉴定的，其鉴定结论不能作为判决的依据。

5."新世纪建设集团有限公司与张掖市三峰房地产开发有限公司建设工程施工合同纠纷案"（最高人民法院［2014］民一终字第106号判决书）

[裁判要旨]

工程质量鉴定中，当事人已经确定检测项目和方法，且检测点选取范围在施工范围内的，当事人一方未参与对检测点的选择，不影响鉴定程序合法性。

6."江苏南通六建建设集团有限公司与山西嘉和泰开发有限公司建设工程合同纠纷案"（最高人民法院［2015］民一终字第72号判决书）

[裁判要旨]

鉴定机构超越资质等级承揽咨询业务，所鉴定的结果有效。因为住房和城乡建设部出台的《工程造价咨询企业管理办法》关于乙级造价咨询企业只能承揽5000万以下造价业务的规定只是部门规章的规定，而且是管理型规范，因此，不能据此认定鉴定意见无效。

7."成都燕宇投资实业发展有限公司与中国建筑第六工程局第五建筑工程公司建设工程合同纠纷案"（最高人民法院［2014］民申字第1459号裁定书）

争议一方单方委托鉴定单位作出鉴定意见，另一方无证据推翻也不申请重新鉴定的，可以作为工程造价的认定依据。

8."深圳航空城实业有限公司与广东省化州市第二建筑工程有限公司宝安分公司、广东省化州市第二建筑工程有限公司建设工程合同纠纷案"（最高人民法院［2014］民申字第1459号裁定书）

发包人未在约定期限内就承包人提交的结算文件予以答复，诉讼中承包人将竣工结算文件作为确定工程款数额的证据提交后，发包人在一、二审期间均未提出相反证据，也未申请对涉案工程的造价进行鉴定，在此情况下，人民法院可以将承包人提供的竣工结算文件作为确认工程款的依据。

9."烟台大华装饰工程有限公司与烟台新东方商城实业发展有限公司装饰工程合同欠款纠纷案"（最高人民法院［2010］民一终第8号判决书）

不论讼争工程是否办理竣工验收手续，标的物转移占有发包方管理使用的，工程价款结算条件均已成就。

10. "浙江花园集团有限公司与陕西盛坤房地产开发有限公司建设工程合同纠纷案"（最高人民法院［2015］民提字第30号判决书）

合同中的通用条款是建设行业合同示范文本，体现了行业交易惯例。在工程款支付期限不明时，可参照通用条款中利息支付条款，推算出工程款支付期限。

11. "候某、吕某海与丰宁天鸿房地产开发有限公司、承德华晨建工集团有限公司建设工程合同纠纷案"（最高人民法院［2014］民申字第635号裁定书）

违法转包方与实际施工人之间签订施工合同确定工程价款的，以转包方与发包方签署的合同为计价依据。

12. "大庆油田建设集团有限公司与松原市江城建筑工程有限公司建设工程合同纠纷案"（最高人民法院［2016］民终字第132号判决书）

施工合同和变更协议签订时，诉争工程已经完工进入结算阶段且工程已经交付使用，而由于诉争工程的工程性质及竣工时间等原因无法进行鉴定时，承包方主张依据施工合同及变更协议进行结算的，应予支持。

13. "北京首钢建设集团与沈阳实华置业发展有限公司、辽宁实华房地产开发有限公司建设工程合同纠纷案"（最高人民法院［2016］民终字第353号判决书）

单方委托作出的《审计报告》不具有证明效力。

14. "山东万鑫建设有限公司与园城实业集团有限公司、海阳市天创投资开发有限公司、山东置城集团有限责任公司建设工程施工合同纠纷案"（最高人民法院［2016］民终字第353号判决书）

工程款结算金额的确定是工程款给付的前提。在合同同时约定工程款金额确定方式与给付工程款期限的情形下，如给付期限届满，而工程款数额尚未按照约定方式确定时，宜从探究当事人真意出发，根据《合同法》第125条规定的体系解释的原则，两者结合起来可理解为双方已约定将工程款结算金额确定时间作为确定工程款给付期日及给付期间起点的依据。

15. "六安金都房地产开发公司与安徽路安州工程施工合同纠纷案"（最高人民法院［2014］民申字第927号裁定书）

在双方的合同关系已无继续履行可能的情况下，路安州工程公司为承包案涉三期工程支付了158万元的履约保证金，金都房地产开发终止合同构成违约，考虑到路安州工程公司为承包案涉三期工程所做包括人员工资、设备租赁、支付保证金的工作，一、二审法院酌定以 158 万元为基数，自 2007 年 4 月 1 日（即路安州工程公司缴纳履约保证金之日）起至判决书生效之日止，按中国人民银行同期同类贷款利率 3 倍的利息，由金都房地产开发公司向路安州工程公司承担赔偿损失的违约责任。一、二审法院依法进行的自由裁量，并无不当。

16. "哈尔滨市通信建设工程公司与中国联通网络通信有限公司兴安盟分公司工程施工合同纠纷案"（最高人民法院［2014］民申字第 652 号裁定书）

结算时未主张逾期付款违约金或逾期竣工违约金，结算完成后仍继续主张的不予支持。

17. "福建章诚隆建设工程公司与厦门经济特区房地产开发有限公司施工合同纠纷案"（最高人民法院［2014］抗字第 79 号判决书）

承包方收到维修函件后，未及时回复维修要求并进行现场核查的，开发商委托第三方进行工程维修造成现场情况改变，开发商对工程质量负主要责任，承包方负次要责任。

18. "齐齐哈尔市非凡建筑装饰工程有限公司与泰来县聚洋购物中心、泰来县鑫宇房地产开发有限公司施工合同纠纷案"（最高人民法院［2016］民再字第 23 号裁定书）

施工方保修范围内的工程质量责任，不应因诉讼期间的持续而解除。

19. "长春北方建筑工程公司、翟某琴等建设工程施工合同纠纷案"（最高人民法院［2016］民再字第 270 号判决书）

分包协议具备了建设工程分包合同的实质性内容，双方之间的分包合同成立，分包人仅以协议名称为内部承包等为由不足以否认工程分包关系。

第十章
最高人民法院民一庭和民一庭法官建设工程领域文章

1. 程新文："最高人民法院关于当前民事审判工作中的若干具体问题"（2015年12月24日）。

2. 程新文："如何确定建设工程施工合同中应付工程款的起算点——包头国泰置业有限公司与中国第二冶金建设有限责任公司、中国第二冶金建设有限责任公司第二建筑公司分公司建设工程施工合同纠纷案"，载中华人民共和国最高人民法院民事审判第一庭编，黄松有主编：《最高人民法院二审民事案件解析》（第5集），法律出版社2007年版。

3. 杜万华："在全国民事审判工作会议上的总结讲话"（2011年6月24日）。

4. 杜万华：《杜万华大法官民事商事审判实务演讲录》，人民法院出版社2016年版。

5. 冯小光："回顾与展望——写在《最高人民法院关于审理建设工程施工合同纠纷案件适用法律问题的解释》颁布实施三周年之际"，载中华人民共和国最高人民法院民事审判案一庭编，黄松有主编：《民事审判指导与参考》（2008年第1辑），法律出版社2008年版。

6. 冯小光："应当按照施工合同的约定内容、方式结算工程款"，载中华人民共和国最高人民法院民事审判案一庭编，黄松有主编：《民事审判指导与参考》（2008年第2辑），法律出版社2008年版。

7. 于蒙："合同履行过程中的正常变更与黑白合同的认定——唐山凤辉房地产开发有限公司与赤峰建设建筑集团有限责任公司建设工程施工合同纠纷案"，载最高人民法院民事审判第一庭编：《民事审判指导与参考》（2016年第1辑），人民法院出版社2016年版。

8. 刘银春："关于施工合同中的让利条款是否附条件问题的正确解读——沈阳三色空调净化工程有限公司与沈阳五爱天地实业有限工程公司合同纠纷

案",载中华人民共和国最高人民法院民事审判第一庭编,黄松有主编:《民事审判指导与参考》(2010年第1辑),法律出版社2010年版。

9. 王毓莹:"违反招标投标法规定签订的建设工程施工合同应当认定无效——江苏南通六建建设集团有限公司与山西嘉和泰开发有限公司建设工程施工合同纠纷案",载最高人民法院民事审判第一庭编:《民事审判指导与参考》(2015年第1辑),人民法院出版社2015年版。

10. 王毓莹:"审计部门对建设资金的审计不影响建设单位与承建单位的合同效力及履行——呼和浩特绕城公路建设开发公司与河北路桥集团有限公司建设工程施工合同纠纷案",载最高人民法院民事审判第一庭编:《民事审判指导与参考》(2012年第4辑),人民法院出版社2013年版。

11. 辛正郁:"涉及企业商业秘密不能成为认定工程属于不适宜进行招标项目的依据——青海西部化工有限公司与中天建设集团有限公司建设工程施工合同纠纷上诉案",载最高人民法院民第一庭编:《民事审判指导与参考》(2009年第2辑),法律出版社2009年版。

12. 辛正郁:"施工期间建材价格大幅上涨不属于当事人不可预见的情形——武汉绕城公路建设指挥部与中铁十八局集团第二工程有限公司建设工程施工合同纠纷上诉案",载最高人民法院民事审判第一庭编:《民事审判指导与参考》(2008年第2辑),法律出版社2008年版。

13. 王毓莹:"发包人与实际施工人直接签订合同的实际施工人可以直接向发包人主张权利——中铁二局股份有限公司与李春久建设工程施工合同纠纷案",载最高人民法院民事审判第一庭编:《民事审判指导与参考》(2016年第1辑),人民法院出版社2016年版。

14. 张志弘、裴跃:"最高人民法院关于审理建设工程施工合同纠纷案件适用法律问题的解释第二十六条第二款的限缩适用问题——大连恒达机械厂与普兰店市宏祥房地产开发有限公司、大连成大建筑劳务有限公司、大连博源建设集团有限公司、赵学君建设工程施工合同纠纷申请再审案",载最高人民法院民事审判第一庭编:《民事审判指导与参考》(2015年第2辑),人民法院出版社2015年版。

15. 张雅芬:"排除与合同无关的第三人之权利和义务,遵循合同的相对性原则——黑龙江环亚建筑工程有限公司与哈尔滨医科大学附属第四医院及原审第三人刘国力建设工程施工合同纠纷上诉案"载最高人民法院民事审判第一庭编：《民事审判指导与参考》（2010年第3辑），法律出版社2011年版。

16. 贺小荣："关于装饰装修工程是否享有合同法第286条规定的优先权的函复的解读"，载最高人民法院民事审判第一庭编：《民事审判指导与参考》（2005年第1辑），法律出版社2005年版。

王毓莹："建设工程施工合同解除后承包人仍享有建设工程优先受偿权——陕西建工集团第五建筑工程有限公司与陕西铠达投资集团有限公司建设工程施工合同纠纷上诉案"，载最高人民法院民事审判第一庭编：《民事审判指导与参考》（2013年第3辑），人民法院出版社2014年版。

18. 王毓莹：《建设工程施工合同应当认定无效的，应参照合同的约定确定工程价款——莫志华与东莞长富广场房地产开发有限公司、深圳市东深工程有限公司建设工程施工合同纠纷再审案》，载最高人民法院民事审判第一庭编：《民事审判指导与参考》（2013年第2辑），人民法院出版社2013年版。

19. 关丽："就同一建设工程合同分别签订的多份施工合同均被认定无效后，应当参照双方当事人达成合意并实际履行的合同结算工程款——汕头市金鑫集团公司与北京秦浪屿工艺品有限公司建设工程施工合同纠纷上诉案"，载最高人民法院民事审判第一审篇：《民事审判指导与参考》（2013年第3辑），人民法院出版社2014年版。

20. 关丽："第三人依据发包方委托对工程结算报告出具审核意见大法律效力——山东世界贸易中心与中国建筑第八工程局建设工程施工合同纠纷上诉案"，载最高人民法院民事审判第一庭编：《最高人民法院二审民事案件解析（第3集）》，法律出版社2007年版。

21. 仲伟珩："建设工程竣工验收合格后，实际施工人与发包人签订的建设工程价款结算协议，人民法院可予保护——黑龙江省东阳房地产开发有限公司与郑延利建设工程施工合同纠纷案"，载最高人民法院民事审判第一庭编：《民事审判指导与参考》（2012年第1辑），人民法院出版社2012年版。

22. 王毓莹："双方当事人已就工程款的结算数额达成协议无需鉴定——薛理杰、陈强公司与重庆交通集团有限公司、绵阳市交通运输局等建设工程施工合同纠纷案"，载最高人民法院民事审判第一庭编：《民事审判指导与参考》（2015年第2辑），人民法院出版社2015年版。

23. 孙延平："双方未进行最终结算，一方请求对部分争议先行处理的不予支持——温州市新业房地产开发有限公司与温州市江滨路鹿城段工程建设指挥部房地产开发经营合同纠纷上诉案",载最高人民法院民事审判第一庭编:《民事审判指导与参考》(2011年第4辑),人民法院出版社2011年版。

24. 姚宝华:"财政评审中心作出的审核结论原则上不能作为工程结算依据",载最高人民法院民事审判第一庭编:《民事审判指导与参考》(2008年第2辑),法律出版社2008年版。

25. 马成波:"财政部门的审核(计)报告不是竣工验收的法定依据——长春工业大学与吉林建工集团有限公司建设工程施工合同纠纷抗诉案",载最高人民法院审判监督庭编:《审判监督指导》(2010年第4辑),人民法院出版社2011年版。

26. 于蒙:"约定了平方米均价的未完工程如何进行结算——唐山凤辉房地产开发有限公司与赤峰建设建筑集团有限责任公司建设工程施工合同纠纷案",载最高人民法院民事审判第一庭编:《民事审判指导与参考》(2016年第3辑),人民法院出版社2017年版。

27. 肖峰:"工程结算金额不明,承包人不能以超过约定给付期限为由主张逾期违约金——山东万鑫建设有限公司与园城实业集团有限公司、海阳市天创投资开发有限公司、山东置城集团有限责任公司建设工程施工合同纠纷案",载最高人民法院民事审判第一庭编:《民事审判指导与参考》(2012年第1辑),人民法院出版社2012年版。

28. 王毓莹:"双方当事人对于工程没有明确的交接手续,可以工程师及投入使用时间作为计算欠付工程款的起息点——罗杰与五矿二十二冶建设集团有限公司、中铝国际工程股份有限公司建设工程施工合同纠纷案",载最高人民法院民事审判第一庭编:《民事审判指导与参考》(2015年第3辑),人民法院出版社2015年版。

29. 司伟:"如何认定合理的停工时间——河南省偃师市鑫隆金鑫工程有限公司与洛阳理工学院、河南第六建筑工程公司索赔及工程欠款纠纷再审案",载最高人民法院民事审判第一庭编:《民事审判指导与参考》(2012年第2辑),人民法院出版社2012年版。

30. 关丽:"因组织工程竣工验收的主体不适格,质监部门出具的竣工验收报告不具有证明力——威海市鲸园建筑有限公司与威海市福利企业服务公司、威海市盛发贸易有限公司拖欠建筑工程款纠纷上诉案",载最高人民法院民事审判第一庭编:《民事审判指导与参考》(2013年第2辑),人民法院出版社 2013 年版。

31. 赵风暴："建设工程施工合同中实际施工人身份的确定——福建省利恒建设工程有限公司与福建省仙游县世和房地产开发有限公司建设工程施工合同纠纷申请再审案"，载最高人民法院立案一庭、最高人民法院立案二庭编：《立案工作指导与参考》（2013 年第 4 辑），人民法院出版社 2014 年版。

32. 最高人民法院民一庭："建设工程施工合同被确认无效后的过错赔偿责任"，载最高人民法院民事审判第一庭编：《民事审判指导与参考》（2013 年第 1 辑），法律出版社 2013 年版。

33. 最高人民法院民一庭："一审判决支持承包人要求支付尚欠工程款本金及逾期付款违约金的诉讼请求，二审认定建设工程施工合同无效，能否判决发包人承担工程欠款的利息损失"，载最高人民法院民事审判第一庭编：《民事审判指导与参考》（2009 年第 2 辑），法律出版社 2009 年版。

34. 最高人民法院民一庭："建设工程施工合同无效，但建设工程经竣工验收合格，承包人是否有权选择要求发包人参照合同约定结算或者据实结算支付工程价款"，载最高人民法院民事审判第一庭编：《民事审判指导与参考》（2011 年第 4 辑），人民法院出版社 2011 年版。

35. 最高人民法院民一庭："发包人明知或者故意追求借用他人资质所签订的合同的效力和发包人欠付工程款的利息性质机器处理（发包人与承包人以及承包人与实际施工人签订的合同均无效）"，载最高人民法院民事审判第一庭编：《民事审判指导与参考》（2011 年第 4 辑），人民法院出版社 2011 年版。

36. 最高人民法院民一庭："建设工程施工合同无效，但建设工程经竣工验收合格，承包人是否有权选择要求发包人参照合同约定结算或者据实结算支付工程价款"，载最高人民法院民事审判第一庭编：《民事审判指导与参考》（2011 年第 4 辑），人民法院出版社 2011 年版。

37. 最高人民法院民一庭："施工合同约定工程尾款待验收通过后支付，如工程验收客观上无法进行，施工人请求支付该尾款，诉讼时效期间应当如何计算"，载最高人民法院民事审判第一庭编：《民事审判指导与参考》（2012 年第 1 辑），人民法院出版社 2012 年版。

38. 最高人民法院民一庭："开具发票与支付工程款并非对等义务"，载最高人民法院民事审判第一庭编：《民事审判指导与参考》（2009 年第 3 辑），法律出版社 2010 年版。

39. 最高人民法院民一庭："一审判决支持承包人要求支付尚欠工程款本金及逾期付款违约金的诉讼请求,二审认定建设工程施工合同无效,能否判决发包人承担工程欠款的利息损失",载最高人民法院民事审判第一庭编:《民事审判指导与参考》(2009年第2辑),法律出版社2009年版。

40. 最高人民法院民一庭："建设工程施工合同纠纷案件中让利承诺书效力的认定",载最高人民法院民事审判第一庭编:《民事审判指导与参考》(2009年第2辑),法律出版社2009年版。

41. 最高人民法院民一庭："实际施工人原则上不应向与其没有合同关系的转包人、分包人、总承包人、发包人提起诉讼",载最高人民法院民事审判第一庭编:《民事审判前沿》(第1辑),人民法院出版社2014年版。

42. 最高人民法院民一庭："发包人与实际施工人直接签订合同的,实际施工人可以直接向发包人主张权利",载最高人民法院民事审判第一庭编:《民事审判指导与参考》(2016年第1辑),法律出版社2016年版。

43. 最高人民法院民一庭："建设工程合同施工主体资质无效但工程验收合格其工程款计算标准可以参照承包人的资质参照有效合同的标准",载最高人民法院民事审判第一庭编:《民事审判前沿》(第2辑),法律出版社2005年版。

44. 最高人民法院民一庭："最高人民法院关于审理工程施工合同纠纷案件适用法律问题的解释第二十六条第二款的限缩适用问题",载最高人民法院民事审判第一庭编:《民事审判指导与参考》(2015年第2辑),人民法院出版社2015年版。

45. 最高人民法院民一庭："建筑物所有人依据合同约定对建筑工程总承包人应付工程款不承担责任的,应予支持",载最高人民法院民事审判第一庭编:《民事审判指导与参考》(2012年第1辑),人民法院出版社2012年版。

46. 最高人民法院民一庭："通过以物抵债方式取得建设工程所有权的第三人,不能对抗承包人行使建设工程价款优先权",载最高人民法院民事审判第一庭编:《民事审判指导与参考》(2012年第3辑),人民法院出版社2012年版。

47. 最高人民法院民一庭："合同法第286条规定的建设工程价款优先受偿权的客体不及于建筑物所占用的建设用地使用权",载最高人民法院民事审判第一庭编:《民事审判指导与参考》(2010年第3辑),人民法院出版社

2011 年版。

48. 最高人民法院民一庭："工程承包人承诺放弃优先受偿权的条件未成就其对转让的工程仍享有优先受偿权"，载最高人民法院民事审判第一庭编：《民事审判指导与参考》（2010 年第 2 辑），人民法院出版社 2011 年版。

49. 最高人民法院民一庭："建设工程价款优先受偿权的条件"，载最高人民法院民事审判第一庭编：《民事审判指导与参考》（2014 年第 1 辑），人民法院出版社 2014 年版。

50. 最高人民法院民一庭："建设工程价款优先受偿权的行使是否受合同效力的影响"，载最高人民法院民事审判第一庭编：《民事审判指导与参考》（2015 年第 3 辑），人民法院出版社 2016 年版。

51. 最高人民法院民一庭："工程造价鉴定取费标准变化时，是否仍按原约定下浮率对工程造价鉴定结果进行下浮"，载最高人民法院民事审判第一庭编：《民事审判指导与参考》（2013 年第 2 辑），人民法院出版社 2013 年版。

52. 最高人民法院民一庭："双方当事人已经就工程款的结算数额达成协议的，应当尊重双方当事人的合意。一方当事人主张对于涉案工程数额进行鉴定的，人民法院应当不予支持"，载最高人民法院民事审判第一庭编：《民事审判指导与参考》（2015 年第 2 辑），人民法院出版社 2015 年版。

53. 最高人民法院民一庭："鉴定单位违反住建部《工程造价咨询企业管理办法》超越资质等级做出造价鉴定只是违反管理型规范，因此造价鉴定结果有效"，载最高人民法院民事审判第一庭编：《民事审判指导与参考》（2015 年第 1 辑），人民法院出版社 2015 年版。

54. 最高人民法院民一庭："实际施工人请求支付无效建设工程施工合同约定的工程进度奖励金的，人民法院不予支持"，载最高人民法院民事审判第一庭编：《民事审判指导与参考》（2010 年第 3 辑），法律出版社 2011 年版。

55. 最高人民法院民一庭："工程质量合格情况下，分包人、实际施工人建设工程债权转让的受让人具有优先受偿权"，载最高人民法院民事审判第一庭编：《民事审判指导与参考》（2016 年第 1 辑），人民法院出版社 2016 年版。

第十一章
常用建设工程规范性文件

一、法律文件

1. 《建筑法》。
2. 《合同法》。
3. 《招标投标法》。
4. 《土地管理法》。
5. 《城乡规划法》。
6. 《标准化法》。
7. 《政府采购法》。
8. 《物权法》。
9. 《安全生产法》。
10. 《环境保护法》。

11. 2015年4月24日《全国人民代表大会常务委员会关于司法鉴定管理问题的决定》。

二、行政法规文件

1. 《建设工程质量管理条例》。
2. 《建设工程安全生产管理条例》。
3. 《对外承包工程管理条例》。
4. 《建设工程勘察设计管理条例》。

三、部门规章文件

1. 《建筑工程施工质量验收统一标准》。
2. 《城市住宅小区竣工综合验收管理办法》。
3. 《建设工程价款结算暂行办法》。
4. 《建筑工程施工发包与承包计价管理办法》。

5.《建设工程工程量清单计价规范》。

6. 2018年3月8日《国务院关于必须招标的工程项目规定》的批复（国函〔2018〕56号）。

7. 2014年10月1日《住房和城乡建设部建筑市场监管司关于印发〈建筑工程施工转包违法分包等违法行为认定查处管理办法（试行）〉释义的通知》。

8.《司法鉴定程序通则》。

9.《建设工程造价咨询规范》。

四、司法解释

1. 2005年1月1日实施《最高人民法院关于审理建设工程施工合同纠纷案件适用法律问题的解释》。

2. 2002年6月11日《最高人民法院关于建设工程价款优先受偿权问题的批复》。

3. 2006年4月25日《最高人民法院关于发包人收到承包人竣工结算文件后，在约定期限内不予答复，是否视为认可竣工结算文件的复函》（2005民一他字第23号）。

4. 2001年4月2日《最高人民法院关于建设工程承包合同案件中双方当事人已确认的工程决算价款与审计部门审计的工程决算价款不一致时如何适用法律问题的电话答复意见》（2001民一他字第2号）。

5. 2019年2月1日实施《最高人民法院关于审理建设工程施工合同纠纷案件适用法律问题的解释（二）》。

五、最高院会议纪要

1. 全国民事审判工作会议纪要（2011年）。

2. 第八次全国法院民事商事审判工作会议纪要（民事部分）（2016年11月30日）。

六、最高院法官文章、讲话。

"最高人民法院副院长就《关于审理建设工程施工合同纠纷案件适用法律的解释》答记者问"，载最高人民法院民一庭编：《民事审判指导与参考》2004年第4辑。

参考文献

一、书籍类

1. 刘德权主编:《最高人民法院司法观点集成》,人民法院出版社 2009 年版。
2. 人民法院出版社编:《最高人民法院指导性案例》,人民法院出版社 2017 年版。
3. 朱树英主编:《法院审理建设工程案件观点集成》(第 2 版),中国法制出版社 2017 年版。
4. 朱树英:《墨斗匠心定经纬》,法律出版社 2017 年版。
5. 姚捷:《工程合同造价法律实务》,法律出版社 2011 年版 。
6. 陈浩文主编:《涉外建筑法律事务》,法律出版社 2004 年版 。
7. [美] 悉尼·M. 利维:《施工项目管理》,王要武等译,中国建筑工业出版社 2004 年版。
8. 谢洪、曾玉成:《菲迪克(FIDIC)条款在中国的应用》,四川出版集团、四川人民出版社 2004 年版。
9. 周月萍主编:《建筑企业法律风险防范与化解——项目经理专辑》,法律出版社 2009 年版。
10. 王振民、吴革主编:《建设工程指导案例与审判依据》,法律出版社 2011 年版。
11. 林鲁海:《〈建设工程施工合同司法解释〉操作指南建筑商之孙子兵法》,法律出版社 2005 年版。
12. 梁镗、潘文、丁本信:《建设工程合同管理与案例分析》,中国建筑工业出版社 2014 年版。
13. 陈宽山主编:《建筑施工企业工程合同风险管理法律实务》,法律出版社 2009 年版。
14. 本书编委会编:《建设工程施工合同(示范文本)(GF-2013-0201)使用指南》,中国建筑工业出版社 2013 年版。
15. 何佰洲、宿辉主编:《建设工程施工合同(示范文本)条文注释与应用指南》,中国建筑工业出版社 2013 年版。
16. 张琦主编:《建筑工程工程量清单计价实例详解》,机械工业出版社 2015 年版。
17. 李高来、汤雅逸编著:《建设工程纠纷诉讼仲裁法律文书写作范例》,中国建筑工业出版社 2016 年版。

18. 最高人民法院民事审判第一庭编著：《最高人民法院建设工程施工合同司法解释的理解与适用》，人民法院出版社 2015 年版。
19. 王志毅主编：《建设工程施工合同示范文本（GF-2013-0201）与建设工程施工合同示范文本（GF-1999-0201）对照解读》，中国建材工业出版社 2013 年版。
20. 王泽鉴：《民法学说与判例研究》，北京大学出版社 2009 年版。
21. 王利明：《民法疑难案例研究》，中国法制出版社 2010 年版。
22. 莫曼君主编：《建设工程相关法律法规及案例》，中国电力出版社 2011 年版。
23. 肖时辉主编：《建设项目合同管理实务精讲与合同纠纷案例分析》，同济大学出版社 2015 年版。
24. 张俊浩主编：《民法学原理》，中国政法大学出版社 1997 年版。
25. 陈津生主编：《建设工程合同管理与典型案例分析》，中国建材工业出版社 2011 年版。
26. 潘福仁主编：《建设工程合同纠纷》，法律出版社，2010 年版。
27. 何红锋主编：《建设工程施工合同纠纷案例评析》，知识产权出版社 2009 年版。
28. 孙宪忠：《德国当代物权法》，法律出版社 1997 年版。
29. 万方图书建筑资料出版中心等：《河北省建筑工程资料表格填写范例与指南》（上、中、下），清华同方光盘电子出版社 2010 年版。
30. 杜万华主编：《第八次全国法院民事商事审判工作会议（民事部分）纪要》理解与使用》，人民法院出版社 2017 年版。
31. 徐崇禄、任燕增、刘新锋编著：《建设工程施工合同示范文本应用指南》，中国物价出版社 2000 年版。
32. 张艾主编：《建设工程风险防范与裁判规则》，法律出版社 2017 年版。
33. 朱树英：《苦寒磨砺筑方圆律师写作技能提升之道》，知识产权出版社 2018 年版。
34. 某市住房和城乡建设局编印：《建设法规汇编》（综合卷）。

二、论文类

1. 丁万星、赵广庆、林青："论发包人提前占用未竣工工程的法律后果以及救济措施"，载《河北建筑工程学院学报》2014 年第 4 期。
2. 丁万星、赵广庆、林青："建设工程中承发包双方主体资格的法律分析"，载《河北建筑工程学院学报》2013 年第 3 期。
3. 邓岩、邢志丽："试析建筑工程优先受偿权的构成条件"，载《辽宁公安司法管理干部学院学报》2004 年第 3 期。
4. 王建声、郭一斌："对施工合同纠纷案件司法解释的几点思考"，载《河南工业大学学报》2006 年第 7 期。
5. 靳伟夫："论建设工程价款优先受偿权制度的完善"，载《今日湖北》2011 年第 2 期。

6. 何镒文 王双:"浅析未竣工工程优先受偿权的行使期限",载《法制与社会》2015 年第 2 期。
7. 孟星星:"建设工程施工合同中实际施工人权利保护问题研究",宁夏大学 2016 年硕士学位论文。
8. 杨志冰:"建设工程合同法律风险防范研究",华中科技大学 2014 年硕士学位论文。
9. 孙先勇:"工程项目索赔与反索赔管理思考",载《经营者》2015 年第 6 期。
10. 杨梅:"建筑工程索赔存在的问题和防范措施",载《建筑建材装饰》2016 年第 5 期。
11. 肖力国:"浅谈建筑工程的索赔管理处理办法",载《房地产导刊》2015 年第 16 期。
12. 卓樾:"国际工程索赔管理研究",载《环球市场》2016 年第 15 期。
13. 张诚、牛星:"浅谈建筑工程合同索赔",载《建筑工程技术与设计》2017 年第 12 期。
14. 马梅:"与工程索赔有关问题的研究",载《工程管理》2015 年第 14 期。
15. 陈涛:"施工合同索赔期限的法律效力辨析——基于'2013 版示范文本'之'索赔'条款的不同理解",载《建筑经济》2016 年第 7 期。
16. 张磊:"索赔在工程造价管理中的重要性思考",载《房地产导刊》2015 年第 24 期。
17. 史小群:"建筑工程施工合同纠纷的处理及合同措施",载《建材与装饰》,2017 年第 40 期。
18. 姚正康:"建筑工程施工合同纠纷的处理及合同管理研究",载《建材与装饰》2017 年第 9 期。
19. 王纯科、王颖:"新版施工合同争议评审制度的研究",载《吉林建筑大学学报》2015 年第 1 期。
20. 黄玉玲、冷超群:"浅谈无效建设工程施工合同的处理",载《建筑工程技术与设计》2015 年第 35 期。
21. 黄春生:"工程施工中变更索赔工作的几点体会",载《大科技》2014 年第 13 期。
22. 宋崇迪、陈二华:"未经发包人同意的建筑工程分包合同效力研究",载《建筑·建材·装饰》2017 年第 19 期。
23. 杨立杰:"建设工程施工合同管理中常见纠纷及法律防范",载《企业文化》(中旬刊) 2016 年第 10 期。
24. 吴怀文:"浅谈建筑工程施工阶段工程变更管理",载《江西建材》2017 年第 6 期。
25. 董玉柱:"基于新版建设工程施工合同的争议评审制度研究",郑州大学 2016 年硕士学位论文。
27. 任志福:"我国建设工程合同争议解决方式探讨",载《中国工程咨询》2007 年第 7 期。
28. 任志福:"我国建设工程施工合同争议解决方式探讨",载《建设监理》2007 年第 1 期。
29. 贾冬晨:"工程建设索赔理论研究及案例分析",汕头大学 2015 年硕士学位论文。
30. 吴振强:"浅谈建设工程索赔",载《科技与企业》,2014 年第 16 期。

31. 孙建生:"论我国建设工程索赔制度的完善",山东大学2012年硕士学位论文。
32. 宋胜男:"建设工程项目索赔研究及应用",长安大学,2014年硕士学位论文。
33. 蒋欣欣:"建设工程施工合同纠纷审理中的疑难法律问题研究——以宁海法院2011年-2015年的审判实践为例",宁波大学2017年硕士学位论文。

后　记

我于1990年到河北建筑工程学院从事教学工作，由于所在院校以建筑专业为主，周围的老师、学生多数从事建筑专业的工作，受他们的耳濡目染，我也喜欢上了建筑这个行业。

我于2009年在所在院校开设了一门选修课，即《建设工程法律实务与案例分析》，通过教学，和同学们一起分享自己办案过程中的得与失，苦与乐。同学们对这门课非常感兴趣，这门课也给所在院校的建筑专业增加了案例教学这个特色。近年来我所在的院校就业越来越好，至今已经连续四年在全国毕业生薪酬榜上位居前一百名。2018年更是位居第85名，超越了一些211甚至985学校。这一点，令我们这些从事教学工作的教师倍感欣慰，可以说是"日拱一卒，功不唐捐"。

赵广庆教授和我同在河北建筑工程学院任教，也是张家口市凯博风房地产开发有限公司董事长，全国房地产商会联盟副主席。任张家口市城建开发总公司总经理和城投集团副总经理期间，主持建设的张家口市污水处理厂和污水管网工程，获得中国建筑业工程质量的最高荣誉——"建筑工程鲁班奖"和"国家优质工程奖"。金立民先生系张家口市凯博风房地产开发有限公司总经理，张家口市桥西区人大代表，张家口经开区楼宇商会副会长。全国房地产商会联盟房地产杰出人物；第三届全球投资峰会中国十大房地产杰出人物；"博鳌论坛·2016-2017中国地产100最佳杰出贡献人物"；2018年，被全国房地产商会授予改革开放40周年·推动中国城市进步力量·推动城市进步最具使命感房地产企业家。赵广庆先生和金立民先生主持张家口市很多重点工程建设被评为市优、省优，开发的住宅小区蜚声山城，张家口市凯博风房地产开发有限公司也被评为中国房地产名牌企业。赵广庆先生和金立民先生具有丰富的施工经验，本书写作过程中，他们对案例的遴选、撰写、修改和完善做了大量的工作。

本书写作还要感谢丁隐和中国人民大学法学院张亦驰。由于我工作繁忙，且患有高血脂、颈椎病、肩周炎等疾病,电脑水平不高,所以整理编纂讲义资料遇到很多困难。幸亏他们帮助我整理、打印资料,编辑、校对书稿,本书付梓也离不开他们的辛苦付出。

  建设工程法律知识蕴藏博大,笔者之力难以深达理要,观其会通,谨以拙著追踪前修,补前修之未宏,以期"嘤其鸣矣,求其友声"。敬请方家批评指正。

丁万星谨识

2019 年 8 月于山城